欧洲法西斯主义的民众基础

意大利、西班牙和罗马尼亚，1870—1945

[美] 迪伦·莱利 著 黄佩映 译

中国友谊出版公司

目 录

致谢

本书脱胎自我在加利福尼亚大学洛杉矶分校期间开展的研究，过去10年里我大部分时间都花在它身上。不过，本书的核心理念有一个更确切的起点：2001年一个和煦的八月天，在意大利阿尔卑斯山山麓的一个名为托雷佩利切（Torre Pellice）的小镇。彼时彼地，置身洒满阳光的房间，没有书，只有一台笔记本电脑，我突然间想到，法西斯主义正是在人口密集、文化底蕴丰富且政治环境成熟的意大利中北部地区发展起来的。同样是在这些地区，现代文明的种子，尤其是人民主权的思想留存了下来，继而在15、16世纪"重获新生"。还是在这里，密集的合作社（cooperative society）、劳工之家（chamber of labor）和互助会网络（mutual aid society）在20世纪初发展起来。这些事实之间是否存在联系？法西斯主义是从民间土壤生长出来的吗？这一问题立即引出了其他问题。法西斯主义的真正本质是什么？法西斯主义运动在何种程度上像历史学和社会学叙事中普遍呈现的那样"反民主"？如何从比较的视角认识法西斯主义？自那天起，这些问题日日萦绕在我脑海，有时会占据我从早到晚的思绪。

在写作这本书的过程中，我欠下不少人情。我要感谢充满耐心、给予我帮助和支持的顾问们：佩里·安德森（Perry

Anderson）、丽贝卡·琼·埃米（Rebecca Jean Emigh）、卡洛·金茨堡（Carlo Ginzburg）和迈克尔·曼（Michael Mann）。他们每一位都在大处和小点上对这本书的构思有所贡献。他们每一位都阅读并指点了本书的部分或通篇内容。

我还要感谢院系导师维多利亚·邦内尔（Victoria Bonnell），她除了给予我始终如一的支持，还鼓励我对本书做出了至关重要的调整，将分析对象扩展到东欧。这大大有助于构建我的比较分析框架。感谢乔瓦尼·阿里吉（Giovanni Arrighi）、艾琳·布隆拉德（Irene Bloemraad）、迈克尔·布洛维（Michael Burawoy）、杰奥尔吉·德吕吉昂（Georgi Derlugian）、彼得·埃文斯（Peter Evans）、尼尔·弗雷格斯坦（Neil Fligstein）、玛丽昂·富尔卡德（Marion Fourcade）、保罗·金斯堡（Paul Ginsborg）、马尔科·桑托罗（Marco Santoro）、桑德拉·史密斯（Sandra Smith）、吉汉·图加尔（Cihan Tugal）、苏莱玛·巴尔德斯（Zulema Valdez），他们都对本书的各版草稿给出了建议。我非常感谢罗马的乌戈·斯皮里托基金会（Fondazione Ugo Spirito）的工作人员，谢谢他们的热情与专业。三位杰出的研究助理对本书多有贡献，他们是瑞安·考尔德（Ryan Calder）、胡安·费尔南德斯（Juan Fernandez）和尼古拉斯·胡佛·威尔逊（Nicholas Hoover Wilson）。我的儿子埃蒙以充分的耐心允许我完成了这本书，那套乐高玩具他受之无愧。最后，感谢我的妻子埃马努埃拉·塔洛，在本书的写作过程中，她给了我源源不断的支持和体贴，也向我普及了大量关于她了不起的祖国的事。这本书献给她。

我有幸和多批听众提前分享了书中的部分论点。感谢约翰斯·霍普金斯大学、中欧大学、加利福尼亚大学洛杉矶分校和加利福尼亚大学戴维斯分校的听众，感谢他们提出疑问，迫使我将自己的观点思考得更透彻。我也想谢谢我在加利福尼亚大学伯克利分校的学生们，尤其是那些参加了我主持的比较历史研究方法研讨会的学生，他们毫不留情的批判才能经常促使我去重新表述和反思自己的历史社会学研究路径。

本书相关研究受国际教育协会的富布莱特（Fulbright）项目资助。此外，加利福尼亚大学伯克利分校的东亚和欧亚研究所、欧洲研究所、劳动关系研究所与研究委员会均为本项目提供了经费支持。

部分组织的缩写、全称与中文译名

aA agrarpolitisch Apparat
农业政策机构

ACNP Asociación Católica Nacional de Propagandistas
全国天主教促进会

ACS Archivio Centrale dello Stato, Rome
国家中央档案馆，罗马

AF Archivi fascisti
法西斯档案

AfA Allgemeine frei Angestelltenbund
自由职员总联盟

ANI Associazione Nazionalista Italiana
意大利民族主义协会

AP Acción Popular
人民行动党

CDI Centralverband Deutscher Industrieller
德国工业家中央协会

CEDA Confederación Española de Derechas Autónomas
西班牙自治权利联盟，简称“塞达党”

CGL Confederazione Generale del Lavoro
意大利总工会

CGT Confederación General del Trabajo
工人联合总会

CNCA Confederación Nacional Católico Agraria
全国天主教农业联合会

CNT Confederación National del Trabajo
全国劳工联盟

DAF Deutsch Arbeitsfront
德意志劳工阵线

DC Democrazia Cristiana
意大利天主教民主党

DDP Deutsch Demokratische Partei
德国民主党

DGPS Direzione generale pubblica sicurezza
意大利公共安全部

DN Direttorio nazionale
国家名录

DNVP Deutschnationale Volkspartei
德国国家人民党

DVP Deutsche Volkspartei
德国人民党

ÉME Ébredö Magyarok Egyesülete
匈牙利人觉醒协会

EOA Ente Opera Assistenziali
公共援助机构

ERC Esquerra Republicana de Catalunya
加泰罗尼亚共和左翼党

FET Falange Española Tradicionalista
长枪党

FET-JONS Falange Española Tradicionalista y de las Juntas de Ofensiva Nacional-Sindicalista
西班牙民族工团主义奋进会-长枪党

FIOM Federazione Italiana Operai Metallurgici
意大利冶金工人联合会

FISA Federazione Italiana dei Sindacati degli Agricoltori
意大利农民辛迪加联合会

FNR Frontul Renaşterii NaŢionale
民族复兴阵线

FNTT Federación Nacional de Trabajadores de la Tierra
全国土地劳工联合会

FR Frontul Româesc
罗马尼亚阵线

GdA Gewerkshaftsbund der Angestellten
德国工会联合会

Gedag Gesamtsverband Deutscher Angestell-tenwerkshaft
德国职员工会联盟

IRA Instituto de Reforma Agraria
农地改革协会

JAP Juventud de Acción Popular
人民行动青年团

JONS Juntas de Ofensiva Nacional Sindicalista
民族工团主义奋进会

LAM Legiunea Arhanghelul Mihail
大天使米迦勒军团

LANC Liga Apărării NaŢionalCreştine
国家基督教保卫联盟

MAIC Ministero di Agricoltura, Industria e Commercio
意大利农工商部

MI Ministero dell'Interno
意大利内政部

MOVE Magyar Országos Véderö Egyesülete
匈牙利民族保卫协会

NSDAP Nationalsozialistische Deutsche Arbeiter-partel
民族社会主义德国工人党

PCI Partito Comunista Italiano
意大利共产党

PNF Partito Nazıonale Fascista
国家法西斯党

PNL Partidul NaŢional Liberal
国家自由党

PNR Partidul NaŢional Român
罗马尼亚国家党

PNŢ Partidul NaŢional-Ţărănesc
国家农民党

PPI Partito Popolare Italiano
意大利人民党

PRR Partido Republicano Radical
激进共和党

PSD Partidul Socialdemocrat
罗马尼亚社会民主党

PSI Partito Socialista Italiano
意大利社会党

PSOE Partito Socialista Obrero Español
西班牙工人社会党

PŢ Partidul Ţărănesc
罗马尼亚农民党

RLB Reichslandbund
帝国农业联盟

SA Sturmabteilung
（纳粹）冲锋队

SP Segreteria Politica
政治秘书处

SPD Sozialdemokratische Partei Deutschlands
德国社会民主党

SPEP Situazione politica ed economica nelle provincie
各省政治经济形势

TPŢ Totul pentru Ţară
一切为了祖国党

UGT Unión General de Trabajadores
西班牙总工会

UIL Unione Italiana del Lavoro
意大利工会

UMN Unión Monárquica Nacional
全国君主主义联盟

UNCC Unión Nacional de Cooperativas del Campo
全国乡村合作社联盟

UP Unión Patriótica
爱国联盟

USI Unione Sindacale Italiana
意大利工联会

第二版导论

《欧洲法西斯主义的民众基础》（以下简称《民众基础》）是在与马克思主义和托克维尔主义两大理论传统的对话中写就的。本书提出，即便是此前最广为人们接受的马克思主义理论阐述，依然不足以充分解释法西斯组织，而这些组织恰恰是法西斯政权性质的关键所在。与此同时，本书驳斥了托克维尔主义者认为法西斯主义建基于社会原子化的观点。我借助葛兰西（Gramsci）的理论，提出了另一种阐释方案，认为法西斯政权吸纳了市民社会的组织资源，借此构建其独特的政党机构。这一主张有何意义？本篇导论尝试从思想和政治层面解释它的意义所在。为此，导论将分为两部分。第一部分将《民众基础》一书置于马克思和托克维尔两派理论传统有关法西斯主义的讨论中，第二部分则在本书分析基础上提出有关当代政治的假说。

马克思主义者与托克维尔主义者对法西斯主义的探讨

在对法西斯主义的分析上，或许马克思主义者和托克维尔主义者之间最大的分歧在于认为这一现象是革命的还是反革命的。大体上，马克思主义理论传统下的分析都给出了清晰的答案：法西斯主义是反革命的。[1]与这一主张相对的是，很多广义上属于托克维尔理论传统的分析认为，法西斯主义是旨在创造"新人"的革命政权。[2]因此，托克维尔主义者倾向于将法西斯政权和左翼与右翼的其他革命政权相提并论。那么，哪一种说法更令人信服呢？

仔细考量就能发现，马克思主义理论传统对法西斯主义的实质有两种截然不同的解释。第一种将法西斯主义解释为政治危机的产物，认为当时根基薄弱的工业资产阶级与土地精英联手，应对工人和农民联盟的革命威胁。根据这一理论描述的情境，土地和资本的所有者力量太弱，无法单凭自身实施统治，而无产阶级和农民又尚未强大到可以夺取政权。因此，支配阶级将权力委托给一个正在崛起的法西斯政党，该党通常被认为根植于社会学意义上的"小资产阶级"。[3]在此情况下，法西斯主义被视为这样一种政治机构，它从占支配地位的社会阶层和直接生产者那里获得相对的自主权，从而搭建一种政治框架，可以在这个框架内过渡至资本主义剥削的更高阶段。这种视角下的核心论点在于将法西斯主义理解为一种落后的现象。

第二个版本的阐释与托洛茨基密切相关，认为法西斯主义是衰落的资本公开施行的独裁统治。正如欧内斯特·曼德尔（Ernest Mandel）在总结托洛茨基的观点时指出的，"法西斯主义是垄断资本主义严重危机的产物……在此危机中，资产阶级民主制度下正常的资本增值日益遭到破坏"。[4]从这一视角来看，问题不在于资本主义不够发达，而在于它无法在议会民主制度下实现足够的投资回报率。[5]因此，法西斯主义代表了重工业界和国家之间的联盟，该联盟以一种帝国主义的方式寻觅市场和资源来支撑下跌的利润率。[6]

这两个版本的马克思主义论证有两大可取之处。首先，两者都正确地强调，法西斯主义保留和延展了资本主义产权关系，而非破坏了它们。大量研究指出，企业在这些政权体制中受益良多。[7]事实上，至少有理由认为，法西斯主义最大的长期经济影响在于它加强和稳定了意大利、德国乃至日本的资本主义生产关系，而不是消灭了这些生产关系。其次，两类阐释都正确识别出了法西斯主义的两大核心支柱（资本和土地精英）。这并不是说马克思主义论述从社会学角度充分解析了法西斯政党，而是说它强调，如果没有这两股强大的社会精英势力的合作，法西斯主义便无法掌权。正如罗伯特·帕克斯顿（Robert Paxton）所述（虽说他并非正统的马克思主义者）："法西斯的掌权之路始终是通过与保守派精英的合作。"[8]因此，任何对法西斯主义的阐释都必须重点围绕精英的行为，尤其是大有产者的行为。马克思主义理论对支配阶级行为的聚焦是相当有效的。

然而，这种可谓"经典"的马克思主义方法，在理论和经验层面存在一些重大问题。首先，无法确定上述两种阐释究竟在何种意义上可以兼容。尽管两者都将法西斯主义与资本主义的动力机制关联起来，但它们关联的是这种生产方式的不同发展阶段。第一种观点将法西斯主义与不成熟的资本主义相关联，第二种观点（继续这一类推）则将法西斯主义与腐朽的资本主义相关联。

这一矛盾反映了马克思自身对波拿巴主义的态度。在《路易·波拿巴的雾月十八日》中，马克思对拿破仑三世的崛起提出了两种相当不同的解释，这篇文章构成了日后所有马克思主义者解释法西斯政权的基本概念背景。马克思的主要论点聚焦于法国社会的落后性。在这种情形下，法国的资本主义尤为落后，由小农所有制（“拿破仑”式的所有制）和寄生其上寻租的资产阶级所主导。[9]由此来看，拿破仑三世之所以能掌权，正是因为威权主义的小农阶级和软弱的、寄生性的资产阶级的结合。这种思路与巴林顿·摩尔（Barrington Moore Jr.）、帕尔米罗·陶里亚蒂（Palmiro Togliatti）和安吉洛·塔斯卡（Angelo Tasca）的理论逻辑是一脉相通的。

马克思将这种对落后性的关注与第二种以托洛茨基理论为原型的观点糅合在一起。他认为，由于资产阶级革命的总体历史阶段已经落幕，只有城市工人阶级才能在19世纪中叶建立“资产阶级共和国”。[10]在这些论述中，马克思倾向于强调19世纪法国社会的资本主义特征，将其归入“具有成熟阶级结构（和）现代生产条件的长期文明国家”范畴。[11]总而言之，就像他的追随者在解释法西斯主义时所做的一样，马克思就拿破仑的崛起给出了两种迥异的解释：法国社会的过度成熟和它的不成熟。后来的马克思主义者则援引其中一种或另一种来解释法西斯主义。

这种不一致不应被轻描淡写地带过。它显示出马克思主义理论框架在解释法西斯主义和波拿巴主义时的基本问题，广而言之，它显示出国家理论中存在的一个问题。难题在于，马克思政治理论从未充分厘清国家形式与资本主义经济中的社会财产关系之间的联系。（不过，这远非马克思主义传统所独有。马克斯·韦伯（Max Weber）的社会学同样无法解释“现代理性资本主义”和“现代国家”的关系。）因此，威权国家可以被解读为资本主义“最新阶段”的表现形式，也可以被解读为它不成熟的标志。普兰查斯（Poulantzas）提出了真正的问题，但没能予以彻底解决，那个问题便是：在截然不同的经济环境下，何以出现两个如此相似的政权？

至于将法西斯主义视作革命的第二种立场又是怎样的呢？这一观点由来已久。汉娜·阿伦特（Hannah Arendt）曾经提出一个有名的论断，认为法西斯主义运动和共产主义运动都是从结构上原子化的“大众”中产生的，这些“大众”源于19世纪西欧次级社团（secondary associations）的解体。[12]A.詹姆斯·格雷戈尔（A. James Gregor）则以一种不那么宏大和哲学化的笔调，仅以意大利的资料为凭，坚称法西斯主义是一种完全类似于布尔什维克主义的现代化革命政权体制。[13]后来，伦佐·德·费利切（Renzo De Felice）在1983年为《法西斯主义之阐释》（*Le interpretazioni del fascisimo*）所写的序言中，对这种观点做出了经典的表述。德·费利切在区分法西斯主义政权与保守主义和威权主义政权时写道：

> 保守和威权政权总是试图反动员（demobilize），不让（大众）积极参与政治生活，并向他们提供一套熟悉的社会模式和价值观，以期能够阻止某些近期的革命经历带来的麻烦和差错。相较之下，法西斯主义总是试图让大众感到持续被动员，感到自己与领袖之间有直接的联系……感到他们所参与和促进的不仅仅是修复那种人人都觉得存在不足和历史性局限的社会秩序，而更多的是一场革命，从中将逐渐出现一种比现有社会秩序更公正、更美好的新的社会秩序，这种体验是前所未有的。[14]

这一观点广为接受。譬如，迈克尔·曼认为斯大林主义和纳粹主义都是“持续革命的体制”，而芬切尔斯坦（Finchelstein）将法西斯主义界定为一种“现代革命现象”。[15]

大多数将法西斯主义解读为革命的观点认为，马克思主义理论之所以没能把握住法西斯政权的这一维度，是由于其局限于经济决定论的革命观，即将革命视为对产权关系的改造。在这些学者看来，法西斯主义不是一场产权革命，而是一场身份革命，其目标是创造一种“新人”。法西斯主义者对政治机构和广大民众之间的分裂感到失望，试图克服“资产阶级”和“市民”之间的对立，建立一种新型的政治身份：通过参与大众组织而与国家建立联系的市民–生产者。[16]

这种解释的基本优势在于，它认识到了法西斯政权在多大程度上旨在改变底层民众和国家机构之间的关系。特别是，从这一视角出发的研究强调了这些政权如何建构了一整套机构，其中法西斯政党居于核心，并且用一种在此前的自由主义历史中不存在的方式将阶级与国家关联起来。但是，“作为革命的法西斯主义”这种解释有两大严重的缺陷。第一，也最显而易见的是，它缺乏对革命的清晰理论概念。鉴于没有严肃的学术研究论证法西斯政权改变了私有制产权，所以这种推论方式就留下了一个相当空洞的革命定义。第二，这类研究没能给法西斯主义提供多少阐释。相反，空洞的同义反复占据了主导地位。埃米利奥·秦梯利（Emilio Gentile）的一部备受好评的著作便是一例，他在其中写道：

> 循着法西斯主义的极权逻辑，编舞、仪式和游戏是让个

体和大众实现法西斯主义社会化的一个主要途径，该党在充分意识到其政治目标的情况下，将大部分的活动和精力集中在这些方面，以完成这一社会化功能。[17]

简而言之，在秦梯利看来，法西斯主义的“极权逻辑”解释了自身的极权主义。或者，正如迈克尔·曼更简明地写道的，“革命的目标涉及对社会的全面改造”。[18]换而言之，法西斯主义之所以被称为革命，是因为它是革命性的。这两种解释都让人想起莫里哀的一个笑话，即一群医生用鸦片的催眠原理解释它的催眠特性。

《民众基础》一书介入了这一争论。基本上，本书默认马克思主义的观点是正确的，即法西斯主义是一种强化现有统治阶级地位的政权。但是它尝试聚焦法西斯政权区别于其他右翼威权主义形式的组织动力机制，从而建构一个更让人满意的解释方案。本书的核心论点是，法西斯主义需要一个紧密组织的市民社会，借此建立它独特的政党机构，这样的看法在政治社会学中越来越受到认可。事实上，本书属于20世纪90年代和21世纪初挑战“新托克维尔”共识的诸多研究之一。不过，《民众基础》比起修正主义的市民社会研究有两点不同。

第一，跟很多有关市民社会的批判性研究不同，我的研究明确拒绝将结社团体区分为“民主”和“非民主”类型。在实证基础上，我不赞同将催生了法西斯政党的民族主义结社领域视为反民主的。在意大利、德国、罗马尼亚或西班牙，用法西斯主义者自己的话来说，他们并不打算破坏其国家的民主基础；相反，他们试图建立一种全新的代表关系——一种通过法西斯政党而非选举建立起的代表关系。当然，法西斯主义者是极端反自由主义的，也是反社会主义的，但如果将其视为反民主的，那就是一种误解了。

我还在方法论上驳斥了民主和非民主结社团体的划分。意图区分“民主的”好社团和“反民主的”坏社团，对我来说像是为了挽救一种理论而做的补救式尝试，尤其是，从来没有人提供过任何让人信服的可供区分“民主”和“反民主”社团的标准。我认为，市民社会的理论要想具备阐释力，就应该保留这种结构性观点，主张不管志愿组织的性质如何，它们都会促进民主。

我在《民众基础》一书中提出的第二个独特观点，是主张最好将法西斯政权体制理解为威权民主制。不出所料，这一说法引发了强烈抗议，政治学者和历史学者的反对尤甚。就如平托（Pinto）所言，“莱利对‘威权民主制’的界定……是一个概念问题——他没有使用民主的程序性定义”。[19]又或者，如大卫·阿尔特（David Art）所言，“莱利的概念定义几乎肯定会引发抗议风暴，[因为它]几乎不符合任何合理的民主概念”。[20]斯坦利·佩恩（Stanley Payne）也附议，他准确地推测称，“最富争议的方面将是他对法西斯主义的定义，他称之为‘威权民主’”。[21]这些回应更多地反映了政治社会学和政治学中隐蔽的意识形态议题，而不是我的书本身。自熊彼特以来，任何对民主的程序性解释都无法回答的问题是，为什么一套特定的政治制度或程序应当等同于“民主”这一概念，而民主在本质上是一个备受争议的合法性原则，绝非对现有政治现实的中立描述。[22]“威权民主制”一词仅仅意味着法西斯主义者主张民主合法性，以此证明民族主义一党专政的规划是正当的。尤其独特的是，法西斯主义的“威权民主制”将自身呈现为议会制导致的政治代表问题的最终解决方案，而不是注定要随着国家本身一起消亡的过渡性独裁政权。

这一讨论很重要，原因有二，一个更学术，另一个更政治。先说学术上的考量，给法西斯政权贴上反民主的标签后，它们独特的政治机构——群众党和法团组织——就变得神秘难解。但是这些机构组织是法西斯政权成其为法西斯的关键。法西斯领导层尝试将广大民众纳入国家之中。如此一来，法西斯国家就拥有了先前的自由主义体制所缺乏的民众基础。

这一讨论还牵涉政治上的考量。从左翼的视角来看，谨记法西斯主义的“威权民主制”特征是很重要的，因为至少从左翼抵抗运动的角度来看，反法西斯主义斗争并不是为了重建一个此前存在但显然已失败了的自由民主制；相反，它尝试用一种同样高度动员但并非威权主义的新型民主制，取代法西斯治下高度动员的威权民主制。法西斯主义改变了政治的制度环境，造就了相当高水平的政治参与，这一改变在意大利尤为明显。有关民主制转型的研究很大程度上没有抓住这一事实，因为它们在根本上致力于将民主等同于自由主义。

不过，这几点主要关乎本书对历史上的法西斯主义的分析。在今天，更为重要的也许是将《民众基础》中的论点与当下世界向右转的形势联系起来。[①]这将有助于厘清本书的观点，也许还有助于我们把握当今的局面。我将通过一系列对照性论点来探讨这些议题。

① 本导论首发于2019年，正值美国总统唐纳德·特朗普的第一个任期内，后续的分析也基于截至彼时的信息。——编者注

法西斯主义/特朗普[23]

至少在美国，很多专家学者似乎想在两次世界大战之间的右翼独裁统治和特朗普之间寻找相似之处。蒂莫西·斯奈德（Timothy Snyder）的说法某种程度上是这种看法的典型代表，他认为“我们的政治秩序面临的新威胁和20世纪的极权主义没什么不同”。这种观点见于中间偏右、中间偏左和极左阵营，尽管不同的政治阵营从这一类比中得出的结论略有不同。对于中间派来说，个中教训是要避免“极端主义”，争取广泛联盟的支持，以恢复“法治”或者“民主”。对于极左派来说，结论是通过走上街头的直接行动去打击法西斯主义。显然，这些分析不过是简单复现了20世纪20—30年代关于如何有效抵制两次世界大战之间的独裁政权的争论。然而，所有这些阐释都忽视了两次世界大战之间和当今环境的深刻差异。就如我在《民众基础》一书中指出的，法西斯主义只有在高度动员的市民社会条件下才能出现。不过本书的不足之一是没有对这种动员水平做出解释：它的任务是记录市民社会的力量，并展示这种力量与法西斯动员的关系。接下来，我将简要勾勒两次世界大战之间欧洲市民社会发展的原因，并指出其与当代世界的一些重要对照。

我想提出的总体论点是，大约从1880年到1930年，在整个欧洲地区，国内和国际范围内都出现了激烈的阶级间和阶级内斗争，这一进程产生了政治上高度组织的市民社会。这些斗争始于19世纪80年代第一批大众社会主义和农民党派的成立。而后，随着第一次世界大战引发的帝国主义冲突，这些斗争愈演愈烈，最终随着俄国革命的爆发而达到白热化。这些斗争过程创造了一系列让人印象深刻的大众组织，以及相关的地方组织、合作社和报纸，促使大众以空前的程度参与政治，无论是在极左还是极右方面。

与之相对的是，“特朗普主义”及其在欧洲的各种对应潮流，产生于市民社会分裂和去政治化的背景下：这是社会主义事业出现某些挫折的结果，亦是资本主义核心地区基本处于和平关系的结果。由于在市民社会层面的这种根本差异（它本身又与当前的国内和国际范围内的阶级斗争动态息息相关），特朗普主义颇为矛盾地更肖似19世纪的波拿巴主义——都是在市民社会分裂和疲弱的背景下出现了一位超凡魅力型人物——而不是20世纪的法西斯主义。

为了展现两者的差异，我将提出法西斯主义和特朗普主义的一系列对比。而后，我将归纳这些论点对这两种右翼体制的不同形式产生的影响。法西斯主义和特朗普主义都可以被放在下面四组主要关系中进行讨论：

1. 国内和国际阶级斗争与市民社会结构
2. 国内和国际阶级斗争与中产阶级政治
3. 支配阶级的结构与阶级斗争
4. 市民社会的结构与政权性质

国内和国际阶级斗争与市民社会结构

法西斯政权崛起于帝国主义时期——这是《民众基础》中没有充分强调的。对此，尼克斯·普兰查斯讲得最好：“不愿意讨论帝国主义的人，也应该对法西斯主义的议题保持沉默。”[24] 在1871年到1914年间，所有资本主义国家都转向“有组织的资本主义”。这与当时国内市场的饱和有关，并在20世纪前几十年里给世界资本主义体系的中心造成了巨大的战争压力。这使得各个国家日益成为全球舞台上的竞争对手，这一帝国主义转向也影响了每一个发达资本主义国家，促使国家要扮演更强大的角色。这也是第一次世界大战爆发背后的结构性事实，这场战争进而引发了俄国革命，并进一步激化了右翼和左翼。再次引用普兰查斯的话，事实上，法西斯主义发源于帝国主义国家链条中仅次于俄国的“第二薄弱环节”（意大利和德国），这并非偶然。意大利和德国被排除在帝国主义游戏之外，战后危机也沉重打击了它们的社会精英。

帝国主义对市民社会产生了影响。战争爆发前夕，意大利和德国的资产阶级政治的特点是涌现了一系列的压力团体，它们要求终结19世纪以降的贵族政治，呼吁采取积极强硬的地缘政治方针，这往往涉及对社会主义和左翼的尖锐攻击。在德国，最重要的团体包括海军联盟、国防联盟和泛德意志联盟。[25] 在意大利，以恩里科·科拉迪尼（Enrico Corradini）的《王国》（*Il Regno*）为中心的团体鼓吹一种逆向的马克思主义：资产阶级公开发动阶级攻势，同时与国际主义决裂，以彰显意大利的荣光。[26]

不论是在德国还是意大利，这种资产阶级政治都必须面对一个严峻的现实：社会主义大众政党组织的存在，这些组织既反对资本主义，又明确带有国际主义性质。在意大利，社会党缔造了一个“国中之国”，其成员被吸引参加党的选举，在党代表大会上进行审议，并接受密集的政治教育。[27] 在德国，社会民主党到了1912年已然成为该国最重要的大众政治组织。这些都是欧洲大陆第一批大众政党组织，因而也成了其他这类组织的典范。

第一次世界大战和俄国革命只是加剧了左翼和右翼在组织能力上的巨大差异。当然，俄国革命对这些运动产生了矛盾的影响。一方面，它促使劳工运动的个别派系（共产主义党派）激进化，另一方面，它又在1921年之后分裂了这一运动。无论如何，来自社会底层的巨大挑战既威胁到了社会精英，又为法西斯主义者提供了可以效仿的群众政治的组织模式。（在意大利的案例中，很多政治领袖之前都有参与左翼党派的经验）。

法西斯主义不仅在反资本主义的大众党派背景下崛起，而且更确切地说，它兴起于一场失败的革命。尽管1918—1920年的意大利以及1917—1923年的德国客观上存在革命形势，但革命进展都以失败告终。社会主义者退回到在资本主义内部捍卫自己的一系列经济诉求，从而削弱了他们对中间阶层（小资产阶级）和农民的控制，这些人随后成为法西斯动员的对象。

这场冲突的结果是奉行社会主义和国际主义的工人阶级跟奉行反社会主义和民族主义资产阶级对立，导致二者的市民社会组织激增。在很大程度上，正是这种交织在一起的国内和国际阶级斗争，缔造了欧洲19世纪末和20世纪初密集的市民社会。

与两次世界大战之间的法西斯主义不同，特朗普主义崛起于压力较小的地缘政治环境。来自白宫的源源不断的空洞挑衅言论可能很容易使人忘记这一点，但事实就是，形塑当今世界的主要军事冲突存在于发达资本主义国家之间，以及一些相当次要的边境威胁。这些冲突有两类：所谓的流氓政权和“恐怖主义”。在资本主义世界的中心，没有军事冲突的压力。

鉴于这种差异，特朗普主义并不是在大规模动员的战争后出现的。相反，它是在经济崩溃和随之而来的漫长阴霾中崛起的，而这种回应无助于解决导致经济败局的根本问题。就此而言，它属于更广泛的抗争模式的一部分，这种模式长期困扰着欧洲，还有土耳其。这些抗争，无论采取右翼还是左翼的形式，皆是发达资本主义世界在其资本主义治理之下物质基础衰落的产物。

此外，特朗普主义，以及更广泛的"右翼民粹主义"，并不需要面对任何类似社会主义大众政党的挑战，因而没有被迫打造自己的一套用于右翼动员的基础设施。自20世纪70年代以来，在美国和欧洲，选举投票率、工会密度和各种政治活动的参与度一直在稳步下降。在欧洲，曾构建了许多政体的大众政党（社会民主主义、共产主义和基督教民主主义），只过了短短几十年就已萎缩和衰弱。

因此，催生了右翼民粹主义和特朗普主义的政治危机的动力机制，带来了现有党派的解体，而非新生的或快速发展的党派的威胁。至关重要的是，这意味着曾催生了法西斯主义——用胡安·林茨（Juan Linz）的话来说，政治空间的后来者——的组织动力机制，在这里不起作用。[28]这些政治竞争的不同模式意味着特朗普主义完全缺乏法西斯意义上的大众政党组织。催生了这些组织的备受争议的动力机制，在这里是缺失的。

特别是，特朗普主义并非源于革命的威胁，而是源于奥巴马执政时期失败的改革主义。奥巴马时期对大型金融机构实行紧急财政援助，且没有提起相当数量的检控，还推出一项以向私营保险公司发放大量补贴为前提的医疗保障方案，这些都严重削弱了其进步举措。这一情势与1918—1920年的意大利和

1917—1923年的德国有一丝颇具启发性的相似之处。奥巴马时期虽有经济复苏，但是较为温和。因此，尽管他个人依然颇受欢迎，但他给民主党留下了烂摊子。同样，特朗普主义也不可能再现法西斯运动所特有的反革命力量。

因此，两次世界大战之间的法西斯主义和当下社会的右转之间有着深刻的区别。在前一个时期，右翼不得不在一个高度结构化和政治化的市民社会中竞争，其中，一个高度组织化的民族中产阶级面对着一个高度组织化的国际工人阶级；而在后一个时期，右翼则在一个更加分裂且去政治化的环境中运作。下面我将说到这一差异造成的影响。

国内和国际阶级斗争与中产阶级政治

《民众基础》的第二点局限在于它处理中产阶级、小资产阶级或者说“中间阶层”的方式。本书隐含的阶级分析建立在“社会精英”（由地主和资本家组成）与所有直接生产者（无论是农业还是工业）之间基本对立的基础上。当然，法西斯政党的很大一部分骨干群体夹在这两大社会阶层之间；同样，第一次世界大战后相当大部分的政治斗争都集中在赢得这些群体的支持上，它们要么投靠民族主义资产阶级阵营，要么效忠国际主义无产阶级阵营。在这场争夺中产阶级人心的斗争中，左翼面临着一个根本困境。由于他们与中产阶级以及国家教育系统的联系，由于他们职业和利益社团的民族属性，由于他们构成了国家军队的中下级军官，所以他们大抵支持帝国主义，并对国际主义抱有很深的敌意。

与此相对，尽管德国社会民主党领导层叛变（但意大利社会党没有），民族主义的影响力仍相当有限，至少在意大利和德国的工业工人阶级中是如此。这种局限性在法西斯左派的失败中表现得尤为明显（德国的斯特拉瑟兄弟和意大利的革命工团主义者）。这些“左翼法西斯主义”的企图与庇隆主义有的一比，尝试将工人阶级拉入民族威望和帝国主义政治中，最后以失败告终；这一挫败对于理解这两个国家法西斯主义的后续发展至关重要。它亦清晰表明了阶级和民族分歧是如何在两次世界大战之间相互强化的。

由于这一阶级冲突和民族主义的特殊结构，法西斯运动得以将工薪阶层、小店主以及小农等直接生产者整合进准军事化的党组织，并以打击国际社会主义为基本目标。（这些运动在政治社会学意义上存在一些争议。意大利法西斯主义从来都不算是选举运动，德国的民族社会主义则与之不同，有着更为悠久的选举历史。一个相当普遍的发现是这些法西斯运动在国家公职人员中很受欢迎。）

在特朗普时代，国际和国内阶级斗争如何影响了中产阶级政治？特朗普的核心社会支持来自相对富有的南方白人选民（传统的小资产阶级）和上中西部的一小部分摇摆的工人阶级选民。这些群体的物质利益至少可以用民族主义话语来解释。显然，如果说特朗普的“民族主义”经济议程有任何民众基础，那就是这些担心国际竞争和移民的工人和中产阶级群体。

相对地，那些受教育程度较高的人，即普兰查斯所说的“新小资产阶级”或者布尔迪厄所言的“文化资本”的持有者，则是有世界主义倾向的。大量的调查证据表明，无论是在欧洲还是在美国，工人阶级日益朝着民族主义方向组织起来，而中产阶级则有着国际主义视野。正因如此，特朗普主义的阶级基础不同于经典的法西斯主义。催生了特朗普主义，以及更广泛的右翼民粹主义的基本阶级格局，乃是民族主义的工人阶级与国际主义的中产阶级的对立，这一结构几乎与两次世界大战之间的法西斯主义相反。

支配阶级的结构

法西斯政权体制是在严峻的统治阶级内部冲突的背景下出现的。一方面，出口导向型和具有全球竞争力的工业与国际竞争力较弱、需要国家支持的重工业之间发生了冲突。另一方面，生产力相对较低且实际上只部分实现了“资本主义”的东部（德国）和南部（意大利）农业主，与整个工业资产阶级之间出现了分裂。鉴于特定的历史原因，无论是德国还是意大利的统治阶级，在“一战”后都无法通过单一的政治组织或者一个行之有效的政党轮替体系，实现统治阶级内部不同派系的统一。尽管如此，意大利和德国的农业主都和乡村大众保持着组织上的联系，这一联系被证明对法西斯主义的兴起至关重要。

农业精英阶层给法西斯政党提供的最重要帮助，就是将很大一部分的乡村民众和社会主义宣传隔绝开来。在某些情况下，农业精英把这些人或多或少转变成了法西斯主义者的公开盟友。纳粹党在石勒苏益格-荷尔斯泰因、梅克伦堡和东普鲁士的农民中一直拥有强大的支持基础，而意大利法西斯主义者则在艾米利亚－罗马涅、托斯卡纳、伦巴第、皮埃蒙特和威尼托的小农场主和佃农中找到了支持。

农业精英们还在另一件非常重要的事情上发挥了作用，那就是为法西斯运动夺取政权铺平了道路。无论是意大利还是德国的法西斯政党，都是由那些和农业圈子有关联的保守派精英邀请上台的。兴登堡任命希特勒为总理，而维克托·伊曼纽尔三世（Victor Emmanuel Ⅲ）把总理一职交予墨索里尼。在这两个例子中，法西斯政党都不是通过赢得多数选票而获得统治权的。纳粹党参选的最佳纪录是1932年7月37%的得票率。意大利国家法西斯党（PNF）始终更像是一个准军事组织，而非竞选组织。1921年，它作为“民族阵营”的组成部分获得了其最好的竞选成绩，赢得了535个议席中的36个。彼时，法西斯运动借助上层土地精英阶层直通国家权力，这些地主精英构成了其社会核心。

特朗普主义同样是在支配阶级内部严重冲突的背景下崛起的。在回报率结构性停滞的环境下，资金和生产资料的持有者们日益需要国家直接拨款援助，这导致他们经济利益冲突的直接政治化。他们围绕哪些行业和部门可以获得国家补贴而不断发生冲突，这些升级的冲突导致了统治阶级的分裂而非凝聚。过去几年里最为显著的发展之一，是统治阶级内部冲突的政治化：化石燃料和采掘业支持特朗普，医疗保险公司则捍卫被称为《平价医疗法案》（Affordable Care Act）的大规模企业补贴。所有这些利益冲突都伴随着巨大的喧哗和骚动，尽管目前它们争夺的阶级阵地是相对狭窄的。

不过，和法西斯主义不同的是，特朗普主义缺少前资本主义的农业精英的支持；既没有兴登堡，也没有维克托·伊曼纽尔以及相关的农业主–宫廷制度综合体可以保他上台。结果是，特朗普以46%的普选票当选，成绩优于墨索里尼和希特勒。但他仍然落后对手300万张普选票。当然，他还有其他的制度优势。选举人团制度为特朗普加成了11个百分点，而为希拉里·克林顿削减了6个百分点。但与墨索里尼或希特勒相比，特朗普跟国家的关系更岌岌可危，因为他缺少来自旧体制社会群体的支持。

市民社会的结构与政权性质

作为一种政权形式，两次世界大战之间的法西斯主义和当代右翼民粹主义（包括特朗普主义）有何不同？法西斯政权的特征是政党和国家的二元化。墨索里尼和希特勒这样的领导人平衡着积极推动“二次革命”的党内活动家与根植于旧体制的官僚之间的关系。因此，法西斯政权的政治深受初期或者实际意义上的投石党运动倾向的影响，并且由各种类型的真信徒领导：在意大利，埃德蒙多·罗索尼（Edmondo Rossoni）和罗伯托·法里纳奇（Roberto Farinacci）是这些政党叛乱的典型领导人。在德国，民族社会主义国家的建立部分来自1933年3月选举后纳粹党施加的压力。诚然，无论是墨索里尼还是希特勒，都在很大程度上成功规训和削弱了他们的党。但是政党和国家之间的斗争从未彻底消失，并且在1941—1942年法西斯政权陷入危机时再度涌现。

特朗普的领导风格与希特勒有着诡异的相似之处：怠惰、对忠诚的强调，以及内阁的反官僚结构，缺乏清晰界定的职权范围。更有甚者，与墨索里尼和希特勒一样，特朗普也面对一个以班农（Bannon）为首的“投石党”，令人想起法里纳奇。

不过，这些表面的相似之处只是突显了两次世界大战之间的法西斯主义与特朗普主义之间的根本区别。希特勒和墨索里尼终究是政党领袖，他们无论如何都不可能摆脱赋予他们权力的组织。特朗普不是一个政党领袖，他是个父权的家长（patriarch）。尽管他统治着极右翼，但他不从属于什么组织，他个人也缺乏政治意识形态。此外，一旦对比班农和法里纳奇，就会反衬出班农的弱点——他无法依靠大量有组织的追随者自下而上地向特朗普施压。相反，他始终依赖个人的庇护政治。

这种差异之所以重要，是因为它赋予了法西斯主义和特朗普主义非常不同的发展态势。政党压力是法西斯政权“激进化”的主要根源。政党对职位和地位的需求，在很大程度上解释了政党对经济和社会生活越来越大的控制。在德国，政党是“最终解决方案”背后的主要制度力量。在意大利，正是政党的压力迫使墨索里尼夺取了工会和职业组织的控制权。

相较之下，特朗普主义的特征是官僚制国家和作为一个父权制家族的特朗普集团之间的冲突。举例而言，这就是穆勒（Mueller）调查案背后的底层问题。在撰写本序时，这场斗争的最终结果尚无法预测，但它不会像法西斯主义治下那般导致“特权国家”的扩张。

总而言之，两次世界大战之间的法西斯政权是在法西斯主义政党和运动的基础上夺权的，而这些政党和运动又是在组织严密和高度政治化的市民社会中孕育的，但特朗普的上台建基于一个不断分裂的传统政党体系以及大量的消极选区。特朗普主义的组织形式不是政党，而是家族。

结 论

现在，我来梳理一下分析脉络。有四组因素使法西斯主义和特朗普主义区别开来。前者源于大规模动员战争的经历，后者则源于金融危机的漫长阴霾。前者产生于一种准革命形势，后者则产生于有组织左翼力量的缺席。前者激发了中间阶层的支持，后者则没有做到这一点。前者是规训和建立国家权力的方案，后者则试图瓦解“行政国家”。经由这一系列对比，我想特别强调一个将两者区别开的普遍特征。法西斯主义是高强度的市民社会和结社发展的产物，特朗普主义则是市民社会萎靡和不断弱化的表现。这就是为什么与其说特朗普像两次世界大战期间的法西斯主义者，不如说他更像拿破仑·波拿巴，尤其是拿破仑二世。这种差异明显体现在这两种右翼政权各自的动态发展中标志性的制度冲突上。法西斯政权深受党与国之间的斗争困扰。它们的领导者凌驾于两个彼此竞争的组织之上，让它们相互对抗。但是墨索里尼和希特勒自己的家族在其政权的权力政治中扮演的角色微乎其微。与墨索里尼和希特勒不同，特朗普主义体现的制度冲突更像是韦伯所说的“家产制逻辑”和“官僚制逻辑”。特朗普所有所谓的“违反民主规范”的行为，其实根本不是这回事。他所做的乃是违反“官僚规范”。特朗普经常被媒体诟病，因为他没有弄清楚对个人的忠诚和对国家客观秩序的忠诚之间的区别。因此，特朗普所构成的威胁，不在于他可能会建立一个新极权主义的民族主义政权，而在于他可能会基于家产制逻辑建立一个新的世袭制波拿巴主义政权。

在指出这两种经验的差异之后，我还是想指出当前局势与两次世界大战之间形势的相似之处。特朗普，更不用说墨索里尼和希特勒，常常被视为“反民主”的领导者。这是一个极大的误解。实际上，无论是在20世纪30年代还是在今天，这些领导者的崛起都在于他们与一种诉求建立起了链接，即呼吁深度革新政治制度，从而让政府比以往更能够响应民众。在两个案例中，他们的崛起与政治左翼出于不同的理由没能充分拥护一个可行的民主化方案有关。左翼的关键任务是领导一场民主革命，同时避免“捍卫现存制度”的技术官僚式方案（这类方案在很大程度上是反民主的）。

这也表明了这些案例之间存在的第二个更偏制度层面的相似之处。两次世界大战之间的德国和意大利，以及当代的美国，都是阿诺·迈耶（Arno Mayer）所说的持久的“旧体制”的变体。因此有两点需要强调。首先，美国宪法与其说是一个“制衡”体系，不如说是对众议院这一机构的权力实施制衡的体系，该机构在一定程度上并不能完美地反映民意。这是参议院、司法部门和行政部门的明确目的所在。其次，在特朗普上台后，总统制很明确地变成了一种本质上的波拿巴主义或者恺撒主义的制度。从结构上来说，美国政府内阁不过是谄媚者，平常这些特征都被我们委婉地称之为“规范”的东西遮蔽了，就如专家们不断指出的，“表现出独立的样子”。但特朗普对总统职位统一行政的设想并没有违背，而且可以说是顺应了美国资本主义共和体制的基本设置。他的新家长式治理风格与行政制度内在的家长式结构是相符的。

这一情况既为左翼力量创造了战略机遇，同时也带来了战略陷阱。就战略机遇而言，目标应在于制度机构的民主化。罗伯特·赖克（Robert Reich）呼吁的《全国普选票州际协定》（National Popular Vote Interstate Compact）就是一个很好的起点。不过这接下来需要更广泛的讨论，尤其是要减少司法机构过大的影响力。陷阱则是反面：禁不住成为貌似负责任的捍卫者，捍卫的却是站不住脚的东西。当评论家和专家们用孟德斯鸠的分权思想来讨论情报机构时，这一情况就上升到了最荒谬的程度。所以选择就很明确了：要么延续始于20世纪30年代但遭到灾难性打压的民主革命，要么允诺去捍卫那些正在快速并理应失去民众支持的机构。为了找到前进的道路，我们不妨重返两次世界大战之间的欧洲，弄清法西斯政权是如何自我组织起来的，以便更好地应对当下已颇为不同的右转趋势。

第1章

两次世界大战之间欧洲的市民社会与法西斯主义

1890—1914年，随着互助会、乡村信贷组织和合作社的蓬勃发展，欧洲掀起了一场组织革命。[1]事实上，已有学者指出，19世纪最后10年以及20世纪最初10年正是市民社会集中发展的时期，尤其是在乡村地区。[2]依据广受认可的“托克维尔”命题（“Tocquevillian” thesis），这种发展态势理应在欧洲大陆催生充满活力的自由民主制。[3]然而，结社发展的强劲浪潮过后，近半个欧洲诞生了法西斯主义。这一结果在意大利、西班牙、罗马尼亚（本书的实证分析重点）这样的国家尤其令人费解，毕竟它们在19世纪后期已经确立了成熟的自由主义制度。结社的发展按理说应该巩固这些国家业已存在的议会制度，结果却反而削弱了它们，因为在两次世界大战之间，意大利、西班牙和罗马尼亚并没有从自由主义寡头政治转型为大众民主制，而是演变成为法西斯政体。本书的主要目的就是解释这种情况何以发生。

探究市民社会的发展与法西斯主义之间的关系绝非出于单纯的学术旨趣。当代政治文化中充斥着对市民社会的浪漫化理解：这个术语本身如今几乎就等同于自由民主。[4]然而，从比较的和历史的视角关注结社发展的政治后果，这种研究相对匮乏。相反，大部分托克维尔命题的支持者及其批评者，考察的都是在那些已然稳固确立的自由民主政权下，结社主义（associationism）与民主质量（quality of democracy）之间的关系。[5]在我看来，考察结社主义如何影响了两次世界大战之间出现在欧洲的法西斯主义，将迫使我们去严肃质疑市民社会发展的政治后果，并重新思考托克维尔命题，但这绝不意味着要推翻它。

简单来说，我认为结社的发展对最终形成的政权体制的影响并不是直接的，而取决于霸权政治（hegemonic politics）是否在场。两次世界大战之间，意大利、西班牙和罗马尼亚市民社会的发展之所以催生了法西斯主义而非自由民主制，是因为在市民社会发展起来之前，支配阶级与非精英群体中都没能建立起强大的政治组织（霸权政治）。与其他地方一样，这些国家的志愿结社发展也倾向于促进民主。但由于缺乏合适的政治机构，这种民主的诉求颇为矛盾地采取了反自由主义的威权形式：一种技术官僚式的对政治的拒斥。法西斯运动和法西斯政权就产生于这种普遍的政治危机，而这一危机本身是市民社会发展的产物。

这一论点引申出两个重要结论，后面我还会更详细地阐述。第一，结社或市民社会的发展带来的影响，很大程度上取决于先在的政治冲突的结构，或者沿用葛兰西的说法，我称其为霸权政治的在场或缺席。第二，法西斯主义远非民主的对立面，而是一种扭曲和畸变的民主化形态，矛盾地采用了威权主义的手段。因此，本书更宏大的目标是提请人们重新思考市民社会发展对政治体制的影响，并重新思考两次世界大战之间欧洲法西斯主义的本质。

本章导论的余下部分将完成三项主要任务，以奠定后续章节的分析基础。首先，我要把法西斯主义界定为一种“威权民主”（authoritarian democracy）。接着，我会介绍托克维尔式研究路径是如何分析两次世界大战之间的法西斯主义的，并从理论和实证层面提出几点关键的批评。随后，这一章内容将转向讨论葛兰西，解释为何他的市民社会和霸权概念（尤其是这两者的关系）可以有效地修正和扩展更传统的托克维尔式的对市民社会的理解。最后，我会简要介绍我的分析策略和案例选择技巧，并概述接下去的论点。

作为威权民主的法西斯主义

什么是法西斯体制？很可惜，人们在此问题上并无多少共识。有些学者赞成一种极为狭隘的定义，认为它顶多专指意大利和德国，而把其他的政权体制归为“威权主义”或者“传统威权主义”。[6]有些学者则主张更宽泛的研究路径，强调所有资本主义威权国家之间的共性。[7]还有第三类学者，他们试图为多种多样的威权体制创建细致的分类。[8]所有这些概念化策略虽然揭示出了两次世界大战之间的威权主义的不同维度，但是都不尽完美。第一种策略有循环论证之虞，在定义法西斯主义的时候就将其等价于两次世界大战之间意大利和德国的威权主义体制。第二种策略把所有的威权主义体制统称为法西斯，可能会模糊这些政权体制之间的关键差异。而第三种策略恐将研究对象淹没在让人眼花缭乱的各类标签之中。我的研究方法会尝试在这些立场间找到一个合理的折中点。我认为，将一批相当广泛的、出现在两次世界大战之间的欧洲威权政权都理解为法西斯是有意义的，尤其鉴于它们的政治精英往往有意识地仿效了意大利和德国的“经典”法西斯体制。我也认为，不同的国家背景造就了多种法西斯变体。我希望我对法西斯主义的界定一方面笼统到足以展开概念分析，另一方面又灵活到足以准确把握这些重要的变体。接下来，我将试着为这一体制类型下定义。

在我看来，最好将法西斯体制理解为威权民主制。[9]通过这一看似矛盾的提法，我想指出的是，法西斯政治精英们主张某种民主合法性（democratic legitimacy），即便他们运用的是威权的统治手段。[10]法西斯主义者废除了议会、选举和公民权，却全面推崇现代国家宣称代表人民或民族的主张。[11]

将法西斯主义界定为一种威权民主无疑会招来两类异议。第一类最显而易见，因为法西斯政权被普遍理解为反民主的独裁政权。事实上，很多关于法西斯主义的文献都聚焦了“民主的崩溃”。[12]这样的界定或明或暗地依托于一个非常特定的民主定义，即民主指的是一种通过普选产生政治精英的程序。[13]固然有许多很好的理由去采用这种程序主义式的民主定义，但它无助于解答我提出的问题，即为什么市民社会的发展似乎导向了法西斯主义。我所用的**民主**①，是指一种合法性或者主权原则。[14]从这个角度来看，民主与其说是一种体制，不如用莫斯卡的话来说，是一种可以与多种制度形式相结合的“政治程式”（political formula）。[15]

---

① 原文为斜体，表强调，本书中均用黑体表示，下同。——编者注

相比之下，自由主义和威权主义两套制度安排都可以主张民主合法性，但这种主张不是必需的。[16]法西斯主义者倾向于拒斥自由主义，但拥抱作为一种政治程式的民主。他们认为，比起“过时的”议会和选举技术，加入政权许可的党派和法团组织①才是建立人民统治（popular rule）更合适的方法。[17]詹姆斯·格雷戈尔敏锐地总结了意大利法西斯主义的基本信条：“自由主义社会中的个体只是为了实施选举而在地理空间上被集中到一起，彼此间几乎没有共性。因此，不存在什么利益、规划和意图上的一致性去构成‘普遍共识’，进而能够为精英统治提供‘民主的’支持。”[18]站在法西斯主义者的视角，自由主义的根本问题不在于它是民主的，而恰恰相反。在法西斯主义者看来，选举和议会从本质上就不能代表民族的利益。因此，民族必须通过其他机制去代表。在法西斯主义者眼中，人民的统治（rule of the people）至少在现代条件下已经变得与议会制不相容了。正是在这种意义上，我们可以说法西斯主义者是威权民主主义者，法西斯政权是威权民主政权。

第二类反对将法西斯主义定义为威权民主的观点涉及“极权主义”（totalitarianism）问题。很多学者提出，法西斯体制不同于其他形式的威权主义，属于极权主义。[19]在当代比较政治社会学中，区分威权体制和极权体制依然十分重要。[20]在我看来，极权政体的本质在于存在一个垄断性的单一政党组织。[21]虽然我认可有些法西斯政权确实具备这种组织特征，尤其是意大利和德国的，但我同样认为将法西斯体制等同于这种单一政党统治

---

① 本书中“corporate”译为法团，所谓的法团主义指的是一种特定的政治安排，即在国家政治中，得到国家认可的社会组织有确定的代表其利益的渠道。——译者注

意义不大。换言之，有些法西斯政体是极权主义的，有些不是。威权民主（法西斯体制）未必是借助某个大众动员型政党建立起来的，它可以借助其他机构，或受到其他机构与大众动员型政党的共同作用。举例来说，像教会这样的传统主义机构就能从功能上替代大众政党。某种程度上，这就是西班牙出现过的情况。或者，法西斯可能会完全取缔政党组织，转而扶持由国家组织的法团。这正是罗马尼亚采取过的主导方案，在意大利也广为讨论。等后面探讨意大利、西班牙和罗马尼亚在两次世界大战之间形成的三种威权民主形式的时候，我还会说回这个问题。

看到这里，读者可能会提出反对，认为所有的现代政治体制都主张某种形式的民意授权（popular mandate），因此这种主张并不能作为区分政体类型的有效标准。然而，法西斯政体颇为特殊，因为它们那种形式的威权是专为了替代选举民主而设计的。法西斯主义者为其政权正名时，不会说它们是例外的或"穿插的"（parenthetical）独裁统治，也不会称之为一种从阶级社会向无阶级社会的过渡。相反，法西斯主义者主张的合法性，从根本上基于相信法西斯主义提供了一种在现代的经济和社会条件下将民众与国家联结起来的更优越的方式。简而言之，法西斯政体不仅宣称拥有民众合法性，还建立了专用于替代选举民主的制度体系。[22]

所以说，法西斯主义作为一种统治形式，不寻常地结合了民主合法性与威权手段。法西斯主义者一方面宣称代表人民，一方面又拒斥政治——这里特指不同团体通过制度化的手段争夺国家控制权。法西斯主义者认为选举、议会和公共事务讨论——简而言之就是政治那些事儿——无法构建和代表"公意"

(general will)。因此，他们试图以一种无涉政治利益的代表形式去取代政治斗争和代议制机构。在这种意义上，法西斯体制从来都不是完全的右翼或者左翼，而是代表了一种独特的对政治本身的拒斥。这样一种政体类型和志愿结社的发展之间会有怎样的联系？为了回答这个问题，有必要谈一下托克维尔传统。

托克维尔命题

学界很大的一个传统是将政体形式与市民社会的发展关联起来。更具体地说，学者们认为，富有活力的市民社会的发展与自由民主密切相关。反过来，市民社会的缺失或薄弱往往被视作促成威权主义的有利条件。为便于讨论，我们称这一观点为托克维尔命题。我先简单探讨一下其中的逻辑。

"市民社会"是一个备受争议的术语。在过去的20年里，人们在理论上费了大量的功夫试图定义它。[23]在最宽泛的意义上，市民社会可以被理解为一种特定类型的中间结构(intermediate structure)，威廉·康豪瑟(William Kornhauser)是这样定义这一概念的："除最简单的社会之外，我们可以设想所有的社会都由三层社会关系构成。第一层由高度个人化的或初级的关系构成，最明显的是家庭。第三层是囊括了全体民众的关系，最明显的是国家。第二层涵盖了所有的中间关系，最明显的是地方社区、志愿社团和职业团体。"[24]当学者们形容市民社会很密实(dense)或者很强大时，他们的意思是这套介于个人和国家之间的组织很发达。[25]但这样的定义没有充分把握市民社会的概念，因为它包含了整个欧洲在旧制度时期普遍存在的强制性组织和法团组织。大部分研究市民社会的理论家认为这些组织与现代社会的个人主义特征格格不入。[26]现代意义上的市民社会指的是有众多志愿组织的中间结构，这些组织通过允许个体的加入和退出，将个人权利和社群团结整合了起来。

根据托克维尔命题，志愿组织的核心优势之一在于促进合作。结社主义将男男女女带出有限的家庭和经济领域，引导他们超越狭隘的自身利益，赋予他们一种社群意识，抗衡现代性中的个体化倾向。正如托克维尔写道："地方上的自由……使得众多的公民珍惜亲友和邻里感情，让人们始终保持接触……并促使他们互助。"[27]市民结社因而被认为可以抵消个人主义及其潜藏的暴政风险。[28]但结社也被认为具有调控与动员的作用，因其将普通男女与各种形式的地方政治联系了起来。约翰·霍尔（John Hall）正确地指出，托克维尔认为美国市民社会的主要优点之一在于它限制了民众参与（popular participation）。[29]用托克维尔的话来说，"市民结社非但不能引导公众关注公共事务，反而会将他们的注意力从公共事务上引开，让他们日渐忙于那些只能在公共环境安定的情况下才能实现的项目，从而打消革命的念头"。[30]因此，托克维尔的追随者倾向于同时强调志愿结社的整合功能与动员功能。

大众社会理论家［尤其是阿伦特、莱德勒（Lederer）和康豪瑟］尽了最大努力将托克维尔的观点扩展为一套关于"极权主义"（法西斯主义是它的一个子类型）的论述。他们的主张将托克维尔原本关于民主的论述反了过来。托克维尔认为市民社会通过平衡国家力量从而保障自由，大众社会理论家则认为极权主义源自民间结社主义的缺失或薄弱导致的国家权力脱缰。[31]

继莱德勒和阿伦特极具开创性的早期研究后，[32]威廉·康豪瑟带来了这一视角下最为系统的阐述。对康豪瑟而言，中间结构扮演着三个基本角色：它分流政治需求，缓和来自底层的诉求，并且限制民众参与。所以在中间结构强大的情况下，存在分散的权威，这既在一定程度上鼓励了民众参与，又将其与政治中心隔绝开来。

在康豪瑟看来，一个“强大”的中间结构会导致交叉的归属关系，其中个体从属于多个社团，而这些社团只有部分利益重叠：“广泛的交叉团结有利于达成较高程度的自由和共识，这些团结纽带有助于阻止单一的社会分歧成为主导，亦迫使社团尊重其成员的多重归属，以免疏远他们。”[33]因此，结社的发展允许出现多重归属，也就意味着多数人的立场视情况和议题而定，是可以改变的。[34]相比之下，在中间结构薄弱的地方，就可能发生群众运动。这些运动在一定条件下会演变成“极权主义运动”，从而为日后以“总动员状态”为标志的“极权体制”奠定基础。[35]所以对于大众社会学派来说，威权主义建基于社会的原子化：缺少一个“强大”的中间结构。[36]大众社会论述的某些方面，尤其是关于“大众心理学”的主张，以及对法西斯运动与共产主义运动的一概而论，听起来老套而古怪。尽管如此，这一流派的基本主张依然广受认同，即薄弱的中间结构或者说“市民社会”是威权主义的一个主要成因。[37]

大众社会理论观点以及它的各种当代版本，都与托克维尔对现代性的最初分析紧密相关。托克维尔认为社团倾向于促成公民参与从而保护自由，大众社会理论则认为社团的缺失会产生政治冷漠（political apathy），而这样的条件有利于法西斯主义。托克维尔主义者的核心观点是，两次世界大战之间的法西斯政权是一场转型危机的产物，在这场危机中，旧有的法团中间结构被迅速摧毁，而新的中间结构也没有机会发展出来。

托克维尔命题的问题

托克维尔命题就体制的变化给出了令人信服、合乎逻辑且精巧的阐释。同时，它有着相当多的实证支撑。不过，一旦被用于解释法西斯主义，托克维尔命题就陷入了悖论，这种悖论最明显地体现在汉娜·阿伦特的作品中。根据阿伦特及后继的新托克维尔主义观点，法西斯主义是大众政治冷漠和政治狂热的**双重**产物，而这两者都源自市民社会的崩溃。阿伦特强调，现代威权主义的一个先决条件是19世纪对公共事务参与的减退。[38]但是阿伦特比其他的大众社会理论家更敏锐地看到了这一论述中结果与解释之间的矛盾。她认为，这种对公共事务的漠不关心，即后来新托克维尔主义观点所称的公民参与缺失，对于法西斯这样的“极权主义”体制作用有限。她写道，这类倾向“是极权主义运动的明确阻碍，极权主义运动无法容忍资产阶级个人主义，一如它无法容忍任何其他类型的个人主义”。[39]这是因为极权主义需要一种无私的行动主义（activism）态度。阿伦特就此提出，构成极权主义政权基础的不是无私且自我中心的**暴民**（mob），而是无私且关心他人的**大众**（mass），但是她没有解释**暴民**是如何转变为**大众**的。相反，结社主义的崩溃同时产生了暴民和大众。那么它就对“不参与”（disengaged）和“高度参与”（hyperengaged）的人群都负有责任。可这就有些模棱两可了。它让单个变量（市民社会）为两个截然不同的后果负责：冷漠和狂热。是什么造就了阿伦特论述中的这种矛盾？

一个显而易见的解释是，法西斯主义的历史经验根本不能归因于政治冷漠或者不参与的现象，这一现象放到发达民主国家或许是个问题，[40]但是在两次世界大战之间的欧洲并不算是个严重的问题。正如所有关于法西斯主义的历史记述都强调的，法西斯政权“在群情高涨中”上台。[41]此外，在几乎每一个法西斯政权上台的案例中，法西斯政党都是该国最大的政治组织之一。在意大利，国家法西斯党（PNF）在1922年掌权时是全国第三大的大众政党组织，仅次于意大利社会党（PSI）和意大利人民党（PPI）。在西班牙，佛朗哥（Franco）在内战期间领导的联盟得到了西班牙自治权利联盟（CEDA，简称“塞达党”）、正统派联盟（Comunión Tradicionalista）以及规模稍逊但快速扩张的长枪党（Falange）的支持。在罗马尼亚，科尔内留·科德雷亚努（Corneliu Codreanu）率领的“一切为了祖国党”（TPȚ）连同其他极右翼团体，在1937年的选举中获得了逾四分之一的选票。这些都是声势浩大的政治运动，背后是广大民众的衷心支持。

法西斯的大众追随者为法西斯政治精英及其盟友带来了一连串的机遇和制约，深刻形塑了新生政权的特征。法西斯领导人可以声称拥有民众合法性，并动员这一中坚的支持力量去对抗敌人。与此同时，他们必须在物质层面满足追随者，至少要在一定程度上满足。来自下层的持续施压要求他们创建能够为追随者提供就业机会和优待的新制度。这两个因素，即作为民选领导人的机会和追随者自下而上施加的压力，对于理解法西斯统治的动力学至关重要。很难相信这样的运动会出现在一些普遍政治冷漠的社会中，尽管托克维尔主义观点可能会给我们这样的预期。此外，托克维尔主义观点还存在一个简单的经验性问题：它认为19世纪后期，欧洲的志愿组织在经济现代化的作用下普遍崩溃。事实看上去并非如此。就在法西斯主义到来之前，结社经历了一段飞速发展期，尤其是以农村合作组织的形式。罗伯特·帕特南（Robert Putnam）在论及意大利时，很好地解释了这种乡村合作社运动对于市民社会研究的重要性："这些志愿社团表明的与其说是一种理想化的利他精神，不如说是一种务实的准备，准备与其他处境相似的人合作，以便抵御快速变化的社会带来的风险。"[42]19世纪后期，合作社在多个国家涌现，旨在帮助农业生产者应对因谷物价格下跌而承受的重压。这些组织提供贷款、就业和休闲，且常常成为政治动员的工具。理论上（尽管实践中不总是如此）它们体现了自助的原则。此外，很多证据表明，20世纪前20年是农业合作化运动的一段快速发展期。[43]

实际上，认为法西斯政权出现在市民社会高度发达的地方，这一基本观点已受到广泛认可。譬如，阿里尔·阿莫尼（Ariel Armony）、谢里·伯曼（Sheri Berman）、伯恩特·哈格特韦特（Bernt Hagtvet）和鲁迪·科沙尔（Rudy Koshar）都指出，魏玛德国拥有高度发达的市民社会，而这似乎帮助了纳粹夺取权力。[44]这些对两次世界大战之间的欧洲的思考，总体上呼应了越来越多的质疑结社主义的研究。杰森·考夫曼（Jason Kaufman）认为，美国的兄弟会主义（fraternalism）助长了种族主义和本土主义，破坏了强有力的工会运动的发展。[45]阿莫尼则认为，"那些看似符合民主立场与取向的组织可能会使非民主的信念大量滋生"。[46]就连常被视作新托克维尔主义立场主要倡导者的罗伯特·帕特南本人，也承认"社会资本的阴暗面"存在理论上的可能性。[47]

理论工作最后是如何应对这些严重的经验性问题的？在托克维尔学术传统内部，大量研究试图通过对托克维尔的论点做一些关键修正来解释这些问题。从这个角度来看，托克维尔论点的问题在于它假定所有的志愿社团都有利于民主。新出现的批判研究指出，有必要区分好的、“民主的”社团和坏的、“反民主的”、“极端主义的”或“狭隘的”社团。[48]

在我看来，为志愿性组织做好坏之分在科学上立不住。阿莫尼说得很对：“我们不能以团体中‘民主’特征的存在与否作为标准去判定什么是或不是市民社会。”[49]事实上，这种区分在很多地方都体现出著名匈牙利科学哲学家伊姆雷·拉卡托斯（Imre Lakatos）所说的“退化的问题转换”①的特征。[50]对结社类型的区分并不触及托克维尔主义观点的基本逻辑，该论证的纯粹形式在结构上是非常严谨的，因为经典的托克维尔主义立场认为，无论志愿结社的明确目的是什么，它都使男男女女参与了政治，从而削弱了官僚专制的威胁。在这方面，斯考切波（Skocpol）对美国市民社会的研究之严谨值得称道，因为她把三K党也纳入了市民社团的统计范畴。[51]主张某些志愿社团有民主效果而另一些没有，在实证上是立不住的，还牵扯出了为何做此区分的问题。

我在本书中另辟蹊径，尝试借助安东尼奥·葛兰西的理论

① 问题转换是指评价科学理论的标准或方式，由证伪主义主要代表人物伊姆雷·拉卡托斯提出，用以衡量科学研究纲领的性质。他认为，如果一个新理论与其先行理论相比，具有超余的经验内容（即能够预见迄今未料到的新颖事实），就构成理论上进步的问题转换；如果一个新理论确实引导人们发现了某个新颖事实，便构成经验上进步的问题转换；只有当问题转换至少在理论上是进步的，才能承认其为科学理论。如果一个理论在经验上和理论上都构成退化的问题转换，便把它作为伪科学加以拒斥。——编者注

要素，将托克维尔主义研究方法重构为一种进步的问题转换，[52]使之能够兼容并解释异常证据。这一重构后的市民社会理论不同于其他关于市民社会的批判性研究，因为它不认同法西斯主义诞生于病态的市民社会。此种分析既没有公正地看待两次世界大战之间欧洲市民社会发展的真正本质，亦没有理解法西斯运动及由此产生的政权的矛盾本质。尽管作为一个政治项目（political project）的法西斯主义极端敌视自由主义，但正如我上文所说的，它包含了一些直接的民主目标。最核心的是，法西斯项目很关心如何使现代国家比实行自由议会制度时更能代表全民族。当代研究市民社会的主要文献都没能把握住这一点，因其始终将自由主义与民主混为一谈，将威权主义与反民主混为一谈。因此，这些批判性文献大都把法西斯运动错误地定性为反民主运动。[53]这种混淆严重阻碍了我们理解法西斯主义，同样重要的是，它导致学者们误解了法西斯主义对市民社会理论意味着什么。法西斯主义运动并不像乍看上去那样背离托克维尔主义，实际上也没那么反民主。法西斯主义的崛起并不是某个极其碎片化、政治冷漠或等级分明的市民社会造成的；相反，它是某种极富活力的市民社会发展形式在特定政治语境下的产物。解释法西斯主义的关键就在于理解这种政治语境与结社发展之间的联系。

从托克维尔到葛兰西：重构市民社会理论

经典表述下的托克维尔命题有一个核心特点，就是对政治组织着墨极少。在这一脉的文献中，政治党派和有组织的舆论潮流都被假定为结社发展的产物，或是深受结社发展的形塑，因而不能作为解释政治发展的独立因素。事实上，在很多学者那里，政治活动和更广泛的结社活动之间似乎并不存在明显的概念之别，因为两者都被当作“公民参与”的例证。[54]这种混淆最明显地体现在将参与证据（例如政治参与情况）和结社证据（例如志愿组织的普查数据）作为可相互替代的指标，用于说明同一个基本概念。[55]这种研究方法的问题在于它没能认识到政治组织相对于志愿结社的独立性。葛兰西的视角之所以有用，主要是因为他关注市民社会与政治之间的互动，而不是简单从一者解读出另一者。

市民社会

葛兰西是意大利共产主义的奠基人和马克思主义革命家，他可谓左派的托克维尔，因为就跟法国贵族出身的托克维尔一样，这位撒丁岛出身的马克思主义者同样重点关注结社主义的政治后果。葛兰西理论中的市民社会，最好和托克维尔理论中的一样，被理解成一种国家和经济之间的第三部门（third sector）①或中间结构。[56]就像葛兰西在关于知识分子的论述中所说的：“目前我们能做的，就是确定上层建筑的两个主要‘层面’：一个可以被称为‘市民社会’，即通常被称为私人领域的有机组织的集合，另一个则是‘政治社会’或者‘国家。’”[57]通过强调市民社会是“上层建筑”的一层，葛兰西不动声色地

① 第三部门又称志愿部门（voluntary sector），是社会学与经济学术语，指在第一部门［或称公部门（public sector）］与第二部门［或称私部门（private sector）］之外，既非政府单位又非一般民营企业的机构的总称（通常指非政府、非营利组织）。——编者注

将马克思主义经典的经济基础与上层建筑模型替换成了由经济、国家和市民社会组成的三元模型。[58]他用这个模型来比较东欧与西欧，前者有着“原始的、黏糊不清的”市民社会，而后者的情况是“国家与市民社会之间关系恰如其分”。[59]

还是与托克维尔一样，葛兰西也认为市民社会的发展很重要，因为它往往会促进民主。深厚的市民社会削弱了直接镇压、腐败和诉诸狭隘经济利益这类统治策略的效力。[60]随着结社主义的发展，国家要想施行有效的治理，就越来越需要打着民意授权的旗号。尽管这与阶级统治并不冲突，但这意味着有效的阶级统治需要一定的民众合法性。[61]这与上文介绍的托克维尔主义分析十分相近，但是葛兰西与托克维尔主义者们有一个根本区别。托克维尔主义者倾向于认为市民社会的发展有着直接的政治影响，葛兰西则主张这些影响很大程度上取决于霸权的建立：这一过程需要我们关注关键社会阶级各自内部和彼此之间的特定政治关系。

霸　权

霸权强调了社会生活的政治与文化层面相对于其经济决定因素的自主性。然而，霸权这一概念很难定义，人们对它的用法也五花八门。我遵循葛兰西的用法，用它来指代阶级形成（class formation）的一个特定的政治维度。葛兰西反对经济决定论的马克思主义，他指出阶级形成有三个方面：职业团体的团结，社会阶级在“纯粹经济领域”的团结，以及不同阶级之间在智识和道德上的团结。[62]重要的是，第三种或者说最后一种形式的阶级形成，不会也无法仅仅基于共同的经济利益而发生。相反，“这是最纯粹的政治阶段，标志着从结构（structure）向复杂的上层建筑（superstructure）范畴的关键过渡”。[63]葛兰西主张区别看待“社会力量关系”与“政治力量关系”，前者“与社会结构紧密相关”，后者是“对各个社会阶级在同质性、自我意识和组织方面达到什么程度的一种评估”。[64]霸权通常是指最后这种政治与文化层面的阶级形成。[65]

更具体地说，霸权是指社会阶级内部不同小集团之间以及不同社会阶级之间形成的一种政治关系。当阶级内的某一特定团体或者社会中的某一特定阶级，能够从智识上或道德上领导阶级内部其他团体或者其他阶级，而不是对它们行使赤裸裸的强制力，那么就存在一种霸权关系。[66]霸权意味着团体之间或者团体内部的冲突采取了“合作对抗”（cooperative antagonism）而不是“零和冲突”（zero-sum conflict）的形式。[67]一个团体或者一个阶级若能成功地将自身的特殊利益与更广泛的利益相链接（articulate），将某个阶级的利益拓展为整个民族的利益，我们就可以说它掌握了霸权。当一个“霸权”阶级或者阶级内小集团认定并追求这种更广泛的利益时，它会通过改善那些受霸权支配团体的物质、道德和政治境况来提升自身的政治能力。葛兰西阐释这种政治关系的关键原型是法国的雅各宾派。雅各宾派之所以掌握了霸权，是因为他们将“第三等级”（Third Estate）的诉求（最初仅限于一个法团组织的诉求）转变为关系到全体人民的一系列诉求。因此，法国大革命从旧政权内部团体的一系列抱怨开始，演变成了对组建国民议会的诉求。[68]换言之，第三等级这个经济法团组织的利益，逐步与一系列国民诉求链接了起来。从法团组织到霸权阶级的转变使法国资产阶级得以和农民阶级结盟，而这种联盟面对的唯一限制就是资产阶级自身利益的外部边界；雅各宾派的功绩在于他们将法国资产阶级的霸权能力推到了极致。[69]

从经济法团组织向霸权阶级的过渡是一个政治过程，相对独立于经济层面上的阶级形成。经济性的法团组织也可能拥有职业和利益集团层面的高度团结，而不将自身的经济利益与更宏大的国家目标挂钩。[70]经济法团组织的典型例子是意大利资产阶级。据葛兰西所言，“他们的目标是促成一个覆盖广且有活力的支配阶级，但没有成功；他们的目标是将人民整合进新的国家框架，但没有成功”。[71]简单来说，在葛兰西看来，意大利资产阶级和法国资产阶级的根本区别在于他们的政治发展水平，在于他们的霸权能力。[72]

霸权有赖于政治组织尤其是政党的发展，它们在狭隘的“经济法团”利益之外有着相对的自主性。在此意义上，这个概念很接近塞缪尔·亨廷顿（Samuel Huntington）提出的政治制度化（political institutionalization），即“政治组织和政治程序的发展，它们并非仅仅是特定社会群体利益的表达”。[73]“链接”工作，也就是将直接目标与更广大的民族目标关联起来的工作，就是在这些组织之中发生的。

霸权是如何形成的呢？对于葛兰西来说，这大抵是个“自上而下”的过程。霸权关系首先在社会精英或者支配阶级的特定小集团中形成，然后向外和向下扩散。在我看来，有用的做法是将这些发展过程概括为三个相互关联的霸权发展阶段：阶级内霸权（intraclass hegemony）、阶级间霸权（interclass hegemony）和反霸权（counterhegemony）。[74]**阶级内霸权**指的是一个特定的阶级围绕某个社会变革项目在政治上达成联合的过程，而该项目通常与阶级内的某个特定小集团相关。**阶级间霸权**指的是该霸权项目向核心发起阶级之外扩张并吸纳其他团体的过程。**反霸权**指的是霸权联盟之外的团体试图制定一个替代性霸权项目的过程。霸权发展的每一个阶段都形塑了后继阶段。

根据葛兰西的说法，在一个社会阶级内建立起有效的政治联盟（阶级内霸权），则有更大的机会在不同阶级间建立起有效的政治联盟（阶级间霸权）。与此相对，经济法团式政治不仅会从内部分裂不同的阶级和阶级内派系，也会削弱它们寻求跨阶级联盟的能力。因此，根据葛兰西的观点可以预期，支配阶级各派系之间形成阶级内霸权，与它们随后建立阶级间霸权的能力密切相关。

阶级间霸权也与反霸权的形成息息相关。当一个阶级掌握了霸权，它不会直接以阶级的名义进行统治。相反，这一阶级会以更广泛的国家利益为名实行统治，而这一国家利益多少顺应了其特殊的法团利益。鉴于支配阶级的特殊利益与其确立统治时主张的更广大的利益之间总会存在脱节之处，这一更广大的利益因而可以成为非精英的参照点，他们能够以与之更契合的方式来表述自己的利益，从而将更广大的利益与他们自身链接起来。因此，阶级利益和国家利益之间的脱节之处对于反霸权的发展至关重要。若它缺失，政治就会止步于经济法团之争。因为没有团体利益与国家利益之间的脱节可供反霸权运动利用，非精英往往就会套用与支配阶级相同的经济法团话语来表述自身的主张。经济法团政治就这样顺着社会结构从支配阶级到非支配阶级一路下行，呈现出一种政治衰败或有机危机（organic crisis）①的自我强化循环。[75]反过来，社会精英的霸权与非精英

① 葛兰西这一术语指的是根本性且影响深远的危机。——译者注

的反霸权之间存在直接的关联。当支配阶级成功建立起并不直接服从于特定经济利益的政治组织时，阶级间霸权和反霸权会同时得到促进。[76]

综上所述，**霸权**指的是阶级形成的一个特定的政治维度。因此，一个支配阶级的霸权能力相对独立于它的经济发展程度。“强大的”资产阶级未必是“霸权资产阶级”，而霸权资产阶级也未必是在经济上占支配地位的资产阶级。葛兰西的观点表明，一个经济上强大的阶级在政治和文化上可能很弱势，而一个霸权阶级在经济上可能并不发达。[77]霸权的建构是一个特定的政治和文化过程，不能直接通过阶级形成的经济过程来解读。霸权，或者更准确来说是霸权政治，是通过一系列彼此关联的历史阶段发展起来的：首先是阶级内霸权，然后是阶级间霸权，最后是反霸权。阶级内霸权越强，支配阶级就越有可能行使阶级间霸权。霸权支配阶级往往也会催生出反霸权。因此，我们不能以零和的方式来理解霸权的发展。并不是说一个强势的支配阶级就对应着一个弱势的从属阶级。相反，一个霸权支配阶级的形成为其对立阶级的形成提供了框架。

我认为这一理论视角对理解法西斯主义大有裨益，这一点在后续的分析中会体现得更加清晰。因为在两次世界大战之间的意大利、西班牙和罗马尼亚，支配阶级（或者社会精英）间最明显的相似之处就是它们在霸权上的弱势：它们无法链接到一项能够建立跨阶级联盟的国家任务，也无法搭建稳固的政治组织来追求自身的阶级利益。我认为，这一失败不仅对精英产生了长远的负面影响，对非支配阶级的组织而言亦是如此。我想，只有牢牢把握住这种先影响精英阶层，再蔓延至非精英阶层的特定的政治弱势，才能解释法西斯主义。

市民社会与霸权的偶然关联

最后，为了更充分地阐明本书确立的研究路径，有必要概述市民社会与霸权之间的关系。尽管霸权与市民社会有可能共同发展，但葛兰西的理论并没有表明它们必然如此。在我看来，这是葛兰西论点的一大有力之处。霸权通过一个发生在支配阶级内部的政治过程建立起来，然后跨阶级扩散。相较之下，市民社会的发展主要由经济因素引起，尽管市民社会的概念并不严格等同于经济组织。由于霸权和市民社会源自不同的过程，市民社会完全有可能在没有霸权的情况下发展起来。[78]这就是葛兰西的市民社会理论与上文探讨的托克维尔式论述最明显的区别。托克维尔主义者倾向于认为，志愿结社或者市民社会的发展与**霸权**所反映的政治组织发展之间直接相关，但葛兰西认为它们的关联从根本上是偶然的（contingent）。霸权可以与市民社会并肩发展，但没有理论根据表明它们必然如此。

认清市民社会在霸权政治缺席的情况下发展起来的可能性，这对于理解法西斯主义非常重要。葛兰西称这类情形为“有机危机”，按照他的定义，有机危机指的是决定性的转折点，其间市民社会产生的民主诉求无法通过现有的政治制度充分表达。这导致了一种代议制危机，即“传统政党，包括它们特定的组织形式以及构成、代表、领导它们的特定人员，不再被它们所代表的阶级（或者阶级内派系）认可为自身诉求的表达者”。[79]法西斯政权正是这样一场危机的结果，在这场危机中，“传统政党”及其反对力量被急速发展的市民社会所超越。[80]在这样的背景下，市民社会的民主诉求往往会发展成对政党统治的反对，并常常表达出对一切政治代议形式的怀疑。法西斯主义就是在这种政治本身的普遍危机中发展起来的。法西斯运动很好地适应了这种形势，因为它们自诩超越了政治。因此，这些运动可以完美利用市民社会相对于霸权的过度发展所造成的政治代议制危机。法西斯主义是一项企图在民族与国家之间建立新型关系的政治方案，当社会精英没能在市民社会突飞猛进的背景下发展出霸权政治组织时，它便可能出现。法西斯政治方案体现为试图通过建立威权民主来纠正霸权弱势的问题，而威权民主是一种声称代表人民或者民族，但拒绝议会制度形式的政体。我们不应该把法西斯主义与特定的经济发展阶段或者特定的国家形式挂钩，而必须将其理解为一种**政治**危机的结果，这一政治危机根植于市民社会和霸权二者互有关联又极度失衡的发展状态。[81]

方法论

本书的分析路径结合了两类比较研究策略：用反面个案分析法（negative case analysis）组织每个个案的叙述，再用更传统的差异法（method of difference）把这些个案联系起来。反面个案分析法是将证据与先前的理论信条进行对比，[82]它适用于理论推导的预测与实际观察结果之间存在巨大差异的情况。反面个案分析法并不是要用理论与观察之间的差距去证伪该理论，而是要促进理论的发展。[83]在反面个案分析法中，理论的作用是识别异常，即一些看似与关键理论或者较优理论相悖、有待深入研究的实例。因此，这种方法可以非常有效地利用社会学理论去促进经验问题的形成和进一步的理论拓展。[84]我重点关注的三个个案（意大利、西班牙和罗马尼亚）都深刻挑战了托克维尔命题关于市民社会和不同政体关系的论述，因此都属于反面个案。托克维尔式论点将市民社会的发展与自由民主挂钩，将缺乏市民社会的发展与极权主义挂钩，但这三个案例中的政治发展明显与之相悖。不过，我并不认为这些个案证伪了托克维尔命题，它们只是与之不一致，并指出了理论重构的必要性。[85]我用这些实例是要表明，托克维尔的市民社会发展理论最好被放到更广泛的葛兰西一脉的市民社会形成理论中，当作一个特例去理解。

从这个角度来看，意大利、西班牙和罗马尼亚这三个个案是相辅相成的异常案例。但我之所以选择它们，同样是因为它们存在至关重要的差异，各自代表了迥然不同的法西斯政体形式。截至目前的讨论都在泛泛地关注法西斯主义问题。但是法西斯主义采取了很多大相径庭的形式。我认为可以区分出三种法西斯主义变体。第一种是政党法西斯主义（party fascism），其中民族被理解成一项**政治规划**。民族尚不存在，或者只是以**萌芽状态**存在。政党法西斯政权所代表的就是这个**未来的民族**。第二种是传统法西斯主义（traditionalist fascism），在它看来民族是存在的，但是已遭到腐化。[86]因此，法西斯政权所代表的是被自由主义制度形式所腐化的真正的民族。法西斯规划就是要恢复民族本来的形式。第三种是国家法西斯主义（statist fascism），在它那里，是国家**构造**了民族，不是通过像政党法西斯主义那样教化民众，而是通过将民众组织成彼此依赖的法团组织。严格来说，在最后这种形式的法西斯主义中并不存在代表与被代表的关系，因为国家和民族是一回事。这三种不同的法西斯主义与本书讨论的三个政权紧密相关。虽然我会在后续章节中更详尽地探讨这三种类型，但这里有必要简要说明一番。

政党法西斯主义：意大利

意大利属于典型的政党法西斯政权。[87]意大利的法西斯政治精英把政党视为一种教化机构。就如其中一位比较有天赋的法西斯政治理论家赛尔吉奥·帕农齐奥（Sergio Panunzio）指出的，法西斯党是“一所伟大的国民政治教育学校”。[88]很多学者认同帕农齐奥的说法。譬如，恩斯特·诺尔特（Ernst Nolte）、伦佐·德·费利切和格奥尔格·摩瑟（George Mosse）都在代表作中强调法西斯的大众民族化尝试。[89]往近看，埃米利奥·秦梯利沿袭这些人的思路，强调了法西斯党在这种政权中的重要性。[90]马克思主义传统下的历史学者亦有这方面的论述。维多利亚·德·格拉齐亚（Victoria De Grazia）就沿着帕尔米罗·陶里亚蒂的思路，[91]强调了大众组织对法西斯政权的重要性。[92]

传统法西斯主义：西班牙

西班牙的法西斯主义和意大利的截然不同，因为传统主义的民族概念在这里占据了主导。西班牙传统主义者试图振兴业已存在的代议形式，并且往往不认为政党是合适的教化手段。[93]相反，在传统法西斯主义中，民族应当通过家庭、君主政体和教会得到代表。[94]就如维克托·普拉德拉（Victor Pradera）写的那样，“没有传统就没有民族”。[95]在佛朗哥治下的西班牙出现了一个威权政党，但它被若干强有力的非政党机构所制约，而且自身也包含着传统主义元素。[96]这是一项坚定地面向过去的法西斯主义工程。

国家法西斯主义：罗马尼亚

国家法西斯主义不是政党法西斯主义那样的教化项目，也不是维克托·普拉德拉提倡的回归传统。相反，国家法西斯主义企图通过**组织**去构造民族。罗马尼亚经济学家米哈伊尔·马诺伊列斯库（Mihaïl Manoïlescu）对这一观点做出了最连贯一致的表述："在法团体系中，无论个体具有何种经济和社会重要性，他都不再是自身的简单统一体；与之相对的是，他获得了一种与自身的社会、文化或经济功能相称的政治重要性，我们也可以称之为他的民族功能（national function）。"[97]这种形式的法西斯主义既不基于政党，亦不基于业已存在的被认为代表着民族的机构。相反，这种政治秩序的合法性基于它声称将罗马尼亚构造成一个国家之中的民族社会（national society）。这种形式的法西斯政体在1938年到1940年间短暂主宰了罗马尼亚。

这三种法西斯主义形式源自三种特定的市民社会发展路径，我分别称之为"自主的""精英主导的"和"国家领导的"。在意大利的案例中，市民社会是"从底层"发展起来的。农村的直接生产者们自己建立了志愿组织和合作社。这与政党法西斯主义息息相关。在西班牙，与教会结盟的土地精英是结社发展背后的驱动力。这带来了传统法西斯主义。在罗马尼亚，高度国家主义的自由党是结社发展背后的驱动力。这催生了国家法西斯主义。

结 论

接下来三章是对意大利（第2章）、西班牙（第3章）和罗马尼亚（第4章）的实证分析。第5章将采用托克维尔脉络之外的法西斯主义理论观点来评估这些经验证据，第6章则会给出一系列更广泛的结论。借鉴葛兰西的视角，我对这些案例的讲述包含了五个可比较的阶段：寡头自由主义的初建、市民社会的发展、霸权的失败、有机危机时期和法西斯主义的崛起。我通过一连串特定的历史事件，展现了意大利、西班牙和罗马尼亚如何经历了市民社会的发展，却没得到相应的霸权政治的发展。正因如此，从19世纪后期开始，市民社会发展带来的民主压力以反自由主义的形态出现。法西斯主义就源于这种弱霸权和强市民社会的偶合。不过，法西斯规划在意大利、西班牙和罗马尼亚采取了不同的形式，这主要是因为市民社会的发展有所不同。在意大利，市民社会是自主发展的，由此出现了政党法西斯主义。在西班牙，市民社会发展发生在社会精英的庇护下，结果带来了传统法西斯主义。最后，在罗马尼亚，国家是力主市民社会发展的主要角色，国家法西斯主义因而得到巩固。

因此，这些个案研究可以用两种稍有不同的方式来解读。一方面，它们勾勒出三条相似的通往法西斯主义的路径。另一方面，本书是一项对比研究，聚焦于法西斯主义类型与不同的市民社会发展形式之间的关系。本书的分析试图平衡两者，同时着重突出让这些政治发展模式得以展开的事件。

在深入分析历史材料之前，或许有必要问问它们为何如此重要。第一个理由关乎市民社会。两次世界大战之间欧洲的威权主义经历表明，我们需要谨慎对待市民社会。在某些特定的政治环境下，市民社会的发展或许会产生非常积极的影响。但是构建一个能让市民社会在其中“令［自由］民主有效运行”的政治环境，并非市民社会自身发展的结果。相反，这样的政治环境必须被确立在先。这种看待市民社会的批判性和历史性视角，越来越多地体现在了质疑托克维尔观点的研究中。[98]

这就引出了第二重对民主的思虑。大量文献提出，自由民主制由底层的压力产生。虽说本书没有直接回应这种观点，但其中对法西斯主义的分析表明了我的保留态度。正如接下来的分析会点明的，在某些方面，意大利、西班牙和罗马尼亚之所以走向法西斯体制而不是大众民主体制，直接原因并不在于民众力量的虚弱，而在于民众力量的强大。在所有这三个国家中，关键的政治行动者都高度重视民主计划。问题就在于这种民主化推动力的强度——因为民间力量对民主太过重视，以至于威胁到了精英统治的根基。精英无法在一个自由主义的框架内削弱这种民主推动力，这正是这些个案中法西斯主义的底层诱因。如果这个观点成立，那么它也许意味着对于欧洲其他地区，可以有一种与当代社会科学中盛行的民主巩固（democratic consolidation）理论略有不同的理论。对于法国和英国为何能平稳过渡到大众民主制，可能的解释或许不在于平民的力量够强，而在于社会精英拥有足够的霸权能力，使得平民的诉求更容易被吸纳。这至少是由本书的分析引申出的一种可能。

第2章

政党法西斯主义

意大利，1870—1938

为什么意大利没能从宪政自由主义平稳过渡至大众民主制，而是产生了世界上第一个法西斯政权，以及为什么这一政权采取了“政党法西斯主义”的形式？本章的主要论点是，法西斯主义缘于市民社会的迅速发展，而这一发展所处的政治背景是由三次有历史关联的霸权失败奠定的：首先是阶级内霸权的失败，随后是阶级间霸权的失败，最后是反霸权的失败。在此政治背景下，市民社会的发展非但没有强化自由制度，反而破坏了它们。面对这样的危机，法西斯主义崛起了，作为一场运动，它号召建立一个没有政治的代议制国家：一个威权民主国家。

本章为分析性叙述，囊括了按照大致时序划分的五个阶段。最先考察的是民族统一时期的阶级内霸权。在我看来，意大利的阶级内霸权发展得很弱。地主和富人利益集团之间并没有形成坚固的同盟，意大利社会精英照旧分裂为以地区划分的利益集团。在组织上和意识形态上，意大利的社会精英从来都不是一个全国性的统治阶级。接着，本章又分析了19世纪后期市民社会的发展情况。这里我要展示的是，自由权利的确立足以支撑志愿结社的发展。结社主义在乡村地区尤为明显，它一开始是在社会精英的庇护和赞助下出现的，然后从19世纪90年代开始自主发展。在这些发展产生的压力下，意大利社会精英从19和20世纪之交开始尝试建立阶级间的霸权。但由于这一尝试建立在孱弱的阶级内霸权基础上，它只取得了部分成功，并于1911年宣告失败。最后，在第一次世界大战后，意大利社会党及其盟友着手实施反霸权，试图建立一个大众民主国家。但是这个项目也失败了，矛盾的是，这一失败缘于此前阶级内霸权和阶级间霸权的失败。由于这些更早的霸权形式没能使意大利的政治实现充分的民族化，反霸权便也无法与民族性相关话语建立链接。在市民社会快速发展的背景下，这三次有历史关联的霸权失败催生了一场政治危机，由此产生了法西斯运动，并最终出现了法西斯政权。

统一运动后（Post-Risorgimento）意大利的阶级内霸权

意大利支配阶级未能在民族统一后建立起阶级内霸权。这一结果部分缘于意大利的建国历史，部分缘于有限选举权。1815年拿破仑战败后，意大利被分成了七个主要国家。位于半岛西北部的皮埃蒙特是萨伏依王室统治的一个自治公国。在它东面的伦巴第-威尼西亚王国是奥地利帝国的一个省。托斯卡纳和摩德纳是奥地利的大公国，帕尔马则被交给了拿破仑的第二任妻子玛丽·路易丝。教会直接管辖位于意大利中心的教皇国。位于罗马以南的全半岛最大的政治单位是两西西里王国，它统一了西西里岛和半岛南部的大部分地区。这些政治单位除了皮埃蒙特，都不由本地人控制。笼统地说，奥地利人控制了北部，西班牙的波旁王朝控制了南部。19世纪的意大利只是一个地理意义上的区域，其中的政治划分遵循王朝的边界。[1]

多股外国势力跻身意大利的土地，这意味着外交和军事因素形塑了意大利的统一。统一的过程发轫于皮埃蒙特。鉴于疆域面积小，皮埃蒙特人统一半岛只能通过与法国保持良好关系，同时阻止奥地利的干涉：这两大外交重心与激进的社会转型水火不容。它们之间的冲突随着1860年意大利民族主义者朱塞佩·加里波第（Giuseppe Garibaldi，1807—1882）远征南方而越发凸显。加里波第威胁要唤醒农村大众并罢免教皇，而这样做的后果是法国人和奥地利人都不能接受的。部分是为了防止外国干预，统一运动的主要设计师、保守派卡米洛·本索·迪·加富尔伯爵（Count Camillo Benso di Cavour，1810—1861）发起了牵制加里波第的行动，让皮埃蒙特军队开赴两西西里王国北部边境，阻止加里波第北进。随后，加富尔伯爵通过一系列的全民公投将南意大利并入了这个新王国。统一运动的最后一幕是一场血腥的内战（1861—1865），对抗的是前波旁王朝支持者和南方农民组成的联盟。一场军事和外交进程取代了自下而上的民众动员或精英动员，使一个小国迅速将自身的制度扩张到了整个半岛。所以说，意大利的统一和相应的自由主义政权的建立，给大部分人口（尤其是南部民众）的感觉并不是解放，而是占领。[2]

统一后，王室委任的地方行政长官大部分是皮埃蒙特人，这群人主宰了地方政府各机构。他们提供公共卫生服务，分配公共工程，管理学校，部署警察。他们同时控制了集会权，密切留意结社组织。议会凌驾于这数不清的地方霸主之上，成了精英利益交易的平台。不存在聚合全民族利益的政党，而且只有非常有限的社会阶层可以投票，直到1912年，选举权才从总人口的约7%扩展到了约20%。[3]

即使在受限的选民中，意大利政府也不是通过选举组建的。相反，政府是通过一个被称为**转化主义**（trasformismo）的过程在议会中形成的。首相和内阁职位都是由选举后的交易决定的，而非通过全国范围内彼此竞争的纲领角逐产生。这对于政党的形成有着腐蚀性的影响，因其破坏了政治组织形成所需要的制度化斗争的环境。在1882年选举（第一次在扩大选举权的基础上选举）之后，阿戈斯蒂诺·德普雷蒂斯（Agostino Depretis，1813—1887）确立了转化主义的基本模式，当时，他邀请被称为历史右派（Destra Storica）的议会党团“自我转化”，加入他的政府。议员们面临着两种基本的压力：一种来自他们地方上的选举小集团，一种来自成分杂乱的多数派。[4]

当议员们相对独立于政党组织时，这种组建政府的方法效果最好，因为他们能更容易地参与交易。因此，主导着意大利自由主义政权的强势首相致力于瓦解那些凝聚一致的政治团体，而那些团体日后本可能为真正的政治组织奠定基础。[5]诚如费代里科·沙博（Federico Chabod）所言，意大利的自由主义政治技艺“旨在形成议会中的中间派多数，使一个人可以通过在议会实践中‘消解’……不同纲领间理论上的差异来实现治理”。[6]因此，意大利政府倾向于成为中间派的大帐篷政府（big tent government），可以依据形势稍微向右或者向左调整。这样一来，转化主义不仅破坏了政党在广大民众中的发展，更重要的是，它破坏了政党在有限的精英中的发展，因为后者的利益就反映在刚刚统一的国家的政治制度中。[7]

总而言之，意大利社会精英缺乏阶级内霸权。从国家统一伊始，自由主义制度就是自上而下强加的，不仅强加于广大人民，也强加于地方精英自身。此外，意大利议会的实践倾向于打击统一后政党的形成。从一开始就缺失阶级内霸权，其后果在20世纪之初变得显而易见。但是在探究这部分故事之前，我们有必要先退一步，考察意大利市民社会的发展。

意大利的市民社会

意大利社会精英没有发展出阶级内霸权，而这一缺失并没有破坏志愿结社的发展。相反，意大利有着欧洲最为古老和最为发达的市民社会之一。它的源头可以追溯至12和13世纪的自治公社时期。早在7世纪，城镇已经在半岛上复苏，在封建秩序中为政治自由提供了一个独特的空间。在这些城镇中，大量兄弟会和行会兴起，扮演代理家庭的角色，为弱势群体提供保险、养老金以及政治影响力。[8]

前焦利蒂时代的市民社会发展，1870—1900

随着统一的到来，市民社会得到了强化，互助会、兄弟会和行会的数量激增。这些团体都是高度地方性的，由工匠和店主这样的前工业时代的城市职业人士控制。它们提供保险、养老金、丧葬服务、主日学校和周末学校教育，且通常具有宗教性质。[9]

这种扩张与民族统一的规划有关，因为统一运动的领袖往往把结社视为强化政治秩序的一种有效且代价低廉的方法。在某种意义上，自由派精英促进了结社的发展，将其作为更传统的以国家为中心的治理形式的替代方案。通过鼓励节俭、政治温和与合作，结社有助于培养一批驯顺且富有生产力的人口。[10]

这一总体的自由主义纲领有两条主线：与朱塞佩·马志尼（Giuseppe Mazzini，1805—1872）有关的民主线，以及与路易吉·鲁萨蒂（Luigi Luzzatti，1841—1927）有关的温和线。马志尼强调，志愿结社既能够促进跨阶级合作，亦可以规训其成员。[11]他对英国和比利时的生产者合作社模式格外抱有好感，这在他看来可以消除阶级差异。随着合作社的发展，资本和劳动之间的区隔将消失。薪资将按照“生活必需”进行分配，而利润将按照每个成员贡献的劳动量进行分配。[12]马志尼还强调了国家在促进民间结社，尤其是合作社方面的作用。[13]考虑到农村的普遍贫困，他坚持认为新的民主国家需要提供资金去推动“志愿工人社团”。[14]所有这些都是为了创造一种能够在统一运动之后维持政治秩序稳定的大众民族主义。

马志尼同样强调了大众结社主义的规训作用。他批判工业资本主义，理由是带薪工作的长时间和不规律会破坏工人阶级自我教育的进程：“你们一天工作10个或者12个小时：你们怎么有时间教育自己？你们中的大多数挣的钱勉强够养活自己和家人：你们怎么有手段去教育自己？这种工作的不稳定性和中断性使得你们从过度活跃转向习惯性懒散：你们怎么能养成有条理、有规律和勤奋的习惯？”[15]因此，马志尼认为社团的一大目标是为工人提供公民教育的手段。

由于马志尼的民主构想聚焦的是结社对秩序生成的影响，因而它很容易与鲁萨蒂周围的温和派更为保守的观念糅合起来。温和派的模式倾向于关注信贷供应，而不是生产。鲁萨蒂提议组建小型储蓄银行，为工人提供一些保障，抵御失业、年老、疾病，并且将他们的利益与雇主的利益关联起来。[16]然而，对于这两派来说，结社主义的主要目标之一都是建立社会秩序。[17]19世纪的自由主义精英就此达成了一致，认为民众结社有助于建立一个统一的意大利国家。[18]

在19世纪80年代，这种自由主义模式遭受了严峻的考验。1878年，议会对工业征收保护性关税，将投资引向了城市，远离了农业。然而这些投资并未带来工业的腾飞，而是大都流进了投机性的地产热潮，因而并没有为城市就业打下坚实基础。大约同一时期，从俄国和美国进口的谷物威胁到了意大利的农业。这两个进程都容易给农村地区带来失业和就业不足，引发农民和农业日结工的抗议。这场危机也在农业直接生产者中引发了前所未有的结社发展浪潮。[19]

这数十年间，精英群体继续积极参与社团发展。例如，1887年在米兰成立的一个石匠合作社得到的部分资助来自国王。[20]德依诺琴蒂（Degl'Innocenti）指出，很多最早的日结工合作社"恰恰是受大业主和贵族圈子鼓励的"。[21]在意大利中部的翁布里亚，上流阶级的共济会成员（包括当地旧贵族阶层中的男爵和伯爵）是互助运动背后的推动力。[22]拉韦纳的第一个日结工协会（下文将详细讨论）是在当地一家银行和国王的帮助下成立的。[23]

除了这些地方上的倡议，保守的温和派和追随马志尼的民主派为了应对农业危机，成立了一个全国性的合作社组织：全国合作社联合会（National Federation of Cooperatives）。[24]它旨在向国家施压，要求国家通过有利于缓解危机的立法，如赋税减免和公共工程合约，以此促进合作社的发展。[25]

若论结社主义策略作为保障社会秩序的手段，没有哪个地方比这一时期作为农民起义中心的波河河谷更明显的了。在统一前，艾米利亚–罗马涅是教皇国的一部分，拥有非常丰富的宗教和世俗结社主义遗产。这些机构大部分是为特定类型的民众提供某种社会援助的。如里多尔菲（Ridolfi）所写的："尤其是在拉韦纳和弗利两省，存在一张'信徒善行'（pious works）的蛛网，能够确保几乎全体人民得到某种形式的社会保护。"[26]这些机构在面对19世纪80年代的危机时得到了复兴和转型。[27]

要理解合作活动在这一重要区域的激增，我们需要将其放到19世纪70年代和80年代的一系列经济转型的背景下。这数十年间，在艾米利亚–罗马涅，农业企业家们进行了被称为复垦（bonifica）的大型土地开垦计划，包括将沼泽地改造为可耕地。复垦摧毁了很多生活在亚得里亚海海滨城镇拉韦纳沿海地区的小渔民和猎禽人的生计，而随后这些人通常被雇来执行更进一步的土地开垦计划。然而，一旦土地被开垦，这些劳动力又变得冗余。[28]一个临时的、不停迁移的、缺乏技术的农业劳动力队伍出现了，其数量随着农产品价格暴跌而显著增多，而这种价格暴跌是意大利，实际上是整个欧洲在19世纪80年代的普遍特征。这种形势催生了19世纪后期的大型罢工。[29]作为同时代的观察者，玛利亚·帕索里尼（Maria Pasolini）写道："劳工（braccianti）在数量上和力量上逐年增长，愈演愈烈，令业主分外担忧。"[30]保守派参与农业合作社的建立，至少在一定程度上是在回应这种情况。

这些转变的结果是日结工（劳工）合作社遍地开花。[31]这些组织的扩张与其说是自发结社的产物，不如说是对特定政策的回应。国家和地方当局从19世纪80年代中期开始资助公共工程项目，旨在吸纳过剩的劳动力，希望借此缓和当地的阶级冲突。合作社成员们结社并在此共同劳动、共享薪资，正是为了赢得这些项目。[32]1888年在拉韦纳成立的劳工总会（Associazione Generale degli Operai Braccianti）是这些组织的典范，实际上给其他的日结工合作社提供了一个模板。因此它值得我们详细讨论。

这一合作社的目的是“成立一项基金，以便以自己的方式承包公共和私人工程，这些工程如今都被那些最肆无忌惮且往往奸诈的投机者所摆布”。[33]通过签订承包合同，“被私人承包商逼到了悲惨境地的工人试图迈出自我解放的第一步，因为一旦他们得到了工作环境上的改善并摆脱了附庸关系，社团将给他们提供一条自我教育的路，令他们从自己今天所处的屈从状态中解放出来”。[34]简而言之，这被设想为一个通过成立企业解决失业问题的工人组织。

只有工人才能成为拉韦纳的这一组织的成员。对每一项合同工作，工人按照十人一组来分组，并且按照四位“专家”、一位律师和一位工程师组成的技术委员会确定的计件工资收取报酬。至于在拉韦纳省以外的工作，组织会提供住宿和厨师。考虑到农业日结工的贫困，这个组织需要资助。它一开始得到了王室和一家当地银行的支持。[35]大多数人认为拉韦纳合作社是成功的。它赢得了大量的本地工作，不过它主要的经济成就是疏浚了罗马附近的奥斯蒂亚的沼泽。[36]这项工作要求工人建造运河，把沼泽的死水抽到聚水的凹地，然后注入海里。

在整个19世纪80年代，拉韦纳合作社都得到了国家的支持。根据赞盖里（Zangheri）的说法：“很自然地……省长和政府都倾向于将躁动的、不受规训的和好斗的大众所提出的这种卓越的创新为己所用，赋予了大众一种秩序和规训，并把它的好斗性变成积极性与合法竞争。”[37]合作社内部采用高度民主的组织方式，设有一个代表大会、一个技术委员会和一个会计委员会。会议记录记载了“直率的、坦诚的，有时甚至激烈的讨论”，[38]表明了一种充满活力的内部政治生活。它也成功地完成了一大批令人瞩目的工作。市镇公社和一个本地农业联合放贷团资助了拉韦纳合作社的首批工作。[39]其他日结工合作社也在同一时期兴起。有些是纯粹的工人协会，有些则允许股东加入。[40]

拉韦纳合作社出色地展示了民众结社主义和统一后的社会精英发展规划之间的紧密关系。这是一个志愿组织，其主要目标是竞标民族国家的公共工程。这些项目致力于为更先进的经济打下基础。由于合作社可以令成员接受规训和组织，地方行政长官视结社主义为一种巩固国家的手段。

日结工合作社大多局限于波河河谷，但是其他形式的合作社传播得更广。[41]信贷合作社对于小农来说尤其重要，因为这能避免高利贷和抵押。[42]这些机构的普遍情况是一开始没有多少资本，完全依赖成员的存钱意愿。此外，债务人会基于“担保”而非抵押物而被预付一小笔贷款。这需要相当大的信任，因为银行需要相信债务人会清偿贷款，而储户需要相信银行会做出好的借贷决策。[43]

总而言之，19世纪80年代，一个密集的农业社团网络在意大利，尤其是它的北部形成了。然而，这些组织与社会精英关系密切。它们的发展是统一运动的民族建设方案的一部分。我们大可以说，一种有组织的市民社会一直延续到19世纪80年代，但它不是自治自主的。这种情况将在19世纪90年代发生改变。

从庇护到独立

19世纪80年代的农业危机撼动了北部的地主精英。但是直到19世纪90年代，保守派对乡村民众结社主义的控制大体上依然如故。[44]直到阶段分化加剧和自治政治运动浮现，这种受庇护的结社模式终于瓦解了。[45]在政治上，社会主义和天主教承载了这种威胁，唤起人们的恐惧，担心乡村被动员起来对抗自由主义国家。

农业社会主义是这些运动中最为激烈的。1892年意大利社会党在热那亚成立，其中心阵地很快就转移到了波河河谷。它起初只是由个别领袖发起的运动，在19世纪80年代，它开始渗透到意大利的乡村地区，这在一定程度上是由马志尼式组织的主导地位推动的。意大利社会主义最显著的特点是它的乡村基础。根据1897年社会党的官方数据，在那一年，大约有73%的党员居住在非城市中心。[46]

社会主义力量日渐壮大极大影响了民众结社的组织。社会党人从政治生涯伊始就对合作兴致勃勃。用乔瓦尼·罗西（Giovanni Rossi，一位受到傅立叶和无政府主义影响的医生）的话来说，合作社是“某种社会主义殖民地，这里的生产和消费都是共同进行的”。[47]到了19世纪90年代，合作社已经在由社会主义者领导建立了。[48]

在19世纪90年代的合作运动中，天主教的重要性亦有提升。1894年，天主教徒在社会主义者的组织之外成立了自己的合作组织。但教会绝不仅仅是反动力量。在意大利的背景下，天主教无法和君权结成紧密的联盟。由于萨伏依王朝（就是皮埃蒙特人的王室）对抗当时的教皇权力，统一了半岛，天主教会对这一新成立的国家抱有敌意，并且采纳了诸多民众的诉求。[49]

天主教徒在议会救助会（Opera dei Congressi）的支持下组织起来，后者是一个包括合作社、乡村银行和保险方案在内的伞式机构。[50]与社会主义者一样，天主教徒的组织在农业危机的压力下得到了扩张，不同的是，他们的目标是稳定小有产者，而不是建立集体农庄。[51]然而，一如社会主义者，天主教徒对合作运动的控制，削弱了关注民族统一的自由派。就像丘福莱蒂（Ciuffoletti）写的那样："一直到1892年，都是共济会和自由民主派'赞助人'在组织乡村基金，但是从那以后，天主教徒掌握了主动权，仅仅5年内就在威尼托和弗留利成立了近500个乡村基金。"[52]19世纪90年代是变革的十年，因为精英阶层对民众结社主义的直接控制减弱了。正是从这个时期开始，意大利的合作运动因其与社会党和天主教会的紧密联系而呈现出明显的政治特征。[53]

这一变化在合作运动的领导层方面一目了然。在1894年全国合作社联盟（Lega Nazionale delle Cooperative，前文提到过的全国合作社联合会的后继组织）大会上，社会主义者第一次从保守的温和派手中夺过了控制权，试图把合作运动与明确的政治目标关联起来：建立一个社会主义的、民主化的意大利政府，尤其是在地方层面。1899年往后，合作社在地方治理上逐渐活跃，向当局施压，要求补贴工人阶级组织，并试图影响选举。民主派和社会主义力量之间的结盟，将结社主义与更宏大的政治变革纲领挂钩。[54]

在这一点上，用一些基本的量化证据来总结上面讨论的发展会有助于理解，这些数据涉及从土地复垦计划发展而来的生产者合作社，还有给小农提供贷款的信贷合作社。[55]表1总结了合作运动从1888年到1915年的发展情况。数据显示，19世纪后期和20世纪初期，意大利每个地区的合作社都呈现出引人注目的数量增长。从整个半岛的数据看来，每百万居民拥有的合作社数目增长了26倍。在部分地区，这个数目高出很多。例如，1915年拉齐奥的合作社数量是1888年的109倍，对艾米利亚-罗马涅地区而言，这个数目是30倍，而撒丁岛则是74倍。这些证据表明，意大利的市民社会在20世纪早期明显变强了。

表1 法西斯统治前意大利合作社的发展
（每100万名居民中合作社的数量）

地区	1888年	1902年	1910年	1915年
皮埃蒙特	38	74	137	179
利古里亚	19	94	203	313
伦巴第	15	96	213	300
威尼托	11	102	93	183
艾米利亚-罗马涅	19	138	360	570
托斯卡纳	32	93	195	279
马尔凯	12	100	164	201
翁布里亚	7	54	102	148
拉齐奥	3	48	183	328
阿布鲁佐-莫利塞	7	21	38	47
坎帕尼亚	4	27	54	68
普利亚	6	31	78	119
巴西利卡塔	4	41	45	75
卡拉布里亚	2	26	41	81
西西里岛	8	42	67	100
撒丁岛	1	15	39	74

资料来源：MAIC 1890; Degl'Innocenti 1977

说明：巴西利卡塔和卡拉布里亚在1902年的数据是从一个原本没有区分两个地区的数据中计算得出的。我根据1901年每个地区人口调查数据的比例划分出了这个结果。所有数据都是根据最接近发表日期的人口调查来调整的。对应1888年和1902年的是1901年的人口调查，1910年的数据对应的是1911年的人口调查，至于1915年的数据，对应的就是1915年的人口调查直到19世纪90年代中期，结社主义作为一种巩固原本很脆弱的民族-国家的手段，始终是由精英驱动发展的。显要人物资助了各种形式的志愿组织：社区乳品店、消费者合作社、生产者合作社和信贷协会。可到了19世纪90年代，这项规划就难以为继了，因为由社会主义者和天主教徒领导的自治政治运动开始在乡村地区兴起。于是，意大利迎来了一个过渡期，其结果是出现了一个自治的市民社会。

阶级间霸权

市民社会的发展产生了重大的政治影响。从19世纪后期开始，意大利政治精英需要更多地把民众力量纳入考量。彼时，出现了两种应对新兴乡村动员的模式：一种是与弗朗西斯科·克里斯皮（Francesco Crispi，1819—1901）有关的强硬镇压模式，另一种是与乔瓦尼·焦利蒂（Giovanni Giolitti，1842—1928）有关的新转化主义模式。

19世纪后期，在克里斯皮的领导下，保守派势力开始力图建立一个更公然的威权国家。1885年，很大程度上为了回应上文提及的农业萧条，意大利北部和南部的地主形成了一个保卫农业联盟，推动降低土地税、提高进口谷物的关税，以及实行新的土地登记政策。这一组织还成功联合了棉花制造商和工业家。1887年，这一联盟成功推动通过了关税提案，并试图推行帝国主义政策，对外扩张，对内镇压。到了19世纪90年代，意大利几乎建立起一个威权政权。但是1896年，意大利在非洲的军事行动失利，这终结了克里斯皮政府。虽然意大利的镇压行动断断续续地维持到了1901年，但是直到20年代法西斯崛起之前，它都没能再建立起一个稳固的威权联盟。[56]

相反，在一场关于实施戒严令的议会辩论中，自由派议员挺身抵制了这一依法令治理的企图。虽然意大利在19世纪90年代依然存留着自由主义的原因值得专门研究，但是其中一个因素很可能在于统治精英中进步地主们仍在发挥力量。[57]

1901年，乔瓦尼·焦利蒂在政坛的崛起成了意大利历史的一个关键转折点，因为焦利蒂大大放松了政治压迫。这在精英和非精英中引发了爆炸式的结社发展。[58]这些发展得益于一种新的实用主义态度，它给了改良社会主义和天主教很大的空间。焦利蒂允许乡村地区有自主的政治动员，也不在出现劳资纠纷时部署警察。这一转变基于一种非常特定的关于市民社会在政治民主中扮演何种角色的理论。焦利蒂认为，志愿组织自身的发展会在意大利创造出稳定的大众民主。因此，没有必要去资助或者控制社团组织。[59]

作为一项市民社会发展规划，焦利蒂转向大获成功。焦利蒂掌控意大利议会的时期见证了一场结社革命，结社组织不再受限于19世纪后期典型的那种家长式的自上而下的模式。在农民和工人中，这表现为志愿结社的爆发。这类组织在北部的地主和工业资本家之中同样得到了发展。塞顿-沃森（Seton-Watson）对焦利蒂时期的成果有如下总结："在整个北部，工会、农民联盟和劳工之家成百地增加。一个又一个行业建立起了有纪律的工人组织，而随着这一运动向农业劳动力扩展，整个北部乡村仿佛一下子苏醒了。"[60]另外，直到19世纪90年代还主导着农业结社的庇护关系，在世纪之交被彻底打破了。到了1914年，一个发达且自主的市民社会已经在意大利浮现。

这些发展并不限于非精英组织。当时间转入20世纪，工业家和农业主也组建了很多经济社团。在1901年之前，意大利的有产者可以指望宪兵（carabinieri）直接干预劳工骚乱。但是焦利蒂对于1904年大罢工的反应背离了这一先例。政府并没有像6年前应对1898年危机时那样部署警察，而是无视了罢工，转而召集选举，意图在投票中惩罚激进主义。这种新的策略迫使社会精英自行组织起来，因为他们再也无法只依靠当局协助镇压了。[61]

因此，无怪乎在"一战"前的15年，意大利迎来了精英结社主义的黄金时代。1892年，在皮亚琴察成立了意大利农业集团联合会（Federazioni Italiani dei Consorzi Agrari），为成员提供技术支持、信贷和种子。1899年，该组织拥有5万名成员，但到1910年，这个数字已经增长到了12.5万。此外，为了对付乡村地区越来越多的激进工人，大量农业"联盟"也成立了。1909年，一帮农业协会买下了创办于博洛尼亚的《卡利诺找零报》（*Il Resto del Carlino*）。这一时期，工业家同样变得更有组织，工业资本家作为一个阶级在焦利蒂治下得到了壮大。工业结社发展发端于1906年成立的都灵工业联盟（Lega Industriale di Torino），这迅速扩展为都灵工业界和伦巴第金融界之间的联盟，而到了1910年，意大利工业界发展出了第一个全国性组织——工业家联合会（Confederazione Generale d'Industria，缩写为Confindustria）。但这种组织发展并没有产生一个工业家政党。[62]

的确有人尝试过建立这样一个政治组织，例如1910年，意大利民族主义协会（ANI）在佛罗伦萨成立。[63]但是它始终局限在与军需产业相关的工业利益上，并没有在全阶级范围内受到广泛欢迎。类似的建立农业政党的尝试同样一无所获。因此，意大利社会精英的弱霸权并非直接源自葛兰西所称的“社会力量关系”。[64]实际上，无论在工业还是农业领域，意大利社会精英都是高度有组织的。社会精英的弱势更多属于“政治力量关系”的问题。[65]

意大利社会精英尽管组织能力日趋强大，在政治上却持续弱势，这缘于焦利蒂时期保留了转化主义的主要支柱。[66]从世纪之交到大约1914年，在不同的首相任内，一个凭借对焦利蒂（他总体上掌控着政治体系，无论首相是谁）个人的忠诚维系起来的单一多数派主导了议会。他们的凝聚力部分建立在对政府捐助的策略性运用上。19世纪90年代，焦利蒂因为卷入了罗马银行向议员付款的丑闻而结束了他的第一个掌权期。大约在世纪之交，超过一半的议员受薪于政府。政治阶层的系统性腐败对政党的形成起到了腐蚀作用。[67]

有限选举权也产生了同样的效应。在三次“经典的”焦利蒂式选举（1900年、1905年和1909年）中，选民人数虽然增加了，但数量依然远远不足人口的10%。社会主义和大主教在选举中的无力使焦利蒂能够宽容它们。选举策略也带有强烈的地域性。来自意大利南部的议员通常占据了议会的多数议席。这些稳固的代表议席给政府提供了坚实的堡垒，让政府可以根据更开放的北部地区的选举竞争情况来选择向左或向右倾。这一系列安排意味着政治体系的部分开放并没有导向意大利支配阶级的政党发展。[68]

这与非精英的政治组织形成了鲜明对比。意大利虽然缺乏资产阶级和地主的政党，但发展出了非常庞大且组织完善的社会主义和天主教党派，尽管后文将指明，这些组织从未真正成为覆盖全民族的政党。社会党起初在市政选举中取得了重大政治胜利，在19世纪90年代控制了多个重要的意大利市镇。在大多数地区的某些市镇，社会党都在市政当局中有若干代表。社会主义政府提供了新的政治参与机会。社会主义者首选的手段之一就是用公投去解决一些地方上的问题。例如在米兰，社会党人控制的地方议会就资助一座歌剧院的事宜举行了一次公投。而在奥内利亚，全体人民就地方税收问题举行了投票，就连那些被全国性的选举规则禁止投票的人都参加了。[69]

社会党在焦利蒂时期也取得了组织建设上的重大进展。合作社、互助会和人民之家往往脱胎于一些“圈子”：聚在一起喝酒的朋友群体，有时是家族团体。社会主义组织糅合了政治、经济和娱乐活动。例如，社会主义戏剧表演有时会在互助会和合作社中进行。合作社往往也提供图书借阅服务，有时还和社区学校有关联。[70]

劳工之家同样扮演了重要角色。它们的入会原则同时基于地域和阶级。它们的主要目标是为成员找到工作，不过有时也提供一些互助和娱乐活动。每一个劳工之家都有很多附属的“联盟”，通常严格基于职业组建。这些组织在19世纪90年代发展成了职业介绍所，但是很快便扩大了职能，提供合作社服务和休闲活动。[71]

社会党人推动结社主义，部分是为了打破资产阶级文化的影响。著名的演讲家卡米洛·普兰波利尼（Camillo Prampolini，1859—1930）一语中的：“我们的代表大会就是我们的议会，会上通过的决议就是我们的法律。我们的支部在某种意义上就是我们的市镇。我们的领导班子就是我们的政府。”[72]实际上，拥有党证成了一种另类的公民身份，自带一套激进分子的权利和义务。通过获取党证，激进分子有了在公投中投票和选择党魁的权利，也有了做一个好公民的义务——包括避免决斗、按时交纳党费、出席会议和保持“政治一致”。[73]社会党领袖同样致力于将党员从更广泛的共同体中分离出来。19世纪90年代，社会党人开始开发另一套节日，包括马克思忌辰和巴黎公社失败纪念日，意在把党员与民族主义和爱国主义节日区隔开，那些节日不过是“资产阶级及其征服的庆典”。[74]这种策略甚至影响到了两个最根本阶段的权利：出生和死亡。贝尼托·墨索里尼（1883—1945）在领导弗利的社会党支部时格外强调党员要和周围的天主教划清界限。1910年4月，社会党代表大会发布了如下声明：“大会全体认为，天主教信仰与社会主义的一致性不相容，如果党员从事宗教实践或者容忍其子女从事这类实践，将按照规定开除其党籍。社会党人的一项特殊义务就是避免宗教婚姻、孩子受洗和其他一切宗教仪式。”[75]意大利社会主义由此发展出一套强势和对抗性的政治参与形式。

尽管有这样令人瞩目的组织发展，社会党始终没能与焦利蒂体系彻底断绝关系。最为明显的是它依然在财政上依赖意大利政府。1889年到1901年间，有总值逾500万里拉①的合同被授予了合作社，这依托于一项法律，它允许合作社竞标那些价值不超过10万里拉的公共工程合同。实际上，这种资助成了这些组织在20世纪初扩张的部分推动力。社会党十分矛盾地变成了自由主义国家内部的一个特权利益集团。[76]

社会主义并非焦利蒂时期唯一得到充分发展的政治力量。政治天主教主义（Political Catholicism）同样在自由主义转向

① lira，意大利在2002年欧元流通前使用的货币。——译者注

后的那些年里快速发展起来。天主教活动中格外重要的一部分是通过小型天主教银行（casse cattoliche）提供小型信贷。大业主们也参与资助这些组织，其目的至少部分在于削弱乡村地区的政治激进主义。[77]但是似乎有迹象表明这些组织的内部是相当民主的。银行有一个全体代表大会，它负责选举产生董事会，同时非常依赖横向的信任关系。根据法布里（Fabbri）的说法："这些组织在波河流域低洼平原区的数量尤其庞大，在小市镇、片区和小村镇中迅速增长，它们甚至没有自己的原始资本，而是依靠成员之间相互承担无限责任，这些成员彼此认识且日常交往频繁，为相互监督提供了有效保证。"[78]因此，虽然很多这些组织的主要理论家都拥护纵向模式的阶级合作，但是这场运动的组织实践往往有违这一理念。天主教农民联盟实际上非常接近改良社会主义模式，而这一趋势在战后随着唐·路易吉·斯图尔佐（Don Luigi Sturzo，1871—1959）的崛起而愈加明显，他切断了这场运动与教会的正式联系，并且拥护一种公开的民主纲领。[79]

随着社会主义和天主教政治运动日益壮大，它们威胁到了焦利蒂体系的微妙平衡，而且这一体系也被1910年至1913年意大利经济的不景气所削弱。1912年让渡普选权也是当权者回应这些问题的尝试。焦利蒂扩大选举权的目标在于增强社会党中温和派的力量。但是事与愿违，激进派由此崛起，而这一时期激进派的领导人是革命煽动者贝尼托·墨索里尼。墨索里尼在社会党内发起叛乱，针对的就是社会党与焦利蒂的合作。1912年，在他的领导下，党内的不妥协左翼在召开于雷焦艾米利亚的代表大会上要求驱逐右翼，并禁止任何与非社会党人的结盟，无论是在议会内还是议会外，因为这样会削弱议员在议会中的政治自主性。这些政策把矛头明确指向了策略性妥协，而那正是焦利蒂政治的基础。在墨索里尼的领导下，左翼获得了优势，意大利社会党从焦利蒂政治体系的支持者转变为它的主要政敌之一。[80]社会主义激进分子从革命工团主义（revolutionary syndicalism）这样一个激进但并非社会主义的运动中找到了支持者。1912年，工团主义者成功分裂了意大利总工会（CGL），成立了意大利工联会（USI）。[81]

这两股运动最引人瞩目的联手发生在红色周（Red Week）期间：一场反军国主义游行最后演变成暴力冲突，并引发了一场计划外的大规模罢工，将社会主义者、无政府主义者和共和派串联了起来。就这样，在大战前，焦利蒂体系的关键支持力量似乎正在瓦解。[82]

随着民众力量变成日益不可靠的盟友，自由派政治精英将民族主义和帝国主义视为替补。这一进程始于焦利蒂干预利比亚事务。但实际上，是焦利蒂的主要政治对手安东尼奥·萨兰德拉（Antonio Salandra，1853—1931）把这一进程推向了参与第一次世界大战，那是一场政治和社会灾难，并且与意大利法西斯主义的兴起有着千丝万缕的联系。介入这场血腥的、对意大利而言毫无战略意义的冲突，是当权者建立民众支持基础的一次尝试，在当时的背景下，民众越来越组织化，政治建制也越来越难争取到他们的支持。[83]

焦利蒂部分开放的政治体系，在此时带来了自相矛盾的结果。一方面，这位皮埃蒙特政治家鼓励非精英阶层的结社发展；另一方面，他又努力维持精英阶层对于政治力量主杠杆的控制。这一政治体系并没有加强意大利社会精英的政治组织，反而加剧了它们的弱点。它也鼓励了要么无视、要么仇视自由主义体系的非精英政治组织的发展：社会主义和天主教。我们也许会以为，随着这两股与政党相关的大众反抗运动的兴起，居于中心的自由派会更正式地组织起来。的确也有很多著名政治人物在朝这一方向努力。[84]但是这个期待落空了，部分原因在于自由派精英没有动力去冒公开选举的风险。焦利蒂的那些保护社会精英政治特权的举措，实际上确保了他们无法渗透进一个快速成长的市民社会中。随着焦利蒂与改良社会主义草草组成的联盟崩塌，一些自由派开始转向民族主义和帝国主义，作为取而代之的民众支持基础。这种对新的民众合法性的需求与意大利参与第一次世界大战直接相关，而大战奠定的社会和政治危机将在未来孕育出法西斯主义。

最好把焦利蒂时期解读为建立阶级间霸权的一次失败尝试。这次尝试缘何失败？主要的原因在于焦利蒂缺乏一个坚实的政党组织。因此他从来没有真正地把大众力量纳入他的执政联盟。相反，大众力量支持了执政联盟之外的那些在意识形态上并不一致的联盟。焦利蒂的前任统治者一开始将转化主义逻辑应用在分裂的地方精英之中，焦利蒂只是简单地将这一逻辑扩展，用于解决严重的阶级割裂，造就了这次失败的尝试。

反霸权

当士兵们从第一次世界大战的杀戮场上回到意大利时，意大利政治已开启了一个新时期：反霸权阶段，各种群众运动试图在战后找到一个新的民主方案。考虑到意大利统治阶级软弱无力，且因无谋的干预而落得声名狼藉，人们或许会期待这个时刻能产生突破，带来稳定的大众民主制。但是这个期待落空了。相反，反霸权的力量四分五裂，变成了彼此竞争的团体，一如昔日的意大利统治阶级。而这种分裂的后果就是政治危机广泛蔓延，从中诞生了法西斯主义。

战后时刻和反霸权的失败

就如西达·斯考切波曾正确指出的，大规模战争动员有利于市民社会。[85]“一战”后的意大利当然也不例外。政治光谱中的不同团体都被动员起来，回应战争以及它的余波。这些团体普遍渴望一种更具有代表性的新国家。“一战”后的时期似乎预示意大利政治体系将迎来根本性的变革。一场广泛的、左翼的、民主的、民族主义的运动致力于领导一个阶级间联盟，以实现意大利社会和政治机构的现代化，这场运动一下子聚拢起很多归国老兵。[86]然而事实证明，没有一股现存的政治力量有能力去领导这多股潮流。无论是有组织的社会主义抑或意大利自由派都不能捍卫左翼民族主义者的民主诉求。法西斯主义踏足了这一空白，将自身构建为一场反社会主义和反自由主义的市民社会运动。正是这场反霸权运动的失败，导致法西斯分子夺得了权力。

退伍老兵的组织最为清晰地展示了战后意大利的公民动员。最庞大的一个组织有55万名成员，且与意大利人民党（PPI）有关联。战争催生了一大批平民防卫组织，尤其是在意大利军队在卡波雷托战役中被击败，导致奥地利人占领了意大利北部部分地区之后。这些组织多是政治上右倾的中产阶级，但是其中很多成员亦要求在腐化的焦利蒂体系之外建立更具代表性的新政治秩序。[87]

正是在这一社会环境中产生了一场后来被称为法西斯主义，或者更具体来说，被称为“战斗法西斯”（fascio di combattimento，意即战斗联盟）的运动。这一组织成立于1919年3月23日，一开始被构想为一个松散的伞式组织，为那些退伍老兵组织提供一个共同行动的框架。用一位法西斯官方编年史家的话来说，它的目标在于“把所有的干涉主义者和战士团结在一个仅有一种意志的联盟（fascio）之下，带领他们朝着一个确定的目标前进并且巩固胜利”。[88]而随着该运动的扩张，它经常直接吞并掉既存的组织。[89]

我们也许会认为，退伍老兵组织与战争还有民族主义之间的紧密联系会让它们变得威权主义、狭隘以及排外。现实情况更加微妙，意大利民族主义在政治上模棱两可。关于意大利是否应该介入“一战”的争论往往会把意大利的民族主义者推向左翼。一开始，他们倾向于支持同盟国：德国和奥匈帝国。部分原因是他们由衷欣赏作为一种政治和社会模式的德国威权主义体制。但是意大利参与“一战”削弱了民族主义阵营中亲奥亲德的倾向，因为政府参战时选择站在法国、英国和俄国的那一边。[90]由于干涉主义是所有民族主义者都支持的政策，因此这一选择使得干涉主义与支持英法等民主国家联系在了一起。

干涉主义亦得到了来自左翼的重要支持。第一批转而支持干涉主义的重要左翼力量是革命工团主义者，他们中的部分成员组织了国际革命行动联盟（Fascio Rivoluzionario d’Azione Internazionalista）。这些团体曾经长年参与革命政治，但是在前面所说的红色周失败后，它们都在寻求新的策略。[91]在它们的影响下，墨索里尼此时开始拥抱战争，这可以通过他10月18日发表的《从绝对中立到积极可行的中立》一文看出。这篇文章是这位前社会党领导人开始脱离党的证明。当时年轻的安东尼奥·葛兰西——日后成了意大利共产党（PCI）的创始人之一——10月末还在其主编的《人民呼声报》（*The Cry for the People*）中激情澎湃地评注了这篇文章。[92]

从1914年11月墨索里尼的报纸《意大利人民报》（*Il popolo d'Italia*）创办，到1915年5月意大利参战，数不清的意大利社会党中层干部参加了左翼干涉主义团体。社会党的党员人数在战争期间稳步减少。在战后余波中，意大利掀起广泛的民族主义运动，这些前社会党人在其中形成了一波明显的左翼潮流，并试图把自身确立为民主阵线的领导者。他们的主要目标是在战后立即建立一个制宪会议，扩大选举权并推行社会改革。墨索里尼自己就支持这一纲领。[93]

因此，战争结束后，一个独特的民族主义左翼扎下根来，而它倾向于支持民众的民主诉求。例如，墨索里尼的《意大利人民报》持续不断地谴责那些改良社会主义者在这个时期表现出的政治懦弱。[94]报纸编委会也支持了最早的工厂占领行动之一，我将在下面更详细地讨论这次发生在弗兰奇-格雷格里尼（Franchi-Gregorini）公司驻贝加莫的工厂的占领行动。[95]在阜姆①这个意大利和南斯拉夫接壤的边境小镇，诗人加布里埃莱·邓南遮（Gabriele D'Annunzio，1863—1938）在1919年9月成立了一个“共和国”。[96] 邓南遮的其中一个高级顾问是革命工团主义者阿尔切斯特·德·阿姆布里斯（Alceste De Ambris，1874—1934），他说服邓南遮采纳了名为《夸尔纳罗宪章》（Carta del Quarnaro）的法团主义宪法，号召建立一种用工会取

① Fiume，今克罗地亚的里耶卡。——编者注

代政党的政治代表制度。邓南遮和他的追随者也尝试与意大利社会党接触，为一场有着明确左翼色彩的“向罗马进军”做好准备。[97]早期的法西斯主义是这股民族主义左翼的一部分，就如它在1919年6月采用的第一份政治纲领所表明的，要求扩大选举权、对战争利润征收重税、工人参与管理决策以及直接选举参议院。[98]因此意大利法西斯主义运动是在“一战”后席卷意大利的左翼动员中形成的。

考虑到法西斯主义最初呈现出的民主特征，为什么这场运动会发展成一种与既得利益有关的、暴力的准军国主义形态？要回答这个问题，很有必要考察左翼。意大利参与战争，带来了一场经济和政治危机，在1919年和1920年激发了前所未有的左翼叛乱。因为美国和其他国家设置了新的关于移民的限制规定，移民的安全阀在1913年后被关闭了，而与此同时，战争导致了严重的通货膨胀。[99]高企的生活成本成了人称“红色双年”（Biennio Rosso）的时期里社会动乱的基本经济背景。而引入比例代表制更加扰动了政治气氛。过去的单议席选区制有利于保守的自由主义中间派。相比之下，新的投票体系对那些有着全国影响力的大众政党更有利，因而有利于意大利社会党和意大利人民党。[100]

1919年和1920年，都灵的电报员、铁路工人、冶金工人和汽车工人，还有意大利中北部地区的日结工都举行了罢工。尤其是在工业领域，很多罢工是在没有得到改良派工会组织资助的情况下举行的。1919年，总工会与雇主组织工业家联合会达成一项协议，内容覆盖了工时、工资和在工厂内的代表权。这一协议很快就在同年夏秋两季的一系列自发性罢工中瓦解。[101]

“红色双年”的高潮随着1919年冬天和1920年早春的工厂

占领行动和4月的大罢工出现。占领行动一开始被用作一种劳工抗议手段，避免罢工的负面影响，同时又能给工厂主足够的压力而迫使其让步。工人们不是愤然离开岗位，而是继续生产，由此迫使雇主继续支付工资。[102]这些罢工在一定程度上是为了表明，工人阶级自己就可以组织生产，私人所有制在严格意义上是多余的。此外，这些罢工往往会要求所涉公司"被委托给该公司的工人集体管理"。[103]这一手段似乎是冶金工人开始采用的，他们来自这个国家工业化程度最高的地区，即热那亚、皮埃蒙特和米兰，还有一些意大利中北部地区小城镇的工厂。[104]

然而，最戏剧性的动员发生在乡村地区。业主们承受着不利的价格（工业投入相对农业产出来说要高得多）、上涨的征税，以及社会主义联盟的成功带来的额外的劳动力成本——联盟通常与社会党人主导的市政府联手，迫使雇主付给工人更多工资，同时聘请失业的日结工和小农。这些经济议题都与政治抗争有直接关系。1919年夏天，上涨的生活成本导致大规模罢工和游行示威，使得劳工之家赢得了前所未有的对劳动力供应的控制权。没有人可以绕过社会主义组织招聘劳工。[105]

1920年2月和3月，在都灵周边的乡村，农民"系统性侵占大地主的土地"，组成一支赤卫队（red-guard），开始放火烧房子。[106]事实上，意大利的农业社会主义承诺彻底转变乡村的阶级关系，要么通过重新分配土地，要么通过建立集体经营的农庄。

站在意大利政治精英阶层的视角，更糟糕的是，意大利社会党在战后成为一支重要的选举力量。早在1913年的选举中，即第一次基于全体男性的选举中，意大利社会党已经展现出自身作为全国性政治力量，在整个半岛上无与伦比的地位。意大利社会党是第一个运用现代政治竞选运动的组织，包括系统调查不同的选区、印发宣传资料、举行公众会面、批评政治对手以及打广告。所有这些技巧都在战后被重新调用起来，并在选举中收效极佳。1919年的全国选举中，意大利社会党赢得了156个议席。加上意大利人民党获得了100个议席，这对于意大利半岛上的议会实践传统构成了重大挑战。跟1913年相比，社会主义阵营的代表人数增至3倍，赢得了约三分之一的民众选票。其他选票投给了与国家政治联系较弱的本地候选人。[107]

1920年的行政选举巩固了这些已然令人瞩目的成果。意大利社会党赢下了每个主要的北部中心城市：都灵、米兰、热那亚、威尼斯、佛罗伦萨和博洛尼亚。在皮埃蒙特、伦巴第、艾米利亚–罗马涅、威尼托和托斯卡纳，社会党控制下的市政府数量也有巨幅增长。1914年社会党控制了总共451个市政府，大约占全国所有的城镇政府的5%。到了1920年，社会党控制了2,115个市政府，占比超过四分之一。[108]

也许意大利人民党的崛起同样重要。虽然焦利蒂已经在务实的层面上联合了这个党，但战前天主教势力的某些派别是相当激进的。天主教徒跟社会主义者一样，在战后时期大大受益于扩大选举权和比例代表制，而且如前所述，他们跟社会主义者一样，在意大利的东北部控制着一批社团，为自己提供坚实的后盾。所有这些动员发生的语境是社会精英阶层内持续的政治弱势。正如工业家联合会的领袖指明的："我们的政党声名狼藉。"[109] 20世纪20年代部分社会精英转而支持法西斯主义，其根本原因正是保守派的政治纲领无法赢得大众的选举支持。

那么社会主义与之前说的民族主义左翼的关系又是什么？显而易见，两者争夺的是同一群选民。然而战后时期一个主要的政治事实是，尽管很多主要领导叛变，但意大利社会党的选举实力依然持续增强。这就阻止了任何将工人阶级组织剥离并纳入民族主义政治规划的尝试。因此，社会主义组织扮演了将有组织的工人阶级与民族主义左翼隔离开来的角色。[110]

这赋予了意大利社会党一项极其重要的历史责任：推进诸多在战后危机中涌现的正当的民主诉求。然而事实证明，社会党并没有准备好去扮演民主国家捍卫者的角色。[111]它没有接受召开制宪会议的诉求，并很快就被苏维埃模式所吸引。尽管有明确的信号表明市民社会被高度动员起来，但意大利社会党没有能力成为这场运动的政治渠道。这种无能为力，部分是由于高度偶然的策略失误，但是这也与焦利蒂时期意大利社会主义的政治发展紧密相关。社会党的具体成就往往集中于市政一级，而社会主义改造的终极目标却被投射于一个模糊的未来。这种糅合既反映了这个党在焦利蒂的有限选举时期所面对的限制，亦反映了它所享受的特权。由于与转化主义的历史纠葛，社会党已然被“市政化”。安吉洛·塔斯卡生动地表达了这一点：“战后时期的社会主义活动在意大利——在电话和铁路时代开始的时候——创造了数以百计的小‘共和国’和社会主义‘绿洲’，而它们彼此间就如在中世纪时一样没有任何沟通，但又没有当时用来保卫城市的堡垒。社会主义是数以千计的地方‘社会主义’的总和。缺乏一种国民良知，这种市政的**‘狭隘地方主义’**①严重妨碍了意大利的社会主义。”[112]

而这种地方主义的结果之一是，1919 年被选进议会的 156 名代表只构成一股惯性阻力，能够激怒和吓唬右翼，但是不能

---

① 作者此处使用的“attachment to the local bell tower”是意大利语 campanilismo 的字面意思，指的是极度忠诚于本地的传统习俗。——译者注

在国家的层面上推进积极的政策，因为他们并没有这样的政策。意大利社会党没能成为“作为一个整体”的社会的利益捍卫者。这导致了一种政治实践上的改良主义和言辞上的激进主义的奇怪结合。例如，1920年，意大利总工会在莫斯科签署了一项条约，承诺支持苏维埃共和国。正是在同一时期，它敦促其成员参与一项温和的保险计划，使工人可以与雇主、国家共同购买基金。这种改良主义与激进主义的矛盾混合在上述的工厂占领行动中到达了极致。1920年9月，在米兰举行的会议中，总工会和社会党的领导层都试图与罢工行动保持距离，重创了在籍党员人数。到了1920年末，“红色双年”终成幻影，没有产生任何具体的结果。所以说，虽然意大利社会党足够强大，可以阻止左翼民族主义革命，但是由于它之前被焦利蒂体系收编，因而在战略上与地方政治绑定过深，无法推行自身的民主革命方针。正是在战后的关键岁月里，社会党领导层没能拥抱一个广泛的民主议程，从而打开了通向法西斯主义的大门。[113]

意大利社会主义未能引领一个广泛的民主联盟，乃是它自身与转化主义治理体系在历史上纠缠不清的结果。社会党在地方层面赢得了很多特权，但这同时使它始终没有一个像样的国家级战略视野，即使在它最具革命性的时期里亦是如此。这放到战后时期是灾难性的，因为社会党完全有能力对抗中产阶级，却没法从结构上推行一场真正的社会革命。

民族工团主义：一种反政治的意识形态

一场大范围民主革命的失败在当时催生了一场政治危机，由此产生了法西斯主义。显然，法西斯运动并没有为意大利的弊病提出新的政治解决方案；相反，它把政治视为问题所在。

本着这种看法，这场运动援引一系列的批评，指责自由主义国家是在返回焦利蒂时期。这些观点形成了一种反政治的市民社会（或者说结社主义）意识形态，它是法西斯主义教条的核心，无论是在法西斯运动兴起时期，还是在法西斯政权统治时期。[114]

法西斯运动的主导意识形态有两个主要来源：民族主义和工团主义。它们汇聚成了“民族工团主义”（national syndicalism）。虽然这些教条有着非常不一样的谱系，但它们有一个重要的共同点：两者都坚持主张政治的人为性，认为有必要进行直接的、非选举形式的政治参与。[115]

1902 年，工团主义作为社会党内的非正统思潮开始登场，起因是改良派的领导层决定支持政府并与自由派建立策略性联盟。工团主义者指出，改良派正被转化主义所笼络；人们需要的是一种基于自治职业团体的新的政治秩序，这些团体会打破意大利社会党的主导地位。[116]

在随后的法西斯主义发展过程中，最重要的工团主义人物是赛尔吉奥·帕农齐奥（1886—1944）。帕农齐奥的政治生涯始于1902年，那时他当上了意大利南部的莫尔费塔一个本地社会主义团体的政治秘书。当时恰逢社会党的危机时期，革命工团主义者与改良派互相竞争。帕农齐奥认为社会主义更多是一种后自由主义（postliberal）的政治体系，而不是后资本主义（postcapitalist）的经济秩序。他认为工人阶级组织创造了一种外在于自由主义国家的新的法律形式。帕农齐奥希望这会为新的政治秩序打下基础，这种秩序由围绕同一中心组织起来的工团共和国构成，而这些工团共和国通过兼具经济和政治职能的工会联系在一起。[117]就如焦利蒂时期的很多知识分子那样，帕农齐奥强调非国家的组织形式——市民社会的重要性。[118]就如他写道："国家的无组织和社会的有组织，客观而言，是这个时期最重要和基本的'事实'。"[119]工团主义者应该努力建立与这些形势相一致的新的政治秩序。

意大利的民族主义者也发展出了一系列惊人相似的观点。民族主义一开始和工团主义是对立的，因为大部分工团主义者强烈反对军国主义，至少直到1911年都如此。民族主义者通过将两个意大利进行比较来明确自己的意识形态：一个由"生产者"组成的"真实的"意大利和一个被焦利蒂政治所主导的"政治的意大利"。[120]也许阿尔弗雷多·罗科（Alfredo Rocco，1875—1935）的论著最为清晰地表述了这一立场。[121]罗科认为，现代国家在18世纪初期法国的绝对君主制中得到了最充分的表现。这个国家建基于超越个体利益的法团，并且将政治秩序有机地与民众挂钩。他认为国家与社会之间的关系随着1789年法国的法团解体而恶化。法国大革命带来了一种"不可知的国家"，视所有个体为抽象的公民，但与他们没有联结。[122]

对于罗科而言，现代的生产组织趋向于组成老板和工人的辛迪加（syndicate），由此破坏了自由主义政治思想赖以生存的个人主义。[123]因而，20世纪的组织趋势逆转了19世纪那种原子化的趋势。核心问题是，新的组织追求其成员的利益，乃至损害到了社会整体的利益。罗科如此总结这一情形："现在我们已经到了这种局面：在衰弱和缺位的国家下，一场所有人对所有人、调动所有物质和道德手段的战争出现了……中世纪携其痛苦和恐怖回归。"[124]这一内战局面如何能被阻止？问题的关键在于"赋权"于国家。这并不用牺牲市民社会。相反，社团将会"从捍卫特殊利益的斗争工具，被改造成为达成共同目标而合作的机构"。[125]这一改造部分涉及辛迪加的"国家化"

（statization），但同样意味着把某些职能，例如行业指导和经济政策的职能转移给它们。他的雄心不在于摧毁市民社会，而是要将其据为己用。“国家，”罗科写道，“并非异于和高于社会的存在；它自身便是社会——只要它自我组织，也就是说，只要它存在着，因为组织就是生命。”[126]根据罗科的说法，当代政治的主要任务是将利益组织重新收编进国家。[127]因此，我们可以把罗科的政治规划理解成尝试以一种类似工团主义的方式，使现代国家与日益组织化的市民社会协调一致。

这两种意识形态潮流（革命工团主义和民族主义）差异甚大，但是它们都鄙弃自由主义，认为它根本不具有代表性。工团主义者和民族主义者都赞美社会自我组织和直接行动的优点。正是这一点使得它们可以在战后融为民族工团主义。这两脉思想，尤其是它们对议会制政府局限性的批评，对很多重要的法西斯领袖产生了巨大影响。

意大利法西斯运动的许多领袖曾经亲自参与工团主义者反抗改良社会主义的活动。在法西斯夺权过程中扮演关键角色的米凯莱·比安基（Michele Bianchi，1883—1930），其政治生涯的起步便是担任在罗马发行的社会主义报纸《前进报》（*Avanti!*）的编辑。1904年，比安基被选为代表参与在博洛尼亚举行的社会党代表大会，并在会上支持那些团结在恩里科·费里（Enrico Ferri，1856—1929）和阿尔图罗·拉布廖拉（Arturo Labriola，1873—1959）周围的左翼工团主义者。随后几年里，比安基在热那亚的劳工之家工作，并编辑了一份叫《社会主义斗争报》（*Lotta socialista*）的报纸。其间，他还支持社会党走革命工团主义路线。1907年到1912年期间，他游走在费拉拉、那不勒斯和帕尔马之间，在当地的劳工之家和社会主义联盟中工作。比安基负责制定了一套战略，通过在劳工之家组织职业介绍所以控制劳动力的供给。在煽动战争的背景下，他是非常活跃的左翼干涉主义者，并拥护民族主义与工团主义的结盟。比安基也是20年代法西斯准军事性暴力的前沿推动者。[128]

翁贝托·帕塞拉（Umberto Pasella）和他的兄弟圭多（Guido）一道，负责在费拉拉周边地区组织暴力罢工，努力让佃农成为无产阶级。[129]帕塞拉也是法西斯运动的第一代总书记之一，在1919年到1920年的艰难时期出色地维持了组织的运转。[130]他后来也在“向罗马进军”（1922年10月28日）中扮演了重要角色。安吉洛·奥利维蒂（Angelo Olivetti，1874—1931）、赛尔吉奥·帕农齐奥和埃德蒙多·罗索尼（1884—1965），所有这些在早期法西斯运动中扮演某种角色或者对早期法西斯领袖有着重要影响的人物，都与革命工团主义的中心——费拉拉劳工之家有过接触。

阿戈斯蒂诺·兰齐洛（Agostino Lanzillo，1886—1952）是《意大利人民报》重要的早期合作者，但是在1921年因为与法西斯右翼产生政治分歧而退出了运动。兰齐洛同样广泛参与革命工团主义者的圈子。兰齐洛的博士论文写的是蒲鲁东（Proudhon），并且他和索雷尔（Sorel）有私交。[131]和米凯莱·比安基一样，兰齐洛是一个革命工团主义者，在1908年加入了费拉拉的劳工之家。[132]在法西斯政权大部分时期里担任意大利国家法西斯党行政秘书的乔瓦尼·马里内利（Giovanni Marinelli，1879—1944），也是一个前革命工团主义者。[133]因此民族工团主义的影响广泛且深远。

民族工团主义的观念在法西斯政权时期同样显著。法西斯法团部长朱塞佩·博塔伊（Giuseppe Bottai，1895—1959）在

1935年的一次演说中表态支持工团主义思想，称："现代生活有两个基本维度：劳动的分工，换言之就是职能的细分，和同质实体的结盟，换言之，就是那些承担相似职能的人联合起来……然而，以下的事实是现代社会独有的：我们可以说，这些被联结的团体，或者我们在意大利语［而不是法语］中所说的'结社团体'，覆盖了整个社会有机体。"[134]这一说法借鉴的基本观点是，现代国家必须建基于彻底组织起来的民众，而不再需要具体的政治代表。

作为意大利法西斯主义的主要教条思潮，民族工团主义是一种市民社会的意识形态。它对时局的分析主张，社团的发展已经破坏了自由主义国家形式的可行性，眼下需要一个技术官僚的解决方案而不是一个政治的解决方案。然而，这并不是一种反民主的意识形态。法西斯运动从一系列模糊松散的诉求中形成，它们要求意大利政府能更多地而非更少地代表意大利社会。在这个问题上，上述法西斯主义思想家及他们的追随者顺应了对自由主义的广泛批评，这种批评从"一战"前的数十年就已发展起来。[135]

法西斯主义的发展：从运动到政党

早期法西斯主义并不是一个政党，相反，它是一个"联盟"，一群因共同的民族主义认同和对焦利蒂体系的不屑而松散地联系在一起的人。在创立两年后，法西斯主义经历了两次重要的变革。第一次是运动"向右转"，与社会精英阶层结成联盟。第二次是它从一个联盟转变成一个"政党－民兵组织"（party-militia）。法西斯运动的右转，缘于我在上面所说的特殊的、不均衡发展的政治格局。一方面，法西斯党在尝试联合左翼时遭到了阻挠，另一方面，处于政治光谱右翼的社会精英阶层的组织弱点（在焦利蒂时期发展出来，但是在“红色双年”时变得严峻）暴露出来的真空，不可避免地吸引法西斯主义来到它那边。一场一开始以杂乱的左翼民主姿态登场的运动就这样变成了右翼的运动。然而，虽然法西斯主义的社会内容发生了变化，它的政治方案在本质上是一以贯之的。这次是打着有机地直接代表民族的旗号，反抗焦利蒂的自由主义制度。这一方案在多个方面被扭曲和篡改，尤其在法西斯运动用系统性的恐怖主义犯罪手段打击乡村地区的社会主义组织时。从恰当的角度来看，这些是战术的转变。它们没有触及运动的核心要素：建立一个有机的民族的民主制度。但是因为这个方案不能通过与社会主义者合作来实现，而社会党规模大、力量强，则法西斯方案势必要采取一种威权主义形式。

向右转是在两次政治上的失败之后出现的：1919年11月全国的选举和1920年11月地方的选举。两次落败说明法西斯运动无法渗透进支持社会主义的选民之中，而后者是法西斯最初的左翼路线的天然选民阵营。[136]因此，法西斯主义内部经历了重大变革。它在地方层面失去了一些原先的左翼成员，而且开始与保守派和有产者结盟。这些群体此前独立于法西斯主义，自己组织起来打击社会主义力量，但是现在两者联合了起来。米兰的中央委员会也发生了变革，保守派成分增加了，前社会主义者和工团主义者的成分虽然不至于被消除，但是也减少了。在1921年11月罗马代表大会举行之后，未来主义者（futurist）放弃了法西斯主义，使这种右翼转向得到了进一步的确认。在1920年末和1921年初，一个新的现象因而浮现了：法西斯党和社会精英阶层，尤其是意大利北部的农业雇主结盟。这一联盟形成了法西斯武装小队主义（squadrism）的社会基础：在农业人口中，尤其是在那些与意大利社会党有关的人群中散播恐怖。[137]

1920年11月，武装小队的暴力行动首先在意大利东北部的威尼斯朱利亚出现，然后扩散到波河河谷的艾米利亚－罗马涅，这是对同年11月社会主义者在行政选举中取胜的直接回应。[138]到了1921年的冬天，法西斯势力在博洛尼亚－费拉拉－皮亚琴察的三角地带站稳脚跟，从而控制了整个波河河谷。到了1921年春天，武装小队主义蔓延至翁布里亚和托斯卡纳。在1921年夏天的法西斯危机之前，法西斯占领（武装小队行动）扩展到了整个威尼斯朱利亚、东北部的威尼托的部分地区、整个波河河谷（除了克雷莫纳、帕尔马和罗马涅）、亚历山德里亚，以及诺瓦拉、托斯卡纳、翁布里亚和普利亚周边的稻米耕种地区。伦巴第、皮埃蒙特和利古里亚的大部分地区在法西斯势力范围之外。而在"向罗马进军"前的最后一波法西斯武装小队暴力行动发生在1921年7月末，旨在回应社会主义者发起的"合法主义的罢工"（legalitarian strike）。在最后这一时期，法西斯小队成员占领了热那亚、安科纳、米兰和里窝那。[139]

虽然法西斯分子罢免并常常会杀害农民联盟和其他农业直接生产者社团的社会主义领导层，但他们并不会简单地驱散这些组织的成员。相反，这些组织成员或多或少地被迫依附于新成立的法西斯组织。[140]地方上的法西斯领袖并没有凌驾于这一群众基础之上，向墨索里尼和后来的意大利政府施压。法西斯武装小队成员的地区分布表明，法西斯运动与战争期间就发展起来的公民动员存在联系。运动似乎亦与社会主义存在暧昧不明的关系，在政治上打击社会主义的同时，却试图将其组织结构据为己有。[141]而在缺少社会主义组织基础的地方，尤其是在意大利南部，法西斯武装小队成员并没有取得控制权。表2展示了有关这一点的证据。罗伯特·帕特南和很多其他的学者曾经指出，意大利的志愿结社的发生率有着明显的地区差异。[142]这些差异与法西斯的动员有何关联？艾米利亚-罗马涅、托斯卡纳和伦巴第三个地区持续产生了数量最多的法西斯斗士（所谓的“黑衫军”）、数量最多的法西斯小组组织和数量最多的法西斯领袖。表2将法西斯小组组织和法西斯殉道者在地区分布

表2 合作组织、联盟、法西斯小组和殉道者
（每10万名居民中这些组织与殉道者的数量）

地区	合作组织（1915年）	联盟（1912年）	小组组织（1922年5月）	殉道者（1921年）
巴西利卡塔	36	0	1	1
阿布鲁佐-莫利塞	68	0	3	1
撒丁岛	64	1	1	1
卡拉布里亚	117	1	2	1
坎帕尼亚	231	4	1	1
西西里岛	374	6	1	1
马尔凯	225	5	4	2
普利亚	263	5	2	2
翁布里亚	104	5	9	3
威尼托	669	5	7	1
皮埃蒙特	620	8	4	2
拉齐奥	447	9	4	2
托斯卡纳	770	12	15	4
伦巴第	1,477	15	9	3
艾米利亚-罗马涅	1,575	100	13	6
利古里亚	389	16	4	1

资料来源：Gentile 2000; Degl'Innocenti 1977

上的集中度与1915年每10万人所拥有的合作组织（cooperative organization）的数目进行了比较。它表明法西斯小组组织和法西斯殉道者在那些乡村合作组织和农业联盟最发达的地区最为常见：伦巴第、艾米利亚–罗马涅和托斯卡纳。至少在此，证据表明市民社会并不是法西斯主义发展的绊脚石。

在法西斯武装小队发展时期，法西斯主义是何种性质的运动？可能有人认为向右转和政治暴力的出现是因为该运动放弃了其早期所持有的民族工团主义观念下的民族复兴和阶级联合方案。但是关于这一点，我们并没有证据。相反，很多极度忠于这些早期法西斯主义原始教义的人也深度参与了黑衫军行动。其中最重要的是所谓的不妥协者（intransigent）。

法西斯运动的快速发展、它与焦利蒂自由派（民族主义阵营）结成的选举同盟，以及墨索里尼试图与意大利社会党休战，这种种事态导致法西斯运动内部全面反抗墨索里尼。[143]反对这些政治策略的“不妥协”派与极度想要重新掌控基层的米兰领导层达成合作，这才于1921年12月出现了一个法西斯政党。[144]“不妥协”派中最重要的人物包括罗伯托·法里纳奇（1892—1945）、迪诺·格兰迪（Dino Grandi，1895—1988）、伊塔洛·巴尔博（Italo Balbo，1896—1940）和皮埃特罗·马西奇（Pietro Marsich）。他们都在不同程度上与农业主有利益牵连。[145]但是他们同时都是民族工团主义的主要倡导者，因此不能被理解为法西斯主义内部的一个“右翼”派系。巴尔博和格兰迪在费拉拉读法学院时都是赛尔吉奥·帕农齐奥的学生。马西奇是来自威尼斯激进党（Partito Radicale）的年轻律师。1919年的选举让他相信政治复兴只能产生于议会体系之外，因而他坚定信奉早期的法西斯主义。他对新的法西斯国家的畅想很接近革命工团主义者的社会愿景。法西斯党内暴力的黑衫军派就这样与运动中的左翼民族主义者紧密联结一起。[146]

法西斯主义源起于“一战”后不久反霸权运动的破产。关于如何在意大利建立一个有效的大众民主制的问题，意大利社会党、意大利人民党和左翼民族主义者没能够取得一致意见。由此诞生了一场政治危机。法西斯主义从来都不是一种政治意识形态，它也没有提出一个解决意大利战后弊病的政治方案。相反，法西斯主义作为一种反政治运动诞生，承诺要建立一个基于专家、技术和无政治倾向的职业团体的国家。这场运动利用了一个无论在意识形态上还是组织上都有强大力量的市民社会。在意识形态上，法西斯主义将自己呈现为市民社会的代表，认为自己代表“真正的意大利”，反对腐败的政治阶层。在组织上，法西斯主义利用了市民社会材料来自打造自己的运动。

政党法西斯主义：意大利体制，1922—1938

法西斯运动建立的是何种性质的政权？最好将意大利法西斯主义理解成一种威权民主制。该政体试图鼓吹一种不涉及政治的参与。它用两种不太一样的方式来达成这一目的。首先，通过其法团的组织结构，法西斯政权试图将意大利的民众分裂成为无数利益集团或者成分类别，把应用于领土单位内所有人的抽象政治类别，即公民身份，替换成权利和义务与职业挂钩的“公民生产者”。[147]法西斯政权推行的第二个方案与第一个方案有些冲突，因为在分裂民众的同时，它也试图通过政党促成全国性的共识。这两个方案基本上都是反政治的。第一个方案背后的理论是，以法团主义分裂民众可供形成自发性共识，而第二个方案背后的理论是思想灌输和宣传可以取代政治。要理解这种法团主义和党国体制的结合，很重要的一点是把法西斯夺权后随即发生的事件纳入考量。

“向罗马进军”这场意义含糊的叛乱运动给路易吉·法克塔（Luigi Facta，1861—1930）的软弱政府带来了危机，并最终导致法西斯政府上台和墨索里尼就任总理。“向罗马进军”是意大利历史的分水岭，因为法西斯运动采用了议会之外的手段来迫使国王承认自己。但是它此时尚未使意大利国家转型。墨索里尼遵循正式且合乎宪法的途径掌权：国王指派他组建联合政府。而且，虽然他通过暴力的准军事动员上台，但他与法西斯分子的关系相当模棱两可。作为法西斯运动的领袖（duce），墨索里尼是不可或缺的存在，但是他从未担任总书记的职位，而且经常力争将自己打造为高于“他的”政党的政治人物。甚至有迹象表明墨索里尼曾经更希望政权能建基于接受管束的工人阶级组织和占主导地位的工业和农业利益集团之间的协商，而不是建基于最终产生的这种党国形式。

随之而来的关键问题是：墨索里尼政府如何变成了一个党国政权体制，这种“政党法西斯主义”何以形成？政党法西斯主义是法西斯运动内部激烈的派系斗争的结果，一方是希望建立一个非政党体制的势力，另一方是以黑衫军和辛迪加为权力基础的不妥协派。因此，要厘清为何墨索里尼所领导的意大利变成党国政权，就必须先弄清为何非政党体制的选项在竞争中落败。[148]

在开始讨论前，有必要先指出20世纪20年代早期墨索里尼的政治手段，与更早之前焦利蒂那个失败的方案之间存在相似之处。在意大利社会主义的很多政治组织被摧毁之后，墨索里尼就跟他之前的焦利蒂一样，寻求与意大利劳工运动的残余势力结盟。但是，从20年代早期的大环境来看，要回归这一政治治理模型是不可能的。接下来我会简要分析原因。

墨索里尼的很多跟随者急于摆脱那些麻烦的法西斯不妥协分子，后者的政治利用价值随着法西斯夺权而骤然下跌。持这一立场的人认为，民众应该被编入无政治倾向的职业团体中，他们的利益可以通过地方法团商会进行协调。而这一策略的核心是与总工会结盟，为墨索里尼的政府带来决定性的群众支持，同时消除或者明显减少法西斯党和工会的作用。[149]在“向罗马进军”后不久，总工会依然是意大利势力最大的工人组织，尤其是在米兰、热那亚和都灵工业三角区，而且有相当多的证据表明墨索里尼更支持这一解决方案。[150]

很多改良派社会主义者似乎也支持这一计划，1923年1月到7月这段时间，他们与法西斯政权中的一些人物有许多接触。实现这一计划的第一步是1923年12月21日意大利工业界的重要人物和法西斯辛迪加之间签署的《基吉宫协议》（Pact of Palazzo Chigi）。这一协议承认工业家联合会为雇主的法定代表，同时申明了“工团自由”（syndical freedom）原则，这意味着法西斯辛迪加要和其他组织争夺成员。[151]对于法西斯辛迪加来说，《基吉宫协议》是一场毁灭性的打击。领导层自知无法在公开选举中与总工会竞争。埃德蒙多·罗索尼这位法西斯工团领袖明白这一点，因为法西斯在工人和农民群体中的基础薄弱，即使墨索里尼和改良派社会主义者之间只存在隐性的联盟（如《基吉宫协议》所示），也会威胁到他们的地位。那些在黑衫军暴力行动中被他们“组织起来的”农业工人将会回流到总工会，而获得政府职位的将是总工会的领导而不是法西斯工团主义者。因此1923年末和1924年初是法西斯辛迪加的艰难时期。它们面临的是保守派和社会主义者的敌意，以及墨索里尼的不可靠。如果和总工会成功结盟，将意味着要么法西斯辛迪加的成员数量巨幅下降，要么法西斯主义者和总工会合并，而这也只会削弱法西斯分子的力量。到了1924年2月，总工会的领导层宣称其成员可以在即将到来的（部分暗箱操作的）选举中跟从自己的良心去自由投票。这是它与意大利社会党正式分离，和墨索里尼政府公开结盟的重要一步。到了1924年的夏初，这一合作已经迫在眉睫。[152]

当然，这样的协议沿袭既定的意大利政治交易模式进行，而且获得相当多的工业家支持。[153]墨索里尼政府与总工会之间新兴的联盟，基本上是产业工人阶级和大资本家之间的焦利蒂式联合的再版，只是建立在一个新的威权主义的基础之上。总而言之，这意味着转化主义的复归。因此要理解意大利政党政权的出现，极其重要的一点是要明白为什么这种既有的政治手段的新版本没能巩固下来。

对于《基吉宫协议》及其代表的更广泛的政治方针，存在两种相当迥异的反对声音：法西斯的不妥协派和社会党的不合作派。不妥协者大多数是前黑衫军成员和法西斯工团领导，分别由罗伯托·法里纳奇和埃德蒙多·罗索尼领导。臭名昭著的来自克雷莫纳的黑衫军成员法里纳奇认为，任何与社会主义组织达成的协议都直接威胁到了法西斯取得的政治权力以及因此获得的政治利益，但是他对《基吉宫协议》的抵制收效甚微。[154]“向罗马进军”甫一结束，随着墨索里尼的政策趋向于常态化，黑衫军的势力随即被削弱。罗索尼领导的法西斯工团运动也处于类似的状态。它在1923年夏天和冬天的纲领是垄断劳工代表，因此法西斯工团要与总工会中的社会主义敌人竞争，也要与工业家和农业主竞争。1923年的整个11月，罗索尼所领导的法西斯主义辛迪加持续攻击工业家。[155]

《基吉宫协议》所包含的解决方案还遭到完全不同方向的反对：社会党中的不合作主义者。吉亚科莫·马泰奥蒂（Giacomo Matteotti，1885—1924）是这一立场最重要的代表，而这位改良派社会党议员很有可能在1924年的夏天被法西斯小队意外杀害。马泰奥蒂被暗杀与墨索里尼试图与总工会结盟紧密相关。马泰奥蒂于1924年5月30日在议会发表的最后一次演说，正是意在阻止这一结盟企图，毫不妥协地坚持反法西斯路线。[156]这一暗杀的部分目标在于消除那些顽固障碍，以便与剩余的社会主义工团结成同盟。[157]

总工会内部同样一直存在强烈反对合作的阵线。考虑到1924年和1925年意大利的整体政治形势，即法官和警察公然庇护黑衫军犯罪的风气，社会主义工团组织完成了数量惊人的集体谈判协议：91项协议，覆盖了29.5万名工人。这些成绩还伴有多个象征性行动，例如为社会主义阵营的意大利冶金工人联合会（FIOM）公投，以及在1924年10月提出一项提前结束工作的计划。所有这些都突显了墨索里尼试图以威权主义的方式重建转化主义是不可能的事情。[158]

马泰奥蒂之死引发的危机带来了即时且严重的政治后果，差一点导致法西斯政府垮台。6月12日，这位社会主义代表失踪6天后，反对派撤出议会，形成阿文廷退席（Aventine

Secession）[①]。危机之后，法西斯活动死灰复燃，墨索里尼失去了右翼传统主义者的支持。工业家联合会（主要的工业家社团）的领导者们致信墨索里尼，要求将黑衫军常态化并予以控制。随后，焦利蒂周围的自由派也开始加入反对派阵营。随着墨索里尼的支持率下降，法西斯内部的不妥协派，尤其是工团主义者和黑衫军的影响力上升了。为了赢回一些丢失掉的支持基础，法西斯辛迪加在1924年7月开始发动一系列罢工，正值马泰奥蒂之死引发的危机到达高潮的时期。1924年秋天和1925年冬天，法西斯黑衫军加强了这一波动员，暴力和恐怖在乡村地区蔓延开来。到了1924年12月，法西斯党的这一派别公然反叛。墨索里尼在1925年1月3日的演说在政治上标志着全面转向法西斯体制，而这一演说乃是迫于黑衫军最后通牒的压力——要么激进化现有体制，要么就不再担任法西斯领袖。因此，是自下而上的法西斯动员将墨索里尼推向了激进化这条路。[159]

墨索里尼当时着手建立一个新的、更为威权主义的国家，但与此同时，他并没有完全采取不妥协的法西斯主义路线。实现这一转变的工具是警察机构：旧时自由主义国家的地方行政长官。在墨索里尼1925年1月发表演说后，内政部长路易吉·费代尔佐尼（Luigi Federzoni，1878—1967）——他属于法西斯联盟中与不妥协派政治立场对立的保守派民族主义者——随即指示地方行政长官，要求立即关闭所有反对党组织。与此同时，费代尔佐尼在1月初施压给地方行政长官，要求他们管束好不妥协者。但是压制国家法西斯党的措施只取得部分成效，因

① 这个名称源自公元前494年，古罗马平民撤离到阿文廷山，向罗马贵族表示抗议的历史事件。——译者注

为该党在市民社会中根基太深，无法通过警察机制镇压。1925年2月和3月，法西斯工团主义者在布雷西亚、米兰和的里雅斯特领导了多场重大罢工，并以1925年3月的大型“法西斯罢工”告终。这些罢工涉及两个主要的议题：法西斯工团和总工会的关系，以及新兴的法西斯政权的性质。法西斯工团的大本营在布雷西亚，该市位于阿尔卑斯山麓，邻近加尔达湖，乃是意大利冶金工业的心脏。法西斯分子在这里使用了“占领”社会主义组织的策略并取得了不俗的效果。法西斯罢工始于要求通尼（Togni）公司涨薪。奥古斯都·图拉蒂（Augusto Turati，1888—1955）曾经是反社会主义暴力行动的领导人，他呼吁布鲁诺·布奥齐（Bruno Buozzi）和他联手，在整个伦巴第发动一次总罢工。意大利冶金工人联合会支持这次法西斯罢工，到了3月13日，15万名工人参与了伦巴第的罢工。这样一来，法西斯辛迪加和意大利冶金工人联合会联手，在一场牵涉数以百计的产业和数以万计的工人的罢工中对抗雇主组织。[160]

法西斯-总工会的罢工因而汇聚了两个从完全不同的角度攻击《基吉宫协议》的政治潮流。一边是社会主义者试图捍卫残存的意大利民主并尽可能扩大它，另一边是法西斯分子想要过渡到一个新型的更加威权主义的国家。这一轮自下而上的动员对于法西斯体制最终形态的决定性影响，不亚于1924年夏天黑衫军的攻势。

因此，法西斯政权的政治基础是在大规模法西斯叛乱的背景下建立的。最关键的一年是1925年。一开始，墨索里尼抨击阿文廷退席并且给反对党下了禁令。在法西斯党组织的压力下，事态进一步发展。两份关键的法案，1925年10月签署的《维多尼宫协议》（Pact of Palazzo Vidoni）和1926年4月3日签署的《工团法》(syndical decree)，允许法西斯分子垄断对所有经济利益团体的代表权。《维多尼宫协议》取代了《基吉宫协议》，在工业家联合会和法西斯工团之间建立了新的关系。工业总联合会同意承认法西斯法团联合会为唯一的劳工代表，从而消除了任何非法西斯组织参与协商的能力。此外，工业家联合会同意进行法西斯化，更名为法西斯意大利工业家联合会。作为对这些让步的交换，法西斯法团联合会同意承认工业家联合会。这份协议为1926年4月3日的立法奠定了基础，该法律要求在所有的职业内建立政权组织。这里的基本思想是要为所有经济活动建立一个单一的法西斯辛迪加。到了1926年春天，建立一个新型国家所需的法律基础已经齐备。[161]

总之，政党法西斯政权出现的前提是自下而上的压力。地方行政长官和内政部对黑衫军和辛迪加抱有相当大的敌意，而墨索里尼自己在掌权后同样如此。法西斯对利益代表权的垄断并不是在民族国家的帮助之下确立的，而在一定程度上是与之对抗的结果。既没有与重要的经济利益集团结盟，亦没有完全控制这个国家，那么法西斯的权力基础是什么？答案如前所示，在于法西斯分子已深深扎根于市民社会。他们实打实地占领了那些已有的志愿社团结构，现在他们可以借此来施压，以取得权力的进一步扩张。若非取材于这些组织，很难想象法西斯党能够抵挡来自意大利国家保守派的压力。

政党法西斯主义体制的结构

以党国一体（政党法西斯主义）为特征的法西斯政权体制在1925年以后才在意大利出现。这一新兴的国家形式最显著的标志是规模庞大的平行行政部门的发展。它们独立于部级官僚机构，主要采取三种形式：政党、辛迪加和其他准国家组织。在法西斯统治初期，墨索里尼组建的政府抨击部级官僚机构，试图削减其规模。在1926年到1932年，政府冻结了人员招聘。真正的行政改革发生在政府部门之外，即在所谓的准国家组织之中，其中的关键组织是“公共实体”（ente pubblico）：由公众认可的法人组成，承担特定的任务。从1922年到1943年成立了352个这样的公共实体，包括两种类型的机构：法西斯政权的“群众组织”，如政党、辛迪加、法团，以及进行基础设施投资的公私合营企业。这种部级官僚机构之外的组织激增，在某种意义上是自相矛盾的，因为准国家组织通常与特定组织的利益相挂钩。更深入地考察关键的政治性公共实体，有助于我们更好地理解法西斯主义体现在哪里，这些实体即政党和辛迪加。[162]

从政党入手比较合适，因为这是最重要的法西斯机构。到了20年代中期，这一原本是无政府主义的组织明显呈现出官僚式僵化的迹象。法里纳奇的任期在1926年结束后，党总书记从法里纳奇过渡到了奥古斯都·图拉蒂，这通常被认为标志着政党完全服从于国家。然而意大利国家法西斯党相对于意大利政府，维持了一定程度的制度自主性，形成了支持墨索里尼的决定性基础，其重要性直到40年代中期保守派开始抛弃这一政权的时候才完全体现出来。因此，要理解法西斯体制，有必要去了解法西斯党。[163]

政权下的意大利国家法西斯党有三层组织。最基层的是“法西斯”（fascio，字面意思是“捆”，但是更多意指“联盟”）。它们构成了由联合会书记领导的省级的“法西斯联合会”（federation of fasci）。最后是一个由党总书记领导的全国性组织。[164]

在掌权的大部分时期里，意大利国家法西斯党在物质层面上独立于意大利国家。直到1940年，法西斯联合会都是自筹经费的。法西斯党的官方法案、国家部门签署的政治和行政安排都清楚表明了这一点。1935年，法西斯党关于“颁证与筹资”（carding and financing）的决定中明确了四种资金来源：党证销售、徽章销售、日常捐款和特别捐款。法西斯党中央将党证和徽章出售给省级联合会，后者再以固定的价格转售给成员。从国家部门购入党证的价格和转卖给成员的价格之间的差额归省级联合会。日常捐款和特别捐款也在省级层面筹集。而且不同于卖党证的利润所得，法案明文规定省级联合会自留所有这些捐款款项。[165]关于法西斯党经费的规章制度并没有说明任何从国家级部门或者国家方面转移资金的程序。根据这些法案，可以说意大利国家法西斯党依赖出售党证、徽章的利润以及捐款来运转。[166]

管理资源募集的规则是不清晰的，留给了联合会书记相当大的自由裁量权。例如，法西斯党证没有一个全国统一价。联合会根据当地情况确定了不同的价格。米兰联合会“XIII”年的预算中显示有四种价格，从12到5里拉不等，很可能是根据成员的收入来定价的。[167]

尽管价格浮动，法西斯党证已经是法西斯募集资源的手段中最正式的了。只有党员才缴纳党费，这在一定程度上限制了可以募集的资源。还有另一重限制，因为有证据表明党员一般不会轻易重新注册。一份1933年2月来自利古里亚地区因佩里亚的档案说明了这点。这份报告显示，“普遍认为，大部分的法西斯成员不打算续展党证，因为他们并不信任资金的用途”。[168]

无论是特别捐款还是日常捐款，其界定更加模糊。这些资金理应只向那些加入了党的人征收，而非根据地域管辖范围征收。所有的官方档案都坚称联合会避免使用胁迫手段，而且捐款的征收对应着“那些加入党的人的经济能力”。[169]但是这些规定似乎在某些情况下被忽视了，形成了一种半官方的税收体制。例如，一份来自罗马的审查员报告表明，“边缘地区的集团常常对那些不顺从出资要求的人使用具体的威胁手段”。[170]一份1935年的报告也表明了类似的结论。在该报告中，审查员写道：“据说在9月和10月，首都各个地区的所有法西斯分部都会为了支持工作和应对整体开销而组织一次彩票抽奖活动，奖品或多或少是由每个地区的商家自愿提供的。目前看来，这些商家并不赞同这样频繁募捐，募捐往往以‘榨取’和威胁的方式来实现。”[171]我们在同一份报告中发现，“特莱维团体（Gruppo Trevi）的商店店主被征收了某一种税”。[172]

这些实践并不局限于罗马。1940年都灵的审查员报告表明，类似的状况在都灵亦存在：“这些团体没有地区自治权，也就没有相应的财务目标，但它们将获取的资金直接用于分配‘补贴’和各种援助活动，并将任何剩余资金用于建设本地‘总部’。”[173]热那亚联合会也有同样的组织。审查员写道：“几乎在所有情况下，法西斯和地区团体都靠自己养活（vivono di vita propria），但是在结余为负的情况下，联合会将向其资助填补赤字所需的金额。”[174]曼图亚联合会也是这样安排的：“法西斯和地区团体的财政收入由联合会从援助战斗人员的资金中划拨，但法西斯收到的自愿献金亦补充了这些预付款。”[175]一份1942年来自波拉联合会的审查员报告也揭示了同样的事情。这里的情况显然比较特别，因为法西斯主义自身正因战争的压力而开始崩溃，但是审查员指出，没有记录表明省级法西斯有任何预算上的控制。[176]

还存在更加复杂的方法。例如，热那亚联合会建立了一个第三方账户（conto terzi）。当地的雇主辛迪加在1927年到1928年开始设立第三方账户，作为资助《热那亚报》（*Journal of Genoa*）和国家法西斯党各种活动的委员会。1931年报纸被卖掉以后，这个账户依然存在，为联合会书记和雇主辛迪加主席们提供金融合作。每年年初，联合会书记会向法西斯党提出一系列的活动倡议，包括青年的服装、夏季营地的建设、青年之家等。在与雇主辛迪加的主席们达成一致之后，联合会会为每个辛迪加确定一笔捐款数额，以便支持这些活动。显然，这种合作大为成功。根据一份行政报告显示，第三方账户在热那亚省帮助落成了38栋与法西斯党有关系的建筑。审查员点评了这种党与地方资本家合作的成功。他写道，有了“这些大资本家、大银行、热那亚商业和工业组织给予的收入……联合会得以囤积大量的地产……价值超3,500万里拉”。[177]

法西斯组织以类似的方式资助其福利方案，即公共援助机构（Ente Opera Assistenziali，EOA）。1930年后，该项目构成了所有联合会预算的大头。如法西斯党的其他服务一样，援助机构的资金来自捐款。1932年一项对洛迪法西斯的调查披露，“吉鲁琳（Gelurin）女士负责收集送儿童们去海边和山里的营地所需的费用，她似乎在没有任何书面记录的情况下，把整笔款项存入了法西斯党”。[178]实际上，地方党组织为成员们提供的服务，似乎与前法西斯时期社会主义和天主教社团普遍提供的服务并没有多大的区别。例如，洛迪联合会为很多党员缴纳了当地互助基金的医疗保险。[179]

上述证据表明意大利国家法西斯党在1925年威权主义体制得到巩固后，依然部分维持了自治组织的性质。法西斯党是与政府并行的资源募集渠道。此外，党组织在地方层面推行多种项目，例如为年轻人搭建夏令营和提供基础福利服务，而在法西斯政权建立之前，这些属于志愿组织的职责范畴。

辛迪加

一种围绕工会和雇主组织发展起来的部分独立的组织结构，在法西斯术语中被统称为“辛迪加”。1926年以后，意大利的工人和工业家组织彼此分开。在1926年到1928年间，法西斯工团领导人埃德蒙多·罗索尼力争将工业家和工人并入同一个机构组织。但是在党内斗争之后，墨索里尼决定将罗索尼的组织拆分为多个自治的全国性联合会。这一斗争的结果是产生由全国辛迪加联合会、6个雇主组织和6个工人组织组成的结构，分别代表不同的领域：工业、农业、商业、信贷、保险，另有一个代表海陆空运输、工匠与专业人士和艺术家。在这些组织之外，还有数以百计的地方组织，其中有些基于地域，有些基于行业。用法律的术语来说，辛迪加是“自主实体”（autarchic entity），换言之，是在国家等级体系以外履行公共职能的组织。[180]

与法西斯党的情况一样，辛迪加的官僚机构有自己的一套收费制度。从事某一类生产的所有工人，无论是否注册过，都被要求向所属的辛迪加缴费，而那些注册的成员则被要求缴纳其他未说明的费用。然后这笔钱会被重新投入法西斯大众机构，用于支付薪水、社会工作、保险，以及建设一整个政府部门：法团。[181]

1928年到1936年是意大利法西斯工人阶级辛迪加的低潮期。《维多尼宫协议》废除了工厂代表，而全工业界工团结构在1928年的瓦解，进一步削弱了工团的力量。但是到了1936

年，意大利入侵埃塞俄比亚并宣布建立帝国之后，墨索里尼的个人声望达到顶峰，此时辛迪加夺回了主动权。业余活动组织（dopolavoro）从党中被分离出来，转归辛迪加，而且工厂代表的机制也被重建起来。[182]

因此，意大利的法西斯政权是以政党法西斯主义的形态出现的：一个由法西斯运动支撑起来的法西斯国家，该运动零星但持续不断地向政权施压。20世纪20年代末，在前法西斯时代旧有的部级国家官僚机构周围，出现了一批与之平行的组织。这并不是墨索里尼按预先设定的目标朝极权主义迈进的结果。相反，这位领袖起初试图阻止法西斯主义的成长。他尝试仅靠前法西斯的官僚机制作为统治基础，但失败了，因为法西斯运动的某些部分已经在市民社会中根深蒂固。法西斯党和工团机构的某些部分，已然成了向国家表达诉求的渠道。为了安抚这些部门，墨索里尼授予了它们垄断利益代表的权力。法西斯政体是在中央官僚机构和不妥协派法西斯主义者讨价还价的过程中形成的。

结　论

为什么意大利在两次世界大战之间确立为一个政党法西斯主义政权？这一章的主要观点是，法西斯主义是非霸权政治背景下市民社会快速发展的结果。意大利社会精英阶层内部最初的霸权弱势削弱了焦利蒂时期阶级间霸权的发展，进而削弱了“一战”后反霸权的发展。在这样的政治背景下，市民社会的发展引发了一场政治危机，法西斯主义应运而生。此处有必要简要回顾一下故事的各个阶段。

统一运动之后，意大利社会精英群体没有发展出强大的政治组织。相反，他们依然根植于各自的地方庇护政治。这部分缘于意大利国家形成的特殊方式，部分缘于意大利自由主义制度的运作。统一是外交斡旋和军事强加的结果。在这个国家的南部，地方精英将所谓的统一视为占领。正式和非正式地限制特权群体的政治权利，也自相矛盾地削弱了意大利统治阶级的政治组织。因为庇护关系在地方层面依然存在，议会充斥着与这些组织有关系的人。议会中的转化主义放大了这种弱点，倾向于消解社会精英中强大的政治组织。因此，意大利社会精英阶层缺乏合适的组织来表达自身的整体利益，即缺少阶级内霸权。

统治阶级内霸权的缺席并没有阻碍市民社会的发展。1871年意大利统一之后，尽管选举权受限，选举过程受到地区性腐败影响，但意大利的政权对基本公民权利给予了足够的尊重，使市民社会得以快速扩张，尤其是在意大利北部。市民社会经历了两个阶段的发展。起初，一直到19世纪90年代，社团发展大多由自由派精英阶层控制。在波河河谷的首个日结工合作社的建立过程中，大地主甚至君主都发挥了重要作用。但是，随着社会主义和天主教组织起新的群众运动，取得了社团运动的控制权，自由派的赞助在19世纪90年代瓦解了。彼时，一个自治的市民社会开始在意大利出现。

结社发展在意大利产生了重要的政治影响。到19和20世纪之交，政治阶层的关注焦点从阶级内霸权转向了阶级间霸权，最坚定支持这项方案的是来自皮埃蒙特的首相乔瓦尼·焦利蒂。焦利蒂敏锐地意识到了这个自由主义国家面临的政治孤立，他的转化主义致力于解决这个问题，而他的核心努力是搭建一个更自由的市民社会发展框架。他拒绝动用国家警察去镇压罢工，并积极资助农业社会主义。因此，在他的统治期内，结社发展非常迅速。但社会精英阶层的政治组织的情况则另当别论。尽管推行转化主义政策，但焦利蒂体系依然保留了严苛的选举权限制和基于地区的选举腐败。因此，焦利蒂时期的一大特征是社会精英持续的政治分裂与反对这一精英阶层的大范围、有组织的舆论发展之间形成的鲜明对比。意大利的第一批大众政党组织不是敌视自由主义国家，就是对它漠不关心。1911年后意大利不祥地转向帝国主义，与这些发展息息相关。因为在缺乏一个强大政治组织的情况下，自由派政治精英开始寻求一个替代性的民众合法性基础。这一政策最终使意大利做出了干预“一战”的灾难性决定，并带来了通货膨胀、债务和大批难以重新融入社会的归国退伍老兵。

“一战”后，随着一系列反霸权运动的兴起，一个新的阶段开启了。战争之后，广大民众支持建立一个民主的国家，但是没有一股政治力量能够明确表达这些基本意愿。大众政治的新环境让自由派迷失了方向。正是在这个时期，社会主义者走向激进化，而意大利人民党始终与其他民主力量过于疏离，因而无法领导它们。我已经强调了，法西斯运动与这波民主浪潮有着暧昧不明的关系。它的起源正是“一战”后作为左翼运动的动员。很多法西斯主义主要人物同样支持战前几年里发展起来的对焦利蒂体系的激进民主式批评。民族工团主义是一种市民社会的意识形态。此外，正是在意大利那些市民社会最为成熟的地区，法西斯运动在组织上最为强大。这场运动之所以转向威权主义和右翼，是因为它无法渗透进支持社会主义的选民中，也是因为保守派迫切需要一个堪用的政治组织。意大利政治发展的一大特征是缺乏普遍的霸权，其结果是，市民社会的发展并没有导致向大众民主制的过渡，而是导向了法西斯主义。

一个大众的法西斯政党的出现，对于20世纪20年代中期形成的政权体制有着决定性的影响。墨索里尼上台后被证明是个高度务实的人物。与之前的焦利蒂一样，墨索里尼愿意和任何支持他的有组织团体做交易。“向罗马进军”刚结束的时期里，他的很多战术操作都致力于依托新的威权主义基础，在改良派社会主义者和工业家之间重建旧的焦利蒂式联盟。这一方案被证明是不可行的，原因有二：来自有组织的社会主义持续的抵抗和来自法西斯党和工团组织的施压。社会主义者的抵抗和法西斯运动的群众压力（两者在1925年3月形成了一个矛盾的联盟）之所以有可能产生，是因为发达的公民社会没有得到社会精英或国家完全的控制。墨索里尼将政治垄断权让给了国家法西斯党，因为他无法拉拢社会主义者，也无法简单动用警察来铲除自己的政治支持基础。要是意大利的市民社会没那么独立于精英和国家的控制，那么可以想象，即便经历了“向罗马进军”，意大利也会迎来不同的结局。

意大利的经历能给我们什么更广泛的经验教训？我认为有两点值得深思。第一点关乎市民社会，第二点关乎霸权。意大利的市民社会发展是法西斯主义发展的一个关键要素。社团为法西斯主义者提供了组织资源。在市民社会不发达的地方，尤其是在意大利南部，法西斯主义通常发展缓慢。此外，在意大利的情况中，市民社会的发展促进了一种反政治的意识形态，而这种意识形态正是成熟的法西斯主义最核心的教义。意大利法西斯主义抨击自由主义政治制度，例如政党和议会，视其为人为设置的障碍，阻碍了由结社倾向产生的自发性的民族共识。法西斯法团主义就是这一观点的体现，它尝试消除政治代表机制，支持职能代表机制。

然而，在意大利，结社主义和法西斯主义之间的联系提出了一个重要的问题。意大利市民社会是否有什么特别之处，使其倾向于支持法西斯主义？我所展示的证据表明并非如此。尤其考虑到意大利的合作运动是高度民主的，而且体现了一定程度的地方控制，完美符合了托克维尔模式。此外，几乎没有证据表明意大利市民社会遭受了异常严重的分裂，或是有明显的等级性或者排他性。法西斯主义没有利用“黏合型”（bonding）和“桥接型”（bridging）社会资本[①]，而恰恰利用了托克维尔主义者赞赏的那些民主冲动。实际上，民族工团主义是一种市民社会意识形态。因此，要想理解意大利市民社会发展的矛盾后果，不能从市民社会本身出发。问题更多在于政治。更具体而言，意大利从未发展出霸权的政治：社会斗争在很大程度上依然是有限的利益集团之间的一系列冲突，根本谈不上真正的政治冲突。

这就引出了关于如何理解政治权力的更普遍的结论。意大利走向法西斯主义的历程表明，社会团体和阶级之间的权力平衡不是简单的零和博弈。支配阶级在政治和意识形态上的弱势并没有转化成直接生产者的力量。相反，更具支配地位的社会团体越是以超越其团体特殊利益的更普遍的民族利益的名义实施统治，那些处于非支配地位的团体就越有可能以民族的名义

① 这两个概念在帕特南的《独自打保龄》一书中有清晰的表述，前者具有排他性，突出小圈子的内部认同和忠诚，后者具有兼容性，强调与外部的连接以及更为广泛的互惠关系。——译者注

去表达自身的对抗性诉求。反过来，社会精英阶层缺乏霸权，可能会成为那些与之斗争的力量在政治上的障碍。由于意大利的支配阶级从来没能将自身的统治建立在民族利益的名义之上，民族利益也就无法成为构建反霸权阵营的概念工具。就这样，意大利在战后的各种互不相容的方案中错失了民主的机遇。所以事实证明，社会精英阶层中霸权的缺席导致了非精英群体中反霸权的缺席。在缺少霸权政治的背景下，市民社会的发展对所有的社会团体而言都具有根本性的危险，因为它往往会带来普遍的政治危机。这便是意大利法西斯主义最主要的教训。

读者也许会发觉上述论点过于决定论。因此，有必要强调一下意大利案例中的两个重大历史转折点：焦利蒂时期和“一战”刚结束的时期。细心的读者会注意到，本书关于法西斯主义的论述始终离不开焦利蒂的实验。我指出，法西斯主义是焦利蒂转向引发的市民社会快速发展过程的结果。我们能否想象一种不一样的历史轨迹？焦利蒂路线融合了两种策略，一方面对北部的民众运动多少采取自由主义的态度，另一方面维持有限选举权并依赖南部的代表；如果不采取这种方式，1900年的意大利其实还有两条清晰的行动路线。一是过渡成一个彻底的民主体制，这是社会主义者、激进派和共和派的联盟提出的路线，这些人在世纪之交意大利的自由开放中发挥了重大作用。如果在当时给予了民众普选权，这很可能会阻止焦利蒂时期政治上四分五裂的进程，并且有可能充分强化社会精英的政治组织，使其有能力应对有组织的社会主义和天主教势力。第二种可能性是采取更公开的威权主义策略，涉及君主制的巩固和更强硬的镇压。这一选择可能会在两次世界大战之间同时消除法西斯主义和自由民主两种结果，背后的原理是类似的。在这一早期阶段强制推行全方位的警察体制，就能避免迅速发展出一个对抗性的市民社会。

不同于这两种做法，焦利蒂将这些策略融合在一起，为北部民众赋予了相当多的公民和政治权利，同时继续依赖南部代表来巩固他在议会的多数席位。这种策略尽管在短期内奏效，却破坏了由精英引领的群众性政党组织的发展，同时使市民社会呈现出爆发式发展。因此，焦利蒂尝试扩大自由主义霸权，反而加剧了他接手的结构性问题。在自由开放的同时缺少相应的政治开放，这两者的特定结合极大影响了随后在意大利出现的政党法西斯政权。焦利蒂式经验消除了自由派从结社主义发展中受益的可能性。

焦利蒂式经验的影响显而易见。在缺乏适当政治改革的情况下，市民社会的发展不太可能结出稳定的自由民主之果。相反，在这些条件下，市民社会的发展更可能促进反自由主义的政治运动。至少有理由说，当适当的政治改革没法实现时，限制结社的发展也许比促进它的发展更可取。这无非是换一种说法表述了市民社会的发展和霸权的发展是彼此独立的过程，需要我们分别分析。市民社会发展无疑促进了意大利的民主，但并没有促进自由主义。

战后意大利的历史选择基本上是开放的，尽管这些选项自身已与15年前的样子有所不同。虽然缺乏由社会精英引领的霸权，但是如果社会党人采取不一样的结盟策略，他们本可以在意大利建立一个大众民主制。然而，就如塔斯卡指出的，社会党在大众民主目标近在咫尺之际，放弃了它的民主纲领，转而支持了革命纲领。意大利社会党并没有联合起更广泛的关心民主良性运转的力量，而是疏远了这些盟友，尤其是归国老兵。

当然，这种政治失误并不是单纯的“主观性”失败，其根源可以追溯到焦利蒂时期。社会党领导层在战后几乎不具备民族政治视野，这部分是因为他们长期以来受制于有限的选举权。在民族国家的舞台上，社会党扮演的角色极为有限，助长了塔斯卡所说的有害的“狭隘地方主义”和一种危险的革命冒险主义。两者都注定会损害战后意大利的民主。

意大利经验传递出的最普遍的信息可能就是，政治很重要。意大利的市民社会，尤其是“一战”之后的市民社会，从任何意义上来说都不能算落后，至少在那些法西斯党招募成员的关键地区是这样。实际上，如果没有高度发达的市民社会，法西斯党的威权主义收编方案是不可想象的。在意大利，由于自由主义制度与狭隘的寡头政治紧密相关，市民社会的发展所引发的运动顺理成章地就走向了反自由主义。当然，战后最重要的问题在于这种民主但反自由主义的趋势究竟会采取右翼还是左翼的形式。社会主义与焦利蒂体系的历史纠葛为此提供了答案，因为战后时期市民社会的民主诉求无法通过与社会党联合来实现——社会党曾在那样一场运动成为历史可能的时刻抛弃了它。

第3章

传统法西斯主义

西班牙，1876—1945

为什么西班牙的自由主义向法西斯主义屈服，而没有发展成大众民主？为什么西班牙的法西斯主义呈现为传统主义的形式？西班牙民主在20世纪30年代崩溃的缘由与意大利的类似，也就是在结社大潮面前没能发展出一种霸权政治。就像在意大利那样，支配阶级孱弱的阶级内霸权造就了脆弱的阶级间霸权，并最终导致了反霸权的失败。这在30年代初引发了一场政治危机，而作为对危机的回应，法西斯主义应运而生。不过西班牙却是沿着一条不同于意大利的特殊历史轨迹迎来这相似的结局的。虽然20世纪初期西班牙的结社发展迅猛，但这些社团依然处于地主和资本家的控制之下。这给了西班牙社会精英一个维持大众支持的组织基础，即便他们建立的具有明确政治性的组织在20世纪30年代早期就瓦解了。因此，西班牙的法西斯规划依靠的是这些组织，而不像意大利，靠的是一个新打造的群众性政党。

与意大利个案的论述一样，本章的分析会从五个阶段追溯西班牙法西斯主义的发展。最先考察的是君主制复辟时期[①]的阶级内霸权。西班牙的自由主义制度产生于激进的第一共和国之后，并在复辟时期得到了巩固。在复辟时期，有限选举权加之地域差异，产生了一个被地方庇护关系网络割裂的支配阶级，这与意大利的情况相同。不过，这并没有破坏市民社会的发展。特别是在1885年以后，西班牙的政治秩序足够开放，有充分的空间供结社主义发展，在乡村地区尤为如此。只不过，社会精英借着地区民族主义和天主教会的双重组织，始终控制着这一现象。尽管受控于社会精英，市民社会的发展还是产生了重要的政治影响。它侵蚀了君主制复辟时期的庇护政治，促使人们寻求建立阶级间霸权。将霸权扩展到非精英群体的最团结一致的尝试发生在普里莫·德·里维拉（Primo de Rivera）执政时期。这个军事独裁政权只是进一步削弱了西班牙社会精英，并为佛朗哥的崛起奠定了政治基础。

自由主义西班牙的阶级内霸权

在1868年革命风暴的废墟之上，西班牙的自由主义政权于1876年诞生。它的自由主义制度建基于有限选举权和猖獗的选举腐败，与此同时，西班牙政治体系的庇护主义割裂了社会精英，破坏了其阶级内霸权。这将在20世纪头几十年里成为西班牙的一个致命弱点。

---

① 西班牙第一共和国（1873年2月11日—1874年12月29日）是西班牙历史上第一个共和政体，短暂存在后即遭颠覆，1874年波旁王朝复辟。1923年里维拉发动政变，建立独裁政府。——译者注

在整个19世纪，争夺权力的两个核心政治团体或者政党（温和派和进步派），形成于卡洛斯战争（Carlist Wars）① 期间。这两个团体代表了“两个主要的地主寡头集团：南部的葡萄和橄榄种植者，以及中部的小麦种植者”。[1]作为王朝复辟（1874—1923）的保守派设计师，安东尼奥·卡诺瓦斯·德尔·卡斯蒂略（Antonio Cánovas del Castillo，1828—1897）建立了一套机制来稳定政治体系。在这套机制下，王朝内的政党（自由党和保守党，分别继承自进步派和温和派）可以定期交替掌权而无须军队干预，并且只需要有限的民众投入即可。这一机制被后来的历史学家称为卡诺瓦斯体系（Canovite system），它有两个基本特征：一个是卡西克主义（caciquismo），可以粗略理解为地方庇护主义；另一个是和平轮流执政（el turno pacifico），即一套不同政党轮换执政的制度。这些政党如政治机器般运作，向卡西克（cacique，即地方权贵）[2]们输送利益，以便他们后续兑现选票承诺。政党的权力交接通过在马德里达成交易来实现，而非通过赢得选举。投票由国家公职人员负责管理，通常腐败至极，在决定由谁治理国家的事宜上起不到什么作用。[3]

在19世纪后期，这一体系从最初的位于安达卢西亚的南部农业基本盘扩展到了北部和巴斯克地区的小自耕农地区。[4]直到19和20世纪之交，自由党和保守党才在相当程度上凝聚一

---

① 卡洛斯战争是19世纪西班牙波旁王朝内部为争夺王位继承权而发生的内战，主要分为两次。第一次战争（1833—1839）和第二次战争（1872—1876）均由卡洛斯派发起，他们主张恢复君主制和宗教裁判所，得到封建贵族和教会的支持。卡洛斯派的对手是自由化贵族和资产阶级，其中包括温和派和进步派。后两者主张现代化改革和限制君主权力，在对抗卡洛斯派的战争中通常团结一致。——编者注

致，卡诺瓦斯体系因而得以运转。[5]但到了20世纪，三个因素的出现破坏了这种凝聚：一位企图在选择阁僚方面发挥更大作用的进取的君主、两党内部的更新换代，以及卡西克主义在某些城市地区的衰落。[6]可即便在轮流执政制度瓦解之后，政治腐败——卡西克主义——依然盛行于大部分西班牙地区。图塞利（Tusell）指出，随着轮流执政体系的崩溃，安达卢西亚的贿选情况实际上增加了。[7]因此，激增的私人庇护网络开始取代对卡诺瓦斯体系至关重要的联合政党的位置。[8]打破僵局的唯一方法是全面打击卡西克们。就像下文将表明的，这需要一定程度的支配阶级内部凝聚力，而事实证明那是难以实现的。

总而言之，西班牙的社会精英被僵化的庇护–附庸网络所割裂。因此，激烈的政治内讧分裂了社会精英阶层，但是这一政治弱点并没有削弱结社主义的发展。

西班牙的市民社会和社会精英

西班牙的某些地区，尤其是加泰罗尼亚和巴伦西亚，昔日构成了文艺复兴时期城邦文化的一部分，而这一文化在意大利北部和中部孕育了密集的市民社会。加泰罗尼亚在13世纪就拥有了一个高度成熟的议事会（the Cortes），而自治城镇和公社也很常见。[9]这些地中海沿岸地区，连同西班牙北部的小自耕农区域成了自由主义时期市民社会最为发达的地方，或许也在意料之中。

19世纪80年代的西班牙遭受着日益激烈的农产品竞争，而由于各个农业利益集团试图转嫁市场整合的成本，农业人口往往变得激进。这场经济危机还碰上了一场雪上加霜的地缘政治灾难：西班牙在1898年的战争中一败涂地。①战败后接踵而来的是一波面包暴动、抗税和罢工浪潮。为了回应商业危机、阶级斗争和军事失败，这个自由主义国家的重要领导人们开始坚持认为，有必要为复辟政权建立一个更广泛的群众基础。[10]

这些事件，外加1890年确立的普选制度，助推了三种主要形式的结社主义：社会主义与共和主义的结社主义、地区民族主义的结社主义，以及天主教的结社主义。1885年后，在第一次自由主义转向期间，很多西班牙的城镇出现了大量的工人阶级和手工业者协会，包括读书会、休闲娱乐协会、选举团体、工会和职业介绍所。这些社团在政治上很多变，糅合了共和主义、无政府主义、联邦主义和社会主义的思想。西班牙工人社会党（PSOE）成立于1879年，是欧洲最早的社会主义政党之一。它的成员数量从1896年的6,000人增长到1904年的5.7万人，而在1910年到1912年间，社会主义工会组织的成员从4万人增长到了12万人。但是这些发展都局限在城市地区，对于一个在20世纪仍有51%的人口从事农业工作的社会来说，这是一个根本性的缺陷。1902年，社会主义工会组织（西班牙总工会，缩写为UGT）有31%的分支机构位于马德里，而到了1908年，这个比例上升到58%。因此，西班牙的社会主义始终局限在少数几个城市中心。即使在城市，运动的力量也是不均衡的。西班牙社会主义最突出的特征之一就是它没能在巴塞罗那组织起来，而那是很多人公认的19世纪末西班牙工业化程度最高的城

① 这一年爆发了美西战争，战败的西班牙放弃了古巴、菲律宾、波多黎各等殖民地。——译者注

市。共和主义运动也一直很边缘，局限在一些南部城市和加泰罗尼亚。[11]

市民社会的发展还采取了地区民族主义运动的形式。加泰罗尼亚党（Catalan Party）、加泰罗尼亚地区联盟（Lliga Regionalista）及其工业家支持者很大程度上试图通过赞助结社来为地区主义运动打造群众基础。加泰罗尼亚有着悠久的结社传统。在精英层面上，有推广使用肥料的农业改良协会，也有大地主组织，例如加泰罗尼亚－巴利阿里农业联合会（Federació Agrícola Catalana Balear）和加泰罗尼亚圣伊西德罗①农业研究所（Instituto Agrícola Catalán de San Isidro）。此外，还有像民族劳动促进会（Foment del Treball Nacional）这样的工业家组织。在非精英层面上，有高度地方性的组织，其中很多是改组后的兄弟会、纳税组织或者管理水资源这样的集体资源的组织。作为上述更广泛的地区民族主义动员的一部分，精英组织为了支持地区民族主义，开始资助小产业主社团。它们也资助了一个叫农业联盟（Liga Agraria）的组织，该组织搭建了一个农业商会网络，游说政府减少铁路收费，并以“农业”利益之名征收关税。跟意大利的社会主义或者民主天主教主义不同，这些加泰罗尼亚民族主义组织都支持阶级合作的保守派信条。[12]

19世纪后期，西班牙市民社会发展的最显著特征在于社会天主教主义。西班牙天主教服务于政治和社会权力。即使在19世纪的动荡岁月里，西班牙也始终是官方意义上的天主教国家。1876年的宪法强化了这一关系，它宣布天主教为国家宗教，并

① 圣伊西德罗在西班牙文化中是守护农业的圣人。——译者注

确保了主教在参议院的代表席位。国家支付教堂建筑的维护费和神职人员的薪水，而所有的教育都要符合天主教教义。[13]在19世纪后期的西班牙，教会实际上还负责提供所有微薄的福利和学校教育。[14]这可能解释了19世纪后期宗教团体的蓬勃发展。统计数据显示，男性宗教团体的参与人数从1860年的683人涨到了1901年的10,745人。而宗教院所的数量从1888年的1,188座涨到了1923年的4,470座。[15]

19世纪的西班牙教会也与社会精英联系密切。教会组织在19世纪土地私有化的过程中被剥夺了自身的资源，因而与富人结成紧密的同盟，并转向慈善和社会援助。[16]随着1890年普选权的推行，这一联盟更加坚固。社会主义者和共和主义者开始在政治上向乡村渗透，对农业寡头构成威胁。作为回应，地主阶层开始推广天主教社团。[17]

这场运动最初的主要倡导者是卡斯蒂利亚耶稣会士安东尼奥·文森特（Antonio Vincent，1837—1912）。19世纪90年代，文森特在巴伦西亚建立起一系列天主教工人圈子。每个圈子都由一个非选举产生的中央理事会主事，都有一位主保圣人，围绕他组织宗教实践和圣餐仪式，并且打击渎神行为。经济上，这些组织仅限于金钱和实物上的互助，规避交易或者罢工活动。[18]为了推广工人圈子模式，文森特在20世纪早年间组织了地区和"教区"（diocesan）集会。加里多·埃雷罗（Garrido Herrero）这样描述道："它们想必都很相似。主教召集教区教长和一些'主要的'农场主参与系列讲座，讲授人几乎总是文森特神父。这位耶稣会士跟他们解释何为农业辛迪加，并提供给他们一套章程模板。在随后的几个月里，这些组织就会在各个教区中激增。"[19]跟行会和工会不同，文森特神父倡导建立的圈子的主要目标是“纠正大众的叛教行为”。[20]这样一种跨阶级的宗教结社模式似乎在乡村地区收效甚佳，催生出一个庞大的天主教乡村组织网络。这些组织在20世纪前20年经历了两个阶段的发展。首先是乡村银行（cajas rurales）的形成。随后，大约从1904年开始，农业辛迪加（sindicatos agrícolas）运动发展起来。[21]

这两类组织的核心目标之一都是给佃户和日结工提供信贷。这些群体日后将形成一个保守的小有产者阶层。乡村银行通过成员们的小额捐款募资开展活动。[22]但这些组织发展的背后往往也有地方精英的身影。在萨莫拉，地主路易斯·查维斯·阿里亚斯（Luis Chaves Arias）是重要人物。在穆尔西亚，财政部官员弗朗西斯科·里瓦斯·莫雷安（Francisco Rivas Morean）发挥了关键作用。在纳瓦拉，教区神父维多利亚诺·弗拉马里克（Victoriano Flamarique）是主要组织者。在普拉森西亚，社会学家波洛·贝尼托（Polo Benito）组建了第一个机构。[23]

农业辛迪加是从乡村银行发展而来的合作社组织，帮助销售农产品，并且允许成员以低价购买食物和设备。这些组织试图维系一个农业“共同体”，对抗市场渗透和城市化的威胁。产业主、小有产者和工人在教士的庇护下走到了一起。[24]这些组织往往道德感极强，拒绝给那些被看见饮酒的成员提供贷款，并以体现天主教教义中的阶级合作和道德为己任。[25]

考虑到天主教结社主义的种种特征，无怪乎爱德华多·达托·伊拉迪埃尔（Eduardo Dato Iradier，1856—1921）和安东尼奥·毛拉（Antonio Maura，1853—1925）这样的保守党人士都不遗余力地推广它。1904年，毛拉提出一条法令，该法令后来于1909年通过，规定农业社团只要在省长那里登记为农业辛迪加，就可以免税。不出所料，进步派政府（即轮流执政制度中的左翼）以这些组织的天主教性质过强为由驳回了这条法令，并且坚持严格立法，以确保结社组织不公然带有宗教色彩。因此，农业辛迪加并不算真正自主自发的组织；相反，它们的发展属于土地精英阶层为解决乡村动乱而采取的特定政治策略。[26]相较于土地所有者，国家在这个进程中几乎缺席。1918年，西班牙国家银行只给197个辛迪加提供了贷款——不足合作社总数的6%。[27]简而言之，西班牙市民社会的发展直接由社会精英，尤其是农业主们推动。

农业辛迪加亦是政治天主教主义的组织性支柱。虽然在第二共和国之前不存在天主教政党，但这些辛迪加充当了保守党的压力团体。1917年，包括18个地区联合会在内的全国天主教农业联合会（CNCA）在马德里成立。这一组织有两位主要领导人，一位是卡斯蒂利亚大地主安东尼奥·莫内德罗·马丁（Antonio Monedero Martin），一位是耶稣会士西西尼奥·内瓦雷斯（Sisinio Nevares）。那些地方联合会的领导人位置也总是被留给大地主。[28]

这些组织往往巩固了南部农业精英对北部小农的政治控制。塞缪尔·加里多·埃雷罗研究过的会议记录中注明，“驱逐那些在上一次选举中阻挠本辛迪加候选人参选的成员”。[29]文森特神父本人曾强调，“每个人都有义务参加选举，投票给天主教候选人”。[30]在某些案例中，辛迪加会开除那些发表违背教义观点的成员，或者撤回发放给他们的贷款。[31]

天主教结社主义在20世纪初的扩张分为两个阶段：1906年到1910年，以及1916年到1922年。[32]20世纪20年代后期总体而言似乎是农业合作社运动的一个停滞期。不过根据官方数据，到了1933年，西班牙已有了4,266个农业辛迪加。[33]

该如何总结西班牙19世纪后期的市民社会发展？政治权利的扩大、农业危机和军事失利共同催生了西班牙乡村地区的市民社会。20世纪前20年，志愿结社在农业萧条的推动下增长，这鼓励了组织的发展，共和主义与社会主义政治组织开始向乡村地区扩散。但是，西班牙的社会精英依然通过两个重要的组织框架掌控了这一进程：天主教会和地区民族主义。西班牙北部的农业辛迪加提供贷款、市场和消费者服务，同时巩固了土地精英的政治支配地位。在加泰罗尼亚，与工业家还有农业主紧密相关的民族主义组织占据了主导。因此，一种由精英支配的市民社会形式在此形成。我在下面会说到，这种特定的市民社会发展路径为社会精英提供了不可或缺的组织资源，并为西班牙后续的政治发展带来了重要的影响。

阶级间霸权

随着结社主义在西班牙的发展，卡诺瓦斯政治体系逐渐显出其脆弱。西班牙政客深刻意识到他们日益陷入政治孤立。为此，高层政治领袖试图从内部改革卡诺瓦斯体系，赋予其更多的民众支持。主要尝试有过三次，分别在安东尼奥·毛拉、何塞·卡纳莱哈斯（José Canalejas，1854—1912）和弗朗西斯科·坎博（Francesc Cambó，1876—1947）任内做出。[34]在上文描述过的市民社会日益组织化的背景下，这些人都没能够攻破卡西克制度，因而为西班牙20世纪第一个独裁者米格尔·普里莫·德·里维拉（1870—1930）的崛起打下了基础。

安东尼奥·毛拉在1907年到1909年间试图通过推行强制投

票、改革选举名单和下放政府权力以改革政治体系。要不是因为西班牙军事干预摩洛哥，毛拉的方案本可能取得成功。1909年7月，从加泰罗尼亚征召预备役军人前往北非殖民地作战引爆了一场结合了反教权主义和地区主义性质的叛乱，叛乱遭到马德里政府的血腥镇压。这一事件，即“悲惨周”（Semana Trágica），造成了严重的政治后果。作为对这一流血事件的回应，议会中的自由党人要求毛拉卸任。他们的领袖塞吉斯蒙多·莫雷特（Segismundo Moret，1838—1913）在此时成立了一个左翼集团。这些事件打破了加泰罗尼亚地区主义者和保守党已然很紧张的民族联盟，也破坏了自由党和保守党本身的关系。君权被迫在组建政府方面发挥更积极的作用，因为议员之间日益恶化的关系使他们无法协商一致，从而丧失了轮流执政的基础。[35]这终结了保守党的改革企图。

1909年到1912年间，何塞·卡纳莱哈斯尝试第二次从内部改革卡诺瓦斯体系。跟毛拉在“悲惨周”之后形成的高压政策相反，卡纳莱哈斯支持反教权主义，并恢复了与加泰罗尼亚资产阶级的关系；这比毛拉自上而下的革命更为进步。不过，如果说毛拉的尝试缺少了与加泰罗尼亚地方主义者的牢靠联结，鉴于他与卡斯蒂利亚中心主义和大地主的关系，那么卡纳莱哈斯的尝试则败在了相反的方向上：它缺少了至关重要的来自马德里贵族的社会支持。所以事实证明，和毛拉一样，卡纳莱哈斯也没能巩固主要的地主和资本家团体之间的联盟，继而推行一个自上而下的现代化方案。[36]

第三次改革尝试最具野心，大概也是最有机会成功的。第一次世界大战期间（1914—1918），共和主义者和社会主义者都动员起来进行干预，而在布尔什维克夺权后，社会主义者和无政府主义者的群众基础都开始扩大和激进化。[37]加泰罗尼亚地区主义领袖弗朗西斯科·坎博试图利用形形色色的不安势力迫使制宪会议召开，以期建立一个更加先进的民主国家。加泰罗尼亚地区主义者主导了这一集会运动，但运动同样吸纳了阿斯图里亚斯和巴斯克重工业界的政治代表、西班牙工人社会党和军队中的某些派别。[38]正如卡罗琳·P. 博伊德（Carolyn P. Boyd）评论的，这是一场“资产阶级革命的尝试”。[39]坎博的目标是废除或者至少削弱马德里的地主寡头政治。[40]然而，与上述保守党和自由党的改革尝试一样，集会运动受制于同一个固有弱点。它无法消弭加泰罗尼亚和卡斯蒂利亚社会精英之间的政治隔阂。也许最致命的弱点是，它没有与毛拉的保守党人建立任何的联盟，后者与集会运动有很多共同目标。只有与这个团体结盟，坎博才能令人信服地宣称自己是在引领一场全民族运动而非地区性运动。但其他弱点同样存在。军人集团（military juntas）是重要却靠不住的盟友，因为他们的诉求需要用钱来解决，而且他们可以轻易脱离一个对军方来说太过地区主义和社会主义的联盟。最后，坎博领导的加泰罗尼亚地区联盟本身，只致力于在不触犯纺织业生产者经济利益的情况下扩大民主。

因此，当来自底层的威胁苗头甫一出现，集会运动就宣告瓦解，这也就不足为奇了。冲击运动的事件是一场由社会主义者牵头、由无政府主义的全国劳工联盟（CNT）支持的全国大罢工。罢工的导火索是1917年8月一家铁路公司拒绝重新雇用100名罢工工人。[41]为了应对这场运动，王室与军队达成了妥协，[42]满足了军事改革者的诉求，继而粉碎了社会主义者和无政府主义者的同盟。[43]地区联盟也仓促退场，因为彼时它的成员已与寡头政治重新结盟，加入了极保守的毛拉政府。[44]这些人再度着手为加泰罗尼亚争取一定的地方自治权。然而，他们的计划被日益强大的无政府主义的全国劳工联盟挫败了，该联盟声称到1919年末已在全国范围内拥有714,028名成员。

毛拉、卡纳莱哈斯和坎博的尝试都可以被理解为西班牙社会精英构建阶级间霸权的努力。他们都试图链接到一个全国性的纲领，以期为自由主义国家赢得群众支持。出于特定的历史原因，这三次尝试均告失败。但我们从中也能看到一个更大的结构性问题。每一次，都是社会精英阶层的分裂破坏了改良方案。就是说，无论是地区联盟的地区民族主义，还是自由党的反教权主义，都惹恼了保守党。类似地，混合了政治天主教主义和中央集权主义的立场为毛拉赢得了部分支持，但也疏远了加泰罗尼亚人和自由党。通过这三次尝试的始末，可以看出支配阶级失败的阶级内霸权如何破坏了建立阶级间霸权的规划，因为最有可能产生阶级间霸权的意识形态和组织形式，往往会加剧支配阶级的内部冲突。随着这些努力的失败，一个新的政治整合模式出现了，而这只会进一步分裂和削弱社会精英。

在摩洛哥的军人

数次失败的改革尝试令文职政客信誉扫地，军方因而在执行外交政策上取得了更多自主权，并且日渐被视为潜在的改革渠道。而军方自己在摩洛哥内陆推进的一次失败攻势，触发了卡诺瓦斯体系最后的危机。1920年，野心勃勃的将军曼努埃尔·费尔南德斯·西尔维斯特（Manuel Fernández Silvestre，1871—1921）长驱直入摩洛哥内陆，他的补给线拉得太长，军队又不够可靠，在穆罕默德·阿卜杜·卡里姆（Muhammad Abd al-Karim，1882—1963，这位摩洛哥叛军首领曾在西班牙受过教育）的部队面前不堪一击。[45]1921年7月，阿卜杜·卡里姆在一场持续大半个月的反攻中击溃了西班牙军队，惨痛地凸显出西班牙军方之弱。[46]

关于“问责”（即决定这场灾难过错在谁）的争斗很快演变成一场危机，卡诺瓦斯体系就此一蹶不振。保守党试图既往不咎，阻止在议会中展开相关辩论，自由党则集中火力抨击将军们，从而疏远了军方与议会的关系，进一步巩固了它的法团属性。这场危机也让君主制备受诟病，因其在很大程度上与这次军事灾难有所牵连。为此，国王建立了一个“民族集中”（national concentration）的政府，囊括了所有自由党和保守党主要派系的领导人。同时，他坚持在议会中安置进了两位精通非洲问题的高级将军，冈萨雷斯－塔布拉斯（González-Tablas）和米连－阿斯特赖（Millán-Astray）。但这没能产生一个够强大的文官政府。实际上，毛拉的最后一届政府之所以垮台，就是因为拿不出一个协商一致的对摩洛哥政策。[47]

普力夺主义①在巴塞罗那崛起

摩洛哥政策失败之后，在巴塞罗那日益强大的无政府主义面前，卡诺瓦斯体系实际上已经覆灭。1920年到1923年，加泰罗尼亚在省长塞韦里亚诺·马丁内斯·阿尼多（Severiano Martínez Anido，1862—1938）的统治下开始出现一种新的政

① 普力夺主义（praetorianism）是亨廷顿在探讨政体的政治稳定时提出的概念。praetor一词原指古罗马的地方执政官，狭义上的普力夺主义指的就是军人对政治的干预。广义上，制度化程度低而参与程度高的政治体制都被归入普力夺政体，其中社会力量以自己的方式直接在政治领域内活动，造成政治形势的不稳定。与之相反的则是公民政体，相对而言更加稳定。——编者注

治秩序，而它将在1923年后扩展到整个半岛。马丁内斯·阿尼多不满足于完全依赖军方力量，他与被称为民防队（Somatén）的右翼准军事组织建立了联系，这一组织致力于维护社会秩序，其领导者大都非常富有。他还与极右翼工会组织自由工会（Sindicatos Libres）过从甚密，该组织跟意大利的法西斯工团有些相似。[48]民防队起初是大众民兵组织，脱胎自兄弟会（hermandades）——在中世纪就已形成的邻里组织，旨在保护生命和财产免受强盗和封建领主的掠夺。在集会运动破产后，很多加泰罗尼亚的产业主及其盟友考虑重建民兵组织，作为一支民间治安部队和破坏罢工行动队。[49] 1919年，这一大众民兵组织完全转变为与加泰罗尼亚商界关系紧密的武装卫队。同年，被称为"加拿大人"（La Canadiense）的电力公司①发生纠纷并引发大罢工，民防队在此期间取得了"国民警卫队"（guardia civil）的地位。[50]

新组建的民防队分三级：区、社区和街区。每一级都有一位首领负责将军队的命令传达给成员。成员分三等：负责以自家住宅为据点守卫街道的，负责守卫社区战略要地的，以及可用于进攻或者增援关键区域的机动小队。[51]

民兵组织不仅参与治安行动，他们还派送邮件，清理电车轨道，为商店和超市供货，并力图在任何可能出现的大罢工期间维持城市生活的基本运转。[52]也难怪很多关于民防队的描述都强调它们无私的公民行动主义精神。例如，马德里民防队（加泰罗尼亚民防队的翻版）的一位创始成员认为："就好比，作为

---

① 公司原名Riegos y Fuerzas del Ebro，因公司大股东是位于多伦多的加拿大商业银行而得此通称。——译者注

公民，我们有义不容辞的责任去从军，保卫祖国不受外敌侵犯，那么作为市民社会的一员，为了个人和集体福祉必不可少的环境，我们所有人都有义务……履行公民职责，去维护和平、繁荣，还有生命，总而言之，维护一切社会秩序和经济平衡的基础不受内部敌人的破坏。”[53]然而，民防队并不是一个政治组织，鉴于它并不参与选举政治。虽然民防队与加泰罗尼亚地区联盟关系密切，但它几乎囊括了所有属于加泰罗尼亚保守派政党的男性。[54]

除了在大罢工期间提供维持秩序的后备力量，民防队还有一个主要目标，那就是向人们灌输天主教价值。民防队的成员们敬奉蒙特塞拉特圣母（Virgin of Montserrat），“传统上加泰罗尼亚武装民防队的主保圣人，而他们的一大公共行动就是……露天弥撒”。[55]组织成员菲利克斯·桑切斯（Félix Sánchez）写了一份简要的“民防队教义问答”，将其目标总结为：“在宗教秩序上，我们必须以言行树立道德模范；在政治秩序上，我们必须保卫好公民的公民权利；在社会秩序上，我们必须充当美德的明镜，忠实地劝导那些……主张占有并不属于他们的权利的人。”[56]民防队是一个传统主义组织。它的成员并没有致力于建立一个超越自由民主制的政治秩序，而更多是要回归地区自治、法团主义代表制和天主教。

在20世纪20年代前后的那段时间，地区性的民防队如雨后春笋般在西班牙各地涌现。名为西班牙农业主协会（Asociación de Agricultores de España）的大地主社团，尤其是当中的主要成员之一，既是大地主又是军方人物的瓦尔·德·埃罗子爵（Vizconde de Val de Erro），积极推动民防队的全国化，鼓励民防队向乡村地区扩张。农业主协会将加泰罗尼亚民防队组织的章程采纳为范本，因而成为这种组织形式扩张的主要力量。虽然建立一个全国性组织的计划失败了，部分原因在于文官政府不愿意助长军方力量，但是该协会依然推动了民防队在马德里、巴伦西亚、阿利坎特、马略卡岛、哈恩、马拉加、格拉纳达和萨拉戈萨等地的发展。[57]

民防队面临的困难颇具启发意义。提交给内政部的报告显示："淡漠、离散和卡西克主义是民防队在圣克鲁斯-德特内里费发展的主要障碍。"[58]在被强大卡西克支配的地区，如瓜达拉哈拉和加莱戈斯，民防队的力量同样薄弱。以及，"在安达卢西亚，卡西克主义——尤其在小村庄——对民防队的发展构成了根本且顽固的阻碍，民防队在整个第二军区的成员数量就没达到过1.6万人"。[59]庇护主义和腐败似乎是民防队扩张的主要障碍，而民防队在加泰罗尼亚、旧卡斯蒂利亚和巴斯克地区扎根最稳，在安达卢西亚和埃斯特雷马杜拉则力量最弱。[60]

这种分布基本对应了自由主义时期西班牙的市民社会发展。结社发展集中在特定区域：主要是西班牙的北部和东部。表3援引了三次结社调查的数据来展示这种地区差异：一次是1904年对工人社团的调查，另两次是更晚的对社团的普查数据（一次是1913年，一次是1928年）。从第一列可以看到1928年所有社团的统计数据。我们可以这样提取这份表格的信息：在给定的6项指标下，看每个特定地区在数量上排入前5名的次数。在全部6项关于市民社会的指标中，加泰罗尼亚和巴斯克地区均位列前5。巴伦西亚有5项指标进入了前5，至于1913年平均每10万人的雇主社团数目这一项，它排在第6。旧卡斯蒂利亚有4项进入了前5，纳瓦拉则有3项。根据这一标准，加泰罗尼亚、巴伦西亚、巴斯克、旧卡斯蒂利亚和纳瓦拉是西班牙20世纪初市民社

表3　西班牙市民社会的地区性差异（每10万名居民对应的社团的数量）

地区	1928年的社团	1904年的工人社团	1913年的工人社团	1913年的雇主社团	1913年的混合社团	1913年的非职业社团
加利西亚	8	4	34	17	1	5
莱昂	9	6	18	25	1	21
阿拉贡	10	4	15	46	2	18
安达卢西亚	10	8	26	13	1	5
阿斯图里亚斯	10	7	41	34	2	3
穆尔西亚	11	4	29	21	1	11
埃斯特雷马杜拉	12	8	11	19	1	10
新卡斯蒂利亚	16	11	28	22	2	13
加泰罗尼亚	25	23	49	45	3	96
巴伦西亚	26	13	44	40	5	21
巴斯克地区	28	20	82	47	4	33
旧卡斯蒂利亚	29	10	30	52	4	13
纳瓦拉	44	7	16	64	4	9

资料来源：Instituto de Reformas Sociales 1915, 1907; Ministerio de Trabajo y Previsión 1930

会最强大的地区。如我上文所述，民防队的大本营在加泰罗尼亚。但它没能控制南部的大庄园地带。也就是说，这些准军事组织在市民社会最成熟的地方发展得最好，在结社主义最式微的地方发展得最差。

20世纪20年代在巴塞罗那发展起来的这种新的普力夺秩序，得到的第二种有组织的支持来自工人阶级。在社会天主教主义的边缘，一群前卡洛斯派传统主义者在1919年10月发起了一场名为“自由工会”（Sindicatos Libres）的运动。该组织的第一次会议在一个叫正统工人文艺社（Ateneo Obrero Legitimista）的卡洛斯派工人社团召开。不同于“一战”前加泰罗尼亚常见的那种旧式天主教工会，自由工会在很大程度上是“工人至上的”（workerist），与教会圣职集团没有正式的联系，而且拥护有时相当激进的社会教条。[61]一开始，这些组织在巴塞罗那工业精英中找到了乐意资助它们的人，因为这些组织可以对付无政府主义的行动小队。[62]然而，在马丁内斯·阿尼多担任巴塞罗那省长期间，这些组织与雇主的关系开始发生变化，因为它们与国家有了更直接的联系。这位省长把自由工会用作准警察部队。[63]此外，针对全国劳工联盟的全面镇压给了自由工会一次政治机遇，因为它是唯一还在运转的工人阶级组织。因此，正是马丁内斯·阿尼多的高压统治，使得自由工会扩大到了约17.5万成员的规模。[64]

马丁内斯·阿尼多政权无疑关系到一次未能实现的民主突破。文官政党无法将新动员起来的民众力量整合进自身，导致加泰罗尼亚精英转而支持一个军事解决方案。在米格尔·普里莫·德·里维拉发动政变后，这种模式随即被推广到了整个伊比利亚半岛。

普里莫·德·里维拉时期（1923—1931）：王朝政党的粉碎

1922年马丁内斯·阿尼多离任后，巴塞罗那很快又动荡了起来。到了1923年2月，全国劳工联盟已经着手重组，这一进程在5月的一场重大运输工人罢工中达到高潮。与此同时，文官政府在地方层面上彻底瘫痪。在这个权威真空期，米格尔·普里莫·德·里维拉作为重要政治人物登场，于1923年3月成为巴塞罗那的地方军事指挥官。他摆出折中的姿态，接见工人和雇主代表团，试图为运输工人罢工做出仲裁。[65]20年代早期巴塞罗那发生的政治和社会动乱极大影响了他。1920年，他已经向马丁内斯·阿尼多的立场靠拢，认为必须动用军事手段对付无政府主义。来到巴塞罗那更坚定了他的看法。但是他与准军事组织民防队或自由工会联系都不紧密，而这两者是马丁内斯·阿尼多的主要支持基础。实际上，这位将军完全不靠动员民间支持，便在1923年9月夺取了权力。[66]为了统治，普里莫·德·里维拉试图建立一个广泛的社会联盟，以对抗现存的政党体系。[67]

普里莫·德·里维拉的独裁统治分为两个主要阶段。从1923年9月到1925年12月，这个独裁者通过一个军事指挥部进行统治，试图借助军队力量摧毁卡西克主义。1925年12月到1930年9月，一个新的文官指挥部成形，这个独裁者做了诸多努力去扩大政权的民众基础。这两项政策削弱了既有的社会精英组织，同时强化了社会主义和共和主义。在某种意义上，普里莫·德·里维拉在毛拉、卡纳莱哈斯和坎博失败的地方取得了成功，无意间为第二共和国打下了政治基础。[68]

指挥部的第一项重大行动是清洗省长：那些在卡诺瓦斯体系下由王家法令委任的地方文官权威。普里莫·德·里维拉的政变宣言中有一项声明，罢免了所有在任省长的职务，并以军人取而代之。[69]这一改革打破了省长与王朝政党之间的紧密联系，因为省长一般被认为是受政党扶植的职位。相反，在普里莫·德·里维拉夺权后，占据这些职位的新人往往是来自省外的职业军人，他们没有明确的政治归属，与当前执政地的地方权力结构也没有联系。[70]

省级层面巩固这一变革的举措，是针对市级政府的全力出击。1923年10月，超过9,000个地方市政府被解散，并被置于执政代表（delegado gubernativo）的控制之下，这些军方人物就像地方小独裁者那样负责根除腐败。这些人所依赖的基本机制是告发，即针对地方行政官员的匿名投诉。譬如在马拉加，执政代表在1923年11月2日设立了一个投诉办公室，一天之内就收到250份告发书。[71]

执政代表还奉命对人民进行道德改造。譬如，军政府向所有代表发放了一份手册，指导他们推广体操教学、兔子养殖，以及提倡个人卫生。有一位代表禁止虐待动物，禁止乱扔垃圾，并规定了人们在街上相互问候的正确方式。[72]所有这些同属一个更宏大的规划，旨在铲除旧政治的根基。[73]

矛盾的是，普里莫·德·里维拉这位保守派人物就这样一手摧毁了卡诺瓦斯体系的组织基础。他把矛头对准王朝政党，在官方文件中抨击它们的领袖，禁止他们在公共企业任职，并将他们的名字从路牌上移除。迫于这般情况，很多重要的政党领袖从原位退下，回归平民身份。他们先前的追随者四散开去，要么加入爱国联盟（UP，下文会对这一国家政党做更详细的讨论），要么加入了共和派。在这种压力之下，统治了西班牙50年的王朝政党土崩瓦解了。[74]

政权下的精英们试图以花样百出的非政治的利益团体来取代这些组织。因此，在普里莫·德·里维拉统治下的西班牙出现了大规模的结社发展，但这只发生在那些信誉扫地、四分五裂且力不从心的王朝政党框架之外。中产阶级结社主义在20世纪20年代末和30年代初得到发展。[75]其中有些组织，譬如步枪俱乐部、童子军和探险协会，全都属于非政治性的。其他一些则是政治上的反对派。根据报纸报道，1926年，西班牙有450个共和派俱乐部，其中大都是中产阶级背景。[76]

但事实证明，指挥部根本没有能力创建一个合格的政党来引导这些组织支持独裁统治。相反，在国家政党爱国联盟、民防队、爱国委员会（comité paritario）和法团议会等政权组织中，庇护主义故态复萌。独裁政权完全没有建立起一个能为社会精英所用的政治组织，反而倾向于分裂和削弱那些最初导致起义的利益基础。[77]

北部和东部省份的爱国联盟领袖大多来自天主教政治组织，并不曾参与昔日的政治体系。在南部省份，爱国联盟的地方支部主席或者副主席则是轮流执政制度下的前保守党或自由党议员。在其他地区，普里莫·德·里维拉倚重“新人”，但是这些人无非变成了新的庇护人而已。[78]

爱国联盟没能整合进加泰罗尼亚的工业势力，这或许是该政权最大的政治弱点。加泰罗尼亚工业家为普里莫·德·里维拉的政变提供了决定性的社会支持，对此，里维拉给予了他们可观的回报，将国家资金投入船运、铁路、水力发电，授予他们航空运输和治理鼠患的国家专营权。著名的投机商人胡安·马奇（Juan March，1880—1962）被授予烟草产品的专卖权。这些政策的集大成者就是石油工业的国有化。这一直接的国家馈赠背后，靠的是高额的针对农业机械和硫酸盐（肥料用）的进口税以及针对农产品的出口税。然而，加泰罗尼亚工业家从未在政治上被体制收编，因为他们拒绝加入爱国联盟。所以，他们始终只是一个强大的法团压力集团。[79]

矛盾的是，普里莫·德·里维拉独裁政权对工人阶级的影响却多了几分积极的意味。劳工政策建立在镇压与收编的双重策略之上。镇压一派由内政部的马丁内斯·阿尼多掌控，打击目标几乎全是无政府主义和共产主义激进分子。收编一派则以发展部、财政部和劳工部为制度基础，寻求在工业界和改良派工会之间建立一个生产主义联盟。在应对1925年爆发的罢工潮时，体制内两派的区别可见一斑。全国劳工联盟（无政府主义的工会联合会）牵头的骚乱由马丁内斯·阿尼多负责，因此被当作公共秩序问题处理。相较之下，西班牙总工会领导的罢工是通过集体协商来解决的。[80]

普里莫·德·里维拉政权下收编策略的筹划者是爱德华多·奥诺斯（Eduardo Aunós，1894—1967），他受到了意大利法团主义的直接影响。然而，奥诺斯的政策含有很强的民主和亲工人阶级元素，维持了工人阶级志愿组织的完整性，并且保留了罢工的权利。1926年11月的一份王家法令创立了27个法团：每个生产部门一个。各法团内部的核心体系是名为爱国委员会的仲裁委员会，它包括来自工人和雇主双方的代表，并接受国家委任的主席和副主席领导。这些委员会的代表则由在法团结构之外保持自治的志愿组织选举而来。因此，虽然加入法团组织是强制性的，但真正的志愿组织也存在其中。奥诺斯希望法团发展成无阶级属性的“生产者辛迪加”。然而在实践中，它们利好社会主义者。工业家尖锐地批评这种劳工组织体系，称奥诺斯为“白色列宁”。[81]

这一切起到了强化总工会的作用。1924年间，社会主义工会和政权之间开始达成互谅。社会主义者在一些国家委员会、国家社会保障机构中占据领导位置，而正是社会主义者率领西班牙代表团前往日内瓦参加了国际劳工组织大会。普里莫·德·里维拉的法团主义招牌为社会主义组织提供了决定性的支持。[82]

社会主义者利用了这种宽容的环境。从1922年9月到1930年12月，西班牙总工会组织起来的成员从208,170人上升到277,011人。1930年12月到1931年12月，随着政权的瓦解，这一渐进式扩张演变为爆发式增长。新的乡村社会主义联合会，即全国土地劳工联合会（FNTT）推动了这一增长。1930年4月，该乡村联合会拥有147个工会，共27,340名成员，到了1933年6月，其规模增长到3,319个分部，共451,337名成员，成为西班牙总工会中最大的联合会。[83]从1922年到1932年这十年间，总工会地方分会的总数从1,198个分会共208,170名成员，增长到5,107个分会共1,041,539名成员。就像我前面强调过的，20世纪20年代中期前，西班牙工人社会党–总工会在乡村地区几乎没有组织，而将大部分组织农业力量的机会留给了无政府主义的全国劳工联盟。温和社会主义的社会学基础，就局限在城市地区的少数技术性行业。而乡村无产者通过全国土地劳工联合会涌入社会党，向温和派领导层施加了巨大的压力。[84]

吊诡的是，在普里莫·德·里维拉时期，天主教和保守派的农业辛迪加的发展要黯然失色许多。官方数据显示，从1919年到1929年，农业辛迪加的数目从4,451个下降到2,276个，成员数也从50万人暴跌到约20万人。但这些组织存活了下来，而且很多体制内的地方领导人都出自这样的背景。[85]所以说，独裁统治的一个惊人的矛盾之处在于，它一方面推动了社会主义，另一方面又未能为社会精英建立适当的政治组织。如果考察一下20年代末发展起来的利益代表模式，就会更清晰地注意到这种失败。

将普里莫·德·里维拉的“兵谏”（pronunciamiento）转变成政治体制的任务落在了一个名为全国协商会议（Asamblea Nacional Consultiva）的机构头上。这一法团议会的任务是要提案一部新宪法，取代1876年的方案。波旁王朝国王阿方索十三世（1886—1941）对此深表反对，他认为任何对卡诺瓦斯宪法的更改都会威胁到他的权威。然而，在独裁者的坚持下，成立议会的法令还是在1927年9月生效了。[86]该议会体现了与上述仲裁委员会类似的利益代表理念。与那些组织一样，全国协商会议既承诺法团主义代表制，亦保留了结社自由。[87]

全国协商会议的代表分三类：爱国联盟代表团，“活动、阶级和价值”代表，以及国家代表。不同的名目之下，有着不同的代表遴选规则。地方政府的代表，外加官僚机构中的当然代表（ex officio representative），组成了国家代表这一类别。其中市政代表由省政府从市长和省议会中选出，而省政府本身是由独裁政权委任的。省代表则从省级代表团中选出。此外，还有来自军队、教会和行政机构的当然成员，以及一群政府指派的显要人物。党代表团由爱国联盟的省级党领袖组成。政府还从法团组织、文化机构、王家学院和教育机构中指派活动代表。[88]

总而言之，普里莫·德·里维拉时期最好被理解为建立阶级间霸权的一次失败尝试，这次失败与先前君主制复辟时期的历史息息相关，那时没能产生一个有凝聚力的支配阶级，即阶级内霸权。正如在意大利，焦利蒂的政策靠的是敌视自由主义国家的各股势力结成的战术联盟一样，普里莫·德·里维拉的独裁统治靠的是社会主义工会组织的外部支持。此外，里维拉政权系统性地瓦解了西班牙支配阶级既有的政治组织。在20世纪20年代间，工业家和地主转而采取直接的“经济–法团”方式来追求自身利益，彻底放弃了政治。这种有组织的利益集团模式给第二共和国留下了沉重的负面遗产。

第二共和国期间的反霸权

西班牙支配阶级的政治组织在20世纪20年代后期急剧崩溃。剧变催生的民主机遇为社会主义者和共和主义者的联盟所利用，其巅峰成就便是第二共和国，这是西班牙历史中截至彼时在政治上最民主的政权。然而，西班牙社会精英的弱点变成了这个国家的绊脚石，严重妨碍了稳定的自由民主制的发展前景。首先，缺少一个团结一致的右派，相应地造成了左派的碎片化和反复无常。与此同时，这导致国家北部和中部的传统主义片区以一种危险的方式退出了政治。这些弱点将招致第二共和国的垮台。

向共和过渡（1930—1931）

普里莫·德·里维拉政权之所以垮台，是因为社会精英的倒戈，而不是自下而上的群众运动。南部较落后地区和东北部工业地区相对而言不太受动乱影响。实际上，社会党和工会组织是主要团体中最后放弃支持政权的。恰恰是那些一开始支持政变的利益集团终结了里维拉政权。[89]

举足轻重的经济利益集团在20世纪20年代后期转向对立。虽然很多工业家受惠于公共工程开支，但独裁政权的贸易保护主义政策相当不受农业主欢迎。曾受益于便宜进口肥料和开放国外市场的小麦、橄榄和柑橘种植者，认为独裁政权过于偏重工业。由小店主组成的西班牙行会联合会（Confederación Gremial Española）起初曾被独裁者提出的和平有序政策所吸引，但在1928年撤回了对政权的支持。就连那些一开始受益于公共工程的工业家也开始增援自由贸易阵营，与政权作对。到了1929年初，独裁政权的社会支柱——加泰罗尼亚工业家，也转变为反对派，导火索是爱德华多·奥诺斯的社会政策和比塞塔①的价值暴跌。抛售比塞塔始于1928年初，这一破坏性事件的一大诱因是人们对政权的赤字融资开发计划日益丧失政治信心。1929年，一个由专家组成的特别委员会成立，试图解决这一问题。委员会坚持认为减少公共开支在所难免。[90]

普里莫·德·里维拉独裁政权倒台后，由达马索·贝伦格尔将军（Dámaso Berenguer，1873—1953）领导的临时军政府接管了政权。国王委托他恢复西班牙的轮流执政制度。这是一个棘手的任务，因为普里莫·德·里维拉对它的全方位攻击，尤其是对自由党的攻击，已经破坏了西班牙宪政的根基。尽管如此，这位将军的策略是举行一场可以稳妥运作的选举，产生一个保守派政府，以期引领国家回归常态，也就是回归轮流执政。在独裁统治期间出现的形形色色的共和派团体坚决反对这

① peseta，西班牙和安道尔在2002年欧元流通前使用的法定货币。——译者注

一举措。他们先是发动了一场起义，失败后又精心策划了一次针对选举的抵制行动。经过弃票运动之后，回归卡诺瓦斯体系已经不可能了。由海军上将胡安·巴蒂斯塔·阿斯纳尔（Juan Bautista Aznar，1860—1933）领导的政治色彩没那么浓的联合政府主持了1931年4月12日的市政选举，选举结果造就了一场支持共和制的全民公投，迫使阿方索十三世退位。[91]

独裁统治的垮台，加之政党体系的瓦解，留给西班牙一派四分五裂的政治图景。由无数派系构成的共和派占据了广大的中间派阵地。其中偏左的有共和行动党（Republican Action Party）和激进社会主义共和党（Radical Socialist Republican Party）。这些派系都致力于推动广泛的经济和社会改革。走中间路线的是激进共和党（PRR）内团结在亚历杭德罗·勒罗克斯（Alejandro Lerroux）周围的历史共和派（historical republicans）。偏右的有米格尔·毛拉（Miguel Maura）和尼塞托·阿尔卡拉－萨莫拉（Niceto Alcalá-Zamora，1877—1949）领导的自由共和党右翼（Liberal Republican Right）。此外，共和派联盟包括了众多地区性政党，其中最重要的是加泰罗尼亚左翼（Esquerra Catalana）。这些派系在整个共和国时期都保持着政治上的强势，而且直到1936年，一直是共和派政客把持着总理办公室。不过，它们的组织始终是个人扈从式的和碎片化的。[92]

相对于中间派的共和主义者们，左翼团体的情况有所不同。如上文所示，西班牙工人社会党和总工会均与里维拉独裁政权关系紧密。跟旧日的王朝政党不同，它们在与该政权的合作中获益颇丰。这解释了为什么工人社会党直到1929年7月才成为反对派。即便那个时候，它的反对也仅限于拒绝独裁者提出的宪法。[93]总工会避不参与1930年夏天的各种反独裁政治罢工，任由它们掌握在共产主义者和无政府主义者的手中。[94]

右翼的情况在第二共和国成立之初发生了变化。爱国联盟没能成为右翼理念的有效载体。实际上，正当工人社会党在独裁统治下积蓄力量的时候，右翼的政治组织却日趋衰弱，陷入杂乱无章。[95]

于是，在第二共和国伊始，出现了精英或者说支配阶级霸权缺席、市民社会蓬勃发展的局面。这带来了一系列超越自由民主制的历史可能性：一个实现激进社会民主的机会，以及一种法西斯式威权民主的危险。前者的失败将导致后者的确立。

共和国：一种政治新秩序

第二共和国分为两个界限分明的阶段：从1931年到1933年的左翼阶段，以及从1933年到1936年的右翼阶段。1936年，左翼在人民阵线的支持下重夺了权力。这一时期，激进化的工人社会党在弗朗西斯科·拉尔戈·卡瓦列罗（Francisco Largo Caballero，1869—1946）的带领下大规模没收土地，催生了一场不成功的军事政变，继而引发了从1936年持续到1939年的西班牙内战。这段历史中的转折点出现在1932年和1933年，其标志是社会党领袖拉尔戈·卡瓦列罗的激进化，以及西班牙自治权利联盟（简称“塞达党”）这一右翼大众政党的创建。[96]

第二共和国的第一届政府，制宪议会（1931—1933），由左翼共和党和社会党联合执掌，总理由曼努埃尔·阿萨尼亚（Manuel Azaña，1880—1940）担任。这一届政府明显有机会在西班牙建立一个先进的社会民主制度。而它没能做到，这对于理解西班牙第二共和国的垮台至关重要。尽管选举获胜，共和党在组织上依旧是脆弱的。他们尤其受制于阶级、地域和宗教上无法克服的严重分歧。西班牙第二共和国表明，市民社会在普里莫·德·里维拉时期的发展，非但没有使自由民主制更易实现，反而增加了它的难度。

这些弊病在一开始就暴露出来。阿萨尼亚的政府聚焦于两个基本议题：土地改革和通过一部宪法。针对第一个议题，政府采取的手段是颁布一系列法规，从根本上挑战大大小小的地主。1931年7月，距离4月的选举仅仅过去了3个月，尚在12月宪法生效之前，临时政府就开始了最早的一些举措，包括颁布一系列法令，陡然改变了乡村地区的权力均势。主要法规有两组：一组有关承租人，另一组有关农业劳工。地主被禁止驱逐承租人，除非他们不支付租金或者未耕种土地。此外，承租人和佃农都被赋予了诸多基本权利。如果收成欠佳或者租金超过了在地产上获得的应纳税收入，他们可以申请减少租金。新法令同样规定，承租人和佃农在租期结束时应该因提升农地的价值而得到报酬。土地改革还要求地主优先将土地租给工人合作社。这给了乡村地区的社会主义组织巨大的权力，旨在消除投机倒把的租户，以防他们高价转租小块土地。[97]

临时政府进一步通过了一系列涉及农业劳工的法令。改革规定了每日八小时工作制，同时赋予劳工罢工权和集体谈判权。另有两项法令旨在支持乡村工人的市场地位。第一项是所谓的市政边界（términos municipales）法令，设置了一些边界，不允许地主越界雇用劳工。第二条法令被称为强制耕作（laboreo forzoso），防止地主收回土地并弃耕。[98]

这些改革可以被合理理解成在为土地的实际再分配做准备。一揽子土地改革法直到1932年9月才得以通过，这在一定程度上是因为1932年一场未遂的军事政变之后，左翼共和党势力大增。那是一套极度复杂但总体温和的法案。法案为给定的市政当局设置了各种类型土地的最高管辖权限。只有4类土地可以被完全征用：在加的斯议会（Cortes of Cádiz）[①]之后，由“封建”管辖权改财产权而来的土地；耕种情况很差的土地；不断被放租的土地；在灌溉区却未得到灌溉的土地。被征用土地者将获得相应的补偿，按浮动比例支付，土地面积越大，平均每公顷的价格就越低。因此在改革面前，大地主会比小地主面临更高程度的充公。这项法案很大程度上一直停留在纸面上，因为制宪议会和农地改革协会（IRA）理事会中的那一小撮农业少数派通过一系列技术性反对意见，有力地阻止了它的落地。[99]

尽管如此，首届共和党-社会党联合政府还是成功地在根本上改变了农地问题上的权力平衡。第二共和国打破了“国民警卫队”、地方地主和市政当局的紧密联盟，那曾是君主制复辟时期西班牙乡村生活的一大特征。公开镇压社会主义组织从此不再可行。更有甚者，地主的基本经济武器——雇用本市镇之外的廉价外来务工者，现在也从法律上被动摇了，这大大增强了乡村直接生产者的权力。这一政治机遇却在很大程度上被浪费了，因为共和党-社会党联合政府没能真正落实意义重大的土地改革，因而未能解决导致共和国内最严重的阶级冲突的根本症结。部分由于阿萨尼亚没能适当资助农地改革协会，部分由于1931年入选议会的一小撮右翼代表坚决反对，部分由于程序上

① 西班牙反法独立战争期间召集的议会。1810年9月24日在加的斯附近的莱昂岛召开，1811年2月20日转至加的斯，1813年9月20日结束。议会通过的最重要的文件是1812年宪法或称《加的斯宪法》，规定西班牙为君主立宪国，标志着西班牙从封建制度向现代国家的转变。但它在1814年5月被费尔南多七世废除，后西班牙多次革命均以恢复这一宪法为号召。——编者注

的困难和行政上的无能，共和党-社会党政府最终只对极少的土地进行了重新分配。[100]

尽管土地改革失败了，但各种共和改革方案还是严重威胁了大大小小的有产者。八小时工作制、市政边界法令和强制耕作的累积效应增加了用工成本，鼓励了中小规模雇主更多依赖家庭劳动力而非雇佣劳动力。市政边界法令还扰乱了山区村庄和南方产粮区之间由来已久的迁徙模式，很可能造成严重穷困。[101]由于没能重新分配土地并借此改变农业社会结构，同时还严重威胁了农业主的利润空间，并从总体上扰乱了乡村的经济生活，共和党-社会党联盟几乎必然会招致右翼的抗拒。[102]

1931年12月通过的宪法进一步激化了右翼的反应。该文件中有两项极富争议的条款，成了右翼发起抵制的聚焦点：第26条和第44条。第26条解除了国家对教会的支持，解散了那些宣誓效忠于一个境外势力的神职队伍，同时限制了教会财富。这一条款的基本诉求是确立政教分离。第44条规定国家可以为了国民公共事业而没收财产。在这个国家，每493人中就有1人受雇于教会，且教会在地方层面维持着相当重要的道德权威，在此推行这样一项改革注定要引发轩然大波。共和-社会主义联合政府还没触及右翼社会权力的结构性基础，便激怒了右翼。政府没能落实改革的承诺，还在这一过程中打开了右翼反扑的大门。[103]

在阶级和宗教冲突之上，又叠加了地区主义问题。地方上对卡斯蒂利亚中心主义的不满是致使普里莫·德·里维拉倒台的一大重要问题。第一届共和政府试图通过允许有限的地区自治来解决这一问题。可这样一来，它却为社会党领导人因达莱西奥·普列托（Indalecio Prieto，1883—1962）口中的“梵蒂冈式直布罗陀”（Vaticanist Gibraltar）①在纳瓦拉和巴斯克地区的出现大开方便之门。这两个地区是仅有的在1931年4月的选举中推出保守派候选人的地区，它们显然是右翼的大本营。因此，阿萨尼亚政府拒绝了它们的自治要求。[104]

很多学者正确地强调了，在20世纪20年代末30年代初乡村无产阶级进入工人社会党之后，该党面临着实施激进改革的压力。不过南方的大型土地庄园问题相对而言得到了遏制。显然是有可能在不惹恼小农的情况下满足农业无产阶级最迫切的需求的。也许阿萨尼亚政府最根本的错误在于，它的反教权立法不必要地离间了北方小农。[105]

削弱阿萨尼亚政府的不只有来自右翼的威胁，还有自身联盟内部的分歧。刚起步的共和政府被里维拉政权的阴影深深笼罩。截至彼时，西班牙工人社会党是最重要的支持共和国的政治组织。然而，该党在支持民主理念方面动作迟缓，部分原因是它曾经大大受益于独裁统治。此外，部分出于上文所述的集会运动的经验，工人社会党领导层对于跟共和党这类“资产阶级”政党合作持怀疑态度。更何况，共和政权自身并没有彻底摆脱西班牙国家的高压倾向。阿萨尼亚推动通过了一项共和国国防法律，授权建立突击卫队，并实行一套严格的审查制度。[106]首届共和政府由于未能贯彻一个持之以恒的民主改革方案，为右翼的群众动员打开了方便之门。

---

① 1713年，西班牙与英国签订《乌得勒支和约》，将位于伊比利亚半岛南端的直布罗陀割让给英国，使之获得了梵蒂冈式的“国中国”地位。普列托借此质疑自治方案，认为它可能会在巴斯克地区造成类似的局面。——译者注

右翼的崛起

西班牙右翼势力主要分为三种：政治天主教主义、君主主义和法西斯主义。前两者比第三者强大得多，有效侵蚀了意大利式的政党法西斯体制赖以生存的政治空间。这对于西班牙日后形成的特定类型的法西斯主义而言十分重要。

1931年4月，左翼取得选举胜利，促使右翼开始推动建立一个大众政党。第一场有组织抵抗的发起者是国民行动党（Acción Nacional）①，它的附属组织在1931年末只有26个，一年后便涨到了36个。另有两个团体加入了国民行动党：名为全国天主教促进会（ACNP）的天主教知识分子组织，以及本章早先提到的小农工会联合会——全国天主教农业联合会。1933年2月，这些组织和其他扎根地方的农业团体，尤其是活跃于巴伦西亚的农业团体，一起形成了西班牙自治权利联盟（塞达党）。这是一个规模庞大的政党。它的领导层声称组织成员超过70万名。在西班牙历史上，天主教头一回变得政治化。以前，教会通过轮流执政制度中的保守党来实现自身目标。新的政党则利用教会的组织力量，在南方大地主与北方小农之间重建了一个右翼联盟。[107]

塞达党是最重要的右翼力量，但绝非唯一。君主主义也掀起了一场政治运动，这是因为共和国宣告成立给了君主主义运动一个群众动员的理由，并淡化了其内部长久存在的一条政治分界线：阿方索派王权统治的支持者和卡洛斯派王位“觊觎者”的支持者。阿方索派组成全国君主主义联盟（UMN），接替爱国联盟参与了1931年的竞选。随着阿方索的退位，现在不是阿方索派而是卡洛斯派占据了这些团体势力的中心位置。[108]卡洛斯

① 1932年后更名为人民行动党（AP）。——编者注

派与塞达党在同一时期开始扩张。据其官方党报所言，这场运动在1934年拥有了540个圈子、803个青年小队和70万名成员。至此，它也确立了全国性的影响力。[109]

在整个共和国时期，卡洛斯派领导层致力于组建一个名为呼啸兵（Requeté）的准军事组织。[110]组织根植于一个紧密的社团网络。根据该运动的官方刊物《传统主义导向公报》（*Boletín de Orientación Tradicionalista*）的说法，组织有超过700个地方委员会或称“洪达”（junta）、350个圈子、250个青年小队、300个妇女团体和80个呼啸兵小队。卡洛斯派不仅是一个政治组织。它还为成员提供全面的文化体验，有卡洛斯派图书馆、管弦乐队、合唱团、电影院和表演卡洛斯派剧目的戏剧俱乐部。这些圈子在提供福利和娱乐的同时，也成了呼啸兵的培训中心。纳瓦拉的卡洛斯派组织就利用了名为农业–社会（Agro-Social）的天主教工团主义组织，这一组织在共和国成立之初就有着数以千计的附属机构，并控制了乡村储蓄银行和合作社的庞大网络。有了这些组织，卡洛斯派就能有充足的选举手段和准军事手段与左翼抗衡。[111]

这一猝不及防的复兴在很大程度上要归因于共和国的反教权政策。但不可忽略的是，卡洛斯派比塞达党还擅长利用现成的那套密集的市民结社网络。虽然在来自安达卢西亚的卡洛斯派人物法尔·孔德（Fal Conde）的英明领导下（孔德于1934年5月成为联盟的秘书长），这一运动在地区上和社会上得到了更广泛的传播。[112]该运动在纳瓦拉、卡斯蒂利亚、巴伦西亚和加泰罗尼亚的影响力尤为强大。

右翼在第二共和国初期之所以能迅速地东山再起，是因为社会精英，尤其是农业领域的精英，是通过教会控制市民社会的。[113]因此，王朝政党体系的崩溃远没有初看上去的那样有破坏力。1933年，这些强大的右翼组织给了自1931年开始统治西班牙的共和党－社会党联盟毁灭性的一击。阿萨尼亚的左翼共和党的议席减少到了36个，社会党的则减少到了58个。而塞达党以115个席位进驻议会，成了西班牙议会中的最大政党。但是它还没有强大到足以组建一个自己的政府，因此它和取得了104个议席的勒罗克斯的激进党结盟。因此，从1933年到1936年，西班牙由前共和派、狂热分子勒罗克斯领导的右翼联盟政府统治。[114]

塞达党以一股民选力量强势出现，对共和国构成了激烈的挑战。该党看上去明确投身于一项根本性的宪法改革战略，而其领导层的政治模板是奥地利的威权法团主义体制。尽管其领袖何塞·马利亚·希尔·罗夫莱斯（José María Gil Robles，1898—1980）谴责法西斯暴力，但他拒斥基于普选的议会制，而是支持天主教法团主义对国家的重组。[115]

左翼的选举失利加剧了一个始于1932年、攸关共和国存亡的进程：西班牙工人社会党的深度激进化。这种激进化部分缘于党魁拉尔戈·卡瓦列罗的政治转向，他起初还是改良主义的有力支持者，但后来越来越将塞达党视作一个法西斯组织。更重要的事实是，到1932年，土地改革的失败，加之那些旨在提升工人谈判权的法令遭到雇主阻挠，导致全国土地劳工联合会内部沸腾着不满的情绪。[116]

随着新的多数派入驻议会，土地改革面临的那些早已相当严重的问题显然没有一个能即刻得到解决。[117]此外，在1933年冬天至1934年春天新政府上台期间，农业领域的失业人数达到顶峰。不过，镇压行动暂时性地粉碎了社会主义者。塞达党打算迅速推动政权进一步右转。从1935年起，土地改革成了一纸空文，因为一项法律条款废除了“禁止直接耕作者变更他们的农地状态，使其规模低于可以被征用的限制”的规定。[118]然而，向右转受制于塞达党运作所依托的联合政府。激进党卷入了一系列财政丑闻，最终迫使勒罗克斯请辞。在选择召集选举还是任命希尔·罗夫莱斯为总理之间，阿尔卡拉-萨莫拉选择了前者。这就意味着塞达党不得不再次面对选民。

1936年的竞选是由塞达党领衔的右翼国民阵线（national front）和左翼人民阵线（popular front）之间的竞争。右翼的制度优势相当大。它有巨量财政资源，而且可以利用政府机器来确保某些选举结果，尤其是在南部。虽然没有系统性的证据，但右翼似乎也动用了大量暴力。根据普雷斯顿（Preston）的记述，普遍存在的情况有贿选、非法逮捕人民阵线支持者、关闭社会主义性质的人民之家（Casas del Pueblo）和剥夺左翼“监票人”（即计票人）的资格。也正是在这场竞选中，塞达党变得酷似一个法西斯政党。尤其是该党的青年组织——人民行动青年团（JAP）。1936年的竞选中，人民行动青年团的一份宣言要求更改宪法、肃清社会党并实施新闻管控。[119]

第二共和国倒台的一大核心原因是塞达党内部建立起的大地主和小农之间的联盟。在很多方面，塞达党为佛朗哥政权打下了基础，但矛盾的是，这些发展阻碍了意大利式或者德国式法西斯主义的产生。西班牙社会精英阶层没必要支持一个伪革命的大众政党，毕竟它自身就有可观的组织资源，尤其是与天主教会的紧密同盟。这就解释了政党法西斯主义在西班牙的根本缺陷。

第一位真正的法西斯政治人物是埃内斯托·希门尼斯·卡瓦列罗（Ernesto Giménez Caballero，1899—1988），休·托马斯（Hugh Thomas）形容他是一个“暴脾气版的未来邓南遮”。[120]希门尼斯·卡瓦列罗在1930年成立了一个西班牙民族主义小党派，附属于一家名为《文学报》(*La Gaceta Literaria*)的报纸。[121] 1930年又出现了两个法西斯主义团体。第一个是民族工团主义奋进会(JONS)，创立者拉米罗·莱德斯马·拉莫斯(Ramiro Ledesma Ramos，1905—1936)是一个受法西斯工团主义思想吸引的前工会主义者。[122]大约同一时期，奥内西莫·雷东多·奥尔特加(Onesimo Redondo Ortega，1905—1936)在巴利亚多利德创建了一个比起莱德斯马·拉莫斯的团体略偏传统主义的团体。第四个法西斯主义团体，长枪党(或称方阵)，成立于1933年，领导人是普里莫·德·里维拉的儿子何塞·安东尼奥·普里莫·德·里维拉(José Antonio Primo de Rivera，1903—1936)。这些不同的团体在1934年合并，形成了西班牙第一个公开的法西斯主义政党。但是它们的人数依然很不起眼。法西斯主义真正获得极大的影响力要等到1936年人民阵线赢得大选之后，彼时"长枪党的路线变得极具吸引力"。[123]但在30年代初，长枪党还只是一股微不足道的政治力量。佩恩(Payne)写道："长枪党的最强核心在马德里和莱昂－旧卡斯蒂利亚的巴利亚多利德区。"[124]但关于西班牙法西斯主义，最重要的一点是它的政治无能。长枪党在1936年的大选中只获得了4.6万张选票，成为西班牙最孱弱的政治力量。

加泰罗尼亚的例外

在加泰罗尼亚，力量均势基本上是另一番景象。因此，这片地区在第二共和国期间的历史为上述论点提供了一个有用的参照。共和国的宣告成立恰逢加泰罗尼亚地区自治的建立。加泰罗尼亚共和左翼党(ERC)领导的联盟成立了一个临时的地方政府，即加泰罗尼亚政府（Generalitat）。[125]经过与马德里政府艰难的协商后，加泰罗尼亚赢得了自治权，根据自治条例，该地区可以控制直接税收和内部行政。[126]管理该地区的是一个地方议会，非常像控制整个西班牙的混合议会－总统制。

在西班牙其他地区侵蚀共和国的诸多冲突，同样存在于加泰罗尼亚。经济萧条对这个地区的影响程度可能胜过其他地区，因为它与国际贸易联系更紧密。在好战的无政府主义组织的主导下，劳资纠纷在1931年到1933年增加了5倍。[127]此外，一场严重的农业冲突在1934年到达了紧要关头。核心问题在于一项关于农业合同的法律，该法律允许已经从事耕作15年的佃农购置土地。[128]这项法律牵扯出了一个宪法相关问题，因为尚不清楚加泰罗尼亚议会是否有权管辖社会政策。加泰罗尼亚地区联盟与加泰罗尼亚圣伊西德罗农业研究所联手，成功将此案提交到了宪法保障法院，后者撤销了这一法律。[129]

不过，在西班牙其他地区出现的塞达党与社会主义者的两极分化，并没有在加泰罗尼亚充分发展。甚至在1934年的暴动之前，加泰罗尼亚左翼和右翼对于租赁法就已接近达成协议。到了1936年，加泰罗尼亚两大主要党派就此议题达成妥协。[130]除了这一特定的协议，加泰罗尼亚相对而言似乎没怎么遭受西班牙其他地区常见的政治暴力和教堂破坏。尽管这个地区有着剑拔弩张的劳资关系，但事实确乎如此。我们该怎么解释这种例外情况？

在这里，社会精英阶层相对统一，并且有着悠久的通过地区联盟进行政治组织的传统。就如我上面所说的，该党在历史上的某些阶段取得了相当多的群众支持。尽管加泰罗尼亚地区联盟因为与里维拉政权的合作而遭到削弱和质疑，但它并没有像轮流执政制度中的主要王朝政党那般被摧毁。[131]加泰罗尼亚的社会精英因而并不需要寻求一个全新的政治组织来面对选民。因此，加泰罗尼亚的右翼可以在地区层面上自我重组，充当共和左翼党的忠实反对派。[132]

左翼的处境在这里也截然不同。社会主义在加泰罗尼亚的发展特别薄弱，尽管这是西班牙工业化程度最高的地区。在这里，无政府主义的全国劳工联盟主导了工会，而加泰罗尼亚共和左翼党占据了政治光谱中的左翼。后者是从加泰罗尼亚民族主义运动内部的政治斗争中诞生的政党，故而与地区联盟有着很多相同地区主义目标。[133]因此，在加泰罗尼亚，来自下层的政治诉求是通过一个地区民族主义政党框架来传达的，也就不会招致西班牙整体上那样剧烈的两极分化。

顺着这样的视角来看，加泰罗尼亚在第二共和国期间并没有遭受明显的政治暴力也就顺理成章了。反过来，地区联盟和加泰罗尼亚左翼还能够就新的农业合同法展开合作。[134]当然，加泰罗尼亚不同于西班牙其他地区的一个地方在于它早早建立了一个有效的精英政党。这似乎让加泰罗尼亚走上了一条和这个国家其他地区截然不同的历史道路。

西班牙内战和传统法西斯主义崛起

1936年的选举表明，西班牙民众得到了高度的组织和动员。此外，尽管第二共和国期间右翼的动员程度相当高，尤其是在1934年的阿斯图里亚斯起义①之后，但右翼无法通过选举的手段

① 塞达党入主西班牙内阁后，1934年10月，阿斯图里亚斯的矿工发动武装起义，在工人同盟（共产党和社会党的统一战线组织）领导下，工人占领了数个城镇并成立了工农革命政府，但15天后即遭镇压。——编者注

在西班牙掌权。这使得军队成为实现其保守主义纲领的唯一靠得住的手段。因此，在塞达党及其盟友在2月的选举落败之后，右翼自然而然地开始转向支持军事政变。对于支持这一选项的人来说，可供参照的榜样就是普里莫·德·里维拉政权。然而接下来的种种事件表明，30年代的环境发生了很大变化，此时已不可能再推行一种里维拉模式的无政治倾向的军事独裁统治。这种企图失败了，导致了弗朗西斯科·佛朗哥和传统法西斯主义的崛起。[135]

1936年7月18日，在摩洛哥梅利利亚的驻军策动“兵谏”。但是这一政变只得到了约一半军方力量的支持。只有4位现役少将加入叛军。海军依然效忠于共和国，导致主力的非洲殖民部队被困于摩洛哥。实际上，很多学者指出，要是在这关键时刻没有轴心国的军事支持，共和国也许可以轻松重夺控制权。[136]

叛乱并没有迅速过渡至军事独裁，而是使国家沿着基本的政治分界线撕裂。在传统主义左翼势力较强的地方，兵谏引爆了一系列地方起义，社会主义者和无政府主义者把控了市政府。这一行动为共和国保住了马德里、巴塞罗那、巴伦西亚和毕尔巴鄂，这些城市包括了西班牙大部分人口和工业力量。但是在国家的北部和中部，即塞达党的势力范围，军方的叛乱获得了胜利。在卡洛斯派主导的纳瓦拉，民族主义者尤为成功，那里有成千上万的志愿者自告奋勇支援民族主义事业。一场失败的军事政变的后果是内战的战线因此形成。[137]

关于民族主义民兵组织的区域分布的信息展示了其势力范围。如表4所示，这些组织盛行于西班牙北部和中部的小农地区。这一表格表明，西班牙诸省中民兵占人口比例最高的是纳瓦拉、阿拉瓦和洛格罗尼奥，其次是巴利亚多利德和帕伦西亚。

这些省份中的第一名是一个卡洛斯派大本营，而在其他地方，这些民兵组织大概率分属卡洛斯派和法西斯长枪党。大多历史记述还认为，20世纪30年代的法西斯主义动员集中在旧卡斯蒂利亚。这样的模式发人深思。同20年代一样，那些大地产农业

表4　内战期间长枪党民兵组织的地区集中情况

省份	潜在的志愿者（人）	实际的志愿者（人）	实际注册志愿者比例
加利西亚	371,000	2,400	0.6%
萨拉曼卡	56,000	652	1.0%
格拉纳达	53,000	600	1.1%
韦尔瓦	59,000	700	1.2%
科尔多瓦	55,000	1,000	1.8%
巴达霍斯	58,000	1,210	2.0%
加的斯	84,000	2,000	2.3%
莱昂	73,000	1,700	2.3%
塞维利亚	134,000	3,500	2.6%
萨莫拉	47,000	1,232	2.6%
吉普斯夸	50,000	683	2.7%
阿维拉	37,000	1,062	2.8%
塞戈维亚	28,000	787	2.8%
卡塞雷斯	74,000	2,668	3.5%
布尔格斯	59,000	2,413	4.0%
巴利亚多利德	50,000	2,934	5.8%
帕伦西亚	34,000	2,369	6.9%
阿拉瓦	17,000	2,446	14.4%
洛格罗尼奥	34,000	7,619	22.3%
纳瓦拉	58,000	17,016	29.1%
马拉加	—	300	—

资料来源：Casas de la Vega 1974, 64, 93, 120

主导的地区大部分又被排除在了威权主义联盟之外。与之相对的是，右翼动员在西班牙北部和中部那些市民社会组织密布的地方最为强大。

在 1936 年兵谏失败以后，第二共和国的政治冲突演变为军事冲突，这对于西班牙右翼的内部组织产生了重要影响。民族主义者的叛乱，起初在政治上的意义是含糊不清的。它的一些领导人物希望建立一个短暂的过渡政府，快速将国家恢复到一个比左倾的第二共和国更保守的文官治理形态。[138] 另一些领导人则更为激进，提出要么回归君主制，要么实行某种法西斯主义政体。此外，关于谁能领导这一民族主义阵营，各方几乎没有达成任何共识。叛乱开始时，由一个总部位于布尔格斯的国防委员会（Junta de Defensa）负责协调。日后升任大元帅（generalissimo）的弗朗西斯科 · 佛朗哥，起初并不是这一组织的成员。[139]

叛乱演变为全面战争正中佛朗哥的下怀。作为驻摩洛哥的非洲军团将军，他指挥着西班牙唯一一支有丰富作战经验的部队。因此，随着这个国家滑向内战边缘，对这一主要军事力量的掌控也助长了他的政治权威。而且在所有卷入兵变的主要将领中，佛朗哥与德国还有意大利法西斯政府关系最为密切，成为至关重要的轴心国军事援助的主要传递渠道。佛朗哥在布尔格斯国防委员会崛起并晋升为“考迪罗”（caudillo），即最高统帅，这一进程也对应着民族主义的西班牙转向更为明确的法西斯模式：1937 年 4 月，随着西班牙民族工团主义奋进会 – 长枪党（FET-JONS）这个单一政党的创立，这一模式得到巩固。佛朗哥自己没有什么政治主张，但是他敏锐地意识到，需要某种平民组织在战线后方提供一定程度的安抚，维持士气。在这种情况下，他自然而然地被法西斯主义吸引。1936年，轴心国的国际威望到达顶峰；佛朗哥的姻兄弟拉蒙·塞拉诺·苏涅尔（Ramón Serrano Súñer，1901—2003）曾经在罗马学习，是意大利法西斯主义的狂热崇拜者。最高统帅决意要避开在他看来西班牙早前的军事政权所犯的错误——如前所述，普里莫·德·里维拉的独裁统治缺乏一个强大的单一政党。因此，佛朗哥拒绝纯粹的个人崇拜式独裁统治，采纳了法西斯主义的统治模式。[140]

佛朗哥利用他在民族主义地区迅速积累起的庞大的个人权力，迫使地区内的所有政治势力联合起来。这使得卡洛斯派传统主义者和长枪党分子在1937年4月合并为一个名字臃肿的混合组织，即西班牙民族工团主义奋进会－长枪党。在一体化的余波中，数百名老长枪党成员［所谓的"旧衫兵"（camisas viejas）］被关押起来，包括该党领导人费德里科·曼努埃拉·埃迪利亚（Federico Manuela Hedilla，1902—1970）。以塞拉诺·苏涅尔为中心的一群新长枪党分子主导了新成立的西班牙民族工团主义奋进会－长枪党。在合并法令颁布后的5年里（1937—1942），该党试图确立自身的影响力。作为长枪党政治委员会的领袖，塞拉诺·苏涅尔试图将长枪党朝着确实的法西斯主义方向改变，并且将他的追随者安置于这一政党的重要位置，使其成为佛朗哥时期最重要的政治组织。[141]

西班牙民族工团主义奋进会－长枪党试图建立一个政党法西斯主义政权，然而，这一企图并没有成功。该党在政权中只占据次要位置。1938年1月30日，最高统帅通过法令建立了常规政府，保留了完整的权力，同时设立了11个部（外交、司法、国防、财政、公共工程、公共秩序、工业、教育、农业、组织与工团行动），每个部门在其权限范围内拥有广泛的自主权。[142]

民族工团主义奋进会－长枪党只控制了其中的两个领域：农业和组织与工团行动。国家的镇压力量和行政核心依然牢牢掌握在保守的军方手中，与此同时，福利和“大众”组织被移交给了民族工团主义奋进会－长枪党。[143]该党执行这些安排的方式是将工团组织变成党的分支。在40年代早期，该党分为三个分支和四个副秘书处。工团被划归社会工作副秘书处之下。整个经济利益社团领域就这样变成了该党的封地。[144]

1939年内战取得最终胜利后的几年，西班牙民族工团主义奋进会－长枪党要求在体制中取得更大的权力。推动增强该党力量的主要人物是激进派的长枪党成员赫拉尔多·萨尔瓦多·梅里诺（Gerardo Salvador Merino）。他试图建立能有效运行的垂直型辛迪加，囊括工人和雇主，这是使佛朗哥政权激进化的宏大规划中的一环。但是萨尔瓦多·梅里诺迫于体制内保守派势力的压力而退场，没能取得多少成绩。[145]政党法西斯主义的规划一直持续到1944年轴心国运势逆转为止。长枪党分子有能力建立一个大众政党组织和庞大的社会工作以及宣传机器，并且将其与省级长官和政党领袖的位置结合在一起。然而，他们仍然因为无法有效地自下而上对政权施压而受到制约。[146]

然而，西班牙民族工团主义奋进会－长枪党并不是佛朗哥政权唯一可以加以利用的群众组织。如上所述，在第二共和国期间茁壮成长起来的社会天主教组织，其实更为重要。随着内战爆发，西班牙的神职人员压倒性地支持民族主义事业。支持的原因之一是在7月18日的兵谏之后，发生了一连串的烧毁教堂和杀害神父的行为。但是天主教领导层对于起义的支持不仅是在回应这些挑衅。很多天主教领导认为战争是使西班牙重新变成基督教国家的机会。事实上，天主教教义为这场冲突提供了主要的意识形态理由，也就是不同文明之间的抗衡：一个天主教的西班牙和一个马克思主义的反西班牙。[147]

社会天主教主义也提供一些至关重要的组织资源。1942年，全国天主教农业联合会被改造为全国乡村合作社联盟（UNCC）。与这一组织有关的合作社中有98%都是农业辛迪加。再者，全国乡村合作社联盟是由之前在工会运动中扮演重要角色的人所领导的。这一组织部分由教会控制，因为主教有权提名地方组织的主席。全国乡村合作社联盟成为佛朗哥时期西班牙最庞大的群众组织之一。1940年，它包括2,726个辛迪加，拥有27.5万名成员。到了1949年，这个数字上升到4,334个辛迪加，拥有84.3万名会员。[148]

鉴于佛朗哥政权是如此反动和专制，将其归类为“威权民主制”也许显得有悖常理。但是，很多在内战期间为民族主义阵营战斗并死去的人，都希望这个政治制度比第二共和国或者19世纪腐败的自由主义体制更能代表西班牙社会。[149]没有他们在内战开始时给予的决定性支持，这场起义可能永远无法在战场上战胜共和国。而且，社会天主教组织是西班牙农业历史上如此重要的一部分，乃至构成了佛朗哥政权一个重要的群众组织基础。佛朗哥的统治当然有其民意基础，事实上，它所拥有的民意基础，要比起它的前任和模范里维拉独裁政权所拥有的广泛得多。

结　论

为什么西班牙在两次世界大战之间成为一个传统主义的法

西斯主义政权？西班牙法西斯主义的关键在于，它在一个未建立起霸权的政治背景下，发展起了一个充满活力的市民社会。跟意大利一样，19世纪后期阶级内霸权的缺席阻碍了阶级间霸权的形成，反过来又使得反霸权的建构变得困难。然而，这些都没有削弱市民社会的发展。在这种政治语境中，市民社会发展结出来的果就是传统法西斯主义。这里值得花些笔墨总结一下这段历史故事的各个阶段。

自19世纪后期开始统治西班牙的卡诺瓦斯体系并没有怎么促进阶级内霸权的形成。这一体系将大部分的人排除在政治参与之外，并巩固了地主寡头的权力。但是它也将社会精英阶层撕裂成了互相竞争的庇护关系网络，从而削弱了它追求连贯一致的现代化纲领的能力。西班牙因而缺少能够建立坚实的统治阶级内部联盟（阶级内霸权）的组织。

尽管如此，在君主制复辟时期，市民社会得到了发展，部分原因是1887年后，法律保障了一些基本的公民权利。在19世纪后期的农业危机期间，小农场主利用了这一自由的环境，建立了信贷和消费者以及生产者的合作社。初看上去，社会主义者、共和主义者和无政府主义者的势力也会在发展中的乡村社团结构中站稳脚跟。但是，大地主领导了一场坚决的运动，建立了与教会等级制挂钩的天主教社团，妨碍了这一发展，并且巩固了大小产业主之间的联盟。这种由土地精英直接控制的市民社会发展模式，对于西班牙随后的政治发展至关重要。

即使在上述的精英主导的形式中，市民社会的发展也带来了重要的政治影响。在20世纪前十年结束之时，西班牙的自由派精英开始想办法扩大对复辟君主制的支持。重要的政治人物譬如毛拉、卡纳莱哈斯和坎博，试图推行改革计划来削弱地方政治庇护人的权力，以期克服君主立宪制的孤立状态。这些改革企图的失败提升了军队的力量，为普里莫·德·里维拉的崛起铺平了道路。我们最好将里维拉独裁统治理解成一种通过与部分产业工人阶级结盟来扩大社会精英霸权的尝试。这一方案在政治上失败了。社会主义者同盟对统治的支持取决于独裁者为工人阶级提供具体物质利益的能力。随着这在20年代后期变得更艰难，社会主义者抛弃了该政权，成为建立第二共和国联盟的关键合作伙伴。此外，军事统治剥夺了曾是复辟时期组织命脉的王朝政党领导人的庇护权，从而摧毁了王朝政党体系。独裁统治的无政治倾向的法团主义亦进一步分裂了早已高度分化的精英利益集团。与此同时，里维拉政权刺激了市民社会的发展，尤其是左翼。

阶级内霸权与阶级间霸权彼此勾连，它们的相继失败削弱了西班牙反霸权的发展。共和派过于分裂，过于执着于僵化的反教权主义方案，以至于无法贯彻民主规划。社会主义者相对不关心政体形式问题，而是将共和国视为一个资产阶级机构。在30年代大部分时间里，右翼势力公开反对共和国，虽然右翼的某些派别，尤其是卡洛斯派，表达了进行根本性政治改革的愿望。就这样发生了一场激烈的公民动员进程，而它所处的政治大背景决定了这场动员无法被引导去支持一个自由民主的结果。这导致了一波反自由主义的市民社会动员浪潮，使人们两极分化。

这一进程在右翼中尤为明显。西班牙北部和中部历史上就很密集的市民社会此时支持着一场大众政治运动，运动要求建立一个代议制国家，从这个意义上它是民主的，但它对政党、选举和公民权利又充满了敌意。这些力量在1936年选举中遭遇了决定性的政治挫败，引发了一场从一开始就不具备清晰政治规划的军事起义。很多参与其中的领袖人物试图建立一个过渡性的独裁政权，以求迅速将西班牙恢复到一个文官治理的政府。然而，无论是在普里莫·德·里维拉时期还是在第二共和国时期，市民社会发展带来的机遇与限制都阻碍了这样一个方案，并把将领们推向了法西斯主义模式。

但是西班牙的法西斯主义与意大利的法西斯主义明显不同，这与市民社会发展的模式息息相关。虽说很显然，在20世纪初，尤其是在乡村民众中，志愿组织得到了发展，但社会精英阶层仍然对西班牙北部和中部的这些发展维持了主导地位。随着王朝政党组织在普里莫·德·里维拉时期解体，这种在市民社会中的强势地位变得举足轻重。与教会有联系的社会天主教组织是唯一可以用来为保守派利益争取群众支持的组织。

天主教在西班牙右翼中相当强大的组织力量解释了政党法西斯主义在西班牙的明显弱势，因为西班牙社会精英没有必要认真对待一个来自异国他乡的新组织及其意识形态。相反，最终推翻第二共和国的政治力量，并给了1936年的起义以重要支持的，是由社会天主教主义的组织与意识形态巩固了的大小地主联盟。如果塞达党及其盟友所组织的国民阵线在1936年选举中取胜，那么长枪党也许始终只是一支完全不起眼的力量。事实上，佛朗哥领导的政府严重依赖天主教主义。因此，虽说法西斯主义在西班牙崛起的根本原因是市民社会在缺乏霸权社会精英的情况下发展所带来的政治危机，但这场危机的解决方案在很大程度上取决于西班牙精英主导的市民社会发展的特定形式。

西班牙的政治和社会结构绝不是注定要产生佛朗哥独裁统

治的。加泰罗尼亚的案例表明，当社会精英阶层成功地将自身构建为一支霸权力量时，从自由主义过渡到大众民主是可能的。两个重大的历史转折点标记了西班牙通往传统主义的法西斯主义的道路。首先，战后的集会运动没能建立一个正常运作的民主体制，这场失败是决定性的。要是加泰罗尼亚人能够与毛拉周围的保守派建立联盟，打破自身的地域壁垒，那么普里莫·德·里维拉的经验，以及这对西班牙在30年代建立自由民主制的机会造成的消极影响，也许就能避免了。

其次，在第二共和国成立之初，仍然存在多种可能性。要是第一届社会党与共和党联合政府把土地改革的重点放在那些不平等情况最严重的地区，并且搁置宗教议题，那么它也许能赢得北部和中部的小农场主们至少是勉为其难的支持。出于诸多原因，这是一项艰巨的任务，并且到了1934年阿斯图里亚斯起义之后，这种可能性实际上已不复存在，但并不影响如下事实：在30年代初的西班牙蕴含着多种历史可能性。在具体的历史情境中，男男女女们的行动对结果产生了重要的影响。

西班牙的政治发展之路显示出民主与法西斯主义之间的紧密关系。认清佛朗哥政权是一次失败的而非成功的军事起义的结果，对于理解它的本质和发展至关重要。佛朗哥之所以能在民族主义联盟中崛起并成为主导，是因为“兵谏”模式已变得不再可能。这在很大程度上缘于西班牙市民社会的发展。共和国的支持者并没像20年代那样接受一位新的最高统帅，而是组织起来保卫政权。此外，反叛者们自己也可以依靠由各种右翼政治组织构成的群众组织，而这些组织在30年代以前还没有踪影。这意味着如果威权主义要在西班牙出现，那它必将采取法西斯主义的形式。

西班牙走向法西斯主义的路径，给我们带来了什么更广义上的教训？西班牙的经验再次凸显出政治如何根本性地决定了市民社会的发展对最终产生的政权的影响。托克维尔学说正确强调了结社主义与民主之间的联系。但是，这种民主诉求将采取的具体制度形式，取决于政治力量之间的平衡。在西班牙，市民社会的发展不大可能带来向自由民主的平稳过渡，因为一个未建立霸权的统治阶级已经破坏了自由主义制度。放到30年代的具体情境中，我们要提的问题是市民社会的发展是会导向一种超越自由主义的激进民主形式，还是会导向法西斯主义。这一结果绝不是预先决定的。然而，某些特定历史因素的作用破坏了激进民主的解决方案。这些因素中，最重要的是普里莫·德·里维拉独裁统治将社会党人收编为基本合作伙伴。这强化了西班牙工人社会党的狭隘经济主义，妨碍了它发展出真正的政治视野。结果便是社会党人从未完全接受共和方案，没能抓住30年代早期的民主机遇。

第4章

国家法西斯主义

罗马尼亚，1881—1940

在罗马尼亚，法西斯运动与最终确立的法西斯政权之间的紧张关系远甚于意大利或者西班牙的情况，因为罗马尼亚在1938年到1940年通过对国内规模庞大且在政治上获得成功的法西斯政党进行了暴力镇压，由此形成了一种“国家法西斯主义”。这个由国王卡罗尔二世（Carol Ⅱ）主导的独裁政权，采用了罗马尼亚法西斯政党铁卫团（Iron Guard）的语言和组织，同时清除了它的领导层。虽说法西斯主义在罗马尼亚呈现出特殊的国家主义形式，不过本章认为，罗马尼亚的法西斯主义在成因上与意大利和西班牙的法西斯主义政权类似。弱霸权的社会精英阶层在面对高度动员的市民社会时转向了法西斯主义，试图建立一个威权民主制。但是罗马尼亚在一个极其重要的方面与意大利和西班牙不同。比起两个南欧的案例，罗马尼亚的结社主义更明显地是在国家的庇护下发展起来的。这不仅阻碍了有组织的社会团体的发展（罗马尼亚法西斯运动本可以与之联手），而且使得国家精英能够比西面的国家更自由地调用暴力镇压法西斯运动。

本章延续了第2章和第3章分析意大利和西班牙时确立的叙述框架。开篇讨论了罗马尼亚在自由主义时期未能建成阶级内霸权的情况，接着讨论了在此框架下，受国家扶持的农业市民社会的发展。分析的第三和第四阶段聚焦第一次世界大战后的巨变时期，罗马尼亚建立阶级间霸权的尝试，以及20世纪20年代后期反霸权的失败。最后，这一章会讨论到罗马尼亚法西斯主义的崛起。

自由罗马尼亚（Liberal Romania）时期的阶级内霸权

跟意大利和西班牙的情况类似，在自由主义时期，罗马尼亚社会精英阶层在政治上亦处于分裂状态。19世纪末20世纪初，自由派和保守派政党通过一个酷似西班牙轮流执政制的体系交替掌权。然而，有限的选举权和精英群体对国家的高度依赖催生了精英群体内部极具冲突性的政治。

1856年，《巴黎和约》终结了克里米亚战争，它带来的结果之一是罗马尼亚在19世纪50年代开始作为一个独立的国家登上历史舞台。[①]在这一时期，罗马尼亚带有一些自由主义体制的特征。然而，波雅尔（boyar）[②]刚刚控制内政，便立即通过立法削弱了农民要求获得土地的主张，同时维持自身对劳动力的控制。面对议会中的地主反动势力，新国家的统治者亚历山德鲁·库

① 罗马尼亚民族14世纪先后建立瓦拉几亚、摩尔多瓦、特兰西瓦尼亚3个公国。16世纪它们成为奥斯曼帝国的附属国。1859年，瓦拉几亚公国和摩尔多瓦公国合并，称罗马尼亚。——编者注

② 拥有领地且承担司法行政等职能的贵族特权阶级。——译者注

扎亲王（Prince Alexander Cuza，1820—1873）解散了议会，并颁布法令启动土地改革①。自绝于土地精英的库扎，意图建立一个以农民为基础的民粹主义独裁统治，但他的尝试告败，并在1866年被迫离开罗马尼亚。[1]

1866年颁布的宪法是地主势力反动的体现，它支配着罗马尼亚的政治生活直到1917年。它进一步巩固了财产权，部分是为了让波雅尔群体更好地利用日益增长的对谷物的需求。自由主义制度也起到了抵御俄国影响的作用，使罗马尼亚得以巩固与西方列强的同盟关系。这部宪法虽然规定了普选权，但通过一种合议制（collegial system）实行加权，赋予了大地主和城市统治阶层压倒性的影响力。[2]

主导这一体系的是两个王朝政党：保守党和自由党。[3]两党都是个人扈从式的，并且皆因派系斗争而分裂，留给君主大量干涉的空间。[4]每当执政党迫于派系斗争压力开始分裂时，君主就会介入，任命一位新首相，新首相随即组织选举，使新党派在议会中取得大多数席位。因此，就如西班牙的情况一样，执政政府的改变发生在选举之前，而不是从选举中诞生的。[5]大臣们轻而易举就能给中央任命的省长施压，继而依靠这些人操控选举。[6]

在拥有政治权利的有限圈子中存在着激烈的派系斗争。其中有两对斗争尤为关键：一个是新兴的官僚机构与大地主之间的斗争，另一个是罗马尼亚族精英群体与非罗马尼亚族商业中产阶级之间的民族斗争。19世纪后期，随着罗马尼亚国家政府的扩大，官僚机构与大地主之间起了冲突。历史上，国家雇佣在维持罗马尼亚社会精英地位方面扮演了核心角色，因为波雅

---

① 根据这一法令，农民免除了强制的劳役并且被允许购买份地。——译者注

尔家族的政治特权无法通过世袭传承。一旦这些波雅尔的子嗣没有获得国家公务，他们很容易就会沦为庞大的小贵族群体的一员，除了免于强制劳动，几乎没什么其他特权可言。从这点来看，罗马尼亚的土地精英阶层在历史上不算土地贵族，而是一个公务员阶层。[7]

1864年由库扎发起的土地改革虽然规定了明确的财产权，但并没有改变波雅尔阶层的上述特点。相反，这些人继续居住在城市，以获得国家公务为目标，将土地庄园的管理权交给通常是少数民族的大佃户。而日益壮大的罗马尼亚国家政府更倾向于将没那么富有的波雅尔贵族吸纳进官僚体系。这构成了“国家主义中产阶级”的基础，该集团对罗马尼亚在两次世界大战之间的历史具有决定性的重要意义。[8]

19世纪后期，自由派领导人扬·布勒蒂亚努（Ion Brătianu，1821—1891）支持了这一集团的利益。1867年，他将政治上更独立的大波雅尔群体的选举人团与相对不那么独立、跟国家关系更密切的小地主的选举人团进行合并，从而打击了前者在政治上的主导地位。[9]反对这一“国家主义中产阶级”的是一群聚拢在《青年》（*Junimea*）杂志周围的保守派改良人士。19世纪80年代，这群人试图打破寡头体系，制定一种传统主义的民族主义体系，以期削弱法国的文化和政治模式带来的影响。[10]不过，虽然他们在1888年短暂掌权，但他们发起的运动并没有民众追随。[11]

长久以来的语言和民族区隔也破坏了社会精英的团结。“资产阶级”是一个外来的元素。18世纪后期开始，诸公国的统治者就推行吸引俄国犹太人的政策。而在兼并了特兰西瓦尼亚之后，一支独特的犹太少数族裔群体也加入了民族大熔炉。特兰西瓦尼亚的犹太人操着一口德语，相对富裕，而且被同化了。而在旧王国（Regat）①和比萨拉比亚，犹太人说意第绪语，并且住在独立的犹太人居住区，形成了有明显族群特征的仿资产阶级（ersatz bourgeoisie）。他们往往是当地的放贷人、收税员和大地主的工头。特殊的法律措施强化了这些犹太人与农民人口的隔离，直到1918年他们都不能居住在乡村地区。[12]

总而言之，尽管社会精英阶层垄断了国家权力，但其内部几乎没有什么政治凝聚力。相反，19世纪的罗马尼亚政治的一大特点就是国家主义中产阶级、旧波雅尔贵族和犹太资产阶级之间的激烈斗争。没有什么迹象表明存在阶级内霸权。

罗马尼亚的乡村结社主义

考虑到罗马尼亚极端的经济落后和上述高度专制的政治秩序，结社主义在这个国家出乎意料地发展良好，即使是在第一次世界大战之前。19世纪后期，信用合作社和土地租赁协会开始出现。然而，在1903年，这些组织都从属于罗马尼亚政府。此后，这些组织就与国家自由党（PNL）的发展规划密不可分。

结社主义在罗马尼亚围绕着获得信贷这一基本议题发展起来。因为罗马尼亚的银行体系过于偏重工业，很多农业生产者被迫求助于当地放高利贷的人，以购买种子和农具并购置土地。有时放高利贷的人是地方上的政治当权者，例如镇长。债务不

① 指由瓦拉几亚和摩尔达维亚（即摩尔多瓦）公国组成的那部分王国。——译者注

仅本身就是一个难题，而且会导致失去自由，因为债权人可以要求债务人提供劳动服务。[13]部分是迫于农民骚乱的压力，罗马尼亚早期的自由主义政府曾经在1881年尝试设立农业信贷协会（Agricultural Credit Society）来应对这一问题。一开始，该协会理应由私人和国家资金共同资助，但由于私人资金不愿意支持乡村贷款，协会在1892年实际上成了一个国家机构。[14]

出于一系列原因，农业信贷协会被证明无法胜任它肩负起的打破乡村高利贷桎梏的任务。银行支行坐落在地区首府，离那些乡村借贷者居住的村落有一定距离。与此同时，借贷者必须得到镇长和地方收税员的担保，而这会花一笔佣金。最后，贷款没有规定上限，所以富裕的土地所有者可以耗尽所有可用的贷款。因此，部分是为了弥补这种集中分配贷款方式的不足，出现了一系列被称为“民众银行”的信用合作社。[15]这些合作社集中在奥尔特尼亚的山区，这里是本地贸易最发达的地方，农民也不像在种植谷物的平原地区那样受制于地主。它们是真正的乡村志愿社团，由村民和当地教师负责运营，比那些遥远的信贷协会更能评估信贷风险。[16]

另有两种乡村社团与这些民众银行存在联系：文化圈子和租赁合作社。文化圈子是乡村学校组成的联盟，试图“资助那些具有一般文化性质或者经济性质的社区项目”。[17]在公众集会上，这些文化圈子灌输“宗教和爱国主义情感”，并促进关于“卫生、着装、营养、畜牧和更合理的园圃和田地耕作”的讨论。[18]文化圈子的讨论亦常常鼓励建立民众银行和合作社。但它们似乎也有政治上的追求，尤其是防止社会主义的传播。[19]成立租赁合作社是为了直接从地主那里租地，从而消灭大承租商。租到地以后，合作社的个体成员会分别耕作自己的土地。[20]

然而，这些早期的自治行动很快就受到了国家管控。国家自由党的领导人们视合作为一种对抗农业社会主义的方法，并于1900年至1902年推广这种合作。民众银行的快速发展促使当局加强相关法律监管，最终于1903年颁布了民众银行法。这部法律设立了名字冗长的“农业信贷协会及民众银行的中央银行”（以下简称央行）。就某些方面而言，国家干预增强了这些银行的实力，因为它们如今可以获得可靠的资金，还能够起诉那些在重组后欠罗马尼亚政府钱的债务人。不过，这些好处都是有代价的：罗马尼亚政府对央行实行严格的控制。[21]

银行理事会由7位成员组成，其中6位由财政部任命，剩下的一位则由教育部指派。政府拨款2,000万列伊①资助央行的活动。伴随这一财政支持而来的是国家的监管。地方银行被要求向央行递交年度预算，而且国家任命的理事会可以改变地方银行的管理方式。央行还充当了地方银行的存款银行，因而掌握了所有的金融资源。[22]1905年，随着多个民众银行联盟的建立，形成了一层中间组织。这些联盟组织从诸多民众银行那里筹措资金，并与央行有直接的关联。[23]

1903年以后，合作社运动已然与国家政府挂钩，也成了国家自由党工业发展战略的一部分。自由党希望促成一个富裕的农民阶层，并创造一个无地的无产阶级，可以充当城市工业的劳动力，同时防止乡村动荡。民众银行和合作社是实行这一方案的合适工具，因为这些组织往往有利于那些有事业心且相对富裕的农民群体。[24]

租赁合作社尤为如此，它们以牺牲地主、大承租商和乡村

① lei，罗马尼亚的法定货币。——编者注

穷人为代价，促进了村子中相对富有的人的利益。保守派议员扬·拉霍瓦里（Ion Lahovari，1844—1915）在表达他对民众银行的反对意见时，对这一点直言不讳："但是，假设你在和一个由500位农民组成的社团做生意，而这些人以歉收、下冰雹或者闹虫灾为借口不付钱，你要怎么做来取回你的财产？你需要一个军团。而哪个政府会把军团交给你差遣呢？……租给……社团，过一小段时间，就相当于无偿征用了。"[25]乡村结社主义与自由党的发展战略息息相关，旨在支持富裕农民，而对土地所有者和乡村贫农不利。

将部分农民阶层纳入国家发展计划的尝试失败了，为1904年到1907年乡村人口的激进化打下了基础。租金水平是主要的问题。合作社运动的领导人不愿意争取大幅削减租金，因为他们害怕这样一来会鼓励大地主将他们的地产分割成小块出售，从而分散土地财产，破坏租赁合作社的目标。然而，对合作社和民众银行的抵制，促使农民群体更加激进化。合作社运动的失败催生了一个民粹主义纲领，其领导人是瓦西里·科格尔尼恰努（Vasile Kogălniceanu，1863—1941），他是罗马尼亚独立运动中的一位主要人物①的儿子。科格尔尼恰努认为罗马尼亚农民的真正敌人是承租商，尤其是那些外国人或者犹太人承租商。他主张大幅削减租金，而这会导致那些极为庞大的地产被分割。[26]

1907年初，一项向农民征收的旱灾保险税款触发了大规模的反抗。这场动乱始于对摩尔达维亚的犹太裔承租人发起的一场游行示威，随后很快扩散到南部的瓦拉几亚，并且演变为一

① 这里指的是米哈伊尔·科格尔尼恰努。——译者注

场以土地重新分配为重点的全面农民起义。1907年的抗争及其余波突显了罗马尼亚自由主义制度的专制和寡头性质。当时在任的自由党政府残暴地镇压了这场运动，并在过程中杀害了1.1万农民。[27]这场动乱之后，直到1917年，农民阶层再没有机会做出任何自由开发的尝试。

总而言之，在罗马尼亚，农业结社主义是由国家资助的。在19世纪80年代自主发展起来的民众银行运动，很快被央行收编，由后者管理存款与贷款。[28]"一战"后，虽然国家转向了民主制，但是并没有改变这些依附关系。合作社运动与罗马尼亚政府是如此纠缠不清，以至于到了20世纪20年代，合作社开始以粮食存储的形式向农民征税。[29]

虽说罗马尼亚的官僚机构在资助乡村结社主义上发挥了核心作用，但大地主们大多抵制这一现象。他们很早就开始反对了。1889年，保守党（为大地主表达政治诉求的阵营）废除了自由党政府订立的合作社法，[30]因为他们确切意识到这法律乃是一种剥夺大地产的手段。[31]在罗马尼亚，合作社的推广与国家自由党推行的国家主导的工业化政策紧密相关。因此，虽然罗马尼亚的乡村结社主义缺乏自主性，但它也没有像西班牙那样，成为将乡村小农场主纳入保守主义联盟的传送带。这些机构在20世纪前20年不断增加。1900年，罗马尼亚只有88家民众银行，但是到了1928年，当罗马尼亚首届民主选举的政府上台时，已经有4,810家民众银行，成员接近100万名。[32]

罗马尼亚的市民社会在19世纪末20世纪初发展迅速，但这般态势离不开国家的推动。在19世纪80年代，乡村的直接生产者为了规避高利贷的剥削开始自我组织，但是从1903年开始，这些社团就隶属于一个中央组织，接受它的政治控制。1918年后，国家的控制实际上扩大了。虽然罗马尼亚不是不存在农业结社主义，但是它遵循了一个特殊的发展路径。在罗马尼亚，市民社会既不如意大利那样自主自治，也不如西班牙那样直接从属于社会精英。相反，罗马尼亚的市民社会是官僚主义规划的结果。

阶级间霸权

第一次世界大战后的十年里，罗马尼亚发生了很多根本性的变化。实际上，罗马尼亚在这一时期里差点就建立了一个可行的、基于国家自由党和国家农民党（Partidul Național-Țărănesc，简称PNȚ）权力交替的民主体制。不过，这些组织最终被证明没有能力建立阶级间霸权。导致这一次失败的原因在于，随着罗马尼亚保守党的没落，左翼与右翼之间缺少了一个结构完善的反对派。为了在恰当的历史语境下去理解建构阶级间霸权的尝试，有必要在讨论之初强调一下"一战"前罗马尼亚社会精英极端的压迫性。

"一战"前，在相当有限的精英阶层以外，大多数罗马尼亚人是通过当地的镇长与国家产生联系的：镇长全权掌管警察和司法权，管理着由多个村庄构成的乡镇。在形式上，镇长是经过普选被选出来的，这点与议会代表不同，但镇长拥有的广泛的行政权力使得他可以影响选举。镇长向上级省长和本地地主负责。[33]

在1866年到1917年，镇长们在加强农村联系上发挥了至关重要的作用。这一点明确体现在了《农业合同法》（Law on

Agricultural Contracts）为他们所设的首要位置上：法律允许佃户和地主将债务转化为劳动服务——这实际上在罗马尼亚的乡村重新确立起了强制劳动。因为村民始终有现金需求，又没什么获取现金的途径，所以他们很容易陷入债务。《农业合同法》允许债权人要求债务人工作偿债，而且在有些情况下，如果村里有一人未履行债务，地主会要求集体承担责任。地方行政部门的主要任务之一就是强制执行这些义务，必要时还会动用军队。这意味着在“一战”前，对于大多数罗马尼亚民众来说，国家纯粹只是一股镇压力量。[34]

巨大的文化分歧将罗马尼亚的社会精英与农民区隔开来。在奥斯曼帝国统治期间，罗马尼亚语成了农民的语言，而希腊语是职业人士的语言，在城镇中使用，从而阻碍了一个民族主义贵族阶层的发展。罗马尼亚独立后（1878 年），来自法国的文化影响增强，取代了希腊的影响。波雅尔群体和受教育的中产阶级用法语写作和交谈。他们消费的商品和衣服同样来自西方。因此，在罗马尼亚这片土地上生活的四分之三的民众在文化上异于统治精英阶层。[35]

“一战”前，罗马尼亚的政治机构完全服从于一个没有取得霸权的社会精英阶层的利益；宪政制度的发展伴随着农民的社会从属地位。因此，议会领导人没有得到足够的来自议会之外的自治政治组织的支持。而这一系列制度因为罗马尼亚卷入“一战”而受到严重动摇。

1914 年 8 月“一战”爆发时，罗马尼亚的国际处境跟意大利类似。罗马尼亚是三国同盟的一部分，但就像上面所说的，罗马尼亚在文化上亲近法国和协约国，而不是德国和奥匈帝国。何况，同盟国能够给予的领土利益（从俄国那里取得的比萨拉比亚）明显少于协约国能提供的（从奥匈帝国那里取得的布科维纳和特兰西瓦尼亚）。罗马尼亚的政治精英希望在决定性时刻加入协约国一方参战，并获得重大的领土收益。意大利进攻伊松佐河（Isonzo）看似是绝佳的机会，罗马尼亚在1916年8月25日入侵了特兰西瓦尼亚。虽然进攻取得了初步的成功，但军队纪律很快便瓦解了。罗马尼亚随即遭受了来自西线和南线的毁灭性反击，到了1916年冬天，只有摩尔达维亚还在其控制之下。正是在这种绝境中，为了增强农民军的战斗力，诞生了土地重新分配和实行有效普选权的主意。[36]

但这些措施不足以抵挡军事崩溃。1918年的春天，国王斐迪南一世（Ferdinand I，1865—1927）任命了一个由亚历山德鲁·马尔吉洛曼（Alexander Marghiloman，1854—1925）领导的亲德国的保守派内阁，寻求单独媾和。结果是形成了一个极度依赖德国军队的反动傀儡政权，而且它试图推翻国王在1917年承诺的土地改革和普选。1918年10月，局势又一次发生变化，因为罗马尼亚再次参战，反抗同盟国。罗马尼亚对匈牙利的进攻一直持续到1919年的夏天，推翻了匈牙利的亲苏维埃政府，并且导致特兰西瓦尼亚被并入罗马尼亚。保守党与德国人合作的耻辱加速了保守党的倒台。土地改革最终清除了保守党这股政治力量，从而破坏了罗马尼亚政治体系中的一个主要堡垒。而消除一个界定明确的右翼，将对随后的政治发展产生重要的影响。[37]

第一次世界大战中，没有哪个欧洲国家比罗马尼亚获益更大。它的领土面积增加了一倍有余，从原来的13.7万平方公里增加至29.4万平方公里。罗马尼亚从匈牙利那里获得了特兰西瓦尼亚，从苏联那里得到了比萨拉比亚，从奥地利那里取得了布科维纳。虽然战后初期发生了大量骚乱，但罗马尼亚社会精英似乎愿意做出必要的让步以确保一个民主国家的正常运转。大罗马尼亚（Greater Romania）①还享有丰富的天然资源。这并不是说罗马尼亚的政治没有被战争扰乱。因为战争的关系，全国的生活水平都有所下降，引发了工人阶级和农民的动乱。此外，大罗马尼亚囊括了大量少数民族，而他们对于新政权的忠诚度值得怀疑，尤其是特兰西瓦尼亚的匈牙利人。罗马尼亚的社会精英一开始采取了非常灵活和有效的手段应对这些威胁。[38]

自由党的崛起（1923—1928）

战后初期，罗马尼亚的政治格局一片混乱。广受欢迎的战时将军亚历山德鲁·阿韦雷斯库（Alexander Averescu，1859—1938）以无组织的人民联盟（Liga Poporûlui）为后盾，在1919年选举中以压倒性优势上台。阿韦雷斯库执行了三项关键的任务：镇压了1920年的大罢工，逮捕了多位投票支持加入第三国际的社会民主党（PSD）代表，以及着手土地改革。这一动荡时期只持续了几年，随后，以1923年宪法的通过为起点，罗马尼亚迈入了一个自由主义主导的新时期，一直持续到1928年的选举。虽然在这一时期，自由党政府呈现出很多威权主义的特点，但也实现了很多根本性的改革，为新的两党制奠定了基础，取代了战前自由党和保守党的轮流执政。[39]

1923年宪法确立了一种指导式民主（guided democracy）。它承认了男性的普选权（女性直到1946年才获得选举权）以及

① 即前文所述的“一战”后通过一系列领土扩张而达到最大疆域的罗马尼亚。——编者注

少数族群的权利，但它也确立了对选举的严格行政控制。地方政府中可能充斥着中央任命的人，议会上议院包含了许多当然成员，结社权受到严格的约束，而颁布戒严令也变得更容易。1926年，罗马尼亚照搬了1924年意大利法西斯的选举法，采取一种所谓的政权红利（regime bonus），即自动授予任何赢得40%选票的政党一半的议会议席，并将剩余的议席按照各个党派赢得选票的比例进行分配，同时将那些赢得不足2%选票的政党排除出议会。这些措施极具争议，因为它们是在满是国家自由党代表的议会中得到通过的，也就是并没有征求过其他政治力量的意见，尤其是接下来会更详细讨论的罗马尼亚国家党（PNR）和罗马尼亚农民党（PŢ）。不过，国家自由党用来赢取选举的这些措施，尤其是政权红利的确立，硬是巩固了政党制度，而这对罗马尼亚的民主来说是一个颇具前景的发展。1922年到1926年，12个政党参与了竞选。而1926年到1928年，这一数字减少为7个，其中只有3个成功跨过了入选全国代表所需要的2%的选票门槛。大半是因为1923年的宪法，到了20世纪20年代末，一个两党制的体系似乎正巩固下来。[40]

当然，这些行政上的变化亦反映了国家自由党在控制新民主制方面的利益需求。国家自由党作为代表大地产、银行和工业领域残余势力的新兴政党，充分利用了宪法提供的工具。[41]正如海嫩（Heinen）所写的："这样一个政治组织几乎不能指望得到广大民众的支持。它的权力地位并非来自普遍的民意，而是来自它的组织权力，更重要的是，来自它对国王斐迪南的影响力。"[42]只有借助这些行政工具，国家自由党才能直到20年代末都牢牢地控制罗马尼亚的选举。[43]

国家自由党的政策不算狭隘的镇压。相反，国家自由党的领导层制定了旨在赢得农民支持的经济政策，并鼓励农业志愿结社的发展。这其实是一个建构阶级间霸权的方案，大体上类似于意大利的焦利蒂开展的试验和西班牙的普里莫·德·里维拉政权。国家自由党的方案核心在于土地改革。在1923年重掌政权时，自由党分配了40%的可耕地。国家自由党试图借此创造一个处境得到改善的农民阶层，让这些人构成国内工业品市场的基础。不幸的是，土地的重新分配带来的是一场经济灾难。部分原因在于国家自由党的工业发展政策与农业的需求存在冲突。1924年，政府通过了一系列共4项“国有化”法律，借此限制了工业中外国资本在原材料和能源领域的所有权份额，并且将贷款向工业和制造业输送，却几乎没有为农业人口提供资源。因此，虽然农民如今有土地了，但是他们没有渠道获取投资资金。此外，国家自由党建立了一套关税制度，使得农业和工业之间的进出口价比例变得更糟。农产品的高出口关税降低了罗马尼亚的农产品价格，而工业产品的高进口关税增加了农业投入的成本。由于农民增加了消费而不是产量，因此人均出口值在1913年到1925年间暴跌。[44]

20世纪20年代最突出的发展之一是乡村结社主义的爆发。这很大程度上也是出自国家自由党精英的规划。战后的土地改革之后，形成了一连串新机构：消费合作社、生产合作社、购买或租赁土地的合作社、分配土地的合作社，以及其他形式的合作社，例如开发森林或者捕鱼的合作社。如表5所示，这些机构都迅速扩张，尤其是在20年代。扩张的主要原因之一是新兴的业主需要获得资金。从前地主好歹提供了一些贷款，尽管利率很高，但随着他们的没落，银行成了这些新兴的业主唯一的资金来源。此外，合作社成了分配土地的主要机构。[45]土地改革将一些土地分配给重新安置的社团，这些组织通常之后会转型为合作社农场。在同一时期，消费和销售合作社的数量也爆炸式增长，其数量于1928年达到7,500个。[46]

表5 罗马尼亚合作社在20世纪20年代的发展（单位：个）

协会类型	1921	1922	1923	1924	1925	1926	1927	1928
信用合作社（民众银行）	3,211	3,213	3,747	3,956	4,207	4,413	4,766	4,810
供销社	1,959	2,248	2,912	3,252	3,339	3,339	2,886	2,623
生产协会	—	—	—	242	257	321	405	344
持有土地的协会	—	—	102	125	123	119	100	104
购买土地的协会	—	—	104	177	220	297	343	402
开发森林的协会	730	823	830	843	889	918	862	819

资料来源：Mitrany 1930

罗马尼亚国家政府还成立了农业商会和农业商会联合会。成立这些组织的本意是为农业利益提供政治代表，并且为农民提供咨询和培训。每个组织都由17位票选成员和11位指定成员构成。只有至少拥有3公顷土地的农民或者至少租有超过10公顷土地的租户才被允许参与投票，这样一来，贫困的农民就被排除在了代表机制之外。[47]

与更早期的发展一样，罗马尼亚农业市民社会的爆发式发展是由国家政府推动的，更具体而言，是由国家自由党推动的。在战后时期里，央行的权力进一步扩张。它更名为土地改革和农业合作中央办公室，分为多个部门：银行、买卖协会、农耕合作社、乡村抵押贷款和土地登记处。其中前三个部门有一个自治的行政委员会，其中一半成员是国家公职人员，另一半是选举出的银行代表。所有这些组织仍然严重依赖国家的资助，并继续由国家委任的官员出任领导。因此，20年代罗马尼亚政治精英的主要规划之一，可以说是促进农业志愿结社的发展。证据表明，至少在数量层面，这一规划大获成功。[48]

国家自由党掌权期间的成果惊人地矛盾。从某一角度来看，20年代自由党掌权的那段时间可谓激进改革期：普选权、土地改革和社团发展都是其中的关键部分。然而，也正是在这一开放时期，国家自由党比任何时候都深陷于威权主义的治理方式。国家自由党通过施压和篡改选举结果确保了它的政治控制。再者，20年代中期以后，该党的经济规划在根本上与大多数民众的利益不相容。事实证明，各种试图创造一个组织良好且支持罗马尼亚政府的富裕小农阶级的尝试都打错了如意算盘。虽然部分开放的国家自由党持续依赖腐败和镇压，但它亦巩固了罗马尼亚的政治光谱，并且实施了一些基本的改革，尤其是土地改革。

农民党

一个本应有能力在罗马尼亚建立起民主体制的政治组织是国家农民党。这一组织创立于1926年10月，由国家党与农民党合并而来。前者在19世纪末倡导特兰西瓦尼亚的罗马尼亚人权利，后者则于战前在罗马尼亚发展起来。这两个组织代表的利益相当不同。国家党代表了特兰西瓦尼亚的知识分子和小商人利益。农民党则反之，根植于旧王国乡村的知识分子阶层。新合并的政党的纲领主张法制、削减关税和实际普选权。[49]

因此，国家农民党的意识形态是兼收并蓄的，但是其中一股强大的潮流是康斯坦丁·斯特尔（Constantin Stere，1865—1936）的农民民粹主义。斯特尔出生于一个波雅尔家族，最初与社会民主党关系比较紧密。在1907年农民起义后，他写了一系列的文章，勾勒出罗马尼亚的另一条发展道路，认为工业化将不可避免地失败，因为这个国家的工业品缺少国外市场。因此，经济必须以“农民主义”（peasantist）为基础进行发展。小农场主将构成经济的基础，辅以面向国内消费的手工业和一个国有化的采掘业。[50]这种思想的决定性政治影响是令很多农民党的领袖拒绝将工业化作为一项发展战略。这当然也就意味着必须抛弃国家自由党所推行的国家主导的工业化战略，转而支持一条更符合农民利益的发展道路。[51]

1928年，一场金融危机给了国家农民党掌权的机会。国家自由党强制推行工业化的尝试导致国际收支逆差，进而破坏了列伊的稳定。为了维持国家货币，罗马尼亚当局试图获取一笔外国贷款。这种寻求国际金融支援的行为，为国家农民党以民主反对派的姿态登场提供了机遇。1928年5月，国家农民党领导人尤柳·马纽（Iuliu Maniu，1873—1953）组织了一场大规模的抗议，旨在让正在寻求国际支持的现任政府难堪。为了回应这一压力，国家自由党宣布在1928年11月进行选举。这轮选举很有可能是到那时为止罗马尼亚史上最廉洁的一回，国家农民党赢得了压倒性的胜利，获得了78%的选票和316个议会席位。它的盟友（社会民主党人、德国人、马扎尔人农民、犹太复国主义者、保加利亚人和乌克兰人）又占了另外33个席位，而国家自由党只取得了13个席位。经此一役，自由党直到1933

年才夺回权力。国家农民党的胜利是一次历史性的机遇。[52]

国家农民党政府旗帜鲜明地摒弃了自由党主政时推行的强制工业化和对内镇压政策，解除了1918—1928年持续生效的戒严令，并放宽了在外国投资问题上的排外性限制。然而，国家农民党并没有将亲农民的政策贯彻到底。1926年达成共识的联合政纲表明，它与斯特尔等人主张的纯粹农民主义分道扬镳。国家农民党的领导层，尤其是其中的特兰西瓦尼亚民族主义一派，强调需要提高生产力，而不是保护家庭农场。实际上，在某些方面，国家农民党政府表现得比国家自由党更致力于发展农业资本主义。1929年，它废除了前任执政党于1925年颁布的法律，这一法律禁止买卖重新分配后的土地。因此，国家农民党并没有保护小土地所有制，而是让更多土地变得可转让。伴随着这一政策而来的是对合作社运动进行新的立法规定，旨在让富有的农民受益。通过将贷款投向这些合作组织，国家农民党领导层几乎没有帮助到占大多数的支持该党的农村穷人。相反，这样做的主要结果是拉大了相对富裕的、有贷款可用的农民与那些不能使用贷款的贫农之间的差距。无论在纯粹经济意义上多合理，这样一项政策在政治层面上是灾难性的。[53]

部分因为不断恶化的国际经济环境，但也部分因为农业政策疏远了乡村贫困人口，国家农民党没能贯彻它的改革方案。虽然国家农民党直到20世纪30年代中期仍旧是一股重要的政治力量，但有迹象表明它没法战胜罗马尼亚国家政府中的威权主义。1929年2月，政府镇压了日乌河谷（Jiu Valley）的一场矿工罢工。同年末，一名男子被误认为试图杀害政府高级部长而遭到严刑拷打，引发了一场丑闻。为了控制负面新闻运动，国家农民党在1930年初查封了多家报社。[54]

1930年和1931年的选举显示，国家农民党的支持率暴跌。国家自由党重整旗鼓，而且极右翼和极左翼的候选人首次取得了代表席位。国家农民党没能找到一个全面的突破口以实现民主，是罗马尼亚当代史上的一大悲剧，它开启了罗马尼亚法西斯主义的崛起之路。[55]鉴于这是故事的重要转折点，值得在此进一步探讨。这次失败有三个主要原因：20世纪20年代末30年代初的经济环境、国家农民党所代表的异质利益，以及这一政党本身的组织弱点。重点是要认识到，国家农民党是在一个非常艰难的经济时期掌权的，当时小麦价格暴跌，摧毁了农业，并造成了严重的乡村债务问题。在这样的情形下，任何政府都会在追求农民利益问题上左右为难。不过，作为一个政治组织，国家农民党自身的一些特殊因素也负有责任。国家农民党代表了非常异质的利益。合并后的该党总体上有利于特兰西瓦尼亚民族主义一方。相较之下，更纯粹的农民主义一方则处于相对次要的位置。这就意味着国家农民党组建的政府往往首先致力于追求普选和善政的政治目标，而搁置至关重要的经济问题，从而使得该党与国家大部分人的重要利益不一致。[56]最后，也许是从本文分析的视角来看最为重要的一点，国家农民党就如它的主要对手国家自由党那样，依然是一个庇护组织，分为若干个与特定政治家族有关联的庇护-附庸网络。这一组织因素在1930年6月罗马尼亚君主回归后变得至关重要。[57]

该如何评价20世纪20年代的罗马尼亚？尽管在国家自由党和国家农民党内部持续存在着威权主义，但这一时期的罗马尼亚在建立运行良好的自由民主制一事上取得了显著的进步。罗马尼亚的政治精英群体完成了让人瞩目的土地改革，确立了普选权，并且创建了一个基于政党权力交接的政治体系。当然，其中亦存在明显的问题。两党推行的经济改革都失败了，腐败对选举的影响依然很大，而罗马尼亚国家的极速扩张意味着它需要处理国内不安分的少数民族和边境上的敌对势力。尽管如此，罗马尼亚的民主前景至少和本书中讨论的其他案例一样好。积极进取的君主卡罗尔二世回归罗马尼亚，将显著改变上述政治形势。

反霸权

20世纪20年代后期，罗马尼亚出现了一个至关重要的民主机遇，此时只有出现一场强势的反霸权运动，才能导向一个民主的结果。但是，霸权政治并未在罗马尼亚发展起来。因此，国家农民党跟那些确立更久的政治力量一样，也开始趋向于分裂成多个狭隘的利益团体。而罗马尼亚君主的回归暴露了国家农民党的这一弱点。

不了解卡罗尔二世在1930年6月重登罗马尼亚王位所产生的巨大影响，就无法理解罗马尼亚在两次世界大战之间的民主制溃败。这一事件之所以重要，是因为它逆转了自20年代以来日渐巩固的两党制体系。从历史的角度来看，罗马尼亚是一个君主制国家，但是到了20年代后期，这一制度被削弱了。到1927年斐迪南一世去世的时候，他的儿子卡罗尔二世抛弃了他在罗马尼亚的妻儿，与情妇埃列娜·卢佩斯库（Elena Lupescu，1885—1977）一起在巴黎生活。1926年1月起，直到卡罗尔的儿子米哈伊王子成年，都是摄政王乔治·布兹杜刚（George Buzdugan）掌权，他成了这个国家正式的统治者。20年代后期的民主发展就形成于这一王权真空期，它为国家自由党和国家农民党的巩固创造了条件。鉴于此形势，卡罗尔的归来成了罗马尼亚政治史上的一个重大事件和分水岭。[58]

1930年6月，卡罗尔国王回到了罗马尼亚，恰好此时国家农民党的支持率正在减退。卡罗尔夺取王位，将儿子米哈伊降级为阿尔巴尤利亚大公爵（Grand Voevod of Alba Iulia），从而终结了摄政时期。由于卡罗尔携犹太情妇回国酿成丑闻，国家农民党领袖马纽在1930年10月请辞。[59]

卡罗尔归来的同时，一个威权的宫廷秘密顾问团（court camarilla）崛起了，成为罗马尼亚国家内部的另一个权力中心。这位新国王被意大利的法西斯统治模式迷住了。[60]他希望将自己打造成新式的、全民公投出的国王。[61]这就牵扯到两项相关举措，一是摧毁罗马尼亚的政治党派，二是发起一场大规模的法西斯运动从而试图让君主获得民众的支持。支持并集结在这一方案周围的秘密顾问团是三组稍有不同的团体。第一组是卡罗尔的个人追随者，例如他的私人秘书，尤其是他的情妇埃列娜·卢佩斯库。第二组是一些政治人物，他们将新君主视为自身重构罗马尼亚国家方案的工具，这些人包括纳埃·约内斯库（Nae Ionescu，1888—1940）、米哈伊尔·马诺伊列斯库（Mihaïl Manoïlescu，1891—1950）和康斯坦丁·阿尔杰托亚努（Costantin Argetoianu，1871—1952）等。第三组则由工业家构成。[62]

为卡罗尔的政治方案出谋划策的人中，最始终如一的理论家是罗马尼亚经济学家米哈伊尔·马诺伊列斯库。马诺伊列斯库的职业生涯始于反对农民主义发展规划。用他的话来说，农民主义者号称要通过非工业化的道路迈入现代世界，这纯属空想。工业化必须发生。而这需要国家支持那些生产力高于全国平均水平的工业。在实践中，这样的政策只有在牺牲农民的情况下才能进行，因为它会加剧工业品和农产品之间的价格差，将农业的资源转移到工业。在一个农民占人口绝大多数的社会里，这样的规划与代议制民主并不相容，因此，马诺伊列斯库在20世纪30年代很自然地将自己的立场从相当保守的自由主义转向了威权主义。[63]

马诺伊列斯库提出的新罗马尼亚国家的愿景，很大程度上得益于意大利法西斯主义的影响。马诺伊列斯库反对19世纪的自由主义国家，主张让国家成为"一种理念的传播者"（bearer of an idea）。但是在寻求为罗马尼亚建立一个可行的威权主义方案时，他认为关键手段是君主制而不是政党。如海嫩所言，这体现出马诺伊列斯库在罗马尼亚政治中的位置。由于他自己背后没有一个举足轻重的组织，他的方案必然要依赖与君主制的结盟。马诺伊列斯库是秘密顾问团的高级成员，甚至在卡罗尔回到罗马尼亚之前就已经和他有联系。1930年9月，面对包括国王在内的听众，马诺伊列斯库详细阐述了君主独裁统治方案。在30年代的萧条开始产生不良影响之后，支持他规划的人开始联合起来。[64]

卡罗尔的秘密顾问团和罗马尼亚的政治建制之间的关系极为复杂。我们可以区分出三个时期。20世纪30年代早期（1930—1933），卡罗尔试图借助个人号召力施行统治，与这个国家的自由主义体制抗衡。30年代中期（1934—1937），格奥尔基·特特雷斯库（Gheorghe Tătărescu，1886—1957）主政期间，秘密顾问团和国家自由党达成了暂时的和解。然而，卡罗尔和国家自由党之间的关系依然很紧张。就如我下面要讲到的，30

年代后期，一个大众法西斯党的崛起为君主提供了契机，有更多的机会去建立一个更公开的威权体制。

秘密顾问团带来的直接影响是削弱了国家农民党的力量。卡罗尔最早的举措之一是试图组建一个广泛的全民族团结政府，取代马纽所领导的国家农民党政府。国家农民党和国家自由党都抵制这一措施，因为它们意识到这是在试图以君主的意志取代民选议会中多数派的角色。由于没能建立一个亲君主的民族团结政府，卡罗尔改变了策略，着手在主要政党内部提携君主主义派系。事实证明，此行动远比计划中更成功，尤其是在国家农民党内部，造成了整体上反卡罗尔的尤柳·马纽与支持君主的亚历山德鲁·瓦伊达-沃埃沃德（Alexandru Vaida-Voevod，1872—1950）之间的分歧。秘密顾问团积极鼓动这一分裂，引起了政治上的不稳定，有利于进一步巩固卡罗尔的地位。1930年到1940年期间，有25个内阁和18位不同的首相主政过罗马尼亚。卡罗尔通过随意罢免首相并且在各政党内部培养“宫廷派”（court）与“异己派”（excluded）之间的分裂，达到了瓦解各党政治凝聚力的目的，使得王室的干预显得很必要。这些策略逆转了自20年代以来的政治整合进程。1931年，罗马尼亚有37个政治团体。1932年，这一数量达到61个，在1933年更是激增到102个。这种组阁方式扩大了议会与国内真实政治形势之间的裂痕，成了法西斯主义者展开动员的肥沃土壤。[65]

卡罗尔的计谋对国家农民党的打击最严重。一开始，国家农民党看似平安渡过了危机，在1932年7月的选举中赢得超过40%的议席，取得了议会中的多数席位。然而，卡罗尔任命国家农民党中的极右翼领导人亚历山德鲁·瓦伊达-沃埃沃德为首相，深深伤害了这一政党。瓦伊达-沃埃沃德随后（在1935

年）被国家农民党开除，并创立了自己的半法西斯性质的组织：罗马尼亚阵线（Frontul Româesc，简称 FR）。“一战”前，瓦伊达–沃埃沃德就已经站在特兰西瓦尼亚民族主义党的极右立场，在政治上与民粹主义的维也纳市长卡尔·卢埃格尔（Karl Lueger，1944—1910）关系密切，后者影响了阿道夫·希特勒的早期观念。瓦伊达–沃埃沃德的统治严重损害了国家农民党的民主信誉，为罗马尼亚的大众法西斯主义开辟了道路。这样说的原因有三。第一，瓦伊达–沃埃沃德对极右翼采取态度暧昧的政策，尤其是对其中最重要的组织铁卫团。1928 年到 1930 年农民党主政期间，瓦伊达–沃埃沃德与铁卫团运动的领袖科尔内留·科德雷亚努会面，对其观点表示理解。他在执政期间几乎没有表现出对右翼采取强硬立场的意愿。第二，瓦伊达–沃埃沃德的政府调用了军队并且通过立法放宽了戒严令，残酷镇压了 1933 年初石油工人的罢工。这严重损害了国家农民党声称代表广大民众联盟的主张。第三，在捷克军火制造商斯柯达（Skoda）位于布加勒斯特的办公室里发现了罗马尼亚军队的秘密文件，由此引爆丑闻。深陷腐败，还积极调用军队对付民众的国家农民党，民意基础一落千丈。[66]

矛盾的是，由于国家自由党与秘密顾问团之间有很多一致的地方，自由党在某些方面被证明更能抵御卡罗尔的诱导。事实上，国家自由党保持了自身的组织凝聚力，并且一直到 1937 年依然是占主导地位的政治力量。要理解其中的因由，重点是要考察国家自由党自身的发展轨迹。[67]

卡罗尔的回归引发了自由党内三方力量的分裂：国家自由党格奥尔基·布勒蒂亚努派（PNL Gheorge Brătianu），一个反君权的分裂党；“老自由党人”，与布勒蒂亚努家族的主要派系关系较近；“青年自由党人”，以扬·杜卡（Ion Duca，1879—1933）为中心。这些内部紧张关系是由社会精英内部更广泛的变化导致的，尤其是大型工业的重要性日益增长，大型工业相关群体与青年自由党人而不是布勒蒂亚努家族走得更近。一直到20年代末，消费品生产商和银行家在执政的社会联盟中占据着主导地位。[68]这些人主要通过将外国贷款输送给本地的地主来挣钱。他们也是国家自由党中最显要的人物，并通过“自由银行”分配贷款。大萧条削弱了他们的地位，因为大萧条对农业的影响比对工业还大。价格水平显示出这种差异。以1929年为基准年，从1929年到1934年，农产品的价格大约下跌了56个点。虽然工业也受影响，但程度远不及此。工业品价格在同一时期仅下跌18个点。这进一步加剧了“价格剪刀差”，使得工业品对于农业生产者而言更加昂贵了，导致乡村债务和严重的银行业危机。此外，由于与自由党关系密切的银行极度依赖外国金融的支持，因此它们也极易受到全球银行业危机的影响。就这样，这些事态发展在执政联盟内部提升了重工业相对于银行的力量。[69]

这一“新工业”与国家的关系相当紧密，主要因为国家是关键的工业品消费者。1937年和1938年，罗马尼亚国家消耗了70%工业产品。光是国家铁路公司就消耗了国内煤炭产量的80%。因此，在罗马尼亚国内市场有限的情况下，国家持续的慷慨解囊攸关罗马尼亚工业经济的存续。但是，由于这一国家主导的工业化政策意味着通过征收重税减少乡村的收入，它自然而然成了一个威权主义规划。卡罗尔国王的法团主义规划，即以挤压农业为基础的国家主导的发展，可以从这一团体中找到决定性的社会支持。[70]

然而，国家自由党各派系都没有给予卡罗尔足够的支持。国家自由党格奥尔基·布勒蒂亚努派公开反对君主制，其余的与布勒蒂亚努家族势力有关的老自由党人同样敌视卡罗尔。也许更让人诧异的是，青年自由党人也批评卡罗尔。国王之所以惹恼了这一派，是因为他对极右组织的暧昧态度。在瓦伊达–沃埃沃德执政期间，扬·杜卡持续向卡罗尔施压。正如我在上面所述，瓦伊达–沃埃沃德是卡罗尔最中意的人选。[71]杜卡凭借国家自由党领袖的身份，组织了多次反对其政权的大规模抗议，甚至在1933年呼吁在布加勒斯特举行大规模游行示威，要求将国家农民党定为非法。青年自由党的纲领要求强化议会制度，对极右翼采取不妥协的政策，并惩治腐败。从很多方面来看，杜卡率领的青年自由党人已经接过了国家农民党改革派的衣钵。[72]

卡罗尔重返政坛就这样导向了国家农民党的崩溃，但这对国家自由党的影响则不太明确。到杜卡上台时，国家自由党和秘密顾问团已经建立了一种工作关系，但是两个阵营之间还存在相当大的敌意。在接下来的5年里，卡罗尔将试图与极右翼建立关系，利用它来追求自己的国家法西斯主义规划。

上述段落描述了宫廷秘密顾问团的崛起，以及它如何削弱了国家农民党，如何促成30年代中期国家自由党青年派和卡罗尔之间的联盟。若没有这些发展，就不可能理解一个大众法西斯政党在罗马尼亚崛起的重要性。政党法西斯主义通过始终站在非精英的一边，从而收获了全国性的重要地位。故此，罗马尼亚的法西斯运动与其说是一个反民主运动，不如说是一个反自由主义的运动，是对议会制度没能充分解决大多数罗马尼亚人问题的回应。在1935年到1938年尤为如此，它就在那时发展为一个大众政党。

为了理解这些发展及其与两次世界大战之间罗马尼亚更广的政治背景之间的联系，我们有必要简要回顾“一战”刚结束的时期。第一批激进右翼组织是反共产主义的学生团体，它们在“一战”后因煽动活动而留下恶名。这些组织中，有一个名为“民族意识卫队”，这是一个破坏工会的组织，也是日后成为罗马尼亚法西斯主义领袖的科尔内留·泽莱亚·科德雷亚努（1899—1938）的政治生涯起点。[73]部分因为土地改革和阿韦雷斯库的镇压政策，左翼高潮逐渐消退，在此情况下，激进右翼将焦点从反布尔什维克主义转向反犹主义，以寻求政治空间。[74]1922年，科德雷亚努和亚历山德鲁·库扎（1857—1947）等人一起创立了国家基督教同盟（National Christian Union）。[75]该组织后来发展为罗马尼亚第一个激进右翼政党——成立于1923年的反犹主义的“国家基督教保卫联盟”（LANC）。然而，在整个20年代，反犹太极端右翼依然是一股边缘的政治力量。在20年代里，极端右翼参与选举最成功的一次是在1926年，赢得了不到5%的选票。[76]

国家基督教保卫联盟是一个内部多少有些异质的组织，分为两派，一派像库扎那样希望在自由主义国家的框架内推行排犹政策，另一派像科德雷亚努那样认为有必要彻底改革政治体制。这些策略上的分歧最终导致彼时还是法律系学生的科德雷亚努与其前导师库扎分道扬镳。1927年6月，科德雷亚努另成立了自己的组织，叫“大天使米迦勒军团”（LAM），其成员需要在本地的小组和“兄弟会”组织中见习一段时间。1930年，科德雷亚努创立了第二个组织：铁卫团。虽然该组织最开始被设想为一个综合性团体，囊括所有政治党派的成员，但它实际上似乎与大天使米迦勒军团没什么区别。最后，在30年代中期遭到严酷镇压后（下面会讨论），铁卫团顶着一切为了祖国党（TPŢ）的名字东山再起，并在1937年的选举中赢得了重要的选票支持。[77]

科德雷亚努认为自己是上帝派来领导罗马尼亚人民的。他借鉴了罗马尼亚民间信仰的仪式，与亡灵对话，并相信神迹。恰恰是因为他避免谈纲领和主旨，所以很难在政治光谱上定位这场运动。军团成员反犹，但这并没有使他们有别于其他政治力量，除了社会民主党。这场运动没有清晰的政治纲领，但是深受宗教影响。科德雷亚努希望通过受难与牺牲的仪式来塑造"新人"。甚至不清楚科德雷亚努是否将他的组织定位为传统意义上的那种夺取政治权力的工具。大天使米迦勒军团和铁卫团一开始并没取得什么成就。科德雷亚努曾希望拉拢国家基督教保卫联盟的支持者，但是他领导的运动太过怪里怪气，并且目标太接近早已很成熟的反犹主义右翼，于是没有产生什么影响。[78]

在组织结构上，大天使米迦勒军团融合了政党和准军事组织，虽然它在准军事组织这方面从没发展起来。它力图通过一些引人注目的暴力行为吸引媒体关注。一开始，它的主要目标是犹太人，但作为一个准军事性的反犹运动，科德雷亚努的组织始终影响力有限。在20世纪20年代末和30年代初，它赢得的选票比例还远不及国家基督教保卫联盟。更为重要的是，激进的反犹主义从来就没有在罗马尼亚选民中赢得广泛支持。即使在巅峰时刻，国家基督教保卫联盟也只能赢得稍稍高于5%的选票。[79]

关键的一点是要区分铁卫团的两个主要发展阶段：在1932年之前的时期，这场运动仅仅是一个由学生主导的无关紧要的小派系；而在1932年到1938年这一时期，它成了罗马尼亚政治生活中最重要的潮流之一。[80]年份之所以重要，是因为它吻合了上述的国家农民党内部向右急转的时期。事实上，科德雷亚努的军团填补了这些发展带来的真空。[81]它从狭隘的反犹纲领转向支持更多的民粹主义诉求，由此取得了第一次政治上的重大成功。这一纲领的转变伴随着对组织主要敌人的重新界定，即从犹太人转为政治当权者。科德雷亚努在回忆录中提及了这一战略上的转变。对此，他写道："罗马尼亚人民无法解决犹太人的问题，除非它先解决**政党的问题**。罗马尼亚人民要打倒压迫以及阻碍他们的犹太势力，**这一征途上的首要目标是颠覆现有的政治制度**。"[82]虽然这段话依然笼罩着反犹主义，但是它强调了抗争的首要对象是政党。

铁卫团的民粹主义转向始于科德雷亚努公开支持早前提及的铁路和石油工人罢工，以及他对血腥镇压的谴责。他在议会中声明，石油和铁路工人的诉求远远谈不上是莫斯科支持的阴谋，而是在剥削面前情有可原的反应。[83]正因为它不再只是反犹的暴徒行为，而是呼应了民粹主义的立场，政府禁止了政治组织穿着制服，并且加强了对铁卫团的镇压行动。对铁卫团的镇压一直持续到自由党的杜卡出任新一任首相，结果造成1.8万名铁卫团成员被逮捕，其中3人死亡。[84]以科德雷亚努为首的组织通过暗杀首相，有力地抵制了这一镇压。至此，军团给罗马尼亚当权者带来了真正的人身威胁。当局给出了强有力的回应。30年代，超过500位科德雷亚努的追随者被杀害，而到了1934年，大天使米迦勒军团被定性为非法组织。[85]

1934年杜卡被刺杀后，当局发起镇压，军团运动进入了危机期。科德雷亚努面临来自军团青年运动领袖米哈伊尔·斯泰列斯库（Mihail Stelescu，1907—1936）的重大挑战，后者批评铁卫团的个人主义领导作风以及它对德国不加批判的态度。部分是为了重新掌控组织，科德雷亚努在1935年12月成立了一切为了祖国党，名义上的领导人是前将军格奥尔基·坎塔库济诺-格拉尼切鲁（Gheorge Cantacuzino-Granicerul，1869—1937）。随着这一组织的建立，军团运动决然放弃了准军事策略。[86]在政治层面，它将自身定位为秘密顾问团的坚定反对者。1935年末，军团参与了多场游行示威，支持共和主义者迪米特里耶·杰罗塔（Dimitrie Gerota，1867—1939）不久前因公开反对君主制而被关进监狱。这一发展的最后结果是，一切为了祖国党和国家农民党以及反卡罗尔派自由党在1937年达成了选举协议。到了1937年，科德雷亚努领导的运动在一个反抗罗马尼亚腐败政治制度的联盟中站到了最前沿。[87]

那么从1935年到1938年这段时间，军团运动的主要政治目标是什么？这一问题很难回答。所有迹象都表明科德雷亚努是墨索里尼和希特勒的狂热崇拜者，但很难确定这一态度对国内政治而言意味着什么。1937年，一家罗马尼亚报纸采访了科德雷亚努，他将自己与国家农民党的领袖尤柳·马纽对比来解释自己的立场："马纽先生支持民主。我则持有完全不同的意见，而且我反对独裁。一个新的时代正在开启，一个我们至今尚不知晓的全新制度正从中形成。我支持的是那个。"[88]因此，军团运动的目标在于建立一种新的、尚未被定义的、既非独裁也非民主的政治制度。

更具体而言，30年代的军团运动的焦点落在社会改革和个人发展这类切实可行的方案上。这些方案首先聚焦于改造"人"。创造新式的团结和纪律是方案的核心。这一运动被组织成一系列名为“巢地”（nests）的本地小组，每个小组由3到13位成员组成，其领导者应来自底层。[89]军团的招募极度依赖面对面的关系。每一位新成员都应当再招募5位成员，从而创建具有社会同质性的巢地。这一策略背后的理念是将运动内部的社会冲突降到最低，并且提升宣传的有效性。农民的巢地会讨论与农作相关的议题，知识分子的巢地则致力于厘清军团与其他极右翼团体之间的教义差别。在韦伯看来，“领导们的能力需要由每个首领自己去证明——他不是由中央任命的，而是被迫通过成就和活动来证明自己能够建立一支追随者队伍，从而确立自己的地位”。[90]追随者们遵守一套基本的规则：纪律、工作、缄默、自我教育、助人，还有荣誉。这些巢地不仅限于宣传，也会帮助民众解决实际的问题。1931年在尼亚姆茨举行的补选期间，军团的积极分子挨家挨户走遍多区，帮助民众收割庄稼，组织晚会。军团成员修路、修桥、修教堂，还挖水井、建堤坝。在30年代期间，随着军团的重要性不断提高，运动建立了一个无产阶级团体，组织劳动营，并开设了一连串餐馆和百货商店，外加一家医院和福利机构。根据科德雷亚努的说法，1935年，罗马尼亚有4,200个巢地，1937年1月，这一数量达到1.2万个，到了同年年底，数量更是达到3.4万个。[91]

这场运动吸引的是怎样的社会团体？我们可以借助四个主要的信息源来回答这一问题：一份关于1936年勒德乌齐本地团体的研究、一份关于卡门-希尔瓦劳动营（Carmen-Sylva work camp）①的研究、在首相杜卡的审判中被指控的成员名单，以及

① 在20世纪30年代罗马尼亚的军团运动中，劳动营被视为“学校”，是军团培养“新人”的地方。卡门-希尔瓦劳动营是其中规模最大的营地，它的名字源自罗马尼亚前国王卡罗尔一世的王后伊丽莎白的笔名。——编者注

1939年在监狱中被杀害的成员名单。在后三份资料中，可以看出在成员总数中占比最高的是学生，农民的占比低得惊人。与此相对，1936年的研究表明，学生只占当地团体成员的5%，而农民占了69%。[92]

但是我们很难从这种证据中解读出什么来。原因有二，一是很多学生本身可能就出身于富有的农民家庭。那些非常精英的群体，工业家和大地主们，会将孩子送到法国或者德国留学，因此这些人不会被包括在内。相较之下，贫困的农民没有途径让孩子受教育。第二个困难则来自“样本”的问题。参加劳动营的人和受审的人很可能是全职的活动家，这样看来，学生在组织成员中占比最高也就不足为奇了。因此，1936年对地方团体的研究很有可能最全面地反映了参与者都有什么人。总的说来，这些证据表明，军团在大学中和部分农民中得到了真心的支持。[93]

我对军团运动的分析认为，它之所以得到民众的支持，是因为它坚决反对控制着罗马尼亚的威权势力。我没花什么笔墨处理另一个有待回应的关键替代性解释，即科德雷亚努领导的各个政治组织都臭名昭著地反犹。这一点对军团运动的民众支持有什么影响呢？有很多迹象表明，罗马尼亚的反犹主义并不算一种特定的法西斯意识形态，因此不能用来解释该党的成功。就如我上面提示过的，军团运动是作为国家基督教保卫联盟分裂出的小派系发展起来的。而这一更老牌的组织是比军团运动更受认可也更纯粹的反犹政党。在铁卫团崛起之前，国家基督教保卫联盟已然在罗马尼亚的政坛占据了激进反犹的立场。选举数据显示，在国家基督教保卫联盟站稳脚跟的地区，铁卫团无法得到显著的支持。正是这一基本的结构性因素导致军团运动被迫拓宽自身主张，以获取更多支持。军团运动在政治上的成功恰恰得益于它从纯粹的反犹纲领做出的转向。而且反犹主义并不是激进右翼的专属领域。特特雷斯库为反犹主义的学生们支付火车票，警察在1925年8月为他们提供武器，以便他们在雅西攻击犹太人。事实上，甚至可以说反犹主义在30年代的罗马尼亚生活中无处不在，以至于很难围绕这个议题做政治动员。[94]

导致法西斯运动在罗马尼亚崛起的政治危机遵循了与意大利和西班牙案例中同样的发展模式。快速成长的市民社会催生的民主机遇并没有被现存的政治组织利用起来。在由此产生的真空地带中，崛起了拥护一套基本民主诉求，但彻底敌视自由主义的大众法西斯运动。罗马尼亚法西斯运动的民粹主义及其组织上的缺陷，都与罗马尼亚市民社会发展所特有的国家主义模式相关。这一运动抨击政治阶层，认为它是一个不具有代表性的小圈子，而且经常在修辞上将其与犹太人联系起来。

国家法西斯主义的崛起（1937—1940）

上一节内容展示了在罗马尼亚，反霸权的失败如何催生了一场大众法西斯运动。科德雷亚努的党派通过拥护农民和工人的利益以及要求终结腐败，成为一股重要的政治力量。这使罗马尼亚的法西斯运动与罗马尼亚国家政府产生了严重分歧。不过，大众法西斯运动为君主创造了一个建立新大众政权的机遇，他在30年后期尝试利用这一机遇，并取得了某种程度的成功。然而，国际事件协力破坏了这一计划，导致扬·安东内斯库（Ion

Antonescu，1882—1946）建立起一个暧昧不清的独裁统治。

正如我在上面所说的，卡罗尔建立独裁统治的意图，遭到了那些原本与君主最密切的势力的反对，尤其是特特雷斯库周围的青年自由党人。1937年的选举扫清了这些限制，因为选举给国家自由党带来了毁灭性的影响。虽然自由党的人选事实上赢得了相对多数选票（36%），但是放在两次世界大战之间的罗马尼亚来看，这一结果意味着惨败，因为内阁取得的选举优势不足以触发1926年选举法确立的“政权红利”机制。[95]相比之下，国家农民党和一切为了祖国党一并获得了超过35%的选票，总共有权获得跟国家自由党一样多的议会席位。国家农民党和国家自由党之间的敌对立场使得主要的“民主”力量无法联合建立一个全国集中政府。军团－农民党联合政府在理论上是个可能的方案，但卡罗尔在选举之前已经决定，万一自由党落败，就任命反犹的奥克塔维安·戈加（Octavian Goga，1881—1938）出任首相一职。[96]

与国家自由党相反，科德雷亚努领导的一切为了祖国党赢得了重大胜利。这一组织在1937年有27.2万名成员，占总人口的1.5%。[97]它赢得了大约16%的选票，仅落后国家农民党4个百分点。就像我说过的，君主和军团之间关系非常紧张。科德雷亚努强烈抵制所有将自己与君权联系起来的提议。军团对卡罗尔的抵制中最引人注目的表现是1937年11月与国家农民党达成的选举协议。因此，科德雷亚努的团体作为致力于限制国王专断权力的政治力量联盟的重要成员，参与了选举。

但卡罗尔与铁卫团之间的关系比这些事实所表明的要暧昧得多。直到1933年，科德雷亚努所领导的运动在总体上都是支持君权的。而迟至1937年，卡罗尔还希望与这些组织达成和解。

在此必须强调，30年代反铁卫团的镇压行动实际上都是由国家自由党中的实权人物发起的，而不是由国王自己。[98]与此相对的是，王室秘密顾问团的一些重要人物给科德雷亚努领导的运动提供了可观的资金支持。[99]尽管镇压力度很大，但法庭和警察对于铁卫团成员的罪行相对宽容，而且卡罗尔似乎希望利用这场运动来支持实现自己的野心。两场运动之所以无法融合，主要障碍在于科德雷亚努本人。[100]

1937年的选举结果既为国王带来机遇，也带来了危险。虽然这一结果表明选民对整个政治阶层深恶痛绝，但它也帮卡罗尔扫清了最后的障碍，以便实现他长久以来的个人野心——建立法西斯政权。他对此次胜利的回应是组建一个极右翼的非铁卫团的政府，完全不符合选举结果。政府由戈加领导，但也安排了亚历山德鲁·库扎担任无任所大臣（minister without portfolio）。戈加－库扎政府从1937年12月执政到1938年2月，它本打算通过采纳铁卫团的大部分反犹纲领，把铁卫团的大众支持者拉到自己这边来。左翼以及犹太人把持的报刊都被宣布为非法，只有基督教记者享有火车免费乘坐权，犹太人酒吧店主都被吊销了执照。此外，政府还规定了配额，在国家公职、职业人士和教育方面限制犹太人的数量。到了1938年1月底，所有犹太人都被要求在法庭上证明自己的公民身份。[101]

但是这些措施在政治上失败了。军团继续批评戈加政府，并且与之进行暴力抗争。[102]罗马尼亚的反犹太极端右翼远没能收编科德雷亚努领导的运动，而是与这一运动陷入生死缠斗。2月8日，形势急转，库扎派和铁卫团签署了一份选举协议。这些事态发展几乎立即导致了王室夺权。2月10日，在最后一次尝试邀请科德雷亚努加入全国集中政府后，卡罗尔罢免了戈加政府，并且在东正教大牧首米龙·克里斯泰亚（Miron Cristea，1868—1939）和高效又冷酷的官僚阿曼德·克利内斯库（Armand Călinescu，1893—1939）的掩护下建立了君主独裁统治。[103]

从这些事件中产生的保王派独裁政权，将自己部分塑造为一个紧急状态政权，旨在对抗科德雷亚努领导的运动。国王重新实施戒严令，将地方政府置于军队的控制之下，并且通过了一部新宪法，其中很多条例直接针对军团。司铎们被禁止将他们的精神权威用于政治用途。第8条禁止以宗教为基础的政治结社。第15条规定了对政治暗杀者判处死刑，而政治暗杀是军团最青睐的手段，它还规定陪审团的审议应公开进行，令诉讼变得更容易。第67条规定，只有三代都是罗马尼亚人的居民才能担任首相，这显然是专为阻止科德雷亚努担任首相而设计的。[104]

卡罗尔的政权无论多么反对铁卫团，它都不是一个防范性质的、旨在从法西斯主义的威胁中解救罗马尼亚的独裁政权。[105]与此相反，它明显意图"自上而下"强加一个法西斯政权。1940年6月卡罗尔建立了民族复兴阵线（FNR）这个一党制组织，并与德国人讨论了如何将其政权"纳粹化"。[106]正是由于一切为了祖国党在大选中取得成功，给了国家自由党致命打击，才使得这一举动成为可能。这样一来，卡罗尔便可以在自己的国家和历史面前，以一个超脱政治纷争的形象示人。矛盾的是，他之所以能够建立国家法西斯主义，恰恰得益于一个日益反卡罗尔的大众法西斯运动的兴起。

不过，打击铁卫团的决定性举措出现在德国吞并奥地利之后。科德雷亚努针对这一事件给希特勒发了一封电报，据说还收到了回复。内政大臣克利内斯库截获了这封电报，并以此为借口对铁卫团采取果断打击。1938年春，军团大部分高层领导和成千上万的普通成员遭到逮捕。科德雷亚努自己也在这场镇压行动中被投入监狱，并于11月在狱中被杀害。作为报复，组织的残余势力在特兰西瓦尼亚哲学教师霍里亚·西马（Horia Sima，1907—1993）的领导下暗杀了克利内斯库，引发了又一轮流血事件。这次镇压终结了铁卫团作为一个自治社会运动的历史。1938年以后，它成了一个与德国的利益密切相关的恐怖组织。[107]

卡罗尔建立一个国家法西斯政权的尝试是短命的。随着强大的民族社会主义德国的崛起，从根本上决定罗马尼亚政治的因素来到了国界以外。1940年德国的《维也纳裁决》要求将罗马尼亚的大片领土割让给匈牙利和保加利亚，这一屈辱性条款迫使卡罗尔退位，他的政权便也随之垮台。考虑到君主政权从30年代初就开始支持代价不菲的重整军备计划，卡罗尔还力求与德国建立紧密的、近乎从属的关系，此番罗马尼亚在德方施压下投降就格外令人羞耻。作为外交政策惨败的直接后果，国王被迫在1940年9月5日退位。[108]

矛盾的是，卡罗尔的政权因德国强加的《维也纳裁决》而倒台，同时也阻止了这个国家演变为国家法西斯主义。卡罗尔先前任命的扬·安东内斯库将军此时建立起了摄政政府，尊卡罗尔的儿子米哈伊为国王。安东内斯库一开始试图与铁卫团达成妥协，以便为他的军事独裁统治提供一些平民支持。事实证明，“民族军团国家”是靠不住的，因为霍里亚·西马带领的铁卫团造成一片混乱和恐怖，让将军感到反感和恐惧。1941年1月，铁卫团支持者试图夺权，但安东内斯库在希特勒的默许下粉碎了这场起义。[109]

安东内斯库的独裁统治强烈针对那些支持卡罗尔规划的人。他抨击国王的秘密顾问团，迫使所有担任高级职位的人申报他们的财富来源。他的基本政治方针是在各级政府层面强制践行合法性。此外，安东内斯库保证了一定程度的个人和政治自由，其程度超过了卡罗尔独裁统治时期。[110]

两次世界大战之间，罗马尼亚的政治史有很多类似意大利和西班牙的地方。与南欧的案例一样，罗马尼亚的社会精英在政治上太脆弱，无法承受一个运行良好的民主体制。在那个时期里唯一的一次完全民主的选举（1928 年）中，国家农民党彻底打败了国家自由党，从而威胁到了自由党纲领的核心，即国家主导的工业化规划。然而，国家农民党也是一支脆弱的政治力量，部分因为它继续分裂为两个根本不同的派系。农民党的支持率在 30 年代逐渐下降，这在一定程度上有利于科德雷亚努领导的军团运动。但是事实证明，军团也无法严重挑战以卡罗尔为中心的决意自上而下推行工业化的统治阶级联盟。

结　论

为什么国家法西斯主义在 30 年代后期的罗马尼亚占据了上风？本章认为，罗马尼亚的法西斯主义就如意大利和西班牙的法西斯主义那样，是结社主义在霸权政治失败的语境下发展的结果。公民结社主义在这种背景下支持民主，但支持的并非自由民主。然而，罗马尼亚特定的结社主义发展形式，即由国家主导而非自主自治或者精英主导，极大影响了 30 年代后期该国产生的法西斯政权的形态。罗马尼亚的法西斯运动无法利用一个强大的农民自组织网络，也无法将自己塑造为受到威胁但高度组织化的地主们的白卫军（white guard）[①]。因此，该运动很快就被置于以君权为中心的国家法西斯主义规划之下。在此值得花些笔墨总结罗马尼亚走向法西斯主义的五个阶段。

罗马尼亚的社会精英尽管享受了相当多的社会权力，却没能发展出支配阶级的阶级内霸权。1866年宪法奠定了现代罗马尼亚体制，却以牺牲广大民众的利益为代价，地方一级的行政长官实际上拥有至高无上的权威，在使农民受制于大地主的过程中扮演了重要角色。因此，农奴在政治上的解放与他们在社会上落入从属地位是同步进行的。讽刺的是，这一腐败的自由主义体制虽然保证了精英对政治权力的掌控，却也削弱了他们应对普选的能力。尽管选举权严格受限，但是保守党和自由党之间还是爆发了激烈的内讧，互相争夺至关重要的国家预算。因此，罗马尼亚的社会精英阶层既没有建成阶级内霸权，也没有建立阶级间霸权。这两重弱势是彼此关联的。正是由于社会精英阶层内部的分裂，妨碍了他们去推行一个阶级间霸权的连贯方案。

很多罗马尼亚社会精英都意识到，罗马尼亚国家政府缺乏重要的民众支持。他们试图通过将乡村组织起来从而克服这一弱点：尝试建立一个乡村的市民社会。这并不完全是自上而下的事情。19世纪后期，自发的合作社就在罗马尼亚崭露头角了。然而它们缺少必要的法律保障去自由运作，而且经常因为太穷而无法存续。自由派精英们试图收编这一运动，并且在

① 通常指俄国内战时期的反布尔什维克一方势力（与红军相对），代表有组织的反革命或保守派力量。——译者注

1903年后通过投入国家资金建立民众银行来刺激它的发展。虽然这带动了结社发展，但是它也在很大程度上将市民社会的发展置于国家政府的支配之下。合作社运动实际上是部级官僚机构的一个分支。1907年的农民起义表明，结社主义没能够收编农民阶层。进一步的改革尝试直到“一战”后才出现。但是罗马尼亚的结社发展模式对这个国家随后的政治演变产生了重要的影响。

“一战”后，罗马尼亚进入了第三个发展阶段，试图通过推行激烈的政治和经济变革来建立阶级间霸权。罗马尼亚的政客们在这一时期颇有建树。他们推行了一场激进的土地改革，给保守党以致命打击，从而为建立一个比以往更统一、更现代的社会精英阶层打下了基础。他们同时允诺了普选权。纵使取得了这些进步，罗马尼亚的社会精英阶层依然没有一个可以赢得选举的组织。20年代，国家自由党政府依赖的是选举操控和戒严令——当局从1918年到1928年间反复诉诸戒严这一法律手段。所以说，战后尝试争取大众支持自由主义国家的努力从根本上是不自洽的。政治体系的开放程度足以允许组织大众政党以反对自由主义国家政府，但又不足以让国家自由党从这种开放中受益。

国家自由党在20世纪20年代后期的衰落为民主运动创造了机会，而国家农民党尝试把握这一机遇。国家农民党的政治愿景是模糊不清的，但是它显然指向了一个与自由主义截然不同的社会模式。在最自洽的版本中，国家农民党倡导建立一种基于普遍土地所有权和手工业的农民民主制。然而，国家农民党并没有充分脱离罗马尼亚的议会实践来实施这一方案。它依然过于围绕君权打转，并很快就陷入了选举腐败和曾经削弱了自由党和保守党的宫廷政治中。因此，到30年代初期，不仅是自由党，农民党也没能抓住“一战”前后（尤其是“一战”之后）市民社会发展所带来的机遇，发展出一套真正的民主体制。

在自由党和农民党都没能建立起一个可行的民主制之后，一场大众法西斯运动才开始在罗马尼亚形成。实际上，科德雷亚努的铁卫团有效地将自身打造为一场抵抗1934年到1937年确立的日益威权化的新型自由主义政权的运动。科德雷亚努的成功秘诀就在于他拒绝将议会视为代表罗马尼亚民族利益的合适平台。同其他国家的法西斯主义者一样，科德雷亚努否定政治阶层，认为他们是腐败和虚假的罗马尼亚人民代表。矛盾的是，他的威权主义打着民主的旗号，即认为只有非凡的个人才能够代表罗马尼亚人民。铁卫团的暴力反犹主义也是这一威权民主特征的产物。科德雷亚努将犹太人和政客联系在一起，认为他们都是破坏罗马尼亚人民民族自决的人物。

然而，科德雷亚努的政党法西斯主义并不够强大，不能凌驾于罗马尼亚国家政府之上。它面临两个基本难题，根源都在于罗马尼亚缺乏自治的市民社会发展。第一，铁卫团缺少强大的组织基础。它没有掌控一个可行的工会运动或者乡村合作社架构。第二，罗马尼亚政治精英压倒性的权力破坏了左翼和右翼之间政治竞争的发展，而这种政治竞争本可能催生一场强大的法西斯运动。科德雷亚努率领的运动采取的战术与这些形势紧密相关，因为它最重大的政治成就是对罗马尼亚政府的重要政治人物发动孤立的恐怖行动。1937年的选举后，军团在卡罗尔国王的镇压中解体，这尤其能说明问题。科德雷亚努的运动没能阻挡国家的镇压，也没能自下而上地推进激进化，而是土崩瓦解了。

然而，如果我们把罗马尼亚政党法西斯主义的失败等同于法西斯主义政治规划的失败，那也是不对的，因为这就忽略了同样重要的以君主为核心的国家法西斯主义。1937年选举之后，卡罗尔的独裁统治代表了这股潮流的胜利。这一政权反映了罗马尼亚政治的根本转向。它尝试为一个威权君主制创造民众支持基础。很难评估这一方案的真正可行性，因为它很快便遭到了国际事件的破坏。

考虑到罗马尼亚的地缘政治处境以及根深蒂固的贫困，两次世界大战之间的罗马尼亚是否无可避免地要走向某种法西斯主义？似乎很难做这种论证。罗马尼亚在战争期间实现了民族统一的目标，而且地主阶级因为土地改革遭受重创。此外，从19世纪末开始，一个农业市民社会蓬勃发展了起来。罗马尼亚历史的关键转折点是1930年国家农民党的垮台和卡罗尔的复归。但是正如我上面说过的，不能单从主观角度去理解国家农民党为何没能抓住历史机遇。这一失败与罗马尼亚缺少一个霸权统治阶级有关。使社会精英阶层分裂的庇护主义和派系主义积习，也感染了国家农民党。

罗马尼亚走上法西斯之路的历程有什么更广泛的启示？从某些方面看来，罗马尼亚的案例比目前分析过的其他案例更清晰地表明，政治如何决定性地解释了法西斯主义的最终结果。罗马尼亚政客在处理本国的基本社会结构难题时非常直接，实施土地改革并且给予人们普选权。然而，这些改革不足以建立霸权。罗马尼亚的自由主义依然没有一个可行的、能够赢得大众支持的全民族方案，而19世纪发展起来的政治庇护主义作风延续到了“一战”后的时期，削弱了任何一个政党将民主诉求与自由主义制度形式链接起来的能力。罗马尼亚的政党没能贯彻一个民主方案，留下了政治真空，从中生长出了科德雷亚努的法西斯运动。科德雷亚努用一个法西斯威权民主方案取代了自由民主方案。

罗马尼亚通往法西斯的路径亦表明了结社发展的特定形式对于法西斯主义的最终结果有多重要。事实上，从这一视角来看，罗马尼亚的政治发展相当悖谬。可以说，罗马尼亚在两次世界大战之间没能巩固民主体制的原因之一，在于它缺乏一个自治的市民社会。这导致农民阶层在组织上十分无力，无法使国家农民党的领导层免受罗马尼亚政治生活中庇护主义的压力，但是这些条件同样阻碍了一个政党法西斯政权的建立。罗马尼亚那种高度依赖国家的市民社会发展，破坏了法西斯政党的组织条件，使它无法从中获得足够力量去夺权。铁卫团始终没有发达的大众组织供它去动员并获得支持。以卡罗尔为核心的保皇党圈子由此得以在罗马尼亚建立起法西斯政权。这不单纯是一个防范性的或者说过渡性的、旨在保护罗马尼亚免受法西斯主义威胁的独裁政权。卡罗尔独裁政权代表了30年代初聚集在君主周围的国家法西斯主义势力的决定性胜利。

为什么会发生这样的情况？部分答案在于罗马尼亚市民社会的特殊性质。罗马尼亚的农业结社主义始终极度依赖于国家。民众银行和农业商会都是由国家运营的，与政党体制没有密切联系。卡罗尔国王的阴谋进一步加剧了这种局面，使已然脆弱的政党体制四分五裂。正是这种杂乱无组织的局面催生了军团运动这个抵制卡罗尔规划的萌芽运动，但也正是这种杂乱无组织的局面解释了铁卫团面对国家镇压时的脆弱。它没有能力去使用任何一个政党的基本工具。没有大罢工、大规模游行示威或准军事叛乱可以被用来回应卡罗尔的镇压，因为这些活动的组织基础就不存在。一个个孤立的“巢地”只因共同效忠于科德雷亚努这个人而被维系在一起，一旦领袖自身被铲除，它们便显出了无力。

第5章

思量其他可能的解释

第2章到第4章的分析已经表明，志愿结社的发展是导致法西斯主义在意大利、西班牙和罗马尼亚出现的一个主要因素。然而，熟悉法西斯主义比较分析的读者可能会想知道，那些不聚焦于市民社会的解释是如何分析前述案例的。[1]本章的主要任务就是思量这一问题。在各种尝试解释法西斯主义何以崛起的理论中，有两个比较突出的学术流派。第一派属于广义上的马克思主义，典型代表是巴林顿·摩尔的《专制与民主的社会起源：现代世界形成过程中的地主和农民》（*Social Origins of Dictatorship and Democracy: Lord and Peasant in the Making of the Modern World*）。摩尔的核心论点认为法西斯体制与资本主义晚期不平衡的发展有关，这种发展产生了一个中等实力的资产阶级（medium-strength bourgeoisie），与压迫劳工的农业主（labor-repressive agrarians）结盟。第二派遵循韦伯路径，相较于马克思主义学者对阶级关系的关注，这一脉的研究聚焦于国家。对于这一传统下的学者们来说，法西斯主义与旧体制的存续息息相关，可以成为保守派进入现代时期后的集结点。这些研究思路在多大程度上能让人信服地替代我目前提出的葛兰西路径的解释？本章简要总结了摩尔派和韦伯派的观点，接着考察了在意大利、西班牙和罗马尼亚的案例中与之相符的论据。然后我会考察匈牙利和德国的案例，这两个例子初看似乎可以印证摩尔派和韦伯派的观点，但我也会提出如何根据前几章中发展出的葛兰西理论框架来更好地理解这两个案例。

摩尔命题：威权主义与劳工压迫

提到最有影响力的对两次世界大战间的法西斯主义的阐释，也许绕不开巴林顿·摩尔的名字。摩尔命题是一个广义上的马克思主义论证，认为法西斯主义是一种适合半边缘资本主义社会的政体形式。对于这一学术传统下的思想家来说，两次世界大战之间的法西斯主义政权形式缘于国家、中等实力的资产阶级和压迫劳工的农业主之间结盟，以应对地缘政治与地缘经济竞争以及农民与工人起义的双重挑战。这一系列的条件，对于摩尔和他的追随者来说，是资产阶级革命缺席的历史遗留问题。[2]

摩尔的论述主要有赖于“压迫劳工的农业”（labor-repressive agriculture）这个概念，对此需要稍加解释。摩尔沿袭了一个常见的马克思学说观点，将农业地主阶级划分为两种类型：那些试图通过创新和节省劳力投资来提高回报率的人（农业资本家）；那些通过压榨和胁迫劳动力来得到同样结果的人（压迫劳工的农业主）。[3]根据摩尔的说法，压迫劳工的农业主由于依赖政治机制来榨取剩余价值，因而强烈倾向于支持专制高压的国家：“虽然一个压迫劳工的农业制度在形成之初可能是与中央权威对立的，但它很有可能在后期为了寻求政治支持而与君主制融合。”[4]在摩尔的思想体系中，政府与试图通过政治机制来提高回报率的大地主之间的这种联合，是法西斯主义出现的关键历史前提。

然而，产生法西斯主义还需要另一个要素：一个“中等实力”的工业资产阶级的出现。对于摩尔而言，在以压迫劳工的农业为主导的经济环境中，工业家的立场很可能是威权主义的。这是因为在此背景下，工业制成品的本土市场薄弱——鉴于大部分农业人口依靠非常低的薪水维持生计，或者说被完全排除在货币经济之外。在这种情况下，工业家很可能与国家政府紧密联盟，寻求保护性关税和国家合同，特别是军火生产合同，还可能支持帝国主义探索海外市场。[5]因此，部分农业主和工业家之间形成了一个共同利益联盟，两者都寻求利用国家力量去支持自身的利益。在摩尔的叙事中，这些参与者各自扮演着特定的角色。农业主在这一合伙关系中处于支配位置，而商业和工业资产阶级虽然很关键，但在这一结盟中处于从属位置。摩尔的主要论点是，这些支配阶级的关键经济利益与掌握政治权力直接挂钩。

由于工人与农民的大规模政治暴动，这一联盟得以成为法西斯政权的基础。统治阶级依赖掌控政治机制来确保自身的社会地位，当面临一波突如其来的下层动员浪潮，尤其是“一战”后的左翼动员高潮时，他们很可能会支持向一个更公开的威权主义制度过渡。此外，保留了规模庞大、可供动员的农民，也为法西斯群众动员提供了基本条件。[6]

近来对摩尔论点的扩展从两方面对其予以了修正。第一，不再一门心思地关注压迫劳工的农业，而是代之以更广泛的关于大规模土地所有制的论述。第二，不再假设资产阶级本质上是一股亲民主的力量。[7]尽管如此，沿袭摩尔传统的学者们往往会保留其核心观点，认为大地主、中等实力的工业家和国家之间出现了一个松散的合作关系或者说联盟，而这是两次世界大战之间导致法西斯主义的主要因素之一。

摩尔论证的根本立足点在于他认为法西斯主义源于一个支配阶级联盟的出现，其中最重要的成员即土地精英通过高压手段榨取社会剩余价值。这类支配阶级的存在，往往也塑造了工业家的政治态度，使他们倾向于支持威权主义。无论是农业主还是大资本家，都无法接受使一个自由民主制完全运转所必需的政治与公民权利，因为这些权利与他们控制劳动力的方式并不相容。虽然这些阶级也许会支持一个自由主义的政治体系，其中有限的选民支持议会中的政党轮替，但一旦民主的威胁来袭，他们就会倒向法西斯主义。

韦伯路径：旧体制的遗存

辛策（Hintze）、蒂利（Tilly）、斯考切波、埃特曼（Ertman）、唐宁（Downing）和曼（Mann）都强调国家结构作为制度的重要性。[8]这些学者都倾向于认为，国家结构在独立于经济发展水平或者阶级关系结构的情况下影响了最终形成的政体。他们着重指出，欧洲大陆很多地方的科层专制体制是在缺乏现代化社会结构的情况下发展起来的。这带来了两方面的影响。第一，高度成熟的旧体制时代的官僚机构形成了一个可供“利用”的工具，一些社会团体组织可以拿它追求自己的利益。因此，在旧体制强大的地方，土地精英阶层的镇压能力要比在旧体制衰弱的地方更强。相应地，要想理解关键社会精英的行为，不能单单看他们身处的生产地位，也要看可供他们利用来实现自身利益的政治制度。此外，旧体制中的官僚们能够独立于所有社会阶级而自主采取行动。在国际竞争激烈的情况下，这些代理人可想而知会支持极端的民族主义、军国主义和国家主导的发展战略。[9]

迈克尔·曼花了最多力气尝试将韦伯的论点与两次世界大战之间的欧洲法西斯主义联系起来，他认为国家结构是解释法西斯崛起问题的决定性因素。曼区分了两种结构："双重国家"（dual state），其中君权和亲宫廷的官僚体制与相对弱势的议会分享权力；自由主义政权，其中议会主权得到充分确立。在双重国家中，保守派倾向于依靠行政部门。与之相对，在自由主义政权中，政党竞争可以应对大部分政治危机。[10]在南欧和东欧，军事和政治危机与普选结合，给保守派带来了意识形态方面的影响，这些保守派将政治上的群众动员视为对传统上中立和至高无上的国家功能的一种威胁。[11]经济和军事危机与政治上的群众动员，结合既有的政治结构，造就了民主的北欧、西欧与威权的南欧、东欧之间的分野。正如曼自己对观点的总结："法西斯主义反映了占欧洲一半的'半威权、半自由'的双重国家的危机，这些国家同时面临着向自由民主制和民族国家的转向，又备受经济和军事危机的困扰。"[12]因此，对于曼来说，民主的北欧和西欧始终未受法西斯主义影响，主要是因为它们拥有牢固的自由议会制度，而欧洲大陆的南部和东部容易受法西斯主义这种统治形式影响，是因为它们保留了强大的旧体制和软弱的议会。在这样的地区，法西斯主义只有扎根于"与民族国家……有着特别紧密关系的选民阵营"时，才会成为一场群众运动。[13]迈克尔·曼认为，法西斯主义与这一"民族国家"核心的价值与利益产生了共鸣。

格雷戈里·吕贝特（Gregory Luebbert）对两次世界大战之间不同政权体制的全面论述，也部分基于韦伯的论点，因为吕贝特认为，法西斯政体只会出现在那些受困于“弱自由主义”（liberal weakness）的国家。这种弱势是领土分裂造成的，它割裂了中产阶级。[14]虽然比起曼的说法，吕贝特的观点更侧重于政党，但是跟曼差不多，他也认为如果议会已经将自身确立为政治斗争的主要平台，那么自由主义就能持续存在。跟摩尔的马克思主义观点不同，韦伯主义者们倾向于强调威权主义官僚国家而不是“前现代”精英在发达工业社会中的存续，以此来解释法西斯主义。[15]这一立场在经验层面的重要启发是，两次世界大战之间的法西斯主义应该被理解为在快速现代化的社会背景下，一种落后或者“僵化”的政治结构的产物。

马克思主义与韦伯主义视角下的意大利、西班牙和罗马尼亚

马克思派和韦伯派的阐释并非互不相容。两者很容易就能被糅合为一个强有力的理论，表明法西斯政权应该会出现在这样的国家：①有着影响力强大的农业精英群体和中等实力的工业资产阶级；②这些人支持强大的旧体制。这种阐释是否准确描述了意大利、西班牙和罗马尼亚在法西斯主义崛起前的历史？在这一部分，我将对每个论点进行简要的经验层面的检验。

意大利

就从意大利的案例开始。现代意大利国家成形较晚。就如梅特涅（Metternich）在维也纳会议上所说的，19世纪的意大利（直到1861年，更确切是到1871年）是一个“地理意义上的指称”，而不是一个政治单位。在统一之前，意大利没有一个全国性的君主制度。造成这一情况的部分原因在于，除皮埃蒙特以外，整个半岛上几乎不存在典型的封建主义。[16]相反，意大利北部和南部发展出了两种相当不一样的政治结构。从11世纪开始，以商人和地主为统治阶层的政治上自治的城镇，在意大利北部地区占据主导。相较之下，南部地区城镇相对稀少，而且都从属于君权。大约从1220年到1240年，腓特烈二世废除了内部关税，创立了对外的海关办公室，铸造货币，建立了一支舰队，打造了一支由穆斯林雇佣兵组成的职业军队，并且建立起官僚机构的雏形。而后，他试图向北扩张他的统治。但是，北部拥有大多数的意大利人口和发达得多的经济，在教皇的领导下形成了一个被称为北部联盟的城邦同盟，能够反复击败入侵。这些冲突（教皇派与皇帝派之战）的历史遗留问题造就了一个在政治上和社会上分裂的半岛，它将在此后沦为外国势力侵占的对象，尤其是奥地利、西班牙和法国势力。因此，恰恰是在经典的专制主义时期，意大利国家始终处于四分五裂状态，被外国列强占领。[17]

由于意大利没有能够在近代早期建立一个全国性的君主政体，它作为统一国家的唯一经验是在自由主义制度的庇护下发生的。1848年，萨伏依王室采纳了一部自由主义宪法，传递出统一运动后形成的政治秩序的两个重要特征。第一，意大利国家拥有一个强大的行政部门，通过任命地方行政长官来对地方层面行使实质性的控制。第二，这一行政部门是由议会任命的。君权在统一后的意大利国内政治秩序中处于出人意料的边缘位置。[18]《阿尔贝托宪法》(1848)在名义上授予了君主任命大臣而无须顾及议会多数意见的权力。但是实践中，这样的情况鲜有发生。甚至在统一之前的皮埃蒙特议会中，政府也是由议会多数派组建的。意大利首相因而是一位权力非常强大的人物，而意大利政治生活的中心是议会，而不是萨伏依王廷。[19]

在意大利，议会行政的中心地位意味着那些按理说应该构成君权支持基础的团体，反而把关注点集中到了议会那里。意大利政治中没有明显的渴求旧体制的反革命倾向。反之，在民族国家层面上，自由主义体制最可靠的支持者是“落后的”南方地主和他们的盟友。在法西斯主义崛起前的意大利各届政府中，来自南部地区的议员始终是中坚力量，而且意大利所有主要的自由主义思想家（克罗齐、斯帕文塔和维柯）都是南方人。[20]总而言之，议会是统一后意大利的核心政治机构。此外，自由主义意识形态彻底渗透了意大利的社会精英阶层。根本不存在一个可供依赖的旧制度。

意大利官僚机构的地域构成进一步表明这个自由主义国家是如何彻底地整合南方精英的。一开始，北方人主导了意大利政府。[21]然而，在19世纪80年代和90年代，部级官僚机构的地域构成发生了变化，充斥着南方人。到了20世纪初，北方人大多与官僚职业生涯无缘。[22]

表6展示了财政部的相关证据，佐证了来自南部和中部地区的代表在意大利部级官僚机构中的过高比例。如下表所示，半岛中部和南部雇员在财政部中占比格外高。虽然南部（坎帕尼亚、巴西利卡塔、普利亚和卡拉布里亚）在1931年只占意大利

人口的20%，但在1932年，财政部25%的雇员来自这些地区。类似地，半岛中部（托斯卡纳、翁布里亚、马尔凯、拉齐奥、罗马、阿布鲁佐和莫利塞）的人口占比只有21%，但是财政部36%的雇员来自这一地域。最后，北部（瓦莱达奥斯塔、皮埃蒙特、伦巴第、利古里亚、特伦蒂诺-上阿迪杰、威尼托、威尼斯朱利亚和艾米利亚-罗马涅）的人口在1932年占全国的47%，但是财政部只有19%的雇员来自北部地区。总而言之，自由主义国家政府相当成功地整合了意大利南部的精英。实际上，在意大利并不存在复辟旧体制所需的社会支持。

表6　财政部雇员的出生地域划分

地域	人数（1932年）	比例（1932年）	比例（1931年）
北部	846	19%	47%
中部	1,561	36%	21%
南部	1,094	25%	20%
离岛	730	17%	12%

资料来源：Salvati 1992

在这点上，有必要更深入地考虑意大利统治阶级的社会特征。[23]19世纪后期，意大利农业有四种类型：西北部的小农场主自营农业；资本主义农业，其中持有长期租约的中等规模租户越来越多，这一类型分布于意大利阿尔卑斯山脉、亚平宁山脉和亚得里亚海沿岸之间的三角地带，即波河河谷；中部地区的佃农耕作制；南部的大庄园农业。[24]对于摩尔命题来说最重要的讨论对象是波河河谷和南部地区。

这两个地区的农业政治经济存在差别。在波河河谷，农奴制在19世纪之前的几个世纪里早已消亡。持有长期租约的企业家们投资修建灌溉渠和排水工程，并且将休耕地转变为牧场，使其得以持续耕作，这些都显著提高了农地生产率。[25]生产的基本单位是“卡希纳”（cascina）①，这是一类综合性质的农场，拥有复杂的轮作体系，轮作周期有时会超过10年。[26]很多波河河谷的农夫同时是工程师，因为水利管理需要相关技能。这是一种资本主义农业，而不是市场导向的、压迫劳工的农业，因为那些为市场生产产品的农场主力图通过系统化的投资而非压榨劳动力来提高生产力。实际上，在这一地区，市场整合引发的基本社会弊病是失业和就业不足，而这是系统化节约劳动力投资的标志。[27]

南部的农业则不同。毫无疑问，它也是商品农业，但是资本主义色彩要淡得多。拿破仑时代，商业化已经在南部地区快速发展，因为皇帝的妹夫若阿尚·缪拉（Joachim Murat，1767—1815）废除了封建权利，为土地自由市场打下了基础。这些改革引发了投机活动，“那不勒斯的金融家和廷臣”纷纷收购地产。[28]但是土地买卖几乎没有影响农业的组织方式。地产通常被零碎地分租给土地匮乏、债台高筑的农民阶层，而并没有“被视为生产的来源”。[29]类似的私有化浪潮在19世纪60年代后期再现，新成立的意大利国家政府廉价出售公有土地，而且大多数位于南部（总共300万公顷的私有化土地中，这里占了250万公顷），这一操作进一步扩充了不属于地主阶层的土地所有者数量。[30]在南部地区，地主们试图通过支付低薪水和收取高租金来提高回报率。在普利亚，因长期就业不足而在政治上处于弱势

① 意大利语原意是农田、农舍。——译者注

的日结工劳动力聚集在农业城镇，为大庄园工作。[31]在西西里岛，新兴地主（往往是昔日的收税员）压榨农民以获取租金。[32]当时，就农业而言，意大利分裂出了两大关键部门：主导波河河谷的资本家农业主和主导南部的以市场为导向并压榨劳工的农业主。

意大利的工业集中在利古里亚、皮埃蒙特和伦巴第，同样各有不同。大部分的工业具有高度的竞争力，支持自由贸易，但其他部门（铁路、钢铁、造船、棉布生产和精制糖）则要求并且得到了大量的国家支持。[33]因此，意大利支配阶级的利益是多样化的。在北部，形成了一种非常类似“英国模式”的农业资本主义和工业。在南部，一种更接近摩尔理论的劳工压迫型商品农业模式占据了主导。

概述了主要社会精英群体各有不同的利益之后，我现在转过来考察他们的相对政治影响力。南方土地贵族明显扮演了从属的政治角色。他们在国家统一运动中几乎没有发挥什么作用：就如我在上面所说的，这一过程在19世纪50年代和60年代主要是由萨伏依王室领导的，后者是意大利西北部以小农为主的皮埃蒙特地区的统治家族。萨伏依王室与北方地区的更广泛的进步地主阶层联手，而这些人感兴趣的是低税收、低关税、财产安全和市场准入。来自皮埃蒙特、伦巴第和托斯卡纳的资本主义农业主成了意大利半岛上的领导力量。南部的大地主也是联盟的一部分，但只是次要的合作伙伴。[34]

那么压迫劳工的农业主在意大利法西斯主义的崛起中发挥了直接作用吗？要回答这一问题，有必要考察国家法西斯党的成员和小组组织的地域分布。表7展示了这一证据。数据显示，法西斯党成员和组织集中于这个国家的北部和中部：威尼托、伦巴第、托斯卡纳、艾米利亚－罗马涅以及翁布里亚。1922年5

月，距离法西斯在10月夺权还有5个月时，这些地区的成员和小组组织集中度最高。

表7　向罗马进军之前法西斯主义的地域分布

地区	1922年5月31日			1922年	1921年
	法西斯小组组织的总数	每10万名居民中法西斯小组组织数量	每1,000名居民中的法西斯党成员数量	国家法西斯党成员的数量	各地区的人口
巴西利卡塔	4	1	1	565	492,132
西西里岛	53	1	2	9,546	4,223,160
撒丁岛	9	1	2	2,057	885,467
坎帕尼亚	32	1	4	13,944	3,343,293
卡拉布里亚	26	2	1	2,066	1,627,117
普利亚	52	2	9	20,118	2,365,169
阿布鲁佐和莫利塞	48	3	3	4,763	1,513,740
拉齐奥	54	3	5	9,747	1,997,045
马尔凯	43	4	2	2,311	1,200,586
皮埃蒙特	134	4	4	14,526	3,439,050
利古里亚	47	4	7	8,841	1,337,979
威尼托	245	7	10	34,396	3,318,532
伦巴第	454	9	15	79,329	5,186,288
翁布里亚	64	10	8	5,410	657,952
艾米利亚-罗马涅	379	12	17	51,637	3,077,080
托斯卡纳	411	15	18	51,372	2,809,584

资料来源：Gentile 2000:462

这些证据对摩尔命题有什么影响？第一个重要的观察是法西斯主义在意大利南部（除普利亚以外）显然是薄弱的。组织程度和成员人数最低的区域是南部地区或离岛，比如巴西利卡塔、西西里岛、撒丁岛、坎帕尼亚和卡拉布里亚。由于这些地区同时也是大庄园农业的分布区，因此这些证据似乎并不支持摩尔的论述。反之，法西斯主义最强大的地区，即意大利北部，恰恰是上述的农业资本主义分布区。这一片区在法西斯夺权之前的十年里经历了重大变化，因为一个新的农村有产者阶层在这些地区出现了。根据秦梯利的说法："1911年到1921年，有产工人的比例在伦巴第从18.29%上升到26.54%；在艾米利亚，这一比例从13.33%上升到20.26%……在威尼托则从22.59%上升到64.30%。"[35]这些人中有很多可能是20年代初期法西斯运动中的活跃分子。但他们不能被理解为压迫劳工的农场主。相反，他们是农业企业家这一长谱系中的最新代表。这一证据构成了摩尔命题的巨大漏洞，因为它表明法西斯主义在生产力发达的现代资本主义农业主导的地区势力最强大，而在落后农业占主导的南部地区，法西斯主义力量反而非常薄弱。

至此的讨论表明，摩尔派和韦伯派的论点都存在问题。从摩尔命题的角度来看，与北部农业主相比，南部农业主在政治上处于惊人的弱势地位。而从韦伯主义的视角出发，意大利国家政府早熟的自由主义同样引人瞩目。简而言之，考虑到意大利的政治制度和占主导地位的社会阶级的特征，这个国家产生了法西斯主义是相当令人费解的。

西班牙

乍看上去，摩尔理论和韦伯理论在西班牙遭到的挑战似乎比在意大利的要少。跟意大利不同，这里有着欧洲最古老的民族国家之一和强大的压迫劳工的土地精英阶层。然而，有两个重要事实使西班牙不符合马克思主义者和韦伯主义者对两次世界大战之间崛起的法西斯主义的阐释。首先，西班牙的自由主义制度在19世纪已经站稳了脚跟，并且得到了西班牙土地精英的强烈支持。其次，西班牙的统治精英内部高度分裂。它并没有如摩尔的论点给人感觉的那样，形成一个统一的反动联盟。

西班牙国家统一的开端通常被追溯到阿拉贡国王费尔南多和卡斯蒂利亚女王伊莎贝拉在1469年的联姻。西班牙领土的统一通过接下来的三项行动得以完成：1492年征服南部的格拉纳达，1515年①将纳瓦拉并入卡斯蒂利亚，以及1580年与葡萄牙以及伊比利亚半岛其余地方结成联盟。然而，虽然西班牙在早期实现了统一，但各地区在费尔南多和在伊莎贝拉统治下的行政结构依旧很不一样。在卡斯蒂利亚，行政集中化的进程从14世纪后期就开始了。城镇的自治权被废除，教会被驯服，贵族和神职人员被免除了纳税，从而使议会权力遭到削弱。但是在阿拉贡，这些都没有发生。反之，费尔南多重新确认了当地的自由主义体制。因此，在没有任何共同的法律、财政或者货币体系的情况下，新王国将两套完全不同的行政体系统合在了一起。此后，西班牙王廷从未成功整合其领土，导致加泰罗尼亚、巴斯克、加利西亚和巴伦西亚带着强烈的地方认同迈进了20世纪。[36]

西班牙的现代政治史发轫于加的斯议会（1810—1813），那是1808年法国入侵后，在西班牙南部成立的残余政府。议会通过的宪法成了此后西班牙自由主义的基础文件，它确立了工业自由，废除了历史地区（historic region）的法律地位，并且巩

---

① 其他文献显示的是1512年。——译者注

固了财产权。这一文件既压制了旧体制下的法团组织，又以法国式的行省划分取代了历史地区划分，规定各省由一个强有力的地方权威——民政长官（civil governor）——领导。一个被称为“奴才派”（serviles）①的右翼少数派拒斥所有成文的宪法，支持恢复地方习惯法（fueros），他们挺身反对这一方案。1814年拿破仑的失败使19世纪早期的自由主义努力戛然而止。曾经与法国抗争的“奴才派”，最初支持费尔南多七世重登王位，将这理解为更广泛的复辟协议的一部分。但是费尔南多并没有坚定地支持传统主义者重新建立地方自治，他没有重建宗教裁判所，而是寻求用18世纪普遍流行的开明专制统治的方式来治理。[37]

费尔南多七世对“奴才派”的背叛为卡洛斯派的出现奠定了基础，如本书第3章所表明的那样，这一现象为随后的西班牙历史带来了巨大的影响。到了19世纪20年代，心怀不满的“奴才派”开始物色新的王位人选。他们与费尔南多七世的弟弟唐·卡洛斯结盟，后者承诺代表真正的传统主义者。如果说西班牙有一个支持“旧体制”的团体，那就是这群人了。卡洛斯派的政治纲领包括两项主要诉求：恢复宗教裁判所和捍卫地方习惯法。费尔南多七世于1833年去世，这给了他们一个动员军方反对自由派继位人选伊莎贝拉的机会。一场为期七年的战争（1833—1840）在卡洛斯派民兵组织与波旁王室之间爆发，之后又发生了两场规模相对较小的叛乱：一场从1847年持续到1849年，另一场从1872年持续到1877年。[38]

在很大程度上，市场导向的大庄园主阶层正是这些冲突的

---

① 这是当时支持教权和专制的反动派的绰号。——译者注

产物，因为就在反卡洛斯派斗争的同期，大规模的土地私有化涌现，大量旧体制的机构被摧毁。自1839年起，同行公会只能以“互助会”的形式存在。在19世纪30年代和40年代，同行公会、兄弟会、宗教银行和名为“梅斯塔”（Mesta）的牧羊主法团都被取缔或置于严格的新监管之下。这一社会进程的核心，特别是对西班牙南部而言，在于剥夺教会地产，从而产生了一群集中在大庄园地区（埃斯特雷马杜拉和安达卢西亚）的规模更大的租户，他们占据了当地的市政公地和教会土地。[39]

这一进程改变了土地所有制的模式。就如兰农（Lannon）所述：“1836年到1845年，83%的宗教团体地产都被没收并出售。”[40]这些被剥夺的地产中，有许多为新兴的农业地主群体奠定了基础，这些人利用政治关系巩固了其土地持有。[41]里克尔-佩尔曼耶尔（Riquer i Permanyer）指出，西班牙的自由主义建基于如下的协定：“土地贵族放弃其旧有的特权……以获得土地作为交换，这些土地而今被完全确立为私有财产。”[42]大多数论述认为，出售教会地产加剧了财产分配不均。[43]所以说，广大乡村地产被确立为绝对私有财产，是反卡洛斯派战争的一部分，也就是西班牙自由主义制度历史发展进程的一部分。

因而，西班牙自由主义国家与南部大地主有着千丝万缕的联系，后者是19世纪中期封建权势转化为私有财产的过程中诞生的农业资产阶级。一如达尼埃莱·孔维尔西（Daniele Conversi）的精妙表述，西班牙国家“由一个透着雅各宾派理念的集权地主寡头集团”统治。[44]这一说法很好地捕捉了西班牙大地主矛盾的政治态度。他们是自由主义的主要社会支持力量，与支持旧体制的小土地所有者相对立。

自由主义同样渗透到了军队里。在卡洛斯派叛乱期间，一些将军在自己的指挥区域内建立起私人总督辖区，并试图在马德里建立政治联系，以确保他们特定的军事战略得到支持、部队得到补给。某些将军和王朝政党组织之间因而形成了联盟，将军们成了不同政党的领袖。[45]用佩恩的话来说："在政治上不存在'军队'立场，也不存在'军政府'。"[46]各种兵谏很大程度上仍然在西班牙自由主义的框架之内。[47]它们分为以巴尔多梅罗·埃斯帕特罗（Baldomero Espartero，1793—1879）为代表的进步派和以拉蒙·马里亚·纳尔瓦埃斯（Ramón María Narváez，1799—1868）为代表的温和派。军队其实内化了19世纪自由主义的分歧。

其时，大地主和军队支持在西班牙建立一个自由主义国家。旧体制的社会支持力量来自这个国家北部和中部的小农，他们组成了卡洛斯派。但是这些力量在1877年以后被边缘化了。因此，西班牙在复辟君主制之下作为一个现代政治单元登上历史舞台，与自由主义议会体系的确立几乎是同时发生的。

有人也许会质疑，将西班牙理解为一个旧制度国家是否真的合适。但那又该如何解释复辟君主政权中的统治阶级联盟呢？在西班牙，压迫劳工的大地主是统治阶级联盟中具有政治决定性的要素。但是这些社会力量从未与工业家形成有效的联盟。

就如我已指出的那样，西班牙的农业是多样的。在加利西亚这一位于西班牙最西北端的地区，普遍的情况是土地持有规模很小，仅够维持生计。在伊比利亚半岛的北部边缘，从阿斯图里亚斯一直延伸到加泰罗尼亚的地区，以及在巴伦西亚，则是土地持有规模中等且有长期租约的农业经营方式占主导。大多数的论述认为该地区是19世纪后期西班牙农业生产率最高的地区。[48]西班牙的北部、东部和东南部的广阔地区，农业主导模式是小规模地产的短期租赁。在南部和西部，即埃斯特雷马杜拉、拉曼恰和安达卢西亚西部，主导模式是雇用日结工的大庄园。[49]西班牙19世纪中期的土地私有化（影响范围在一千万公顷）很有可能加剧了南部地区土地所有权的集中。[50]为了简化讨论，有必要区分一下西班牙北部和东部的小农场主与西班牙南部及西部的大庄园。[51]

对于西班牙南部来说，市场的渗透相对没怎么改变农业经营的实践，因为市场导向的农业主为了逐利，使用的手段是压榨劳动力，而不是投资节省劳动力的技术。这些农业主普遍是外居地主，将土地租给一个“中间租户”，这一中介要么直接耕作土地，要么把土地转租出去。在安达卢西亚西部和内陆地区，外居地主与中间人签订短期租赁协议，中间人再用无权无势的日结工耕作土地。南部的农业主并没有再投资和提高单个工人的产量，他们获利的手段是收取尽可能高的租金并支付尽可能低的薪水，同时尽可能多地榨取依附者的农产品。[52]

虽然封建主义在19世纪中期被废除了，但很多更微妙的政治控制手段依然普遍存在。例如，获得工作机会可能取决于政治上的顺从。[53]大地主没有什么动力为工人支付体面的薪水或者用机器取代他们，因为劳动力廉价且充足。[54]总之，西班牙南部的情况相当符合摩尔所说的因市场渗透而得到强化的压迫劳工型农业。

两个主要的工业中心分别位于巴斯克地区（采矿与钢铁制造）和加泰罗尼亚（纺织）。加泰罗尼亚是19世纪西班牙工业化程度最高的地区。与美洲的贸易、相对高产的本地农业以及保护主义措施相叠加，促进了资本的积累。从1830年到1855年，纺织业的机械化进展迅速。拥有丰富的煤炭和铁矿资源的巴斯克地区，在1865年到1871年间将铁产量提高了5倍。在19世纪后期，这一地区还受惠于英国可观的投资。[55]这样看来，西班牙的主要统治阶级似乎印证了摩尔的阐释。市场的渗透增强了南部地区压迫劳工型农业主的力量，而一个很像是中等实力资产阶级的群体也在伊比利亚半岛的两个边陲地区出现。摩尔论点的问题在于，这些群体并没有在西班牙形成有效的联盟。相反，地区冲突严重妨碍了这些利益的协调。

卡斯蒂利亚的小麦种植者和加泰罗尼亚、巴斯克地区的工业家当然是有能力达成协议的。1886年后，加泰罗尼亚的纺织业遭遇危机，作为回应，主要的工业家组织开始动员呼吁关税保护，并通过与卡斯蒂利亚的小麦种植者和巴斯克的采矿业利益集团结盟，于1891年成功促成了关税保护。然而，事实证明这一联盟非常短暂。实际上，保护主义倾向于把加泰罗尼亚的资产阶级推向“微型民族主义”（micronationalism），而非西班牙民族主义，而这对摩尔式联盟的巩固构成了一个大问题。[56]

加泰罗尼亚政治的关键转折点，及其与卡斯蒂利亚寡头政治决裂的第一个迹象，是1898年西班牙军队在古巴的落败。由于纺织品生产商依赖古巴的棉花和市场，对古巴的失利直接影响到了加泰罗尼亚。一开始，加泰罗尼亚的纺织品生产商试图在保守党的框架内追求自身利益，因此几乎很少支持各种夹杂艺术和文学表达的地区民族主义，而是集结在前任菲律宾都督加西亚·德·波拉维哈（García de Polavieja，1838—1914）身后，他许诺其加泰罗尼亚支持者会进行行政改革。波拉维哈试图推动一项将税收权力下放给加泰罗尼亚地方政府的提案，但是西班牙中央政府阻止了这一行动，引发加泰罗尼亚人和保守党之间深刻的分裂。在1898年战败后，政府提高了税收以填补这场败仗的开销，但是加泰罗尼亚人拒不配合，呼吁纳税人罢工，但被戒严令镇压了下去。冲突的结果是，1901年人们选举出了4位加泰罗尼亚候选人，并成立了加泰罗尼亚地区联盟这一加泰罗尼亚大党。[57]

1898年的灾难很快就将一个高度组织化的资产阶级转变为这个国家主要的地区民族主义的力量。[58]虽然加泰罗尼亚工业团体在地方上实力雄厚，但在马德里仍然明显处于政治边缘位置。根据巴尔塞斯（Balcells）的说法："1833年到1901年间，在西班牙各届政府担任过部长的900多人中，只有25人，即2.7%是加泰罗尼亚人，这一数字远远低于加泰罗尼亚人在西班牙人口中的相应占比（10%）。"[59]1901年成立后，加泰罗尼亚地区联盟在马德里就诸多议题与中央政府抗争。该党反对中央集权、自由贸易政策，以及某种程度上让人吃惊的是，反对普选权。地区联盟领导人大力推进法团代议制、贸易保护和行政权力的下放。因此，农业和工业不仅没有结盟，还在1898年以后产生了日益激烈的冲突。这种冲突在很大程度上成了复辟君主制时期的典型政治特征，在一定程度上解释了为何在进入20世纪后军队的重要性日益提升。[60]

因此，从摩尔的法西斯主义理论来看，西班牙的情况是相当让人困惑的。虽然这个国家的南部地区存在大量压迫劳工的农业，而且有一个中等实力的工业资产阶级，但是这些力量没能够联合起来。就如我在上面更详细论证的，西班牙自由主义崩溃的主要原因之一在于这样一种联盟的失败，而不在于它的成功。所以总结来说，西班牙有一个虽然反民主，但是运作良好的议会制政府，以及一个高度分裂的支配阶级。

罗马尼亚

迟至19世纪，罗马尼亚才形成一个领土单位，因为此前奥斯曼人成功地让波雅尔贵族对抗推行中央集权的王公，自己坐收渔利。自从“16世纪中期……国家的中央权力就被奥斯曼人打破，从而有利于波雅尔”。[61]1550年以后，波雅尔群体“几乎一直处于反抗国家的状态，并在他们控制的村庄建立了地方权力基础”。[62]自1593年到1601年，在勇敢的米哈伊（Michael the Brave）的领导下，一个统一的罗马尼亚国家初露头角。利用瓦拉几亚为根据地，米哈伊得以组建一支强大的军队，足以打败土耳其人并且统一了“所有三个罗马尼亚公国，这是1918年以前历史上的第一次也是最后一次”。[63]但米哈伊被刺杀，奥斯曼人重新确立了自己的统治，破坏了这一统一进程。在17世纪、18世纪和19世纪早期，罗马尼亚公国都处于分裂的状态。这种殖民依附的处境直到1859年俄国在克里米亚战争中被击败之后才被解除，不过罗马尼亚直到1878年才得以摆脱土耳其并实现独立。

在反抗土耳其统治的过程中，波雅尔们采用了西方自由主义的语汇。虽然高级贵族希望将政治和公民权利限制在自己手中，但是享有更少特权的波雅尔群体想要更广泛地扩展这些权利。罗马尼亚宪法是对先进西方模式的典型模仿。它规定了新闻自由、结社自由和三权分立。立法机构被划分为两院，王室掌有行政权，并且建立了一个独立的司法机构。首相由君主任命，但是向议会负责，因此，行政权力往往由以首相这一人物为中心的内阁行使。[64]这些政治机构与罗马尼亚的土地精英的利益紧密相关，因为1866年的自由主义宪法确立了财产权，使得土地精英阶层在19世纪后期可以通过小麦价格上涨而获利。[65]罗马尼亚因而是在自由主义政治制度之下作为一个民族国家登上历史舞台的。所以波雅尔群体就如意大利和西班牙的贵族那样，支持自由主义。几乎无人支持回归一个从未在罗马尼亚历史上存在过的旧体制。

在此值得花些笔墨更深入地考察罗马尼亚统治阶级的结构。罗马尼亚在多大程度上是被一个由压迫劳工型农业主、工业家和国家政府组成的联盟所统治的？[66]在14—15世纪，这一地区占主导的经济活动是畜牧业而非定居农业。对贸易征税的王公们统治着一群自由的直接生产者。[67]这种情况在16世纪随着奥斯曼人的到来而发生了改变。奥斯曼帝国安排希腊血统的王公，也就是法纳尔人（the Phanariots）①统治罗马尼亚，这些人在政治上支配着波雅尔贵族，并协助奥斯曼帝国征收重税。[68]法纳尔人将收税工作承包给波雅尔们，后者转而又将他们收集资源的权利承包给乡村一级的小波雅尔。[69]

这种征贡体系要求对人口实施控制。农奴制的建立因而与征收贡赋紧密相关。就如希罗（Chirot）和拉金（Ragin）写道："这些公国需要巨额的新收入来支付给土耳其的贡赋，为此它们不得不向村庄征税。为了避免纳税，逃离村庄的现象盛行起来，而为了制止这种趋势，农奴制被宣布实施。"[70]但是在18世纪的罗马尼亚，农奴制并不是特别严厉。跟俄国要求农奴每周提供2到3天的劳动服务相比，罗马尼亚的农民每年只需提供6天的劳动服务。[71]

① 法纳尔人是奥斯曼帝国时期依然居住在君士坦丁堡（今伊斯坦布尔）的希腊人，得名于君士坦丁堡的法纳尔区，那里历史上居住着东正教精英。法纳尔人深受奥斯曼帝国器重，亦被任命去主政罗马尼亚诸省。——译者注

更严苛的控制是从19世纪30年代开始的，起因是国际经济环境的两个转变。首先，《哈德良堡条约》（Treaty of Adrianople）①终结了土耳其对谷物贸易的垄断，导致小麦价格上涨。大地主现在用小麦和玉米取代传统的作物，并且开始青睐从西方进口的奢侈品。其次，在俄国人的占领下，一份名为“有机法规”（Organic Statutes）的准宪法文件于1831年被通过。这些法律条文确立了一个法治国家，取代了专制统治，并引入了代议制政府和权力分立。但是这些法律条文也大大增强了土地精英阶层的权力。[72]有机法规就这样“把现有的波雅尔特权编纂成法，将他们对农民行使的法律限制合法化，进一步加重了农民原有的负担”。[73]最重要的是，这一法律强化了地主们的法律地位。波雅尔完全占有了他们控制下的三分之一的土地。俄国占领的主要结果是提高了农民代偿劳动服务的费用。罗马尼亚的地主-农奴关系的税务和财政特征贯穿了这一时期。波雅尔的常见做法是将土地出租给“农户”，由后者去收取费用，而波雅尔们自身几乎不参与地产的管理。[74]

1864年对农奴制的废除，强化了罗马尼亚国家政府在支持农业体系方面的作用。农奴制的废除给罗马尼亚农民阶层带来了两个消极影响。第一，它进一步巩固了波雅尔群体的财产权。自1864年起，波雅尔成了土地的绝对所有者。遵循有机法规的判例，他们被确保拥有三分之一的乡村土地和所有的森林。第二，农民被要求向地主补偿劳动服务和什一税的损失。由于大部分农民支付不起，罗马尼亚国家政府向地主发行了债券，债券价

---

① 又称《埃迪尔内条约》（哈德良堡是埃迪尔内的旧称）。1828年俄罗斯帝国与奥斯曼帝国交战后，俄方取胜，双方于1829年签订此和约。——译者注

值由农民向国家支付的费用来偿还。一种偿还方式就是为地产业主提供劳动服务。国家动用军队来强制农民执行这些义务。因此，与农奴制的废除同时出现的是国家实施的强制劳动制度。[75]

土地私有化导致统一后的数十年里出现投机性的分租行为和租金的大幅上涨。在1870年到1906年间，大部分土地的租金涨幅从100%升到200%。[76]大部分学者认为，这并不是生产率提高的反映，而是农业直接生产者弱势的谈判地位和地主的压榨权力相结合的产物。从1885年到1913年，诸公国的人口从450万增加到730万，其中大部分都是生活在勉强维持生计的小块土地上的农民。[77]农民们提供工具和役畜。因此，“地主的包租客在应对商品化刺激时，可以不费吹灰之力地增产，只需要向直接生产者索取更多”。[78]随着财产权的巩固，以及罗马尼亚与西方的小麦市场联系日益紧密，地主和包租客的反应是给直接生产者施加更多的压力，而不是提高劳动生产率。罗马尼亚国家的发展使情况雪上加霜，它向农民施加了沉重的税务负担，人均税收“增加了一倍以上”。[79]这些收集来的资源被用于城市发展和港口建设，几乎无法惠及农村人口。如此看来，罗马尼亚似乎会是摩尔命题的一个强有力的论据：日益增强的市场渗透导致大地主比以往任何时候都更严苛地约束依附者。[80]

然而，罗马尼亚农业阶级关系后续的演变，对摩尔命题构成了挑战。罗马尼亚在整个19世纪和20世纪初期发生了多次大规模的农民起义，最终于1917年到1921年摧毁了波雅尔贵族。[81]“一战”后，如上所述，这个国家经历了除俄国之外最广泛的土地改革。[82]在罗马尼亚的不同地区，土地重新分配的方式也各有不同。在旧王国地区，即瓦拉几亚和摩尔达维亚，土地改革通过行政和官僚程序完成。在布科维纳、比萨拉比亚和特兰西瓦尼亚，农民自下而上发起了这一进程。[83]虽然地区之间存在差异，但是改革的整体效果相当引人注目。罗斯柴尔德（Rothschild）指出："从1917年3月22日，旧王国军队中动摇的农民士兵第一次得到土地改革的许诺起，到1927年1月，大罗马尼亚全境完成了1917至1921年的立法所授权的土地没收工作为止，政府声称从大地主那里没收了6,008,098.05公顷的土地，并且已经将3,629,824.75公顷土地分配给了小土地所有者。"[84]这场土地再分配是解释罗马尼亚在俄国革命后的几年里政局惊人稳定的主要因素。[85]

虽然土地改革的经济影响很有限，但它产生了非常重大的政治影响。[86]改革清除了作为一股政治力量的保守党。在两次世界大战之间的罗马尼亚，没有出现重大的力图保护或者重建大地产的政治运动。这表明到1921年，罗马尼亚的压迫劳工型土地精英已遭到致命打击。因此，虽然罗马尼亚的社会结构一开始看似非常接近摩尔的模型，但到了两次世界大战之间的时期，它已经与这一模型大相径庭了。[87]

罗马尼亚的农业精英阶层非常贴合摩尔模型。比起意大利和西班牙，市场的渗透与直接生产者承受的日益增长的政治压力之间的关联，在罗马尼亚显得更明确。军队直接参与来迫使农民劳动。但是"一战"后，土地改革清除了这种农业政治经济体的许多特征。1917年后，一群与国家有联系的工业家面对的是一个庞大的农民阶级，而不存在任何有明显影响力的农业精英。强制推行工业化的规划使得一小撮城市工业精英与在土地改革中壮大的一大批小农阶级产生了利益冲突。因此，到了两次世界大战之间的时期，罗马尼亚并没有被一个摩尔意义上的联盟所统治。

那么，这番讨论的结果是什么？有两个重要的结论。首先，意大利、西班牙和罗马尼亚都缺乏旧体制。我们最好把这些国家形容为“早熟的自由主义”而不是“新专制主义”。因此，两次世界大战之间法西斯政权在这些国家的出现，不能被归因于落后的政治制度。其次，在这三个国家里，支配阶级的情况完全不符合摩尔命题的描述。意大利、西班牙和罗马尼亚对这一论述提出的核心经验性问题在于，由依附国家的工业家和压迫劳工的农业主组成的联盟要么缺席，要么孱弱无力。造成这种局面的原因各不相同。在意大利，并不存在一个可以真正与容克贵族相提并论的社会群体，就连与之最为接近的南方地主也只是一股边缘力量。在西班牙，地区冲突太过严重，致使符合摩尔学说的关键社会精英们四分五裂，成了一连串彼此竞争的利益集团。在罗马尼亚，“一战”后突飞猛进的土地改革，在法西斯主义崛起前就破坏了压迫劳工型农业。

从“负面”到“正面”案例：匈牙利和德国

上面的内容已经证实，意大利、西班牙和罗马尼亚三个案例不仅从托克维尔的市民社会理论来看令人费解，同时也挑战了其他讨论法西斯主义的著作中常用的马克思式和韦伯式路径。因此，这三者是显著的“负面”或者说“异常”案例。这就提出了一个显而易见的问题：我能如何解释那些不那么明显异常的案例？我相信其中有两个案例是非常具有启发性的：匈牙利和德国。跟意大利、西班牙和罗马尼亚不同，我认为马克思主义理论中对压迫劳工型农业的分析和韦伯理论中关于旧体制的论点准确地描述了1918年以前匈牙利和德国的发展情况。然而，在这些要素均存在的地方（匈牙利），它们实际上似乎阻止了法西斯主义的出现。相比之下，德国法西斯主义的崛起则有赖于对这套复杂因素的摧毁。

匈牙利

从马克思式和韦伯式论述来看，匈牙利拥有对法西斯主义发展至关重要的大部分结构性特征。在这里，土地贵族连同一个更广泛的乡绅群体，在两次大战期间持续在政治上发挥着决定性作用。此外，匈牙利拥有一个强大且根深蒂固的旧体制。纵然如此，这个国家并没有产生一个法西斯政权，甚至没有产生像罗马尼亚卡罗尔独裁统治那样的国家法西斯主义。匈牙利是轴心国中唯一一个直到1944年还维持着正常运作的议会的国家。这该如何解释？匈牙利自由主义的持续存在，是匈牙利支配阶级霸权能力的结果。跟意大利、西班牙和罗马尼亚不一样，匈牙利从未经历过有机危机或者政治衰败的自我强化循环。

14世纪和15世纪的匈牙利看似走上了西欧的发展轨道。这里有着成熟的地方政府机构、议会和自由城镇，正崛起为一个西欧式的民族国家。但在16世纪早期，这个国家转向了另一条发展轨道。马加什·科尔温（Matthias Corvinus，1443—1490）[①]去世后的时期，农民阶层整体上有利的地位出现恶化，导致1514年的大规模起义，在那之后，大量人口失去了原有的权利。抵制科尔温的“封建反动”带来了灾难性的后果，因为

① 又称匈雅提·马加什。在他的统治下，匈牙利成了影响周边地区的文化艺术中心。——译者注

它破坏了农民军的力量。1526年，土耳其人入侵匈牙利并赢得了莫哈奇战役（Battle of Mohács），使匈牙利失去政治自治权，这种情况一直持续到1918年。17世纪后期，匈牙利在哈布斯堡王朝的统治下再次实现统一，而根据1722年哈布斯堡当局颁布的《国事诏书》（Pragmatic Sanction），匈牙利被给予了相当大的地方自治权。[88]

19世纪期间，匈牙利进入了一个典型的半边缘发展模式。1910年，也就是匈牙利的工业化启动后大约20年，仍有62%的人口从事农业。[89]匈牙利宪政的基础是1514年颁布的《三一法典》（Tripartite Code），它维护匈牙利贵族的权益和特权，而匈牙利贵族是一个异常庞大的群体。18世纪末，每20个匈牙利人中就有1个持有贵族头衔，与此相对，每180个法国人中才有1个持有贵族头衔。[90]

在那些享有贵族权利的人中，法律上和经济上的差异划分出了两个不同的群体：一个是权贵（magnate）或者说大贵族阶层，另一个是乡绅阶层。1787年，108个匈牙利、克罗地亚和斯洛文尼亚大贵族家族控制了匈牙利40%的封地。在这一群体之下是“乡绅”，他们没有贵族头衔，但拥有大量土地。在乡绅之下是“普通贵族”（common nobility），这一群体的经济状况和农民的差别不大。他们往往是地方公务员、小财产所有者和包租客，而且常常受雇于更富裕的贵族。[91]

1800年后，匈牙利成了小麦和羊毛的出口国以及工业品的市场。这些新的商机与西方生活标准的榜样相结合，在土地精英阶层中创造出了一股现代化的推动力。但是，匈牙利以典型的摩尔理论中的方式融入了世界市场，强化了压迫劳工型关系，却没有产生农业资本主义。融入世界市场并没有导向对农场、设备和制造业的投资，而很大程度上只意味着匈牙利贵族采用了西方精英们的典型消费模式。这就消耗了那些有钱人的储蓄，从而耗尽了可能用于资助发展的资金。[92]

消耗资金购买西方制造的商品，这既是落后的一个征兆，也是落后的一个缘由。匈牙利农业面临的普遍社会环境也阻碍了生产性的投资。直到1848年，土地贵族还握有封建权利，尤其是要求劳动服务的权利。随着大贵族们越来越多地寻求为外国市场生产，他们大肆使用这些权利。1787年到1848年间，越来越多的土地被租给了农奴身份的佃户，就反映了这一点。虽然1848年农奴制在法律上被废除，但这一变革没有伴随着土地再分配。随之出现的是生产上的转向，转而出产更有销路的产品，这反映在牲畜产量的下降和谷物产量的增长上。大地主群体虽然在名义上失去了要求劳动服务的权利，但在乡村中依然拥有相当大的权力。在地权集中和等级关系长期存在的背景下，权贵们倾向于采用压榨劳动力而不是投资增产的策略。[93]

当然，在19世纪期间，农业领域的关系也发生了重大变化。1848年，欧洲遍地爆发的动乱亦席卷了匈牙利，同年3月，自由派乡绅领导了一场反对封建主义的起义。虽然这场运动很快被镇压，但它成功废除了封建主义，并引发了一波持续到19世纪50年代的改革立法的浪潮。但是，这些法律改革没有改变匈牙利农业的根本性质，它依旧是小型的、自给自足的农场与由权贵经营的、压榨劳动力的大农庄的结合。在1944年前持续统治匈牙利的基本社会联盟，在这场起义后的那些年得到了巩固，尤其是1867年到1914年的折中时期①。这一社会联盟有三个主要

① 1867年匈牙利与奥地利组成奥匈帝国，这一方案被称为折中方案。——译者注

的合作伙伴：高级贵族、乡绅和大资本家。[94]

匈牙利农业在19世纪经历了两个周期：大约从1850年持续到1875年的繁荣期，以及随后在19世纪80年代的急剧衰退期。后者由谷物价格的暴跌引发，背后的原因是运输成本下降使得便宜的美国谷物涌入欧洲。这一轮农业萧条对匈牙利地主与国家之间的关系带来了重大影响。[95]

首先，它改变了乡绅阶层的社会特征。在1867年到1895年间，面积在200到1,000英亩的土地——最接近乡绅群体所持有的土地——从共约660万英亩下降到了426万英亩。那些属于中等收入地主的贵族数量也大幅下降。在1809年，有2.7万人属于这一类别，但是到了1890年，这一数字下降到9,592人。为了应对这一危机，首相蒂萨·卡尔曼（Coloman Tisza，1830—1902）①将拯救乡绅阶层当作了政策的核心目标。他的策略是将这些人纳入日益扩张的官僚机构。因此，公务员的数量在19世纪稳步增加。在1848年之前，匈牙利有1.6万名公务员，到1872年增加到3.2万名，而到1910年，这一数字增长到了119,937人。比起德国或英国，匈牙利尽管经济更为落后，其官僚占人口的比例却更高。这一庞大的官员队伍是由一个沉重的、按累退税率计征的税收结构支撑起来的。19世纪60年代后期，政府不得不组织准军事活动来征讨税收。19世纪90年代，财政有了更为稳固的基础，但这只是靠着向消费品征收各种名目的间接税项。因此，在1848年后的时期，相当一部分乡绅从经济独立的地主阶级转变为要靠国家从农民那里榨取资源的能力来

① 与英语不同，匈牙利的书写习惯先姓后名，中译文在此遵照匈牙利语而非英语的惯例。——译者注

确保其社会地位的群体。[96]

除了变贫困的广大乡绅，大贵族的利益同样与国家更紧密地联系在一起，因为这一群体转而利用政治机制来支撑他们被廉价谷物威胁到的经济地位。1878年，《家庭与农场雇工法案》(Domestic and Farm Servants'Act)实际上允许了雇主体罚工人，因为法案规定雇主不必为"轻微暴力行为"承担法律责任。同年通过的《刑法典》(Penal Code)禁止为获得更高工资而开展集会。最后，1898年的《农业劳工法案》(Agricultural Labor Act)，亦被称为"奴隶法"，使农业罢工非法化，将违反合同有罪化，并规定警察有义务将乡村工人遣返回雇主手中。19世纪后期匈牙利大部分的农业因而可以说是劳工压迫型的，直接生产者在严格意义上被剥夺了基本公民权利。[97]

新兴的社会联盟的第三个主要支持来自工业。1867年到1914年，工业有了让人瞩目的发展。1890年到1910年间，农业从业人口的占比从82%下降到62%，而工业从业人口的占比从12%上升到24%。[98]工业是高度集中的。布达佩斯最大的8家银行控制了匈牙利72%的信贷和60%的工业。这是一个"新兴工业家"群体，但特别之处在于，这一群体由少数族裔组成。纳吉–塔拉韦拉(Nagy-Talavera)有点夸张地写道："在匈牙利，犹太人构成了唯一的资产阶级。"[99]这一群体同样高度依赖国家。工业化在很大程度上是由国外资本资助的，而且面向国外市场。一般被视作一种消费品的纺织品依然相对欠发达。但是，资产阶级的少数族裔身份也使得这个群体高度依赖国家。工业家通过与显要的贵族建立私交，尤其是通婚，来传达他们的利益诉求。但这也牵涉一些妥协。很多贵族在银行和工业中担任高职。[100]

19世纪后期，社会精英阶层的所有主要参与方都越来越依赖国家：乡绅将国家视为摆脱自身衰落经济地位的出路；土地贵族仰仗国家提供强制手段和关税保护；工业家由于自身的少数族裔身份而与土地贵族结盟，从而获得国家支持。总而言之，19世纪末20世纪初的匈牙利很可能是摩尔所言的那种联盟的最佳例证。在这里，经济现代化由一个压迫劳工的农业主群体、大工业家和国家组成的联盟领导。[101]

19世纪80年代的农业萧条是否刺激了农业利益集团的自我组织，就像在更西边发生的那样？19世纪末，匈牙利掀起了一场合作社运动。实际上，匈牙利农业结社主义的黄金时代始于19世纪80年代，恰逢国家、乡绅和贵族的利益共同体得到巩固的时期。1879年，在佩斯州塞克什白堡举行的旨在解决农业贷款问题的会议上，匈牙利农业主协会成立。1889年底，匈牙利有了60个农业信贷协会，共1万名成员，所有这些协会仍然集中于佩斯州。[102]

但是，这些机构并不是农业生产者自主发展的策略带来的。相反，我们最好将它们理解为国家组织。在19世纪和20世纪之交，农业合作社被置于高度集权的匈牙利王国中央互助信贷社之下，后者取代了早先的匈牙利农业主协会，成为农业合作社的首席赞助者。这一转变在根本上与1903年后罗马尼亚发生的情况类似。虽然新组织在形式上独立于国家，但它的大量资金来自国库和国家金融精英。此外，新组织的负责人是一位政府部长，而且是国家铁路部门的主管。这一组织似乎导致合作社活动急剧的集中化。在1898年改革后，中央互助信贷社控制了小农场主的储蓄、农村的投资，甚至地方孤儿院的财产。1899年，经过一番详细的审查后，个人组建的合作社被重新并入这一新组织。[103]

在这一新组织之下，合作化发展迅猛，尤其是在1899年到1913年间。根据查尔斯·尚德尔（Charles Schandl）的说法，合作社的数目从712个上升到2,425个，成员从141,623人增加到693,194人。[104]合作社运动的活动内容也有所扩展，除了给贫困的地主提供贷款，还建立了销售者和生产者合作社。这场运动还有着更大的政治意义，因为卡罗伊·米哈伊（Michael Károlyi，1875—1955）①试图通过与合作社紧密相关的“农业主圈子”建立一种“农业主义意识”（agrarian consciousness）。[105]

但这在很大程度上是一个自上而下的过程。在匈牙利的诸多地区，中央组织资助发展起了很多监督合作社的专门机构。中央互助信贷社不断派遣检查员检查下属的合作社。[106]在某些情况下，中央组织直接建立了合作社。[107]因此，匈牙利市民社会的发展形式基本与罗马尼亚的情况类似。自19世纪末开始，农业信贷合作运动便依附于国家。

到了“一战”后，主导匈牙利的是一个由工业家、压迫劳工的农业主和国家组成的联盟，这与摩尔认为的对法西斯主义的兴起至关重要的联盟非常相似。匈牙利还跟罗马尼亚一样，发展出了一个依附于国家的市民社会。那么，这些因素的组合，给两次世界大战之间的匈牙利政治带来了什么影响？

除俄国之外，匈牙利是唯一一个在“一战”后被布尔什维克夺取政权的国家。同盟国的落败使得由独立党人、激进派和社会民主派结成的联盟在卡罗伊·米哈伊的领导下掌权。卡罗

① 匈牙利政治家，1918年匈牙利资产阶级民主革命中的著名活动家，奥匈帝国解体后独立的匈牙利民主共和国临时总统。——编者注

伊政府解散了旧议会，确立了普选权，并取消了对新闻自由的限制。随后，迫于布尔什维克煽动的压力，更重要的是，迫于《特里亚农条约》带来的耻辱（该条约割让了匈牙利一半以上的领土和人口），卡罗伊辞职下台。[108]

一个由社会主义者和共产主义者组成的政府此时夺取了政权。然而，真实的控制权掌握在库恩·贝拉（Béla Kun, 1886—1938）这位布尔什维克外交人民委员的手中。在他的影响下，政府通过了激进的土地改革方案，并组建了一支红军以保卫国家领土完整。这届政府看似比较受布达佩斯工人阶级的欢迎，但是库恩专政政权试图实行集体化，因而疏远了绝大多数的乡村人口。一支由萨米埃利·蒂博尔（Tibor Szamuely, 1890—1919）领导的机动小队向农民征收粮食，强迫他们接受“革命”货币，并在这一过程中杀害了数百人。[109]

从苏维埃共和国逃到维也纳的保守势力，以及留守在东部法国占领区①的保守势力，此时开始反攻。反革命势力的领导人物是前奥匈帝国海军上将霍尔蒂·米克洛什（Miklós Horthy, 1868—1957）。霍尔蒂的手下与四处流窜的准军事小队和一支罗马尼亚士兵的分遣队联合，着手发动一场比起红色革命更加系统和血腥的“白色恐怖”。[110]霍尔蒂随后被任命为摄政王，而国王之位空缺，使他可以相对自由地治理这个国家。起初，霍尔蒂的权力受到宪法的严格限制。他不能任命贵族，也不能宣战，而且要接受被弹劾的可能。但是在20世纪20年代，霍尔蒂扩大了自身控制权，到1933年，他取得了事实上的君主地位。[111]

霍尔蒂的权力建基于平衡两个主要的保守派选民阵营的利

① 这里指匈牙利的塞格德。——译者注

益：贵族－工业阵营和大体上依附于国家的乡绅“中产阶级”。在两次世界大战之间，这些势力的相对权重有所改变。直到1931年，贵族－工业集团一直掌握着控制权。在30年代，乡绅－中产阶级集团开始争夺他们的权力，但是这种精英阶层内部的斗争从未威胁到双方根本上的联盟关系。事实上，匈牙利社会精英的凝聚力在某种程度上解释了法西斯政权为何没有在这时出现。[112]

负责在匈牙利恢复旧体制的人物是拜特伦·伊什特万（István Bethlen，1874—1946）①，这位特兰西瓦尼亚出身的保守派地主，希望重建折中时期（1867—1914）的政治与社会秩序。为此，他推行了四项基础政策：使农民处于从属地位，收编温和左翼，恢复贵族在政治上的支配地位，还有最重要的，将乡绅－中产阶级纳入官僚体制。拜特伦通过选举立法和政党建设的双重措施，确保农民的政治从属地位。1920年的选举选出了很多来自小农政党的议员，在那之后，拜特伦恢复了1913年的选举权法，这一法律将选举权范围限制在24周岁以上、居住期至少满6年并受过正规教育的男性。这些要求降低了能够参与投票的人口的比例，1920到1922年间，这一比例从40%下降到了约30%。拜特伦政府最重要的举措是在匈牙利乡村199个以农村为主的选区重新实行公开投票。[113]这意味着政府可以通过向农村选民施加行政压力来确保自己竞选名单中的大多数人当选。[114]作为同一个总战略的一部分，拜特伦策划了由他领导的保守派力量和小农政党之间的合并，并于1922年2月成立了统一党（Unity Party）。[115]这些政治控制措施一就位，首相便能够对土地改革视

① 1921—1931年出任匈牙利首相。——译者注

而不见了。[116]

让人惊讶的是，拜特伦对产业工人阶级的态度要宽容许多。他认为，在任何现代社会中，工人都必须是一个主要的利益团体，因此，他有意赋予他们的政治代表一定的自由。由于政府与社会民主党达成了被称为《拜特伦-拜尔协议》的协定，社会主义者被允许发行报纸、结社、进行集体谈判和非政治性的罢工。作为交换条件，他们同意不拥护国际主义，不在乡村地区组织活动。[117]与乡村相比，城市中的选举竞争有着相对自由的发展环境。亚诺什（Janos）认为这一“奇怪的双重标准”与拜特伦对议会功能的构想是内在一致的。[118]对于拜特伦，以及对于很多当时欧洲大陆的自由派而言，议会并非一个决策平台，而是一个辩论平台。通过在广大的受操控区外保证相对自由的小块区域，就可以确保实现这一目标。

社会民主党就这样充当了驯顺的反对派角色，在议会中拥有象征性的代表席位。[119]左翼与绝大多数民众隔绝，在两次世界大战之间的匈牙利基本上不具备任何政治重要性。这一妥协，用纳吉-塔拉韦拉的话来说，在“15年后，匈牙利下层阶级尤其是工人的法西斯激进化”过程中发挥了重要作用。[120]两次世界大战之间匈牙利政治的一个最显著的特征是从1922年到1939年，工人阶级稳步转向支持右翼。就本书关心的议题来看，拜特伦时期最重要的特点是，它非常有效地使在19世纪末掌权的同一个社会精英阶层重新确立了支配地位。权贵-工业家-乡绅的联盟在两次世界大战之间牢不可破。[121]

这一联盟的力量对法西斯组织在匈牙利的发展带来了重要的，而且某种程度上自相矛盾的影响。不可否认，两次世界大战之间，法西斯团体在匈牙利相当泛滥。但是，它们并没有融合成一个能够夺取政权和建立法西斯政权的强大的法西斯政党，而是彼此激烈地斗争。因此，霍尔蒂得以维持对匈牙利的控制直至战争结束，而且在此期间没有出现任何法西斯政权。贵族－资产阶级－国家联盟可以动用警察的陈旧手段维持其统治。

我们可以通过区分两种匈牙利法西斯主义，从而简化两次世界大战之间匈牙利右翼的复杂情况：乡绅法西斯主义和民众法西斯主义。乡绅法西斯主义，顾名思义，扎根于小贵族阶层和罗马尼亚于1920年入侵塞格德后组织起来的自由军团中。它有两个主要的领袖：根伯什·久拉（Gyula Gömbös，1886—1936）和伊姆雷迪·贝拉（Béla Imrédy，1891—1946）。乡绅法西斯主义基本上充当了官僚机构的压力团体。跟这一运动截然不同的是由波索尔梅尼·佐尔坦（Zoltán Böszörmény，1893—？）和萨洛奇·费伦茨（Ferenc Szálasi，1897—1946）领导的组织［镰刀十字（Scythe Cross）和箭十字（Arrow Cross）］。这些运动常常在严重的行政压力下构成了拜特伦体系真正的反对派，类似罗马尼亚的科德雷亚努领导的运动。[122]这些运动的基础不是乡绅，而是农业人口和一部分工业工人阶级。

乡绅法西斯主义对拜特伦体系提出了第一次也是最严重的挑战。在库恩独裁统治垮台后不久，一场法西斯运动在法国人的赞助下，开始在州首府城市塞格德组织起来。这场运动组成了一些“社会团体”，其中最著名的是匈牙利人觉醒协会（Ébredö Magyarok Egyesülete，简称ÉME）和匈牙利民族保卫协会（Magyar Országos Véderö Egyesülete，简称MOVE）。在20年代，这些不同的协会成了谋求在国家官僚机构中任职者的互助会。因此，极右翼政治与寻求公职的乡绅的物质利益之间密切相关。亚诺什认为这些组织从1919年的6个增加到了1920

年的100个。[123]匈牙利第一位有重要影响力的法西斯领袖根伯什，最初就是匈牙利民族保卫协会的一名积极分子。他是一个名副其实的法西斯主义者，十几岁时就曾设想德国与意大利结盟。他的支持基础是无数的"小"贵族，这些人极度反犹，部分因为他们背负债务，部分因为他们仰赖国家雇佣，而这一领域由犹太人主导。[124]

20年代的经济气候使得该团体无法取得进展。拜特伦通过扩大国家公职就业机会，有效地巩固了他对乡绅的控制。公职人员的绝对数字从1910年的111,812人，增加到了1941年的208,946人。这还发生在《特里亚农条约》签订之后，匈牙利人口大幅缩减的背景下。因此，居民人均的公职人员数值大幅上升。在1914年，每377人中有一个是公职人员，在1921年是每134人中有一个，到了1942年，每100人就有一个是国家公职人员。[125]值得注意的是，这一扩张与20年代国家公职人员经济地位的缓慢改善有关。[126]因此，拜特伦将乡绅与统治联盟绑定在一起的尝试相对而言是成功的。所以虽然根伯什向一份意大利报纸宣称这一地区的法西斯主义富有活力，但他直到30年代才得以发动有效的反对。

30年代的经济危机给匈牙利带来了毁灭性的打击。到1930年，20%的匈牙利人口都处于失业状态，其中有一半集中在布达佩斯。这场危机始于维也纳的安斯塔特信贷银行的破产，银行要求收回在匈牙利的贷款，导致帕戈（pengö，匈牙利在两次世界大战之间的大部分时候使用的货币）的外逃。[127]根据纳吉－塔拉韦拉的说法，"工人阶级和中产阶级受害最深"。[128]1932年，霍尔蒂任命根伯什为首相。这样做相当于是从保守派力量中挑选了一个派系，因为根伯什的根基是官僚机构和军队中的秘密会社。[129]这些是乡绅的大本营，而不是高级贵族的据点。

根伯什政府与拜特伦政府对待政治动员的态度大相径庭。根伯什举行群众会议和集会，出版和分发由95条论纲组成的政府纲领，并利用广播这样的新兴媒体去宣传他的观点。作为纲领的一部分，他还重组了政府党，试图将拜特伦支持者的控制权压缩到最小。这一政党被重新命名为民族团结党（Party of National Unity），并得到极大扩张。效仿法西斯政党的先例，根伯什成了它的“领袖”（pártvezér），而他的搭档马顿·贝拉（Béla Marton）成为总书记。[130]在马顿的领导下，民族团结党在匈牙利的4,000个村庄都分别建立了党支部，还创立了一支由6万人组成的法西斯民兵组织。民族团结党有一个常设机构，致力于民众教育、社会目标、宣传和组织妇女。1935年后，在根伯什执政的第二阶段，他试图提高民族团结党对国家的控制。他把地方政府交给民族团结党在同一地区层面的党内官员。这样一来，这些作为重要庇护关系来源的职位就脱离了部级官僚机构的控制，落入了政党的手中。这些走向表明，一个典型的法西斯式双重国家已然初具雏形，在这样的国家中，一党组织与中央官僚机构争夺权力。到了1936年1月，根伯什甚至能够监视那些与拜特伦关系密切的官员。[131]

但是根伯什的乡绅法西斯主义不是20世纪30年代匈牙利法西斯主义的唯一表现形式。经济萧条引发了一波社会动乱，为另一种相当不同的群众性右翼运动打下了基础。其中最有影响力的是镰刀十字，1932年，它在波索尔梅尼·佐尔坦的领导下开始崭露头角。波索尔梅尼是破产地主的儿子，他曾于1931年前去会见希特勒。他那一套混合了农民激进主义、反共主义和反犹主义的理念，吸引了处在“蒂萨河润泽不到的干旱地区中遭到大地产扼制的村庄”里的农业无产阶级。[132]1936年5月，波索尔梅尼领导了一场并不成功的农民起义，即“向布达佩斯进军”。关于这场运动的社会基础的部分证据来自对100位参与者的审讯。这些人中有98人没有房子、土地、衬衣或者鞋子。[133]

根伯什时期主要的政治冲突之一就是这两股法西斯势力之间的对抗。波索尔梅尼的报刊被禁，而且根伯什不断用诉讼来攻击他。纳吉-塔拉韦拉认为，“他的追随者首当其冲地承受了宪兵的暴行”。[134]根伯什对民众法西斯主义的攻击显示出他自己纲领的局限性。试图自上而下地动员民众没有给予他一个自主的权力基础，可供与当权者对抗。

根据霍尔蒂上将的回忆录，他决定在1936年春天罢免根伯什。但这位霍尔蒂的亲信在10月意外去世，省了这一着。[135]假如根伯什还活着，不排除他也许能够贯彻自己的计划。但霍尔蒂能迅速恢复对局势的控制，显然反映出根伯什的法西斯主义的局限性。霍尔蒂起用达拉尼·卡尔曼（Coloman Darányi，1886—1939）接替根伯什，而达拉尼很快就解除了那位塞格德派前领导人建立的单一政党组织。达拉尼打压根伯什的昔日追随者（所谓的“遗孤”），同时吸纳了一些他们的反犹纲领。[136]这个单一政党似乎很容易被吓倒。没有迹象表明达拉尼的举措遭到了任何抵抗。德国、意大利和西班牙这些典型的法西斯主义案例中的支柱，也即城镇中产阶级与乡村农业家族之间极为有效的社会联盟，在这里并没有出现。反之，恰恰是这些群体之间的冲突，分裂了匈牙利的法西斯运动。[137]

30年代后期，同样的冲突再次上演，并且呈现出了不同的特征。在萨洛奇·费伦茨的领导下，一场广受欢迎的大众法西斯运动（箭十字）在1936年根伯什去世后开始站稳脚跟。它很可能联合了一些镰刀十字的老将和一些幻灭的根伯什追随者，即所谓的根伯什遗孤。[138]然而，萨洛奇引领的运动所追求的政治目标与根伯什的大相径庭。萨洛奇没有与谋求公职的小乡绅紧密捆绑。他的法西斯主义明显带有民粹主义色彩，拒绝政治暴力，而且也没有大多数塞格德派标志性的强硬反犹主义。[139]很多迹象表明，到了1939年，箭十字已成为匈牙利最大的政党。一份1939年的德国秘密报告称它有50万名党员，而这一数字在40年代初似乎有所下降。[140]

这一运动也赢得了大量弱势群体的支持，尤其是那些城市和乡村的工人阶级。箭十字在匈牙利东南部乡村动乱盛行的“风暴角”地区以及在布达佩斯最为强大。[141]根据纳吉－塔拉韦拉的说法，社会主义和共产主义活动家通过参与箭十字运动认识到了这场运动有多么广受支持。[142]1939年5月，箭十字赢得了一场巨大的选举胜利，获得了49个代表议席，成了迄今为止议会中最大的非政府团体，相比之下，社会民主党只取得5个席位，小农党派的代表只有14位。在全国范围内，箭十字赢得了近一半的选票（200万张选票中的75万张），而且根据迪亚克（Déak）的说法，它还在布达佩斯郊区的工人阶级中取得了重大进展。[143]

乡绅法西斯主义的继承人不是萨洛奇，而是伊姆雷迪·贝拉（Béla Imrédy），一位拥有国际人脉的金融专家。霍尔蒂在1937年任命他为首相，就是为了让这个国家转向一条比根伯什时期更保守、更低调的法西斯主义道路。[144]让霍尔蒂意想不到的是，伊姆雷迪却反其道而行，拥抱了根伯什的规划。他召回了马顿·贝拉，以便重新建立一个单一政党，名为“匈牙利生活运动”（Movement for Hungarian Life）。[145]伊姆雷迪的任期在

1939年就结束了，因为拜特伦精心策划了一项关于他所谓的犹太血统的调查。但是造成伊姆雷迪下台的更广泛的原因在于，他倾向于照搬一些箭十字党纲领中更激进的部分，尤其是土地改革相关的内容。[146]与之前的根伯什一样，伊姆雷迪欲在匈牙利建立一个法西斯国家的计划，因霍尔蒂周遭的保守派集团的抵制而遭到破坏。在匈牙利，保守派构成了抵挡法西斯主义的根本屏障。匈牙利由一个典型的摩尔式威权联盟所统治。瑟勒希-扬泽（Szöllösi-Janze）指出，霍尔蒂时期的特征是“贵族与高级金融家/企业家之间严密的财务和家族联系”，而贵族处于总体上的政治支配地位。[147]此外，匈牙利拥有高度发达的旧体制政治机构。但正是这些政治机构的持续存在，解释了为什么在这个案例中法西斯政权没有出现。

德　国

对大多数关于两次世界大战之间法西斯主义的社会科学理论而言，德国无疑都是范例，对马克思主义和韦伯主义理论来说尤为如此（毫无悬念）。自上而下的革命、威权联盟和国家自治的概念，都与一种对德意志帝国（1871—1918）的解读紧密相关。[148]在此我会简要说明德国能怎样被前几章概述的模型解释。我可以预见在接下来的讨论中，用摩尔学说和韦伯学说的论点来**描述**法西斯主义崛起前的德国社会和政治结构来说会相当具有说服力。然而，我并不太认同这些论点能解释德国的法西斯主义。

德国在普鲁士首相奥托·冯·俾斯麦（Otto von Bismarck，1815—1898）的主持下实现统一之前，处于公国林立的状态。普鲁士曾是18世纪最强大的专制主义国家之一，而它的制度深刻地形塑了新成立的德意志帝国，或者说Kaiserreich。这个国家独特地结合了准封建的政治机构、强大的土地贵族阶层，以及19世纪末形成的异常活跃的工业资本主义。[149]

德意志帝国的政治秩序将联邦制、君主立宪制和议会民主制结合在了一个错综复杂的制度框架中。为了方便讨论，可以划分出四个主要的权力中心：联邦参议院（Bundesrat）、君主–军队–官僚综合体、帝国宰相和帝国议会（Reichstag）。德意志帝国是一个联邦制国家。帝国中各成员国的政府任命代表，组建联邦参议院。在19世纪后期德国的特殊情况下，联邦制为大土地贵族们掌握政治控制权提供了条件，因为最强大的邦国普鲁士是这一社会群体的传统根基所在。进一步说，由于普鲁士议会通过三级选举制度选出，由此确保了贵族的支配地位，而普鲁士议会又负责选出派往联邦参议院的代表，于是联邦制就变成了保证大地主对政治决策发挥重大影响力的一项机制。普鲁士国王，1871年后的德意志帝国皇帝，其权力根基在官僚机构和军队。文官组成的官僚系统并不明确服从于政治决策，而往往会推行自己的政策，并在19世纪80年代逐步清除自由派。与此同时，德国军队实际上完全独立于其他权力中心，直接由皇帝控制。军费预算直到1893年之前还是7年一批准，1893年以后，这个周期被缩短至5年。但直到1918年之前，文官对军队的监督实际上是不存在的。与德国联邦参议院并存的帝国议会是一个由普选产生的相对没有实权的清谈馆。位于所有这些制度机构中心的是帝国宰相，而直到1890年，这一职位都由俾斯麦担任。宰相类似于意大利、西班牙和罗马尼亚的那些重要的议会领袖。但是跟那些更自由主义的国家的议会领袖不同，宰相并不是以议会领导人的身份掌权的。这些德国政府成员

（宰相及其内阁）并不向议会负责，事实上还被禁止成为议会代表。他们向皇帝负责。[150]

很多关于德意志帝国的研究都强调了议会的软弱无能是如何与广大民众相对完善的法律保障并存的。最值得注意的是，德意志帝国很早就确立了普选权。自1871年起，逾25周岁的成年男性就可以参与投票。此外，集会自由、罢工权利和结社自由都得到了相当程度的保障。此外，在意大利、西班牙和罗马尼亚至关重要的非正式统治机制，即贵族统治和庇护政治，在德国存在感并不强。这一点被认为有力质疑了那些认为德国政治制度明显落后或者有威权主义倾向的看法。[151]但如果更仔细地考察，就会发现德国早熟的普选制度实际上突出了这个国家的威权主义特征。德国的政治精英之所以能够承受帝国议会开放普选权的风险，恰恰是因为这一机构受到君主制和联邦制的全方位限制，后两者完全不受民意影响，并拥有比民选议会大得多的权力。简而言之，正是议会的软弱无能解释了为何普选权会得到批准，以及为何德国的选举是相对廉洁的。

是怎样的社会联盟掌控了统一后的德国？大土地贵族毫无疑问是帝国中极为强大的利益集团。虽然到了1848年，农奴们都被解放了，但普鲁士东部的大地主继续控制着地方的行政和警察力量，直到19世纪后期。这些人也把持着国家中的重要职位。贵族们直到19世纪90年代还主导着国家行政高层。[152]在“一战”开始时，“普鲁士官员中仍有30%是贵族身份”。[153]此外，看起来比较清晰的一点是，贵族构成了企业家群体的一个文化榜样。其中一个标志是存在一个买卖荣誉头衔和贵族封号的活跃市场。[154]在1811年到1890年这几十年间，在易北河以东的地区，大庄园面积扩张了三分之二，而在该地区占主导地位的正是以利润最大化为目标、以商业为导向的贵族群体。[155]

然而，这一数量庞大、富有且在政治上站稳了脚跟的土地贵族阶级，并没有阻止同样富有且自信的工业家阶级的崛起。[156]到了1910年，德国铁和钢的产量均已超越了英国，而且在1871年到1910年间，居住在大城市的人口比例增长了24%。随着德国经济体在采矿、铁和钢的生产领域令人瞩目的大幅增长，以及走在了以化学、光学和电学为代表的第二波工业化的前沿，有限责任公司在19世纪50年代遍地开花。这一创新很大程度上独立于国家，表明出现了一个活跃的企业家阶级。[157]

或许，比这两个主要社会精英阶层各自的纯粹经济实力更重要的，是二者紧密的合作关系。相当多的证据表明，德国资产阶级与贵族地主发生了融合，虽然这一过程的特殊性备受争议。[158]导致双方互相接纳的一个主要刺激因素是1873年后出现的长期经济低迷。原先，地主们需要关税来保护他们的市场免受廉价的俄国和美国谷物的冲击。[159]与之相对，工业家则需要廉价的谷物来维持工人的低工资水平。[160]然而，1873年经济下行后，工业家也倾向于贸易保护主义。冲突出现，并通过关税和军备方面的立法得到了解决。第一套针对谷物的关税于1879年确立，随后在1887年和1902年又更新了相关立法。作为对谷物控制措施的交换，农业主对一项由大工业资助的造船业政策表示支持。[161]因而，到了19世纪末，大工业、大农业和帝国之间的联系比以往任何时候都要紧密。[162]

总而言之，德意志帝国的特征是新兴的工业家与强大的土地精英组成的联盟。尽管存在诸多限定条件，关于德国的当代历史研究似乎证实了巴林顿·摩尔分析的基本要点。[163]。1871年后的时期里，确实出现了一个工业、土地持有者和国家之间的联盟。争议主要在于，这一联盟的形成是否表明了德国资产阶级是软弱无力的，甚或是中等实力的。德国案例的矛盾之处在于，其统治联盟的特点是既有一个强大的土地贵族阶级，又有一个强大的资产阶级。因此，考虑到德国的国家结构和统治阶级联盟的性质，德国在两次世界大战之间产生了法西斯主义，似乎证实了马克思主义者和韦伯主义者的观点。

那么志愿结社和霸权的发展情况呢？德国的志愿结社发展程度自19世纪后期起就令人印象深刻，并且遵循了与前述研究案例相似的模式。大约在1860年到1890年这段时间，志愿社团大都由社会精英资助。整个19世纪80年代，普鲁士政府都在推动建立“体系支持”的组织，例如退伍老兵俱乐部。德意志勇士联盟（Deutscher Kriegerbund，退伍军人社团）的成员数量从1873年的27,550名增长到了1910年的170万名。实际上，汉斯–乌尔里希·韦勒（Hans-Ulrich Wehler）认为在德意志帝国时期，所有与军队相关的志愿社团成员总数接近500万。[164]对马尔堡的一项研究显示，从1890年到1899年的10年间，平均每1,000名居民就拥有2.79个新社团，而在此前的10年间，这一数字仅为1.92个。第一次世界大战进一步推动了结社主义的发展。面向战争伤员的慈善组织在德国似乎尤为重要。[165]

到了19世纪90年代，这种早期的爱国主义的结社模式不得不与天主教、社会主义和农民社团等挑战体制的社交形态相竞争。到了20世纪早期，德国市民社会的重要组成部分在自治中发展起来，既独立于社会精英，也独立于国家。对于那些与社会主义以及天主教亚文化相关的社团而言尤为如此。[166]

这些社团的发展是在何种政治语境中发生的？德意志帝国有四个主要政党：自由党，作为天主教会政治部门的中央党

(the Zentrum)，保守党，以及社会民主党。只有后三个党派是真正意义上的大众组织。中央党通过教会组织控制了大批选民，并开创出一种威权主义的政治亚文化。保守党是土地精英和官僚阶层主要的政治表达渠道。该党也控制着一个大众组织，即农业联盟，使其能够在1912年以前赢得大约14%的普选票。最后，处于左翼立场的是大众性质的德国社会民主党（SPD）。从1890年起，随着反社会主义者的法律①被撤销，社会民主党持续在帝国议会选举中赢得最大比例选票，到1912年成了议会中拥有最多代表的政党。[167]德国社会民主党的实力，以及它相对其他党派的政治孤立，使得支持它的选民相对不容易受到政治渗透的影响。埃利（Eley）认为，这种政治不平衡发展的特殊模式正是造成德国资产阶级走向威权主义的主要原因之一："一个公开投身革命社会主义的激进工人政党的存在——一个在爱德华时代的英国明显缺失的因素——比其他任何因素都更有力地阻碍了'格莱斯顿式联盟'（Gladstonian coalition）出现的可能。"[168]因此，在埃利看来，决定德国资产阶级立场的关键因素不是它在经济上的弱势，而是在政治组织层面上不平衡的发展进程。

德意志帝国精英政治党派的相对弱势，导致支配阶级要在政党体系之外通过有组织的压力集团来追求自身利益。19世纪后期，特殊利益联盟、组织、工会和社团在德国数量猛增，成为真正的政治中心。1879年生效的著名的保护性关税政策，源于德国工业家中央协会（CDI）起草的一份提案。德国战列舰的建造是在德国舰队联盟（Deutscher Flottenverein）的施压下开

① 1878年，德国通过镇压社会主义者的《社会党人法》。——译者注

展的，该联盟得到了工业界的支持，并且拥有数千名成员。德国社会民主党自身也没能逃脱这种法团主义的发展逻辑。随着工会组织在“一战”之前快速扩张，政治激进主义有所减退。[169]

概而言之，德国与意大利之间的相似性并不在于统治联盟的性质，也不在于国家层面。正如我上面所表明的，德国和意大利在这两方面都迥然不同，但德国的市民社会发展模式与意大利的模式却惊人地相似。接下来，我会简要地考察这一相似性的影响。

德国在“一战”战败，对于保守派而言是一场政治灾难。当然，旧体制的很多要素还是保存了下来。容克贵族跟官僚机构依然很强大，但是魏玛共和国从未成功整合社会精英。魏玛共和国的宪法基于两项协定：一项是社会民主党与军方的协定，另一项是重工业和有组织的劳工之间的协定——艾伯特-兴登堡协议（Ebert-Hindenburg Agreement）。[170]在第一项协定中，弗里德里希·艾伯特（Friedrich Ebert，1871—1925）同意支持自由军团（Freikorps）以暴力清除来自左翼的革命威胁，以换取军团对共和国的认可。第二项是工会和重工业之间关于规范集体谈判的协定。相关内容体现在斯廷内斯－列金协议（Stinnes-Legien Agreement）中。[171]而由胡戈·普罗伊斯（Hugo Preuss，1860—1925）起草的魏玛宪法正式确定了这项协定。在这个新国家中，“对立的利益将通过隐藏在议会民主制的形式背后的多元政治结构的手段来协调”。[172]由此产生的政治秩序是一个多元主义的国家。

魏玛共和国最重要的特征之一是缺少一个有效的右翼和中右翼的大众政党。自由主义中间派和右派分裂为三个组织，即德国民主党（DDP）、德国人民党（DVP）和德国国家人民党（DNVP）。在20世纪20年代毁灭性的通货膨胀之后，这些组织的成员开始流失。与此相对，天主教中央党和德国社会民主党依然强大。[173]正是这样的格局为民族社会主义德国工人党（NSDAP，即纳粹党）创造了可乘之机。这是如何发生的？

魏玛共和国的政治史可以分为三个时期。从1918年到1923年是早期革命和反革命的时期，从1924年到1929年是相对稳定的时期，从1930年到1933年是威权主义时期，直至民族社会主义者攫取了权力。纳粹党的历史也对应了共和国的这三个阶段。从1919年到1923年，民族社会主义者作为战后德国标志性的众多极端民族准军事联盟的一分子崭露头角。这些团体源于大规模公民战争动员、来自左翼的威胁感以及20年代早期的恶性通货膨胀的共同影响。[174]除极端反犹主义以外，这些联盟类似于意大利的黑衫军。[175]纳粹党第一阶段的活动以失败的希特勒政变或者说啤酒馆暴动告终，该政变发生在1923年，原计划效仿墨索里尼的“向罗马进军”。[176]

纳粹党发展的下一阶段是1924年到1928年，在民族社会主义者中被称为“斗争时期”（Kampfzeit）。这对应着魏玛共和国最为稳定的时期，而在意大利的经验中找不到严格意义上与之对等的时期，因为意大利的法西斯分子夺取政权的速度之快，以至于他们不需要经历这样一个“冬眠”期。[177]随着共和国变强，纳粹党变弱了。这一时期对民族社会主义德国工人党的组织所带来的主要影响似乎是在准军事组织和政治组织之间建立了一种松散的联结。民族社会主义者的准军事组织被称为“冲锋队”（SA）。冲锋队成立于1920年，也就是民族社会主义党历史上的最初阶段。跟黑衫军不同，冲锋队从一开始就是民族社会主义组织的一部分，而黑衫军一定程度上不受墨索里尼的控制，如前所述，它是法西斯党内艰苦的战术斗争的产物。然而，冲锋队成员的身份并不等同于党员身份，这一点也与意大利黑衫军不同。至少在20年代初的大部分地区，黑衫军主义就等同于法西斯主义。[178]民族社会主义者似乎将冲锋队用作一种前哨组织，以渗透进某些类别的民众，尤其是不太可能加入党组织的工业工人阶级。

这一时期有两点至关重要。第一，民族社会主义者的弱势与中间派以及中右翼组织的相对政治强势紧密相关，尤其是德国国家人民党。直至保守党在1928年后衰落，纳粹党才变得有影响力。第二，从1924年到1928年是纳粹党最不成功，也是它最“左”的阶段。这表明与意大利的案例类似，该党的右转对应着其政治的成功。

在第二阶段，即1928年到1933年，民族社会主义者开始扩大势力。德国市民社会的力量如何影响了民族社会主义党的动员、体制巩固以及体制发展阶段？虽然这些运动和体制产生于不同的语境，但证据表明，强大的市民社会有利于民族社会主义者，正如它曾襄助了意大利的法西斯主义者一样。伯曼认为，到20世纪20年代中期，很多中产阶级的投票者正在放弃更老牌的“贵族”政党。[179]她认为这一现象与他们脱离现有的自由主义党派，并通过社团来寻求直接行动有关。大量证据表明，一个相对成熟的结社领域是纳粹党组织不可或缺的资源。

证明这一点的一个方法是考察纳粹党获得最多支持的选民阵营：白领职员和小农。一个重要的问题是：这些人是否缺乏组织？一项关键的证据涉及20年代的农业利益组织帝国农业联盟（RLB）。纳粹党通过它的农业政策机构（aA）系统性地渗透进帝国农业联盟，首先接管了该组织的下层，然后试图攫取领导权。[180]在这一点上，伯恩特·哈格特韦特说得很清楚："事实证明，帝国农业联盟以及其他农业组织非但不是纳粹主义在乡村发展的绊脚石，反而成了纳粹宣传深入乡村人口的传送带。这样一来，中间组织助长了纳粹主义的崛起。"[181]这点让人联想到意大利法西斯分子在波河河谷的一些战术，虽然在意大利的进程更为暴力。

白领工人作为另一个重要的纳粹党选民阵营，同样是被高度组织起来的。魏玛共和国有三个主要的白领工人组织：自由职员总联盟（AfA）、德国职员工会联盟（Gedag）和德国工会联合会（GdA）。自由职员总联盟是一个亲社会主义者的左翼社团，德国职员工会联盟是一个中右翼组织，而德国工会联合会则是一个极右翼的反社会主义的组织。在整个20年代后期，参与这些社团的白领职员就总体人数来说是稳定的，但右翼组织，尤其是德国职员工会联盟所占份额略有增加，而自由职员总联盟所占份额有所减少。[182]证据显示，这一选民阵营中组织程度很高，而且这一情况在20年代期间有所增强，尤其是在最有可能亲纳粹党的右翼组织中。

更广泛来说，纳粹党恰恰利用了在市民快速发展的背景下，魏玛共和国政党的有限性及其经济法团属性。纳粹党将自身打造为一个超越了帝国时期德国社会典型的阶级、地位和信仰区隔的组织，而且在一定程度上它也做到了。用海因里希·温克勒（Heinrich Winkler）的话来说，纳粹党是一个"人民党"。[183]

在德国的案例中，虽说运动阶段相对较长，但政权巩固阶段，即一体化（Gleichschaltung）阶段极为迅疾，从1933年3月纳粹党掌权后即刻开启，持续至1934年。几个月的时间里，独立的职业组织和政治党派在德国不复存在。如果读者还记得，同样的过程在意大利花了4年，而且从未彻底完成。

大致上，一体化的过程近似于法西斯化。在1933年5月召开第一次代表大会的德意志劳工阵线（DAF），近似于法西斯辛迪加。德国的情况与西班牙不同，与意大利类似，其劳工组织与党组织是分开的。[184]劳工组织与党组织之间的联系建立在个人基础上——首先是因为德意志劳工阵线的领导人罗伯特·莱伊（Robert Ley）是一位重要的民族社会主义者。但是，民族社会主义者跟法西斯主义者一样，依赖非纳粹工会的组织资源和基层人员。根据布若扎特（Broszat）的说法，德意志劳工阵线“保留了典型的工会组织原则，着眼于接管较低层级的工会雇员……而这些人在当时几乎谈不上是什么不可或缺的人”。[185]

德国民族社会主义者的雇主组织，在形式上与意大利的情况稍有不同，但在实质上是相似的。1934年11月，贸易协会和商会都被组织在帝国集团工业（Reich Group Industry）之下。与德意志劳工阵线一样，该组织和民族社会主义党没有法律上的关系。尽管如此，工业界的法西斯领导人，如阿尔弗里德·克虏伯（Alfried Krupp，1907—1967），被安排担任组织的重要职位。但是，就像布若扎特说的：“旧有的那些工业协会仍能通过灵活适应新的建制，来维护它们所代表的关注事项和人员的影响力。”[186]

德国和意大利的法西斯主义产出了相似的政权类型吗？从一个重要的维度来看，两者的体制相似，且与所有其他两次世界大战之间产生的威权主义形式都不一样。它们都是以党国共生为基础的双重体制。两个政权之间最显著的相似之处在于它们的党组织结构。无论是墨索里尼还是希特勒，都没有以正式官员的身份对其政党组织拥有控制权。两位领袖都不是党的书记——这一职位往往由二把手担任。这意味着希特勒和墨索里尼与地方领导层的关系是直接且个人化的，这削弱了他们各自的党组织的官僚制架构。

在某些方面，纳粹党比意大利国家法西斯党更集权，而在另一些方面又不如后者集权。民族社会主义者有一份集中的成员名册，保存在慕尼黑，而国家法西斯党没有这样的记录。然而，德国大区（Gau）领导层的权力和自主性很可能比意大利的要大，而这部分是因为在德国并不存在协商机构。在意大利，大议会（Grande Consiglio）的协商机构持续在党的最高层发挥协调作用。但是，就如布若扎特指出的，随着政权的发展，地方领导层的地位有所提升。[187]

那么，对德国通往法西斯主义的历程的简要概述能说明什么？首先，我们似乎很难再坚持认为经典的法西斯主义对应了特定的经济或政治发展阶段。德国的经济和政治结构不仅不同于意大利的，而且在很多方面与之截然相反。概而言之，德国的特征是“晚期的专制主义”，意大利的特征则是“早熟的自由主义”。我会在下面的总体性结论中再谈回这一点，但就目前而言，这样的概述足以说明问题。其次，虽然德国的政治和社会结构不同于意大利的，但是它的市民社会发展态势，以及它的社会精英在普选权出现时所面临的政治危机，与意大利的情况非常相似。

结 论

这一章考察了着重关注经济和政治结构而非市民社会的理论是如何阐释法西斯主义的。结果表明，意大利、西班牙和罗马尼亚的案例不仅挑战了托克维尔式的法西斯主义阐释方案，而且有悖于韦伯主义者和马克思主义者给出的法西斯主义阐释方案。我也指出，匈牙利和德国的案例虽说一开始看似验证了这些广受认可的观点，但也提出了一些问题。在此有必要简单回顾一下这些要点，并从中提炼出更普遍的启示。

在法西斯主义崛起之前，意大利、西班牙和罗马尼亚并不是在旧体制的统治之下，而是在君主立宪制治下。议会对三者来说都是核心机构。再者，压迫劳工的农业主、官僚制国家和新兴的工业家组成的反动联盟要么没能形成，要么在第一次世界大战之后即刻瓦解。与这三个“负面案例”不同，匈牙利和德国对于摩尔派和韦伯派的法西斯主义理论来说属于“正面”案例。在这两个国家，工业家和农业主结成的强有力的联盟，在“一战”之前统治着一个强大的旧政权。然而，在更仔细的考察下，我们会发现这两个国家都不太契合法西斯主义的主导社会结构模型。匈牙利的证据最清楚地表明了这一点。在两次世界大战之间的欧洲，没有哪个案例比匈牙利更充分地体现了摩尔理论中的压迫劳工型农业和中等实力资产阶级所结成的威权主义联盟。但是，正如匈牙利在两次世界大战之间的历史所表明的，这些社会力量的强势，恰恰破坏了法西斯主义在这里的发展，因为地位稳固的小贵族即使采纳了法西斯主义的要素，也从未真正威胁到匈牙利的国家政府。实际上，他们总是站在霍尔蒂政权的一边，反对扎根于乡村和布达佩斯无产阶级中的更为民粹的法西斯主义；而正是霍尔蒂对权力杠杆的持续掌控，确保了匈牙利到1944年还维持着一些议会制形式。用尽可能清晰的话来说，虽然匈牙利在两次世界大战之间从未成为一个民主国家，但是统治该国的摩尔式社会联盟阻止了这个国家建立公然的法西斯独裁统治。

德国则是一个更为复杂的案例，因为它看似验证了马克思主义者和韦伯主义者的法西斯主义理论，而且大体上符合本书所提的论点。然而，德国法西斯主义出现的时机值得重点关注。虽然这个国家有强大的旧体制，而且拥有某些摩尔式联盟的要素，但“一战”对德国的影响是独一无二的。魏玛共和国，就如“一战”后的意大利、西班牙第二共和国和罗马尼亚20年代的民主时期一样，都缺少一个根基稳固的右翼政党。这一事实为摩尔传统下的研究工作带来了一些困难，这类研究认为德国法西斯主义的源头在于容克阶层被摧毁后遗留下来的保守主义传统，并尝试以此来解释德国的案例。支持这一论点的证据颇为间接。摩尔派学者强调，纳粹党的社会支持来自那些没有被整合进社会主义或者天主教亚文化群体的人。在我看来，这个论点的问题在于它几乎没有提及纳粹主义的内容。跟本书提到的其他法西斯政党一样，纳粹党绝不仅仅是简单的反民主运动，而是旨在建立一个威权民主制的反自由主义运动。我在这里借鉴葛兰西理论提出的论点能更好地解释德国的情况，因为它聚焦了魏玛时期的事件，尤其是德国市民社会在社会精英阶层缺乏霸权组织的语境下的发展。

摩尔理论和韦伯理论视角的这种共同的弱点，缘于它们倾向于以不同的方式将法西斯主义概念化为一种“强国家”的形式，从而将阐释重点放在了国家权力的压迫性上，忽略了法西斯政治运动。虽然法西斯政权的确极大强化了国家暴力，并且惯于运用国家暴力，产生了毁灭性的效果，但是单单侧重于这一维度，就无法解释它们对威权政治手段与民主合法性的独特结合。正因如此，上文回顾的经典的社会结构论几乎没有谈及这种统治形式真正的制度创新之处。

第6章

重思市民社会与法西斯主义

现在我已经准备好去更充分地回答这项研究的核心问题：为什么在两次世界大战之间，意大利、西班牙和罗马尼亚的市民社会发展导致了法西斯主义而不是自由民主？我的论点如下。在两次世界大战之间的意大利、西班牙和罗马尼亚，市民社会的动员倾向于促进民主诉求，这点与托克维尔路径的分析所预测的一样；但是由于在这些国家里阶级内霸权、阶级间霸权和反霸权的接连失败，这些民主诉求倾向于破坏这些国家的自由主义制度。在霸权缺失的政治背景下，市民社会的发展增强了社会冲突的程度，冻结了议会机制，并剥夺了政治本身的合法性。法西斯主义的大众运动就是从这种政治危机中诞生的。这些运动试图建立与自由主义彻底决裂的新型政治，但同时自诩是民主的。当然，在这些情况下，法西斯政权的出现并不是不可避免的。实际上，在意大利、西班牙和罗马尼亚历史中的不同时刻，各种激进民主方案，譬如社会主义、社会天主教主义、农民主义乃至无政府主义都构成了强大的力量；但是，市民社会快速发展的同时又缺乏霸权政治，这样的巧合使得两次世界大战之间的意大利、西班牙和罗马尼亚更可能迎来法西斯主义的结果（比起那些市民社会发展程度更低或者霸权政治更为发达的地方）。

我已通过对三个负面案例分别进行分析性叙述阐明了这一观点。这些结论简洁地概括了本书的观点，以更明晰的比较性术语重申了用于组织案例研究的叙述框架。为了方便讨论，表8总结了本书的比较分析结构。

表8 解释法西斯主义

	意大利	西班牙	罗马尼亚	匈牙利	德国
国家统一后的阶级内霸权	弱	弱（除了加泰罗尼亚）	弱	强	弱
19世纪末市民社会的发展	自发	精英主导	国家主导	国家主导	自发
市民社会发展后的阶级间霸权	弱	弱（除了加泰罗尼亚）	弱	强	弱
反霸权	弱	弱	弱	不相关	弱
结果	政党法西斯主义	传统法西斯主义	国家法西斯主义	非法西斯威权主义	政党法西斯主义

研究结果的总结

该如何解释两次世界大战之间的法西斯主义及其各种形式？迄今为止的分析表明，法西斯主义与非霸权的政治关系模式下的市民社会发展密切相关。重申一下，霸权是一种政治关系形式，其中，一个特定的团体成功地主张自己有权“领导”一系列结盟的团体。它可以采取三种基本形式：阶级内霸权，即结构上相似的社会阶级结成同盟；阶级间霸权，即结构上对立的社会阶级结成同盟；反霸权，即从属阶级自告奋勇要承担起一项霸权方案。所有最终产生法西斯主义的案例，都是在市民社会发展之前缺失了阶级内霸权，在市民社会发展之后缺失了阶级间霸权。缺乏这两种形式的霸权，产生了更进一步的后果，颇为矛盾地破坏了反霸权的发展。

阶级内霸权

在意大利、西班牙和罗马尼亚，社会精英们在组织上始终是四分五裂的。他们缺少能够在普选环境下可靠运作的强大政党。政党在形成之初便是组织起来操控权力分赃的团体，而不是真正意义上的政治组织。

这由两个主要原因造成。首先，在所有三个案例中，民族国家的建立本身都有悖于关键精英团体的利益。在意大利，皮埃蒙特的制度机构扩展到整个半岛，引发了地方精英的满腹怨气。[1]在西班牙，加泰罗尼亚的精英们从未成为统治联盟的一部分。[2]在罗马尼亚，民族统一主要是小波雅尔推动的方案，他们后来成为国家公职人员，与更老牌的地主阶级相对立。[3]在这三个案例中，均不存在一个统一的国民精英阶层。

其次，到了19世纪末20世纪初，这三个国家的议会政治进一步分裂了精英阶层。这三个国家的选举规则都将选举权限制在拥有大量土地或大量金钱的人群范围内。直到1912年，意大利的选举权仍然极其有限。[4]在西班牙，自由党在1890年批准了形式上的普选权，但是这对居住着大多数人口的乡村地区是没有意义的。[5]在罗马尼亚，选举权受到选举人团体系的引导，而选举人团的控制权牢牢掌握在非常富有的人手中。[6]矛盾的是，这些对选举权的限制反而削弱了意大利、西班牙和罗马尼亚精英阶层的内部凝聚力，因为议会所代表的潜在的阶级利益在根本上是一致的，所以这些国家的政治只能采取争夺职权的形式。托洛茨基在他的巴尔干战争通信中最清晰地捕捉到了这一点。他这样描写罗马尼亚："各统治党派越是不讲原则，它们实际纲领之间的差异越是难以捉摸，它们之间的斗争就越激烈，因为这是赤裸裸的对战利品、对公家饭占有权的争夺。"[7]这些见解同样适用于意大利和西班牙。

因此，在意大利、西班牙和罗马尼亚，宪政时期最显著的特征之一就是政治斗争的激烈性，尽管选民范围极其有限。暗箭伤人、"在朝"派与"在野"派之间的阴谋，以及政党之脆弱，是这三个国家共有的特征。由于没有一个扎根于明确社会阶级的反对党，这些政党始终保持着浓厚的个人主义色彩。这就很难形成一个有凝聚力的统治阶级内联盟，也就是阶级内霸权。

总而言之，寡头自由主义不仅是一套反民主的政治安排。更重要的是，这一政治体系倾向于削弱它所服务的社会精英阶层。这一体系不支持形成一个连贯一致的、可以链接到某种民族发展大业的统治阶级内联盟。随着市民社会越来越有组织，这将严重损害自由主义制度。

结社主义的发展与民主诉求的压力

尽管存在很多缺陷，但是主导了意大利、西班牙和罗马尼亚的议会体制是自由主义取向的。因此，它们确立了法律框架，给志愿结社在乡村的发展留出了空间。19世纪后期，从美国和俄国涌进的廉价谷物带来了压力，使得三个国家的农业生产者都开始成立乡村信贷组织和合作社。然而，在这三个案例中，结社主义发展的具体背景存在重大差异。在意大利，虽然社会精英一开始大力赞助这些乡村结社组织，但这一关系到19世纪90年代就破裂了。这里的市民社会从国家或社会精英中自主发展起来。[8]在西班牙，大地主把持了乡村地区的结社主义。社会精英主导了这里的市民社会的发展。[9]在罗马尼亚，国家在赞助结社方面发挥了核心作用。[10]因此，在意大利、西班牙和罗马尼亚，精英、非精英和中央政府之间的相对权力各有不同，相似的乡村志愿结社激增，导致了三种不同的市民社会结构。

尽管存在这些差异，但正如新托克维尔主义者所预测那样，这三个案例中的结社发展都导致了对民主扩大化的诉求。19世纪90年代，骚乱在意大利和西班牙的乡村地区蔓延开来。1907年，罗马尼亚那场戏剧性的、被残酷镇压的农民暴动也是类似的情况。这类对民主国家的诉求，即要求建立一个能代表全体人民的国家，在明显反民主的自由主义制度中无法得到表达。因此，乡村市民社会的扩张对这些国家脆弱的自由主义制度构成了挑战，而非强化。

阶级间霸权的弱势

意大利、西班牙和罗马尼亚的政治精英们深刻意识到自身的孤立境遇。他们也明白市民社会的发展对各自国家的政治体系施加的压力。为了回应结社发展，这些政治精英力推改革，试图增加自由主义制度的支持者。简而言之，他们尝试建立阶级间霸权。但是，由于阶级内霸权的薄弱，加之这些尝试出现在结社发展开始之后，这些尝试都以失败告终。

在意大利、西班牙和罗马尼亚，扩大阶级间霸权的尝试各自沿着很不一样的特定历史进程展开。在意大利，它是在没有与该国基本政治制度发生根本性决裂的情况下进行的。焦利蒂在19世纪90年代意大利转向威权主义后上台，他不再动用警察处理劳工纷争，并试图与北部的社会主义者建立联盟，而任由南部地区处于土地精英的控制之下。[11]在西班牙，扩大阶级间霸权的尝试与昔日寡头自由主义传统的崩塌同时发生。在20世纪头15年的改革尝试失败后，普里莫·德·里维拉决然摒弃了卡诺瓦斯体系。[12]正如焦利蒂在意大利所做的那样，里维拉独裁政权力图与西班牙社会党结盟，并推行由国家主导的发展规划。在罗马尼亚，建立阶级间霸权的尝试出现得比上述两个南欧国家的情况更晚，但是在某种意义上比它们要彻底得多。在20年代初，国家自由党确立了普选权，进行了土地改革，而这些都是焦利蒂或普里莫·德·里维拉没能在他们的国家推行的举措。[13]

虽然这些尝试之间存在很多差异，但它们都因为两个基本相似的原因失败了：在民族统一后紧接着的时期里没有建立起阶级内霸权，以及建立阶级间霸权的尝试太滞后。社会精英阶层四分五裂的结果之一是，改良派政治精英缺乏堪用的政党组织或统一的政治方案，以争取大众的支持。值得强调的是，在每个案例中，改良派的努力都出现在本就弱势的精英政治组织解体的背景下。在意大利，自由派精英的权力在20世纪前15年中被逐渐侵蚀。这一过程在西班牙更加剧烈，因为普里莫·德·里维拉在推行他的改革提案之前，动用西班牙的国家权力系统地瓦解了自由党和保守党。在罗马尼亚，土地改革和战争使得保守党声名狼藉，因而破坏了自1866年宪法制定以来就在运行的（尽管已然很无力的）政党轮替体系。

意大利、西班牙和罗马尼亚的改良派政治精英力图在政治弱势（即缺乏阶级内霸权）的情况下实施建立阶级间霸权的方案。正因如此，这些精英只敢部分地开放他们的政治体系。焦利蒂将实际的选举权限制在意大利北部地区。普里莫·德·里维拉的改良主义只延展到一小部分工人阶级。罗马尼亚国家自由党的土地改革伴随着一部宪法的出台，该宪法放宽了对戒严令的使用和对选举的操控。从长远来说，这些局部的开放对这些国家的自由主义制度产生了消极的影响，非但没有逐步增加议会制度获得的支持，反而进一步破坏了自由主义。在这三个国家中，改革的努力既不足以吸纳来自底层的反对派，也不足以迫使社会精英去组建强大的政治组织。每一个案例中，这样的过程都产生了相似的结果。当实际的普选权到来时（在意大利是1919年，在西班牙是1931年，在罗马尼亚是1928年），选举是在社会精英阶层缺乏一个能够赢得广泛民众支持的政治组织的情况下进行的。在这种阶级内霸权软弱无力的背景下，志愿结社迅速发展起来。但它们的发展不可避免地破坏了自由主义，而非维系它。市民社会发展的受惠者是政治天主教主义、农民主义和社会主义，而不是自由主义。

这三个国家的政治历史表明，阶级内霸权和阶级间霸权存在紧密联系。在这些国家里，支配阶级的无组织性削弱了它吸引非精英支持者的能力。在缺少政治组织和政治规划的情况下，领导层只得采取满足具体物质利益与镇压相结合的无效手段。

反霸权的失败

阶级内霸权和阶级间霸权相互关联的失败，产生了进一步的决定性影响。它们还破坏了反霸权的发展。社会精英中缺少有效的政治组织，这一点矛盾地阻碍了非精英当中政治组织的有效形成。

在上述的局部开放时期之后，阶级间霸权方案的破产为意大利、西班牙和罗马尼亚带来了一次民主机遇。社会民主、天主教民主和农民民主的方案在这一时期涌现。这些政治运动在组织上根植于一个蓬勃发展中的结社领域，而这一领域外在于老牌政党，并与之对立。然而不幸的是，这三国的民主潜能始终未能得到开发，背后的原因是相同的，即霸权政治的缺席。

意大利、西班牙和罗马尼亚之间的一个明显的相似之处在于，实际的普选权是在缺少一个强大的保守派政治组织的情况下出现的。在法西斯主义崛起的前夕，这三个国家的政治体系中都缺乏一个明确的保守派的位置。这部分缘于寡头自由主义时期的政治无序性。在投票选举的情况下，保守派很难获得政治影响力。还有更多特定的事件导致事态往同一方向发展。在西班牙，普里莫·德·里维拉领导下对政党体系的系统性破坏，以及在罗马尼亚，保守派由于战争而垮台，这些都是至关重要的事件。无论哪个案例中，在过渡到普选权之后的短期内，这三个国家都不存在地位稳固的保守派政党。

让人惊讶的是，这种关键制衡的缺席，往往会扰乱民主派力量的政治凝聚力。同样的脆弱性曾经破坏了精英霸权的发展，如今又削弱了非精英霸权的形成。在20世纪20年代早期的意大利、20世纪30年代早期的西班牙，以及20世纪20年代后期的罗马尼亚，那些总体上努力推动民主的政治力量始终四分五裂。它们倾向于分裂成许多彼此竞争的派系，追求互不兼容的纲领。正如社会精英群体没能成功建立一个强大的支配阶级内霸权一样，那些非精英群体的代表也失败了。城市工人阶级、农民阶级和城镇小资产阶级尤其证明了他们没有能力建立一个坚固的联盟。在意大利，主要的冲突发生在意大利人民党和意大利社会党之间。如果这些势力能够在1919年前建立起有效的政治联盟，它们就可以在议会中占据压倒性多数。然而它们却追求未经协调且互不相容的纲领。在西班牙，主要的分裂发生在共和党和社会党之间。社会党执意推行一个教条的反教权主义方案，而共和党，尤其是其中的农业势力，希望进行土地改革。罗马尼亚国家农民党缺乏协调的情况也与之相似。在某些方面，罗马尼亚的民主力量的政治处境看似比意大利或者西班牙的更有希望，因为国家农民党在一个单一的政治组织内，代表了农民和城市小资产阶级（这个国家的主要民主力量）联盟的利益。然而，国家农民党事实上是由两个党派组成的：扬·米哈拉凯（Ion Mihalache）领导的农民党，以及尤柳·马纽领导的"资产阶级"党。这两派从未充分协调他们的改革方案，并由于搞砸了土地改革而失去支持。法西斯运动在每一个国家的崛起都与民主力量的分裂和分散的趋势有关。这种趋势反过来又缘于缺乏一个有着强有力的霸权方案的保守派，这就导致民主力量无法相应地链接到一个反霸权方案。

总而言之，民主运动在意大利、西班牙和罗马尼亚的失败，与社会精英阶层没有能够建立霸权有关系。由于缺少一个明确的、至少号称取得了国家领导权的保守派敌人，民主派往往会分裂出一系列互相冲突的政纲。同样的问题再度浮现，就像寡头自由主义时期的阶级内碎片化分裂了社会精英群体一样。这就解释了支配阶级霸权的缺失和非精英反霸权的缺失之间的联系。这样的政治背景，正是日后法西斯主义崛起的土壤。

政治危机和法西斯主义的崛起

法西斯运动产生于一场影响了精英和非精英两方的政治危机。这两个群体都无法将自身建构为一个葛兰西意义上的“领导阶级”。相反，在法西斯主义崛起的前夕，政治斗争又回到了狭隘和四分五裂的利益集团之间的冲突。这使得政治丧失了信誉，为法西斯主义开辟了道路。

法西斯主义在根本上是一种反政治的意识形态。对于法西斯主义者来说，政治是一种不必要的“上层建筑”，扭曲了真正的有凝聚力的民族。法西斯主义者认为，政治并没有反映和引导不同的利益，而是挑起社会分裂的始作俑者。这一主张之所以貌似合理，只是因为法西斯主义者认为一种真正的民族利益原本就存在，无须通过政治过程来建构或形塑。意大利的民族工团主义意识形态就是这种观念最清晰的表达。对于浸润在这个传统中的人来说，自由主义国家的根本问题在于政治决策与社会生活其他层面的割裂。对于民族工团主义者而言，这导致了许多负面影响，包括漠视这个国家“真正的”问题，以及形成了寄生的“政治阶层”。这类论调在两次世界大战之间的意大利、西班牙和罗马尼亚的特定政治条件下引起了广泛的共鸣，在这些国家，霸权建构的失败形成了一场政治危机。[14]

法西斯主义意识形态的反政治本质也在某种程度上解释了法西斯主义和市民社会之间的关系。正如我早前所提出的，法西斯运动吸纳了市民社会的话语，视之为一个自发性合作的领域，必须将它从政治中解放出来。从法西斯主义者的视角看来，自由主义国家的基本问题在于它们无法代表当时社会复杂的结社结构。[15]法西斯运动旨在铲除所谓的人为的政治阶层，并力图将法西斯国家直接建立在利益社团之上。

考虑到市民社会在法西斯教条中的核心地位，这些运动不能被简单归结为反民主运动。相反，这些运动的领导层都力图建立比它们所对抗的腐败的自由主义制度更能代表人民或者民族的政治秩序。法西斯运动高举民主诉求，并利用这些诉求来攻击政治本身。从本书所讨论的三个案例都能明显看出，法西斯运动是反政治的。意大利的法西斯运动源自从战场归来的退伍军人要求建立一个更具代表性的国家。意大利社会党没能在战后时期与这一运动结盟，导致它自身转向右翼并采取威权主义策略。西班牙的塞达党，尤其是卡洛斯派的传统主义者，力图争取建立一个传统主义民主制，包括将权力下放到地区和增加农民的参与度。在罗马尼亚，科德雷亚努牵头的运动，尤其是在1935年之后，成了反对新兴的卡罗尔二世君主专政的联合力量的重要组成部分。我们不能把这些运动理解为反民主的运动。确切来说，它们认定自己在推进一个超越自由主义的民主方案，恰恰是这样的事实，在很大程度上解释了为何这些运动能得到民众的支持。法西斯主义者承诺要与各自国家里派系林立、政治上处处掣肘的寡头自由主义和不成熟的自由民主制决裂。法西斯主义对民众的吸引力，在于其承诺会让蓬勃发展中的市民社会的民主潜能得到实现。总而言之，法西斯运动是威权民主运动。它们不认为选举和议会是建立人民统治的合适制度，但它们支持的政治方案旨在创造更具代表性的政治制度，而不是相反。

法西斯主义者拒斥自由主义，因为他们拒不认可复杂的现代社会可以通过议会中制度化的政治辩论进行整合。他们认为，这些社会的复杂性意味着它们需要以一种非政治的方式进行整合。法西斯主义者没有尝试着消除互相竞争的利益或者它们相应的组织，而是试图消除它们的政治表达。意大利第一任法团主席朱塞佩·博塔伊（Giuseppe Bottai）就很清楚这一点："当我们说在意大利存在阶级合作而不是阶级斗争时，我们当然不是在说那些将个体和类别区分开的利益不存在。"[16]因此，法西斯主义政治诉诸了一种反政治的现代性图景。其基本主张是政治妨碍了现代社会的整合。法西斯主义者否认政治冲突在现代社会中的积极作用。他们认为互相竞争的利益只能通过技术手段去化解。[17]事实上，怀着消除政治的满腔热情，法西斯思想家有时会陷入自相矛盾的境地，否认法西斯政党的核心作用。因此，最好将法西斯主义理解为一种反政治的意识形态，一种对政治本身的拒斥。

法西斯主义对政治的批判是一大重要特征，使这些政党得以有效利用意大利、西班牙和罗马尼亚在两次世界大战之间形成的政治危机。这些国家的核心政治特征是，无论在其社会精英中或者在非精英中，霸权都是缺席的。法西斯运动很好地利用了这一政治土壤，因为它们的意识形态是一种混合了左翼和右翼的模棱两可的主张，矛头对准政治阶层。政治组织的弱势在更早之前摧毁了保守派，并侵蚀了更传统的民主力量，此时，它又增强了法西斯主义的力量。法西斯群众运动就这样在一个非霸权政治体系的背景下取得了成功，在这样的背景下，它们得以利用市民社会产生的民主诉求。这些运动的自我定位使之能够很好地将政治危机为己所用。葛兰西提出的有机危机的概念最恰当地把握住了这一点，他将有机危机界定为一种发生在"被代表者和代表者"之间，而不是阶级之间的冲突情况。[18]

葛兰西论点和主流解释之间的差异

这种解释与当前盛行的对法西斯主义的解释有何不同？我对两次世界大战之间法西斯主义的看法，与更为人熟知的解释之间最笼统的差异在于，我认为法西斯主义是霸权政治发展失败的产物，而不是精英阶层抵抗来自底层的民主压力的产物。这并不是要否认这种抵抗发挥了作用，但仅凭抵抗本身无法解释催生了法西斯主义的政治危机。法西斯主义并不单纯是受到威胁的精英阶层做出的反应，更是牵涉所有社会群体的一场普遍政治危机的产物。

在用更理论化的语言解释这意味着什么之前，有必要总结一下更为人熟知的理论所存在的主要经验性问题。虽然摩尔学说、韦伯学说以及托克维尔学说的阐释思路存在很多差异，但广义上看，它们都是在自上而下地解读法西斯主义。它们强调国家和社会精英的力量，及其与非精英或社会整体的关系。当然，它们的确切论点各有不同。摩尔认为法西斯主义是由地主与资本家形成的威权联盟造成的。韦伯主义者强调强大的旧体制的重要性。托克维尔主义者则强调社会的原子化，这也巩固了韦伯主义者的论点。

然而，就如我在上面指出的，这些论述存在很严重的经验性问题：第一组问题涉及那些在两次世界大战之间屈服于法西斯主义的国家中社会精英群体的本质，第二组问题关涉到这些国家的结构，第三组问题则关乎市民社会的发展。我已经相当详尽地讨论了这些议题，在此只重申一些核心要点。

遵循摩尔传统的分析存在的基本问题是，在法西斯政权发展起来的地方，压迫劳工型农业主往往并不是特别强大，至少在政治意义上如此。在意大利，南部的土地精英是统一进程的次要参与者。[19]在西班牙，土地精英虽然势力很强大，但无法与工业家结成强大的联盟。中央集权的卡斯蒂利亚的地主与地区主义的加泰罗尼亚的纺织品生产者之间的冲突，构成了法西斯主义崛起前西班牙政治的一个恒常的特征。[20]在罗马尼亚，大地主群体在“一战”后遭到了彻底的削弱，他们的土地被重新分配，政治组织也崩溃了。[21]

韦伯主义者认为两次世界大战之间的威权主义与晚期专制主义有关，支撑这一论点的论据亦面临严重的经验性挑战。该论点的根本问题在于，法西斯政权体制只出现在了并不真正存在旧体制的地方（如意大利、罗马尼亚和西班牙），或者是旧体制政治声誉破产的地方（如德国）。在统一运动后的意大利，核心的政治制度机构是议会而不是君主制。[22]君主制在西班牙更为活跃，但它在那里是一股推动现代化的自由主义力量。该国北部和东部的小农场主构成了旧体制（即卡洛斯派）的基础社会支持力量，但是这一政治模式在19世纪的内战中被挫败。[23]最后，罗马尼亚很像意大利，没有旧体制的传统。原因很简单：它作为一个独立政治单位的唯一经历，是在一部自由主义宪法的治下。[24]

托克维尔主义者的论点似乎也缺乏证据支撑。本书讨论的所有案例都经历过一次市民社会发展的重大飞跃，尤其是在1880年到1914年的农业领域。此外，证据表明意大利和西班牙的法西斯运动恰恰集中在市民社会发展程度最高的地方。在罗马尼亚，部分由于地方当权者不断打压法西斯主义，这一点很难确定。不过，罗马尼亚的法西斯主义在山区那些相对独立的小农场主中表现最好，而在种植谷物的平原地区没那么成功，这也说明了一些问题。

总而言之，“社会原子化”只是对两次世界大战之间的欧洲社会的一种不充分的描述，尤其是它没有很好地概括那些法西斯运动声势最为浩大的地区。然而，市民社会发展的特定形式与我所讨论的案例中的法西斯主义类型之间存在重要的联系。政党法西斯主义或许被当作托克维尔相关理论的典型案例，但是它颇为矛盾地与市民社会的发展有关，这种发展是独立于社会精英和国家的。当市民社会的发展从属于社会精英群体（西班牙）或者国家（罗马尼亚）时，政党法西斯主义——其标志是自下而上的法西斯运动和自上而下的法西斯政权的融合——就不会出现。在西班牙，出现的是传统法西斯主义，而在罗马尼亚，出现的是国家法西斯主义。简而言之，最典型的政党法西斯政权出现在市民社会发展最独立于国家和社会精英的地方。虽然志愿结社的发展在很大程度上形塑了最终产生的法西斯政权的类型，但是它的影响方式完全不符合大部分托克维尔理论传统下的论述。这一论点以及我对现有论述的批评能带来什么更广泛的启示呢？

理论总结

我提出的观点很明显影响了对市民社会概念的理解。但是，我的分析也引出了一系列更广泛的启示，关于我们应当如何理解“政治”和“社会”之间的关系。在阐发这些观点前，回顾和重述托克维尔传统的理论立场是有帮助的，之后，我会将其扩展为一系列更普遍的讨论。

市民社会、民主制、威权主义

政治社会学家已经开始质疑市民社会作为一个概念的有效性。越来越多的学者强调了市民社会在特定政治情境中发展带来的潜在风险。[25]我的分析和这类批判性文献有诸多共同之处，但是在某些方面，我认为对托克维尔理论传统的批评可能有些过头了。市民社会的概念对于理解政权体制的不同变体而言极为有用，对于理解民主而言更是格外有用。我认为，托克维尔命题的核心观点，即志愿结社的发展倾向于促进民主，是正确的。基本的问题在于，无论是对市民社会予以批判还是肯定的文献，都没有充分地将自由民主制与民主制本身区分开来。

相关文献非常庞杂，概而言之，一派学者认为志愿结社的发展促进了自由民主的运作，而另一派学者认为市民社会同样容易促成反自由民主的结果。在近来的讨论中，法西斯主义被视为典型的反自由民主的市民社会运动。[26]这场辩论很大程度上没有充分地区分自由主义与民主，因此忽略了法西斯运动中的确属于民主的元素。只有清晰区分自由主义与民主，我们才可以充分理解法西斯主义，而只有充分理解了法西斯主义，我们才能开始探究它对市民社会和民主相关理论的重要启示。

从回顾托克维尔的观点入手是有帮助的。在《论美国的民主》（*Democracy in America*）一书中，托克维尔指出，志愿结社有两类积极的效用。首先，它们促进了政治参与。通过在某些社会生活领域为共同目标而合作，男男女女也学会了以合作的方式去追求他们的政治利益。本书呈现的分析充斥着这类行为的例子。譬如，在意大利的波河河谷涌现的旨在解决基本经济问题的合作社，很快也参与起了政治事务。[27]这可以被称为市民社会的教化效应。[28]

另外，托克维尔认为，志愿结社构成了国家的一个结构性障碍。通过执行本应由中央政府承担的任务，它们限制了国家权力。毕竟，本书分析的很多志愿结社团体提供的基本福利服务，是积贫积弱的意大利、西班牙和罗马尼亚国家政府无法提供的。[29]

这两个托克维尔理论观点都相当站得住脚，我提出的历史证据中也没有什么可反驳它们的。认为志愿结社增加了政治参与并减轻了中央当局的压力，这当然是合理的。理论上的问题在于，这两个结果和作为一整套制度的自由主义之间的联系远没有那么清晰。我们可以将自由主义界定为一种治理形式，在这种治理形式下，政治决策经由讨论而获得合法性。[30]这样一个体系的基本要求是要有一个议会，其中男男女女可以自由地就政治事务交换意见。这样一个体系的运转，并不需要民众在政治上高度动员或者在地方一级实行自治。简而言之，就“民”（demos）参与政治决策的这层意义来看，自由主义与民主并没有明确的关系，因此也就与市民社会发展没有什么显著联系。正如法西斯意识形态理论家们自身充分意识到的那样，除了投票和向议会请愿，政治参与还可以采取很多种形式。此外，就像对法西斯主义崛起前意大利、西班牙和罗马尼亚的政治体系的分析所显示的，国家一级的自由主义制度与有限选举权、选举腐败和地方一级的强制性统治完美兼容。[31]

跟自由主义不同，民主是一种合法性原则或者政治程式，而不是一套制度。[32]一个政权是否民主，取决于它所主张的统治基础是否是代表**人民**的利益，而不是，譬如说，代表神明或其世俗代理人的利益。从这个意义上看，**法西斯运动总体而言属于民主运动，并且它们对自由主义的攻击就源自它们的民主性。**

法西斯运动所许诺的政治组织，是要比之前自由主义时期的政治组织更能响应民众诉求、更具有代表性的。考虑到法西斯运动与其他民主运动有很多共通之处，它们似乎从发达的市民社会中受益也就不足为奇了。跟社会主义、天主教和农民运动一样，法西斯运动在民众组织良好、社会团结传统强大、人民参与政治进程的地方发展良好。因此，在某种意义上，如果理解得当，我的论点表明法西斯主义对托克维尔的观点构成的问题或许并没有乍看上去那么大。意大利、西班牙和罗马尼亚强大的市民社会确实支持了民主运动，一如托克维尔的理论预期。但由于民主运动未必就是**自由民主**运动，因此在很多情况下，强大市民社会的存在威胁到了议会制国家。实际上，托克维尔自己也深刻意识到了民主本质上是一把双刃剑。他的著作探讨的核心问题正是如何使民主与自由相容。[33]

总而言之，法西斯主义带来的总体教训是，一个发达的市民社会可以推动一场虽民主但反自由主义的运动，因为它是反政治的。在这些类型的运动中，市民社会并不是自由民主的基石，而是政治代议制的替代方案本身。市民社会有两副面孔，既有能力支持反自由主义的政治运动，又有能力支持自由主义的政治运动，因为民主本身就有两副面孔。作为一种主权原则，民主可以和各种形式的政权体制相结合。[34]

霸权政治：缺失的一环

如果分析止步于此，即指出虽然市民社会促进了民主，但是它与自由主义关系不大，这样的结论实在无法令人满意，因为这引出了一个显而易见的问题：为什么市民社会的发展在某些环境中产生的结果是威权主义，在另一些环境中却显然增强了自由民主？我认为，葛兰西的霸权概念提供了市民社会与政体结果之间的缺环。正如我已详细论述过的，霸权的发展与市民社会的发展是彼此独立的历史进程。在意大利、西班牙和罗马尼亚，它们显然没有同时发生。在这些案例中，市民社会已经发展起来了，霸权政治却没有出现。由于政治斗争并没有以在结社发展之前确立的相对有共识的民族使命为依据，因此市民社会的发展产生了一堆复杂混乱的诉求，引发了政治危机，并最终破坏了意大利、西班牙和罗马尼亚自由主义体制的合法性。

正因如此，法西斯主义者对自由主义的批评才在这些国家引发了共鸣。这里的选举与政府没有关系，不仅因为选举的腐败，还因为政治生活的杂乱无章，而这本身就是霸权政治缺席导致的。社会精英阶层中缺乏组织架构稳固的党派，这种状况在推行普选权之后传递到了政党制度中。在这些国家中，既没有明确的保守派或反革命派，也没有明确的民主派。选举之所以有意义，是因为存在界限明确的左派与右派之间必要的紧张关系，而这种关系在这些国家并不存在。

因此，我的分析得出的一点主要启示是，保守派和进步派在某种程度上是相互依存的；或者，用葛兰西的概念来说，霸权和反霸权是彼此依赖的。这体现在两方面。首先，保守派运动和进步派运动的内部凝聚力取决于是否存在一个明确的政敌。如果没有这样一个敌人，那么政治运动总会陷入内部的碎片化，用葛兰西的话说，建立阶级内霸权就会变得困难。在我看来，就本书讨论的每一个案例而言，要是存在一个位于政治光谱另一端的明确的保守派，其实能够极大地有助于形成一个明确的进步民主派。这个基本条件在20世纪20年代早期的意大利不存在，在

30年代的西班牙不存在，在20年代后期的罗马尼亚亦不存在。

其次，这种内部凝聚力的缺失，或者说阶级内霸权的缺席，也使阶级间霸权难以形成。如果一个政党或者政党联盟没有针对一个明确界定的敌人制定的政治方案，那么潜在盟友和那些并非潜在盟友的团体、党派和社团之间的界限就会变得模糊。这样一种政治上的模糊不清，会导致策略上的错误：试图支配或者清算潜在盟友，而不是去引导潜在盟友。因此，无论是从建立阶级内霸权还是阶级间霸权的角度来看，关键都在于朋友与敌人之间存在成熟的政治对立。[35]

意大利、西班牙和罗马尼亚的有机危机期间，明显可见每个国家都缺乏一套政治结构，这相应地导致那些真心寻求建立一个非威权民主制的群体拎不清形势。细想一下1919年意大利的政治局势。意大利社会党和意大利人民党加起来能在议会中占据绝对多数。然而，两者并没有通力合作，实现民众迫切需要的基本的政治和社会改革，而是相互争斗，内部分裂。这在一定程度上是意大利保守主义的弱势造成的结果。一个定位清晰的右翼大众政党本可以对意大利民主派的政治结盟产生巨大的积极影响。类似的结论也适用于西班牙第二共和国。1931年，西班牙的保守主义处于彻底混乱的状态。但由于缺少来自右翼的压力，共和国联盟中的各个派系和政党旋即开始内斗，推行的政策最终疏远了一个它们至少有能力维持其中立的社会群体（西班牙中北部的小农场主群体）。对于20世纪20年代后期罗马尼亚的政治，我们也可以提出类似的观点。在这里，保守派一端的缺失同样导致了民主派一端的支离破碎。法西斯主义之所以能在上述国家中站稳脚跟，都只是因为缺乏这种政治结构。

这就引出了一系列更宽泛的结论，关于我们应当如何思考政治斗争和群体形成（group formation）。来自不同学术背景的政治社会学家常常将群体形成视作零和博弈。一个社会阶级或者群体自我组织起来，就意味着它的对手变弱。在（葛兰西所属的）马克思主义学术传统中，这些群体通常被构想为社会阶级。但霸权的概念提出了一种与标准论述截然不同的路径，用以研究冲突和群体形成过程。我们可以通过葛兰西如何理解西欧的革命失败，来把握这种差异。马克思主义传统通常认为，在发达的西方社会中，资本主义的稳定性可以归因于其意识形态的力量。而从卢卡奇开始，经由法兰克福学派的拓展，马克思主义学者扩展了商品拜物教的概念，认为一种被动的、静态的和原子化的世界观是资本主义生产和交换的必然产物，并且它催生了一种经济主义和改良主义的工人阶级运动。[36]葛兰西对这一问题的看法完全不同，部分是因为他写作时身处的国家环境。跟其他西方马克思主义学者一样，葛兰西也反对经济主义和改良主义。然而，他认为造成这种结果的不是资本主义生产，而是民族国家的政治传统：缺乏霸权政治。这种路径指向了一种与更主流的马克思主义分析截然不同的群体形成概念。

一个建立了霸权的支配阶级，也就是一个以民族大业之名施行统治，并部分实现了相关大业的阶级，不仅对民间反对派的形成构成了障碍或者挑战，同时也充当了反霸权的非统治阶级形成的条件。霸权政治是一场斗争，争的是哪个社会群体能“真正推动整个社会前进，而不仅仅是满足它自身的生存需求”。[37]因此，一个成功建立起来的霸权并不仅仅是历史进程向前发展的绊脚石，它也为反霸权政治奠定了基本框架。一个霸权政治传统是一种所有社会群体都能加以利用的资源。正如意大利、西班牙和罗马尼亚的例子所表明的，一个非霸权的统治阶级可能比一个霸权统治阶级要糟糕得多。

当然，霸权政治不是共识政治。实际上，共识，也就是在各种狭隘的利益之间达成一系列协议，完全可以与霸权的缺席共存。霸权需要持续的斗争，不仅要争夺对更广义上的民族利益的定义，而且要争夺哪个社会联盟有资格领导人们实现这些利益。然而，跟那些封闭的经济法团之间的斗争不同，霸权政治涉及社会变革的集体性方案，其要素可以跨越阶级和群体边界，成为建立反霸权的资源。[38]在这一意义上说，霸权和反霸权相互依存。

葛兰西的霸权概念不仅有助于我们思考群体形成，而且有助于我们明确政治斗争在维系自由民主制度中的作用。政治社会学家经常认为，自由主义有赖于愿意在自身利益上妥协让步的社会行动者。[39]这种观点常见于文化视角的研究路径，认为自由主义根植于一系列让与（dispositions），也常见于更唯物主义视角的论述，将自由主义体制与一个特定的社会阶级联系起来，通常是“中产阶级”。在我看来，这些主张的问题在于，妥协本身可以通过各种不同的方式达成，比如，事先形成的利益集团之间的种种幕后交易。比起对妥协的依赖，自由民主制更多地依赖于制度化的政治斗争。但是，与一般意义上的社会斗争相比，什么是政治斗争？葛兰西的霸权政治概念在这里很有启发意义。当社会斗争超越了一个群体的直接经济利益，并以民族文化传统的措辞来表述时，霸权政治就出现了。正因如此，“人们可以分开来谈论经济和政治，而在谈论‘政治热情’时，要将其理解为一种直接行动的冲动，它诞生自‘永续和有机’的经济生活领域，但超越了这一领域，使得情感和抱负开始发挥作用，在情感和抱负的炽烈氛围中，即使是对个人生命的算计都遵循了与个人利益算计不同的法则”。[40]葛兰西以一种意义深远（即便尚不成熟）的方式，赋予了政治斗争一种积极的价值，这不仅在马克思主义学术传统中很罕见，而且在政治社会学中也是少有的。简而言之，葛兰西使人们认识到真正的政治斗争、霸权斗争对自由民主制的价值所在。

反之亦然。如果一国的政治不能足够独立于各种社会利益，如果不存在能提供清晰的全民族纲领的组织，该国选民就无法看出他们自己的偏好和政府之间有任何关系。由追求狭隘利益的诸多党派组成的联合政府并不是一个好的替代选项，因为它们不是作为政府被选出来的。相反，政府是在选举之后才于议会中形成的。因此，缺乏结构良好的政党，相当于给了法西斯分子大量批评自由主义的理由。本书中考察的三个主要案例中，法西斯主义者的主要批判目标之一就是“政治阶层”。法西斯主义者不认可通过投票来代表政治利益，因为在他们所处的特定政治条件下，这种利益代表机制无法有效运行。[41]意大利、西班牙和罗马尼亚在法西斯主义崛起前夕的政治环境清晰地表明了这一点：在每一个国家中，政治问题与其说是左翼和右翼之间的高度两极分化，不如说是政治混乱（political disorganization）。这一政治事实顺理成章地导致人们普遍认为，投票和议会辩论与“人民的统治”意义上的民主之间毫无关联。

因此，虽然上述分析没有直接探讨市民社会与自由民主之间的关联，但它为思考二者之间的关系提供了一种新的思路。也许核心的问题是，在什么样的政治条件下，结社发展能与自由主义统治相容？事实上，在本书的视角看来，两者的一致性不再是明摆着的事，而是本身就构成了一个问题。要解决这个问题，将是另一本书的任务了。

注 释

第二版导论

1 Mayer, *Dynamics of Counterrevolution in Europe, 1870–1956*, 1971: 3; Eley, "The British Model and the German Road," in *The Peculiarities of German History*, 1989: 91; Togliatti, *Lezioni sul fascismo*, 1970 [1935]: 1.

2 Gentile, *Le origini del ideologia fascista (1918–1925)*, 1975: 248; Gregor, *The Ideology of Fascism*, 1969: 6–10; Griffin, "The Palingenetic Political Community," 2002, 24; Mann, "The Contradictions of Continuous Revolution," in *Stalinism and Nazism*, 1997: 142–145; Sternhell, *The Birth of Fascist Ideology*, 1994: 7.

3 Beetham, "Introduction," in *Marxists in Face of Fascism from the Inter-War Period*, 1983: 11; Mayer, *Why Did the Heavens Not Darken?*, 1989: 94; Tasca, *Nascita e avvento del fascismo*, 1950: 537–539.

4 Mandel, *Trotsky as Alternative*, 1995: 107.

5 Ibid.: 112.

6 Trotsky, "What Next? Vital Questions for the German Proletariat," in *The Struggle Against Fascism in Germany*, 2001: 164–165.

7 Sarti, "Fascist Modernization in Italy: Traditonal or Revolutionary?" 1970: 1040–1044; Sarti, *Fascism and the Industrial Leadership in Italy*, 1971: 1–6; Sarti, "I sindicati fascisti e la politica economica del regime," 1972: 746; Tooze, *The Wages of Destruction*, 2006: 114.

8 Paxton, *The Anatomy of Fascism*, 2004: 98.

9 Marx, "The Eighteenth Brumaire of Louis Bonaparte," in *Marx*: 1996: 119–121.

10 Ibid.: 39.

11 Ibid.

12 Arendt, *The Human Conditio*, 1958: 308–312.

13 Gregor, *The Ideology of Fascism*, xii, 40–58.

14 De Felice, *Le interpretazioni del fascismo*, 2000: xiii.
15 Mann, "The Contradictions of Continuous Revolution," 1997: 136; Finchelstein, "On Fascist Ideology," 2008: 32.
16 Gentile, *Le origini del ideologia fascista*, 1975: 312–313.
17 Gentile, *La via italiana al totalitarismo*, 1995: 187.
18 Mann, "The Contradictions of Continuous Revolution," 1997: 142.
19 Pinto, "European Fascism," 2012: 293.
20 Art, "Review: What Do We Know About Authoritarianism After Ten Years?" 2012: 356.
21 Payne, "Foundations of Fascism," 2010: 707.
22 Canfora, *Democracy in Europe*, 2006: 250; Gallie, "Essentially Contested Concepts," 1955: 183–187.
23 A longer version of this analysis appears in *New Left Review* 114.
24 Poulantzas, *Fascism and Dictatorship*, 1974: 17.
25 Eley, "The British Model and the German Road," 1989: 121.
26 Gentile, *Il mito dello stato nuovo*, 1982: 96.
27 Ridolfi, *Il PSI e la nascita del partito di massa*, 1992: 46.
28 Linz, "Political Space and Fascism as a Late-Comer," in *Who Were the Fascists?*, 1965: 154.

第1章　两次世界大战之间欧洲的市民社会与法西斯主义

1 滕费尔德（Tenfeld）对这点的把握最为到位："19世纪欧洲社会的众多发展中有一个共同之处，在其时并且在当代再次让观察者吃惊，那就是组织的社会发展进程。" Tenfeld, "Civil Society and the Middle Classes in Nineteenth-Century Germany," 2000: 85. See also Callahan, *The Catholic Church in Spain, 1875–1998*, 2000: 142–148; Eidelberg, *The Great Rumanian Peasant Revolt of 1907*, 1974: 98; Lyttelton, "Liberalism and Civil Society in Italy," 2000: 69–78.
2 Nord, "Introduction," in *Civil Society before Democracy*, 2000: xvii–xviii; Putnam, *Making Democracy Work*, 1993: 137–148.
3 Arato, "Civil Society against the State," 1981; Cohen and Arato, *Civil Society and Political Theory*, 1992; Gellner, *Conditions of Liberty*, 1994; Nord, *The Republican Moment*, 1995; Putnam, *Making Democracy Work*, 1993; Putnam, *Bowling Alone*, 2000; Varshney, *Ethnic Conflict and Civic*

Life, 2002.

4 通过律商联讯（LexisNexis）数据库搜索报纸和杂志文章发现，在2008年2月和2009年2月之间，有2,400篇包含了“市民社会”和“民主”这两个关键词的文章。

5 帕特南在《使民主运作起来》(*Making Democracy Work*）的开篇提出的问题奠定了一整项研究议程：“为什么有些民主政府取得了成功，有些却失败了？” Putnam, *Making Democracy Work*, 1993: 3. 这又引出了另一个有待提出的问题：为什么市民社会有时会破坏自由主义？See also Howard, *The Weakness of Civil Society in Post-communist Europe*, 2003; 148–152; Kaufman, *For the Common Good? American Civic Life and the Golden Age of Fraternity*, 2002; Putnam, *Bowling Alone*, 2000; Skocpol, “The Tocqueville Problem,” 1997.

6 De Felice, *Le interpretazioni del fascisimo*, 2000: xii; Linz, *Fascismo, autoritarismo, totalitarismo*, 2003: 23–24; Mahoney, “Knowledge Accumulation in Comparative Historical Research,” 2003: 158.

7 Luebbert, *Liberalism, Fascism, or Social Democracy*, 1991: 3; Moore, *Social Origins of Dictatorship and Democracy*, 1993: 433–452; Stephens, “Democratic Transition and Breakdown in Western Europe,” 1989: 1060–1064.

8 Mann, *Fascists*, 2004: 44–48; Payne, *Fascism: Comparison and Definition*, 1980: 14–21; Payne, *A History of Fascism, 1914–1945*, 1995: 462–470.

9 布鲁诺·斯潘皮纳托（Bruno Spampanato）将法西斯主义定义为一种“威权民主制，鉴于这个国家的所有‘demos’，也即所有人民都参与其中”。Ibid.: 46. 乔瓦尼·秦梯利（Giovanni Gentile）提出了一个类似的观点，主张“法西斯政府……是一个民选的政府，在这个意义上，它是个典型的民主政府”。Gentile, *Fascismo: storia e interpretazione*, 2002: 28. 在罗马尼亚法西斯运动创始人科德雷亚努死后，接替他成为领袖的霍里亚·西马，用与秦梯利和斯潘皮纳托很相似的视角，区分了“民主”与“民族意志”：“人民的意志可以在某个特定的时刻通过民主和政党表达出来，但没有什么能阻止它也去寻找其他的表达形式。” Sima, *Histoire du mouvement légionnaire*, 1972: 101. 尽管措辞跟意大利法西斯主义者的略有不同，但很明显，西马同样主张在民主与自由主义之间做出区分，民主指的是人民的统治或民族的意志，而自由主义是一种制度形式。1935年，希特勒在一次演讲中声称：“国家只是民众生活的一种组织形式。" Quoted in Diehl-Thiele, *Partei und Staat im Dritten Reich*, 1969: 20. See also Fritzsche, "Did Weimar Fail?" 1996: 634–635; Gentile, *Fascismo: storia e interpretazione*, 2002: 28–29; Gregor, *Mussolini's Intellectuals*, 2005: 150; Sima, *Histoire du mouvement légionnaire*, 1972: 101; Spampanato, *Democrazia fascista*, 1933: 46.

10 在这些段落中所提到的本迪克斯（Bendix）和韦伯都将合法性定义为对这一问题的回应：人们为何服从？本迪克斯指出支配是"所有复杂社会中的一个普遍状况"。Bendix, *Kings or People*, 1978: 16. 关键在于支配的基础是什么。因此，民主意味着以人民的名义实施统治的主张。而显然，这种总体性的主张可以通过各种不同的方式建立。Weber, *Economy and Society*, 1978: 212–215.

11 Bottai, *Esperienza Corporativa*, 1928: 100–101; Mann, "The Dark Side of Democracy," 1999: 29; Mann, *Fascists*, 2004: 2; Manoïlescu, *Le siècle du corporatisme*, 1936: 90; Mazower, *Dark Continent*, 2000: 29; Nolte, *The Three Faces of Fascism*, 1966: 104; Rocco, *Scritti e discorsi politici*, 1938: 637–639, 641; Therborn, *What Does the Ruling Class Do When It Rules?*, 2008: 205–209.

12 Linz, *Fascismo, autoritarismo, totalitarismo*, 2003: 576–62.

13 Kelsen, "Foundations of Democracy," 1955: 3; Schumpeter, *Capitalism, Socialism, and Democracy*, 1942: 269.

14 Mosca, *La classe politica*, 1994: 70.

15 这样一来，自由主义可以被理解为建立民主的诸多方法之一。人们为自由主义辩护一般是出于这样一个理念，即共识是各方通过讨论改变彼此的想法而得到的。在自由主义的理论中，议会是一个立法的机构，是一个把个体利益或卢梭所说的"众意"（will of all）转换成"公意"的地方。立法组织所做出的决定在理论上与已然存在的那些组织所达成的妥协有本质的不同，因为它们代表的是商议的结果，展现出来的意见已经是通过辩论转化得来。认为通过讨论可以产生理性的共识的观点是所有其他自由权利的基石，比如言论自由和结社自由。人们之所以认为这些权利的存在是正当的，是因为它们可以使政治议题得到合理的讨论。Habermas, *The Social Structural Transformation of the Public Sphere*, 1989: 54–56.

16 Tönnies, "Demokratie und Palamentarismus," 1927.

17 Balakrishnan, *The Enemy: An Intellectual Portrait of Carl Schmitt*, 2000: 69–76; Schmitt, *The Crisis of Parliamentary Democracy*, 1985: 32. 在两

次世界大战之间，认为自由主义制度与民主不相容的观念相当普遍。其中，卡尔·施密特给出了最为明晰的阐述。在很多思想家看来，20世纪后半叶欧洲社会的组织，比如政党、工会、雇主组织等的涌现似乎都削弱了议会的立法功能，也就是它形成公意的能力。这些组织似乎都限制了个体代表根据议会商讨结果去行动的自由，因为政党成员是基于他们对某一已存在的政纲的承诺而被选上的。由于这些政纲关联的是有着根本分歧的民众意见和民众利益，所以这些政纲并不能在讨论中被转变。这样一来，议会代表回应争论的能力就被削弱了。因此，议会再也不能代表与特定利益相冲突的公意。立法者的决定再也不是基于讨论的自由，而是基于不同立场的妥协，而且这些立场都是在议员进入议会之前就已经固定下来的。从这一思路出发，虽然自由主义所具有的合法性乃是基于它能够通过讨论得到共识，但是至少在现代的情况看来，它的机构制度还不能实现这一构想。Ibid.: 49.

18 Gregor, *Mussolini's Intellectuals*, 2005: 120.

19 Friedrich, "The Unique Character of Totalitarian Society," 1964: 47–60; Gleason, *Totalitarianism*, 1995: 108–120.

20 Mahoney, "Knowledge Accumulation in Comparative Historical Research," 2003: 158.

21 Linz, "An Authoritarian Regime: Spain," 1970: 255.

22 Pombeni, "La rappresentanza politica," 1995: 108–109.

23 Bobbio, *Teoria generale della politica*, 1999: 272; Cohen and Arato, *Civil Society and Political Theory*, 1992; Gellner, "The Importance of Being Modular," 1995; Hall, "In Search of Civil Society," 1995; Keane, *Democracy and Civil Society*, 1988a; Pérez-Díaz, *The Return of Civil Society*, 1993; Warren, *Democracy and Association*, 2001.

24 Kornhauser, *The Politics of Mass Society*, 1959: 74.

25 Armony, *The Dubious Link*, 2004: 24–30; Hegel, *Elements of the Philosophy of Right*, 1991: 270–274; Howard, *The Weakness of Civil Society in Post-communist Europe*, 2003: 34–35; Kornhauser, *The Politics of Mass Society*, 1959: 74; Putnam, *Making Democracy Work*, 1993: 173–175; Tocqueville, *Democracy in America*, 1988: 513.

26 盖尔纳（Gellner）通过例子清晰地提出了这个议题："若是没有对原子化的人进行政治阉割，怎么可能产生原子化（根据伊本·赫勒敦所言），以及若是不对组织进行扼杀，怎么可能产生政治抗衡［就如在福斯泰尔·德·库朗日（Fustel de Coulanges）的世界中]？" Gellner, *Conditions of Liberty*, 1994: 99.

27 Tocqueville, *Democracy in America*, 1988: 511.

28 Putnam, *Making Democracy Work*, 1993: 111–112; Villa, "Tocqueville and Civil Society," 2006: 227–228.

29 Hall, "In Search of Civil Society," 1995: 8.

30 Tocqueville, *Democracy in America*, 1988: 523.

31 Arendt, *The Origins of Totalitarianism*, 1966: 313.

32 Lederer, *State of the Masses*, 1967; Arendt, *The Origins of Totalitarianism*, 1966.

33 Kornhauser, *The Politics of Mass Society*, 1959: 80.

34 Sartori, *Parties and Party Systems*, 1976: 16–17.

35 Kornhauser, *The Politics of Mass Society*, 1959: 33.

36 Bendix, "Social Stratification and Political Power," 1952.

37 Keane, *Democracy and Civil Society*, 1988a: 49–51; Keane, "Despotism and Democracy," 1988b: 55–62; Keane, *Civil Society*, 1998: 20; Wuthnow, "Tocqueville's Question Reconsidered," 1991: 288.

38 Arendt, *The Origins of Totalitarianism*, 1966: 316.

39 Ibid.: 313.

40 Putnam, *Bowling Alone*, 2000.

41 Paxton, *The Anatomy of Fascism*, 2004: 3.

42 Putnam, *Making Democracy Work*, 1993: 139.

43 Dovring, *Land and Labor in Europe in the Twentieth Century*, 1965: 206; Gide, *La Coopération dans les Pays Latins*, 1926–1927: 5; Putnam, *Making Democracy Work*, 1993: 139–141.

44 Armony, *The Dubious Link*, 2004; Berman, "Civil Society and the Collapse of the Weimar Republic," 1997; Hagtvet, "The Theory of Mass Society and the Collapse of the Weimar Republic," 1980; Koshar, *Social Life, Local Politics, and Nazism*, 1986.

45 Kaufman, *For the Common Good? American Civic Life and the Golden Age of Fraternity*, 2002: 9–10.

46 Armony, *The Dubious Link*, 2004: 206.

47 Putnam, *Bowling Alone*, 2000: 350–363.

48 Diamond, "Civil Society and the Development of Democracy," 1997: 6; Fiorina, "Extreme Voices," 1999: 403.

49 Armony, *The Dubious Link*, 2004: 10–11.

50 Lakatos, "Falsification and the Methodology of Scientific Research Programmes," 1970: 163.

51 Skocpol, "How Americans Became Civic," 1999: 73.

52 Lakatos, "Falsification and the Methodology of Scientific Research Programmes," 1970: 133.

53 Berman, "Civil Society and the Collapse of the Weimar Republic," 1997: 426–427. 阿里尔・阿莫尼很好地表达了这个观点，他在论述魏玛德国时就写道："在一个高度反政治主义的环境中，公民参与会部分地导致社会碎片化，赋予反民主的运动以合法性。" Armony, *The Dubious Link*, 2004: 70. 我认为这一观点犯了一个严重的错误，把法西斯运动草草等同为反民主运动，而我将会通过案例分析更详细地回应这一点。

54 Putnam, *Bowling Alone*, 2000: 336; Skocpol, "How Americans Became Civic," 1999: 32–33.

55 Putnam, *Bowling Alone*, 2000.

56 Bobbio, "Gramsci e la concezione della società civile," 1969: 85; Rueschemeyer, Stephens, and Stephens, *Capitalist Development and Democracy*, 1992: 49–50.

57 Gramsci, *Selections from the Prison Notebook*, 1971: 2.

58 Bobbio, "Gramsci e la concezione della società civile," 1969: 85.

59 Burawoy, "Marxism as Science," 1990: 788; Gramsci, *Selections from the Prison Notebook*, 1971: 238.

60 Ibid.: 119, 179, 237–238, 243.

61 Anderson, "The Antinomies of Antonio Gramsci," 1976–1977: 20; Bobbio, "Gramsci e la concezione della società civile," 1969; Coutinho, *Il pensiero politico di Gramsci*, 2006: 95–106; Gramsci, *Selections from the Prison Notebook*, 1971: 12, 119, 179, 235, 238, 243; Laclau and Mouffe, *Hegemony and Socialist Strategy*, 2001: 136.

62 Gramsci, *Selections from the Prison Notebook*, 1971: 181.

63 Ibid.: 181.

64 Ibid.: 181.

65 Laclau and Mouffe, *Hegemony and Socialist Strategy*, 2001: 66–67; Lears, "The Concept of Cultural Hegemony," 1985: 568.

66 Gramsci, *Selections from the Prison Notebook*, 1971: 57.

67 Burawoy, "For a Sociological Marxism," 2003: 225.

68 就像葛兰西曾说过的："实际上，革命的先驱者都是温和的改良派，他们高声控诉，却要求很少。而一个精英阶层逐渐被遴选出来，他们不再只关心'法团'的改革，而是倾向于把资产阶级视为领导全体民众力量的霸权团体。" Gramsci, *Selections from the Prison Notebook*, 1971: 77.

69 Ibid.: 79. 葛兰西关于法团过渡成为阶级的分析与小威廉·H.斯维尔（William H. Sewell Jr.）关于19世纪法国的阶级意识形成的研究有着有趣的相似之处。Sewell, *Work and Revolution in France*, 1980: 213. 斯维尔跟葛兰西一样，把他的分析构建在两种意识的对立之上，即工人阶级本来的那种根源于旧制度组织的法团意识，以及他所说的在19世纪30年代涌现的遍布于全体工人的一种同志意识。

70 Anderson, "Problems of Socialist Strategy," 1965: 242; Gramsci, *Selections from the Prison Notebook*, 1971: 77–78.

71 Ibid.: 90; see also Adamson, "Gramsci's Interpretation of Fascism," 1980: 620.

72 强调政治与文化似乎会把葛兰西的观点完全置于西方马克思主义的主流理论中，这一脉络的思想主要关注意识在阶级形成中发挥的作用。Lukács, *History and Class Consciousness*, 1971: 52. 这是解读葛兰西的一种可能，而他的著作也当然有某些这类分析的元素。但是值得强调的是，霸权作为葛兰西的核心概念，跟其他关于意识形态的西方马克思主义理论在两个层面上有着关键的区别。第一，跟物化、商品拜物教或者虚假意识等概念不同，我们最好不要将霸权理解成一种观念层面的"意识形态"。它指的更多是在历史中建构起来的具体的组织形式。第二，霸权不像那些更为正统的讨论意识形态或者虚假意识的马克思主义观点，它不是那个代表了真正或者正确理解了社会的革命组织需要克服的障碍。相反，霸权指的是西欧资产阶级一项基本的历史成就，这项成就媲美现代领土主权国家或者工厂的建立。

73 Huntington, *Political Order in Changing Societies*, 1968: 20.

74 葛兰西在分析意大利资产阶级的政治历史时暗示了前面两种霸权的分别，他写道："这一阶级的形成需要通过具有不同效力的方法去逐步且持续地吸收结盟的团体内部的积极成员——甚至包括那些敌对和看上去势不两立的团体的积极成员。" Gramsci, *Selections from the Prison Notebook*, 1971: 58–59. 而吸收结盟团体内部的成员就是阶级内霸权获得的过程。而吸收敌对团体成员就是阶级间霸权的获得过程。葛兰西的著作并没有出现"反霸权"一词。然而，葛兰西坚持主张"民族-

民众”传统的存在，尤其是可以为非精英所用的雅各宾传统的存在，正是霸权统治阶级存在所导致的。与此相对，葛兰西的一个基本论题就是意大利缺乏一个在此意义上的真正的民族政治。

75 Ibid.: 210; Huntington, *Political Order in Changing Societies*, 1968: 86.

76 Gramsci, *Selections from the Prison Notebook*, 1971: 130–131; Gramsci, *La Questione Meridionale*, 1974: 142; Laclau and Mouffe, *Hegemony and Socialist Strategy*, 2001: 134–136.

77 葛兰西在他关于知识分子的论述的最后部分，借助案例清晰地阐释了这一点。他写道，在英国，“那些在现代工业主义基础上成长起来的新型社会团体，显示出非凡的经济法团发展，但是在思想政治领域只是摸索着前进”。Gramsci, *Selections from the Prison Notebook*, 1971: 18. 换言之，英国资产阶级经济上强势，但并没有取得霸权。

78 Ibid.: 95–96, 131. 意大利历史就是这种情况的典型。葛兰西认为在意大利，“缺少了一种有效的**雅各宾**力量，而这种力量在其他国家觉醒了，并且将民族-民众的集体意志组织起来，建立了现代国家”。Ibid.: 131. 意大利统一后，这种情况就意味着意大利的统治阶级缺少政治组织和民族视野可以用来更好地表达利益和赢得绝大多数民众的支持。相反，那些追随者是基于各种不同又狭隘的利益建立的联盟，由意大利议会中的一些名人团结起来。这种政治的原型是乔瓦尼·焦利蒂，在1896年到1914年之间意大利议会的主导人物。焦利蒂的盟友很多样，包括天主教徒、社会主义者、南部的农业主和北部的工业家，他试图通过关税和国家的慷慨解囊去满足他们迫切的物质利益。Ibid.: 95–96. 这种薄弱的霸权态势，随着选举权的扩大，引发了第一次世界大战后的危机。Ibid.: 209–210. 但是这个战后危机的底层原因是市民社会的发展。因为天主教进步派和社会主义组织在乡村发展起来，这些组织的领导越来越难被收编进焦利蒂时期那样的杂乱的执政联盟中。在“一战”前后的那段时期，从葛兰西的观点看来，最大的特点是庇护治理的延续，也就是说，在一个市民社会已经有所发展的社会语境中采用一种非霸权的政治技艺。

79 Ibid.: 210.

80 Ibid.: 60–61.

81 葛兰西关于法西斯主义的论述在他所置身的马克思主义论争语境中是非常有辨识度的。在两次世界大战之间，基本上有两脉关于法西斯的正统马克思主义视角的阐释。一方认为法西斯主义是欠发达或者后发资本主义社会的一种典型的政治形式。另一方则认为这是过渡至社会主义的必要“阶段”，在某种意义上类似于在资本主义崛起中专制政体所扮演的角色。因此，当第一种说法认为法西斯主义必须与不发达资本主义联系起来，第二种说法则主张法西斯主义必须与最为发达的资本主义社会联系起来。这些形式上相互矛盾的说法，其实都在一个共同的框架中，试图把法西斯主义与特定的经济发展阶段捆绑起来。葛兰西非常尖锐地打破了这一思考方式，转而提出法西斯主义乃是政治危机的产物，并且这一危机是由在市民社会快速发展的情况下统治阵营的霸权弱势导致的。Ibid.: 210. 通过把法西斯主义与霸权以及市民社会发展关联起来，而不是纠结经济发展阶段的问题，葛兰西超越了直到那时为止用以解释法西斯主义的经济主义框架。Laclau, *Politics and Ideology in Marxist Theory*, 1977: 89–90; Poulantzas, *Fascism and Dictatorship*, 1970: 28–29, 32. 因此，他给我们开启了一个高度原创性的探讨法西斯主义的**政治**理论。而葛兰西这方面的观点成了我的研究方法的基础。

82 Emigh, “The Power of Negative Thinking,” 1997; Goldstone, “The Study of Revolutions,” 2003: 46.

83 Lakatos, “Falsification and the Methodology of Scientific Research Programmes,” 1970: 130.

84 Burawoy, “Marxism as Science,” 1990: 778; Emigh, “The Power of Negative Thinking,” 1997: 656; Emigh, *The Undevelopment of Capitalism*, 2009: 15–17; Riley, “Privilege and Property,” 2003: 192–193.

85 Lakatos, “Falsification and the Methodology of Scientific Research Programmes,” 1970: 130.

86 恩斯特·诺尔特的关于夏尔·莫拉（Charles Maurras）的分析对理解这种形式的法西斯主义很有帮助。正如诺尔特提到的莫拉的观点，“民主是一场消耗病，女神［法兰西］正饱受其折磨，生命垂危”。重点在于治愈女神。Nolte, *The Three Faces of Fascism*, 1966: 107.

87 De Felice, *Mussolini il fascista. L'organizzazione dello Stato fascista 1925–1929*, 1995 [1968]: 4; Falasca-Zamponi, *The Aesthetics of Power in Mussolini's Italy*, 1997: 8, 110; Linz, “An Authoritarian Regime: Spain,” 1970: 255; Linz, *Fascismo, autoritarismo, totalitarismo*, 2003: 29–32; Payne, *A History of Fascism, 1914–1945*, 1995: 16.

88 Panunzio, *Il fondamento giuridico del fascismo*, 1987: 208.

89 Nolte, *The Three Faces of Fascism*, 1966; De Felice, *Mussolini il fascista. L'organizzazione dello Stato fascista 1925–1929*, 1995 [1968]:

369; De Felice, *Le interpretazioni del fascisimo*, 2000: xiii; Mosse, *The Nationalization of the Masses*, 1975.

90 Gentile, *La via italiana al totalitarismo*, 1995: 31.

91 Togliatti, *Lectures on Fascism*, 1976: 73–86.

92 De Grazia, *The Culture of Consent* 1981: 4.

93 Pradera, *The New State*, 1938: 134–135.

94 González Cuevas, *Acción Española*, 1998: 14.

95 Pradera, *The New State*, 1938: 97.

96 Linz, *Fascismo, autoritarismo, totalitarismo*, 2003: 31; Rodríguez Jiménez, *Historia de Falange Española de Las JONS*, 2000: 283.

97 Manoïlescu, *Le siècle du corporatisme*, 1936: 15.

98 Berman, "Civil Society and the Collapse of the Weimar Republic," 1997; Kaufman, *For the Common Good? American Civic Life and the Golden Age of Fraternity*, 2002.

第2章 政党法西斯主义

1 Holt, *Risorgimento: The Making of Italy, 1815–1870*, 1970: 38–42.

2 Banti, *Storia della borghesia italiana*, 1996: 52–53; Ragionieri, *Storia d'Italia*, 1976: 44–53; Seton-Watson, *Italy from Liberalism to Fascism, 1870–1925*, 1967: 26, 49.

3 Farneti, *Sistema politico e società civile*, 1971: 228; Ragionieri, *Storia d'Italia*, 1976: 26–27.

4 Adler, *Italian Industrialists from Liberalism to Fascism*, 1995: 6; Banti, *Storia della borghesia italiana*, 1996: 45; Carocci, *Giolitti e l'età giolittiana*, 1971: 10; Chabod, *L'Italia contemporanea (1918–1948)*, 1961: 42; Delle Piane, *Gaetano Mosca*, 1952: 33; De Ruggiero, *The History of European Liberalism*, 1959: 341–342; Gaeta, *La crisi di fine secolo e l'età giolittiana*, 1982: 7; Pombeni, "Trasformismo e questione del partito," 1986: 224; Ragionieri, *Storia d'Italia*, 1976: 74–75; Salomone, *Italy in the Giolittian Era*, 1960: 15; Togliatti, *Lectures on Fascism*, 1976: 29.

5 De Ruggiero, *The History of European Liberalism*, 1959: 300; Mack-Smith, *Italy: A Modern History*, 1959: 184.

6 Chabod, *L'Italia contemporanea (1918–1948)*, 1961: 42. 如无其他说明，所有英译文都来自笔者的翻译。

7 帕尔米罗·陶里亚蒂在《法西斯主义讲稿》(*Lectures on Fascism*)中对这一点有个著名的表述："资产阶级从未有过一个强大、统一的政治组织；它从未有过一个政党式的组织。这是战前意大利局势的特征之一。" Lyttelton, "Liberalism and Civil Society in Italy," 2000: 74; Togliatti, *Lectures on Fascism*, 1976: 29.

8 Jones, *The Italian City State*, 1997: 71, 79, 231.

9 Ammirato, *La Lega*, 1996: 49; Tomassini, "Mutual Benefit Societies in Italy, 1861–1922," 1996: 239; Ridolfi, *Interessi e passioni*, 1999: 155–156; Zangheri, "Nascita e primi sviluppi," 1987: 6, 8, 10–13, 27, 49, 50.

10 Ammirato, *La Lega*, 1996: 66; Ciuffoletti, "Dirigenti e ideologie del movimento cooperativo," 1981: 91–92; Lyttelton, "Liberalism and Civil Society in Italy," 2000: 68.

11 Ciuffoletti, "Dirigenti e ideologie del movimento cooperativo," 1981: 92; Mazzini, *I doveri dell'uomo*, 1945: 97–101, 109, 112.

12 Zangheri, "Nascita e primi sviluppi," 1987: 42.

13 Ciuffoletti, "Dirigenti e ideologie del movimento cooperativo," 1981: 99.

14 Mazzini, *I doveri dell'uomo*, 1945: 117.

15 Ibid.: 17.

16 Ciuffoletti, "Dirigenti e ideologie del movimento cooperativo," 1981: 97–99; Degl'Innocenti, "Geografia e strutture della cooperazione in Italia," 1981: 7; Zangheri, "Nascita e primi sviluppi," 1987: 68.

17 Ciuffoletti, "Dirigenti e ideologie del movimento cooperativo," 1981: 104–105; Zangheri, "Nascita e primi sviluppi," 1987: 24.

18 Ciuffoletti, "Dirigenti e ideologie del movimento cooperativo," 1981: 91; Zangheri, "Nascita e primi sviluppi," 1987: 70.

19 Ammirato, *La Lega*, 1996: 63–64; Degl'Innocenti, "Geografia e strutture della cooperazione in Italia," 1981: 17, 20; Federico, "Italy 1860–1940," 1996: 767; Ridolfi, "La terra delle associazioni," 1997: 303–307, 315–318; Seton-Watson, *Italy from Liberalism to Fascism, 1870–1925*, 1967: 290; Trebilcock, *The Industrialization of the Continental Powers, 1780–1914*, 1981: 303; Zamagni, *The Economic History of Italy 1860–1990*, 1993: 7–8, 16, 48, 55, 69.

20 Zangheri, "Nascita e primi sviluppi," 1987: 60.

21 Degl'Innocenti, "Geografia e strutture della cooperazione in Italia," 1981: 21.

22 Covino, "Dall' Umbria verde all' Umbria rossa," 1989: 524.

23 Zangheri, “Nascita e primi sviluppi,” 1987: 97–98.
24 1893年后，这个组织变为全国合作社联盟（Lega Nazionale delle Cooperative）。1886年的组织成立会议由“鲁萨蒂领导的一群伦巴第显贵”召开。Ammirato, *La Lega*, 1996: 67.
25 Ibid.: 67–68.
26 Ridolfi, “La terra delle associazioni,” 1997: 283.
27 艾米利亚–罗马涅也是意大利共和主义（republicanism）的核心地区。例如，在罗马涅地区的一个小镇切塞纳，这里的切塞纳共和党协会（Republican Association of Cesena）促进了民主和共和的观念在城市的精英和非精英群体中的传播。Ridolfi, “Sulla Formazione dele Moderne Organizzazioni Politiche,” 1984: 316. 我在第2章后面会更详细地阐明，法西斯主义亦是在这个地区率先生根。
28 Corner, *Fascism in Ferrara*, 1975: 2–3; Preti, *Le lotte agrarie nella Valle padana*, 1954: 4–7.
29 Ciuffoletti, *Storia del PSI. 1*, 1992: 56.
30 Quoted in Zangheri, “Nascita e primi sviluppi,” 1987: 114.
31 根据赞盖里的说法，农工商部认可了在1883年至1889年间成立的65个工人合作社。而在1890年到1894年间，同一个政府部门承认的合作社超过了400个。Zangheri, “Nascita e primi sviluppi,” 1987: 106, 108.
32 Degl'Innocenti, “Geografia e strutture della cooperazione in Italia,” 1981: 21; Zangheri, “Nascita e primi sviluppi,” 1987: 113–115.
33 Quoted in Ministero di Agricoltura, Industria e Commercio (hereafter MAIC), *Saggio statistico sulle associazioni cooperative in Italia*, 1890: 12.
34 Ibid.: 12.
35 Ibid.: 12.
36 Zangheri, “Nascita e primi sviluppi,” 1987: 127–128.
37 Ibid.: 124.
38 Ibid.: 122.
39 MAIC, *Saggio statistico sulle associazioni cooperative in Italia*, 1890: 13.
40 Ibid.: 14.
41 Degl'Innocenti, “Geografia e strutture della cooperazione in Italia,” 1981: 18–19.
42 MAIC, *Saggio statistico sulle associazioni cooperative in Italia*, 1890:

6–7.

43 Ibid.: 6.

44 Degl'Innocenti, "Geografia e strutture della cooperazione in Italia," 1981: 21.

45 泽菲罗·丘福莱蒂（Zeffiro Ciuffoletti）追溯这一变化至1898年，并总结如下："直到那时，合作运动取得了自由主义文化和'自由市场论者'［liberisti］的青睐，因为对他们而言，似乎有可能通过合作，将工人和农民这些大众群体与社会主义运动的影响隔开。随着合作运动的扩张变成了社会党和天主教运动的生长因子，以及合作运动自身在经济和组织水平上达到了足以影响国家经济和政治现实的程度，情况开始发生变化，其影响之大以至于政府自身也无法再忽视。" Ciuffoletti, "Dirigenti e ideologie del movimento cooperativo," 1981: 146.

46 Ibid.: 103; Michels, *Storia critica del movimento socialista italiano*, 1926: 26–30; Ridolfi, *Il PSI e la nascita del partito di massa*, 1992: 27; Zangheri, "Nascita e primi sviluppi," 1987: 123.

47 Quoted in ibid.: 150.

48 Ibid.: 153.

49 Webster, *The Cross and the Fasces*, 1960: 4.

50 Degl'Innocenti, "Geografia e strutture della cooperazione in Italia," 1981: 37.

51 Ciuffoletti, "Dirigenti e ideologie del movimento cooperativo," 1981: 132.

52 Ibid.: 133.

53 Gide, *La Coopération dans les Pays Latins*, 1926–1927: 27.

54 Ciuffoletti, "Dirigenti e ideologie del movimento cooperativo," 1981: 116; Degl'Innocenti, *Storia della cooperazione in Italia*, 1977: 121–122, 145.

55 Gide, *La Coopération dans les Pays Latins*, 1926–1927: 102–104, 118–120.

56 Banti, *Storia della borghesia italiana*, 1996: 90, 169–170; Degl'Innocenti, *Storia della cooperazione in Italia*, 1977: 13; Gaeta, *La crisi di fine secolo e l'età giolittiana*, 1982: 47, 66–69; Seton-Watson, *Italy from Liberalism to Fascism, 1870–1925*, 1967: 167–169, 182, 190.

57 Banti, *Storia della borghesia italiana*, 1996: 38; Lyttelton, "Landlords, Peasants and the Limits of Liberalism," 1979: 105. 第5章对此做了更全面的探讨。

58 焦利蒂在1901年2月的演讲非常有力地总结了他对市民社会的观点。他声称："我从来不惧怕组织的力量，相反我更惧怕无组织的力量，因为我们可以合法地和有效地采取政府行动之于那些［组织的力量］，而要反对那些无组织的运动，我们只能使用武力。" Quoted in Gaeta, *La crisi di fine secolo e l'età giolittiana*, 1982: 106.

59 Carocci, *Giolitti e l'età giolittiana*, 1971: 66; Gaeta, *La crisi di fine secolo e l'età giolittiana*, 1982: 105; Lyttelton, "Liberalism and Civil Society in Italy," 2000: 73.

60 Seton-Watson, *Italy from Liberalism to Fascism, 1870–1925*, 1967: 238.

61 Adler, *Italian Industrialists from Liberalism to Fascism*, 1995: 34; Seton-Watson, *Italy from Liberalism to Fascism, 1870–1925*, 1967: 237–238.

62 Adler, *Italian Industrialists from Liberalism to Fascism*, 1995: 35–36; Banti, *Storia della borghesia italiana*, 1996: 274, 296.

63 Carocci, *Giolitti e l'età giolittiana*, 1971: 147.

64 Gramsci, *Selections from the Prison Notebook*, 1971: 180.

65 Ibid.: 181.

66 葛兰西敏锐地捕捉到了这种连续性："事实上我们可以说，整个意大利的国家生活自1848年以来就具备了转化主义的特征——换句话说，在1848年新归尔夫派和封建主义的乌托邦崩溃之后，在温和派建立的框架中，形成了一个覆盖更广的统治阶级。" Ibid.: 58.

67 King and Okey, *Italy Today*, 1901: 21–22; Saladino, "Parliamentary Politics in the Liberal Era," 1974: 47.

68 Aquarone, *Tre capitoli sull'Italia giolittiana*, 1987: 38–39; Ragionieri, *Storia d'Italia*, 1976: 71.

69 Ridolfi, *Il PSI e la nascita del partito di massa*, 1992: 68.

70 Ibid.: 83, 236.

71 Procacci, *The Italian Working Class from the Risorgimento to Fascism*, 1981: 6; Procacci, *La lotta di classe in Italia agli inizi del secolo xx*, 1992: 60, 64.

72 Quoted in Ridolfi, *Il PSI e la nascita del partito di massa*, 1992: 3.

73 Ibid.: 46.

74 Ibid.: 207.

75 Quoted in ibid.: 209.

76 Bonfante, "La legislazione cooperativistica in Italia dall'Unità a oggi," 1981: 197; Degl'Innocenti, *Storia della cooperazione in Italia*, 1977: 241;

Degl'Innocenti, "Geografia e strutture della cooperazione in Italia," 1981: 36–37; Galasso, "Gli anni della grande espansione e la crisi del sistema," 1987: 223; Zangheri, "Nascita e primi sviluppi," 1987: 108.

77 Fabbri, "Crescita e natura delle casse rurali cattoliche," 1977: 796.

78 Ibid.: 789.

79 Webster, *The Cross and the Fasces*, 1960: 4, 9, 19. 很多观察者注意到了法西斯主义崛起前的意大利人民党和战后的意大利天主教民主党之间的一个主要区别是它们与教会的联系。意大利天主教民主党是一个认信（confessional）的政党。而人民党不是。斯图尔佐清晰地指出这一点区分，说道："我不试图实现天主教徒的政治统一。我的政党由一批天主教徒组成，只是他们建立了一个非天主教徒在其中也能成为激进分子的政党。我也不在乎是否有社会主义或者自由主义天主教徒。相反，天主教民主党，作为一个政党，给自身提出了天主教徒的政治统一问题。" Quoted in Scoppola, *La repubblica dei partiti*, 1997: 113.

80 De Felice, *Mussolini il rivoluzionario 1883–1920*, 1995 [1965]: 110–111, 115; Romano, *Giolitti: lo stile del potere*, 1989: 238–239.

81 Ciuffoletti, *Storia del PSI. 1*, 1992: 409, 416; De Felice, *Mussolini il rivoluzionario 1883–1920*, 1995 [1965]: 127; Ridolfi, *Il PSI e la nascita del partito di massa*, 1992: 88.

82 De Felice, *Mussolini il rivoluzionario 1883–1920*, 1995 [1965]: 200–220; Milza, *Mussolini*, 2000: 179–182.

83 Adler, *Italian Industrialists from Liberalism to Fascism*, 1995: 97; De Felice, *Mussolini il rivoluzionario 1883–1920*, 1995 [1965]: 208–209, 319; Mack-Smith, *Italy: A Modern History*, 1959: 256–257; Morandi, *I partiti politici in Italia*, 1997: 53.

84 Aquarone, *Tre capitoli sull'Italia giolittiana*, 1987: 65.

85 Skocpol, "How Americans Became Civic," 1999: 55.

86 Tasca, *Nascita e avvento del fascismo*, 1950: 19–20.

87 Adamson, *Avant-Garde Florence*, 1993: 217–218; De Felice, *Mussolini il rivoluzionario 1883–1920*, 1995 [1965]: 338, 388–389; Gentile, *Storia del Partito Fascista*, 1989: 70–73, 515; Tasca, *Nascita e avvento del fascismo*, 1950: 20. 关于这些组织的系统性证据很少，尽管很显然它们对于理解随后的意大利法西斯主义的发展意义重大。这些组织的名字，有反布尔什维克联盟（Anti-Bolshevik League）、人民行动法西斯（Fascio of Popular Action）、民防联盟（Alliance for Civil Defense）、

内部抵抗委员会（Committee for Internal Resistance）和意大利国家法西斯（National Italian Fascio）。埃米利奥·秦梯利将它们定性为爱国的资产阶级组织，其原型是1918年在威尼斯创立的新协议（Patto Nuovo），它由本来是威尼斯的律师、后来成了国家法西斯党秘书的乔瓦尼·朱里亚蒂（Giovanni Giuriati）倡议成立。Gentile, *Storia del Partito Fascista*, 1989: 71–72. 他写道："通过市民和不同阶层之间的兄弟情谊的'新契约'让'民族和睦'的情感保持活跃，'以战场上的鲜血、工厂里的劳动，援助、救助和民众宣传工作中的热情来盖上印章'。" Ibid.: 72. 1919年类似的组织也在克雷莫纳和佛罗伦萨建立了。Ibid.: 73. 这些组织是为了在传统政党的框架之外运作而设计的，这些组织的领导将它们视为民族力量结盟的体现。

88 Chiurco, *Storia della rivoluzione fascista*, 1929: 98.

89 De Felice, *Mussolini il rivoluzionario 1883–1920*, 1995 [1965]: 475. 战争刚结束的时期里，地方的档案文件给人的印象是这个时期的退伍老兵团体之间有无数的联系。1919年1月的一份地方档案文件上列有墨索里尼的名字，而这份文件记载了很多米兰的爱国主义社团联合起来成立了一个民族联盟的米兰社团（Milanese association for the League of Nations）。意大利民族联盟（Italian National League）和威尔逊宣传小组（Wilsonian Propaganda Group）召开了会议，邀请了大约24个爱国组织的领袖来参加：自由主义社团（Liberal Association）及其青年部、但丁·阿利吉耶里协会（Dante Alighieri Society）、让我们尊敬军队社团（Let's Honor the Army Association）、自由民众社团（Liberal Popular Association）、独立的加里波第拥护者社团（Association of Independent Garibaldinians）、地区退伍老兵委员会（Regional Veteran's Committee）、民主自由联合会（Democratic Liberal Union）、传播勇气联盟（League for the Dissemination of Courage）、退休陆军和海军官员（Pensioned Officials of Land and Sea）、领抚恤金的公务员和军人（Civil Service and Military Pensioners）、宪法社团（Constitutional Association）、福利委员会（Welfare Committee）、沦陷区意大利人政治社团（Political Association of Unredeemed Italians）、休假官员（Officials on Leave）、动员委员会（Mobilization Committee）、宪法党（Constitutional Party），亲军社团（Pro-Army Association）、职人团体（Group of Professionals）、内科医生联合会（Union of Medical Doctors）、爱国社团团体（Group of Patriotic Associations）、祖国社团（Fatherland Association）、的里雅斯特和特伦托社团（Trieste and

Trento Association)。ACS; MI; DGPS; 97; Milan 1919; Document 564. 会议决定成立一个新的协会，并委托一个委员会起草章程和筹集资金。

1919年4月捍卫意大利权益委员会（Committee for the Defense of the Rights of Italy）开会决定它应该和墨索里尼新组的"战斗的法西斯"建立何种关系。大约200人参与了会议，经过热烈讨论，委员会决定和墨索里尼的组织合作，成立宣传小组。ACS; MI; DGPS; 97; Milan 1919; Document 2524. 1919年5月，墨索里尼的组织和一个更大的伞式组织爱国法西斯社团（Fascio of Patriotic Associations）合作。ACS; MI; DGPS; 97; Milan 1919; Document 15933. 法西斯主义作为一场政治运动，从非常密集组织的市民社会中发展起来，而市民社会在焦利蒂时期已经出现，并因意大利参与"一战"而得到强化。

90 Bosworth, *Italy, the Least of the Great Powers*, 1979: 393; De Felice, *Mussolini il rivoluzionario 1883–1920*, 1995 [1965]: 230.

91 De Felice, "L'interventismo rivoluzionario," 1968: 281.

92 De Felice, *Mussolini il rivoluzionario 1883–1920*, 1995 [1965]: 266.

93 Ibid.: 283, 296–297, 472; Tasca, *Nascita e avvento del fascismo*, 1950: 21.

94 Buozzi, *Fascisme et syndicalisme*, 1930: 87–89.

95 在这个工厂里，工人们在意大利工会（UIL）的领导下组织起来，这一组织属于革命工团，与很多左翼民族主义团体很亲近。1919年2月末，工会领导要求八小时工作制和周六半天班。厂主拒绝了。3月16日，工会决定占领工厂。De Felice, *Mussolini il rivoluzionario 1883–1920*, 1995 [1965]: 503; Tasca, *Nascita e avvento del fascismo*, 1950: 46. 墨索里尼和米凯莱·比安基（"向罗马进军"的主要共谋者之一）面向集会的工人发表了演说。墨索里尼明显注意到并认同了这种新的"生产性罢工"（productive strike）的策略——他用这个术语来指代占领。"你们，"他说，"本来可以用那种旧的消极和破坏性的方式罢工，但是为了人民的利益，你们开创了一种新颖的罢工方式，一种不会中断生产的方式。" Quoted in De Felice, *Mussolini il rivoluzionario 1883–1920*, 1995 [1965]: 506.

96 很多学者视阜姆为日后法西斯主义政治技艺的试验田，比如在阳台对聚集的群众讲话，以及穿黑衫。Milza, *Mussolini*, 2000: 272.

97 De Felice, *Mussolini il rivoluzionario 1883–1920*, 1995 [1965]: 553–555.

98 这份纲要分为四个部分（政治、社会政策、军队政策和财政政策），在每个领域中代表了一种先进的民主立场。第一个主题之下，纲要要求降低选举年龄到18岁，废除无须经过选举程序的参议院，改之为“知识分子和体力劳动者以及工业的国家技术议会”（National Technical Council of intellectual and manual work and industry），以及采取一种“动态的［外交政策］……与那种倾向于稳固现有的富人统治霸权的外交政策形成对比”。至于社会政策，法西斯主义者要求八小时工作制、最低工资、工人参与企业、将企业和公共服务的管理委托给工人组织、重组交通、根据工作的难易程度调整养老保险、地主有义务去耕作他们的土地并在土地未经垦种时将其移交给合作社。在财政政策方面，这一纲要要求“对所有财富进行部分没收”，没收所有属于宗教团体的财产，以及没收所有战争所得利润的85%。Ibid.: 742–743.

99 塔斯卡主张，1913年有90万移民离开了意大利。移民的大门在“一战”爆发之际突然且永久地关闭了。Tasca, *Nascita e avvento del fascismo*, 1950: 17.

100 Cammett, *Antonio Gramsci and the Origins of Italian Communism*, 1967: 65; Mack-Smith, *Italy: A Modern History*, 1959: 289; Tasca, *Nascita e avvento del fascismo*, 1950: 17.

101 Maione, “Il biennio rosso: autonomia e spontaneitá operaia contro le organizzazioni tradizionali (1919–1920),” 1970: 827; Tasca, *Nascita e avvento del fascismo*, 1950: 26–27.

102 Ibid.: 117

103 Maione, “Il biennio rosso: Lo sciopero delle lancette (marzo-aprile 1920),” 1972: 254.

104 Cammett, *Antonio Gramsci and the Origins of Italian Communism*, 1967: 112–113; De Felice, *Mussolini il rivoluzionario 1883–1920*, 1995 [1965]: 503.

105 Corner, *Fascism in Ferrara*, 1975: 63, 89; Zamagni, “Distribuzione del reddito e classi sociali nell’Italia fra le due guerre,” 1979–1980: 24.

106 Maione, “Il biennio rosso: Lo sciopero delle lancette (marzo-aprile 1920),” 1972: 265.

107 Ridolfi, *Il PSI e la nascita del partito di massa*, 1992: 92; Togliatti, *Lectures on Fascism*, 1976: 171.

108 De Felice, *Mussolini il rivoluzionario 1883–1920*, 1995 [1965]: 590; Elazar, “The Making of Italian Fascism,” 1993: 193; Gentile, *Storia del Partito Fascista*, 1989: 45; Ridolfi, *Il PSI e la nascita del partito di massa*,

1992: 72–76.

109 Quoted in Maione, "Il biennio rosso: Lo sciopero delle lancette (marzo–aprile 1920)," 1972: 279.

110 De Felice, *Mussolini il rivoluzionario 1883–1920*, 1995 [1965]: 588.

111 塔斯卡视其为战后的巨大悲剧。但他并没有充分地将其与转化主义的传统联系起来。

112 Tasca, *Nascita e avvento del fascismo*, 1950: 190–191.

113 Ibid.: 24, 124, 128.

114 Gentile, *Il mito dello stato nuovo*, 1982: 13–14. 秦梯利提及了一种组织文化，他的看法是社会的自我组织将赋予意大利国家更强的力量。Ibid.: 13–14.

115 Gentile, *Le origini del ideologia fascista*, 1975: 42, 208–209; Gregor, *The Ideology of Fascism*, 1969: 82.

116 Roberts, *The Syndicalist Tradition and Italian Fascism*, 1979: 72.

117 Gregor, *Mussolini's Intellectuals*, 2005: 73; Perfetti, "Introduzione. Un teorico dello stato sindicale-corporativo," 1987: 27.

118 Gentile, *Il mito dello stato nuovo*, 1982: 11–12.

119 Panunzio, *Il fondamento giuridico del fascismo*, 1987: 143. 大卫·罗伯兹（David Roberts）强调对于所有的革命工团主义者来说，组织这一概念的重要性："工团主义者，甚至是法西斯主义者，一直都在重点强调组织对于意大利激进变革的价值。组织看起来是对原子化的、利己主义的意大利大众进行道德和政治意识培养的一个源头。更进一步来说，在组织的过程中意大利社会似乎也在培育它所需要的力量和韧性以反抗剥削的政府。" Roberts, *The Syndicalist Tradition and Italian Fascism*, 1979: 67. 工团主义因而是一种市民社会的意识形态，而我将会在第2章后面更详细地阐述。

120 Gentile, *Il mito dello stato nuovo*, 1982: 54–60; Roberts, *The Syndicalist Tradition and Italian Fascism*, 1979: 102–103.

121 阿尔弗雷多·罗科作为激进党的代表开始了他的政治生涯，该党在20世纪早期根深蒂固的自由主义政客中属于极左派。1907年他在当地代表大会提交了一份政纲提案，捍卫公职人员建立组织的权利。1914年他加入了意大利民族协会（Italian National Association），以及1923年，随着民族协会与意大利国家法西斯党的合并，他加入了法西斯党。Gentile, *Il mito dello stato nuovo*, 1982: 167, 173, 195.

122 Rocco, *Scritti e discorsi politici*, 1938: 634, 637.

123 Ibid.: 637.

124 Ibid.: 639.

125 Ibid.: 641.

126 Ibid.: 645.

127 Gentile, *Il mito dello stato nuovo*, 1982: 190. 第一步是把工会变成国家政府的分支，并使加入工会变成强制性的。然后一个地方执法官和一个代表“公共利益”的政府代表将会为这些“辛迪加”之间的争执做裁决。Rocco, *Scritti e discorsi politici*, 1938: 648.

128 Riosa, “Michele Bianchi,” 1968: 147–153.

129 Roveri, “Il sindicalismo rivoluzionario in Italia,” 1975: 20.

130 Gentile, *Storia del Partito Fascista*, 1989: 36.

131 Roberts, *The Syndicalist Tradition and Italian Fascism*, 1979: 14.

132 Ibid.: 15–16.

133 Germino, *The Italian Fascist Party in Power*, 1959: 38.

134 Bottai, “Prima seduta,” 1990: 90.

135 埃米利奥·秦梯利有力地表达了这点。他写道：“在焦利蒂时期，政治问题并不在于是否在广义上接受或者拒绝民主的原则，即人民的政治‘参与’，而是在于焦利蒂体系能否真正促进这种参与、代表集体的需求和愿景。” Gentile, *Il mito dello stato nuovo*, 1982: 48.

136 正如一位法西斯评论家C. 莫里斯（C. Morisi）解释的：“法西斯主义中占优势的那些要素大部分是资产阶级的［borghesia］，而工人只构成一小群少数派……绝大部分的大众对我们怀有敌意并且相信我们是其利益和抱负的敌人。” Quoted in ibid.: 65–66.

137 Corner, *Fascism in Ferrara*, 1975: 111; De Felice, *Mussolini il rivoluzionario 1883–1920*, 1995 [1965]: 6, 590–592, 594; Gentile, *Storia del Partito Fascista*, 1989: 65, 70; Lyttelton, *The Seizure of Power*, 2004: 56–60; Tasca, *Nascita e avvento del fascismo*, 1950: 57–61, 144.

138 1920年11月21日达古修宫事件（Palazo Accursio incident）就是这一过程的例证。选举胜利后，社会主义者占领了市政府的建筑。随后引发了一场混乱的斗争，并造成了一名民族主义议员被枪杀。作为回应，第一波法西斯暴力活动在博洛尼亚爆发。De Felice, *Mussolini il rivoluzionario 1883–1920*, 1995 [1965]: 656–657; Gentile, *Storia del Partito Fascista*, 1989: 150.

139 Ibid.: 126; Tasca, *Nascita e avvento del fascismo*, 1950: 184–185. 黑衫军的主要政治战术是惩罚性征讨。在数以百计可能发生过的行动中，有

一个例子来自一个位于波河河谷，夹在拉韦纳和博洛尼亚之间的叫莫利内拉的小镇。1921年6月12日，莫利内拉聚集了一队为了给新成立的地方法西斯组织举行升旗仪式的法西斯主义者。早上，他们要求当地的社会主义合作社悬挂意大利国旗。但是社会主义者拒绝了。经历了一个下午的斗争之后，一个法西斯小队登上了合作社的楼顶，挂上了写着他们地方法西斯组织名字的旗帜。ACS; MI; DGPS; 93; Document 3060. 几天之后，又是在莫利内拉，一队法西斯主义者闯入了社会主义联盟，偷走了家具和画作。7月初，警方汇报了第三起事件，指法西斯主义者入侵了一个当地的社会主义者的酒吧。基本上就在这些事件不断发生的同期，法西斯组织还采用了更传统的政治宣传方式。6月2日，莫利内拉的法西斯主义者举行会议，会上，主讲人鼓励“向大众和平渗透和传播法西斯主义的原则”。ACS; MI; DGPS; 93; Document 2789.

140 Ciuffoletti, “Dirigenti e ideologie del movimento cooperativo,” 1981: 181–182; Cordova, *Le origini dei sindacati fascisti*, 1974: 32–43; De Felice, *Mussolini il fascista. La conquista del potere 1921–1925*, 1995 [1966]: 56; Degl’Innocenti, “Geografia e strutture della cooperazione in Italia,” 1981: 51; Degl’Innocenti, *La società unificata*, 1995: 52–53; Fornasari and Zamagni, *Il movimento cooperativo in Italia*, 1997: 118.

141 罗伯托·法里纳奇是这方面的典型代表。他是前铁路工会的组织者，后来成为臭名昭著的黑衫军分子。法西斯运动中暴力和组织往往是并行的。Gentile, *Storia del Partito Fascista*, 1989: 131.

142 Putnam, *Making Democracy Work*, 1993.

143 Gentile, *Storia del Partito Fascista*, 1989: 212–214; Lyttelton, *The Seizure of Power*, 2004: 72–75.

144 Gentile, *Storia del Partito Fascista*, 1989: 164; Lyttelton, *The Seizure of Power*, 2004: 63.

145 Gentile, *Storia del Partito Fascista*, 1989: 218, 278–288.

146 Ibid.: 388.

147 Bottai, *Esperienza Corporativa*, 1928: 89.

148 De Felice, *Mussolini il fascista. La conquista del potere 1921–1925*, 1995 [1966]: 363; Pellizzi, *Una rivoluzione mancata*, 1949: 39–43; Uva, *La nascita dello stato corporativo e sindacale fascista*, 1974: 12–14.

149 卡米洛·佩利兹（Camillo Pellizzi）是“没有法西斯主义者的法西斯主义”这一说法的主要倡导者之一。他将法西斯的方案解读为一种把政治权威直接建立在技术能力之上的尝试，但是他抱怨该方案面临的来自政权的政治方面的抵抗。这一观点在他战后的著作《一场失败了的革命》（*Una rivoluzione mancata*）中得到了充分的表述。Pellizzi, *Una rivoluzione mancata*, 1949: 55. 本书第3章将会阐明，这恰是普里莫·德·里维拉成功实现的方案。

150 Cordova, *Le origini dei sindacati fascisti*, 1974: 175–177; De Felice, *Mussolini il fascista. La conquista del potere 1921–1925*, 1995 [1966]: 601–605; Uva, *La nascita dello stato corporativo e sindacale fascista*, 1974: 13, 16.

151 法西斯工团主义在农业领域更为成功。在这一领域，罗索尼能够把法西斯雇主组织建设成为唯一被大议会承认的组织，很大程度上得益于20年代早期农业主与法西斯组织极其亲近的关系。直到1922年初，农业主都大手笔资助那些法西斯组织。Cordova, *Le origini dei sindacati fascisti*, 1974: 61; De Felice, *Mussolini il fascista. La conquista del potere 1921–1925*, 1995 [1966]: 122. 作为回报，法西斯主义者镇压了社会主义联盟。然而这种合作对于农业主来说代价高昂，到了1922年初，在1月成立的农业党（the Agrarian Party）表明了他们开始疏离法西斯主义者。农业主想要挣脱社会主义者，“恢复”农村的秩序。但是他们没兴趣面对一个单一又庞大的农业辛迪加。到了1922年初，北部的农业主正在寻求建立一种外在于国家法西斯党划定的框架的政治组织。然而，跟工业家不同的是，农业主没能够维持他们的组织农业主联合会（Confagricola），这一组织被法西斯农业雇主组织即意大利农民辛迪加联合会（Federazione Italiana dei Sindacati degli Agricoltori, 简称FISA）所取代。Cordova, *Le origini dei sindacati fascisti*, 1974: 90.

152 Cordova, *Le origini dei sindacati fascisti*, 1974: 194–195, 168–178; De Felice, *Mussolini il fascista. La conquista del potere 1921–1925*, 1995 [1966]: 386, 404, 614, 617.

153 德·费利切称之为“转化主义的”行动。Ibid.: 602.

154 一如德·费利切清楚表明的：“正确地来看，这些攻击很严酷，但纯粹是口头的。”Ibid.: 615.

155 Cordova, *Le origini dei sindacati fascisti*, 1974: 180; De Felice, *Mussolini il fascista. La conquista del potere 1921–1925*, 1995 [1966]: 615.

156 按照德·费利切的说法，马泰奥蒂的言论“反对法西斯政府，反对法西斯主义，但同时也许最重要的是，反对他自己那个党的合作主义者和总工会的合作主义者”。Ibid.: 618.

157 Ibid.: 618, 622; Lyttelton, *The Seizure of Power*, 2004: 238.

158 Buozzi, *Fascisme et syndicalisme*, 1930: 113, 118.

159 Aquarone, *L'organizzazione dello stato totalitario*, 1995: 45; Cordova, *Le origini dei sindacati fascisti*, 1974: 246, 265; De Felice, *Mussolini il fascista. La conquista del potere 1921–1925*, 1995 [1966]: 667, 676, 714–715, 722–724.

160 Buozzi, *Fascisme et syndicalisme*, 1930: 113–114; Cordova, *Le origini dei sindacati fascisti*, 1974: 273. 用德・费利切的话来说，这是“法西斯工团主义一个真正和恰当的进攻……反对工业家联合会和整个的工业界，它的目标在于把这些组织完全法西斯化，让它们服从于工团的意志”。Ibid.: 95. 埃德蒙多・罗索尼是这个时期的法西斯辛迪加的全国领导，他辩称这次的罢工是“革命工团主义的回归”。De Felice, *Mussolini il fascista. L'organizzazione dello Stato fascista 1925–1929*, 1995 [1968]: 95.

161 Aquarone, *L'organizzazione dello stato totalitario*, 1995: 122; Rosenstock-Franck, *L'economie corporative fasciste*, 1934: 38–39.

162 Melis, “L’ amministrazione,” in *Storia dello stato italiano*, 1996a: 211, 216–217; Melis, *Storia dell'amministrazione italiana*, 1996b: 363, 368.

163 Aquarone, *L'organizzazione dello stato totalitario*, 1995: 66; Gentile, *Fascismo: storia e interpretazione*, 2002: 176; Pombeni, *Demagogia e tirannide*, 1984a: 459.

164 Germino, *The Italian Fascist Party in Power*, 1959: 34–36. 就如秦梯利在这里所写的：“地方行政长官［中央政府的地方代表］和联合会代表［国家法西斯党的地方代表］的关系一直都处于不稳定的平衡状态，取决于地方行政长官与联合会代表的私交或者取决于其中一方的人格力量。”秦梯利在此总结了一种正在形成的共识，即把政党置于法西斯体制的中心位置。Gentile, *Fascismo: storia e interpretazione*, 2002: 182–183.

165 Partito Nazionale Fascista (PNF), *Atti del PNF*, 1935 (XIV): 195.

166 这大概也是为什么缺失了国家法西斯党成员的全国名单，而这是意大利法西斯主义研究文献中经常出现的为人们所哀叹的事实。1929年和1932年发布的国家法西斯党的章程规定了党员记录由省级联合会保管。1929年的章程表明，“联合会的书记……直接或者通过其公务员掌控这些注册名单……以及档案”。Document contained in Aquarone, *L'organizzazione dello stato totalitario*, 1995: 509. 1932年的章程表示“［联合会书记］作为个人负责注册文件的具体保管”。Ibid.: 523. 这些章程中所提到的注册手续进一步规定了省级的部门而不是国家的部门，分派党证给地方的法西斯。1929年的章程第26条规定：“法西斯的行政书记负责从省级行政书记那里提取那些必须发给注册成员的党证。”Ibid.: 512. 因此，这些章程表明了省级的联合会控制了党证的发放和保管成员名单。缺失单一的国家法西斯党成员的全国名单是意大利法西斯主义的一个重要事实。

167 ACS; AF; PNF; DN; S; Series I; Box 830.

168 ACS; AF; PNF; DN; SPEP; Box 3.

169 ACS; AF; PNF; DN; S; Series I; Box 862.

170 ACS; AF; PNF; SPEP; Box 19.

171 Ibid.

172 Ibid.

173 ACS; AF; PNF; DN; S; Series II; Box 96.

174 ACS; AF; PNF; SPEP.

175 ACS; AF; PNF; DN; S; Series II; Box 96.

176 Ibid.

177 上述这部分和引用出自ACS; AF; PNF; SPEP; Box 1。

178 ACS; AF; PNF; DN; S; Series I; Box 220.

179 ACS; AF; PNF; DN; S; Series I; Box 215.

180 Aquarone, *L'organizzazione dello stato totalitario*, 1995: 146; Bottai, *Esperienza Corporativa*, 1928: 118; De Felice, *Mussolini il fascista. L'organizzazione dello Stato fascista 1925–1929*, 1995 [1968]: 334–335; Podestà and Uckmar, *I contributi sindacali*, 1929: 18; Valiani, “Il movimento operaio sindacale sotto il fascismo,” 1959: 60.

181 Rosenstock-Franck, *L'economie corporative fasciste*, 1934: 112–114.

182 De Felice, *Mussolini il duce. Gli anni del consenso 1929–1936*, 1996 [1974]: 197.

第3章 传统法西斯主义

1 Heywood, *Marxism and the Failure of Organized Socialism in Spain*, 1990: 5. 它们为新兴的地主精英提供了其所需的政治力量以巩固自身拥有的财产。后来，政党变成了支持农业关系结构的一个关键要素。如克恩（Kern）指出，庇护-附庸体系使得地主可以通过只给农民追随者最少的服务来应对农民的不满。Kern, *Liberals, Reformers and Caciques in Restoration Spain*, 1974: 16.

2 卡西克是从殖民地带回西班牙的一个美洲印第安人用语。

3 Boyd, *Praetorian Politics in Liberal Spain*, 1979: 4; Carr, *Modern Spain, 1875–1980*, 1982: 356–357; Gómez-Navarro, *El Régimen de Primo de Rivera*, 1991: 60; Lyttelton, "El patronazgo en la Italia de Giolitti (1892–1924)," 1973: 98; Payne, *Politics and the Military in Modern Spain*, 1967: 44–45; Payne, *A History of Spain and Portugal in Two Volumes*, 1973: 495; Tusell, "The Functioning of the Cacique System in Andalusia," 1976a: 14; Tusell, *Oligarquia y caciquismo en Andalucia (1890–1923)*, 1976b: 510; Tusell, *Manual de historia de España*, 1990: 32.

4 在北部的小农地区，卡西克主义以地方显贵为基础，这些人通常控制了地方的信贷。而在更平等主义的地区，譬如纳瓦拉，自由派精英们将当地德高望重的人物纳入了体系中。Kern, *Liberals, Reformers and Caciques in Restoration Spain*, 1974: 44–45. 被操纵的选举给出乎意料的"民主"的改革留下了发展空间。在"自由主义转向"期间，即从1885年到1890年，在普拉塞德斯·马特奥·萨加斯塔（Práxedes Mateo Sagasta，1825—1903）的领导下，议会采用男性普选制，使得这个国家在1890年时，在形式上比英国还要民主一些。此外，这一时期在新闻和志愿结社方面亦通过了令人瞩目的进步性的立法。Gide, *La Coopération dans les Pays Latins*, 1926–1927: 143; Payne, *A History of Spain and Portugal in Two Volumes*, 1973: 492; Tusell, *Manual de historia de España*, 1990: 26.

5 这是意大利的自由主义和西班牙的自由主义的主要区别，因为就如第2章中提及的，意大利的自由主义缺少任何国家层面的政党。

6 随着它们的最高领导人卡诺瓦斯和萨加斯塔的离开——前者在无政府主义者的袭击中被杀，后者因1898年的失败被彻底拉下了政坛——自由派和保守派分裂为彼此竞争的派系。Serrano, *Alfonso XIII y la crisis de la restauración*, 1969: 59–75. 与党派内部的分裂同步的是从下而上的侵蚀。1907年的选举后，轮流执政的政党在加泰罗尼亚不复存在，因其在公开的选举中被地方主义者、卡洛斯派和共和派的联盟彻底打败。Tusell, *Manual de historia de España*, 1990: 63. 该体系开始在西班牙南部的城市地区也变得疲软。例如在塞维利亚地区内，相对于轮流执政的官方政党，共和派和天主教的候选者到了1903年赢得了更多数的选票。Tusell, "The Functioning of the Cacique System in Andalusia,"

1976a: 7.

7 Ibid.: 6.

8 到1914年，西班牙自由主义的大本营安达卢西亚举行选举时，自由党自身已经分裂成加西亚·普列托（García Prieto，1859—1938）的追随者和罗马内斯伯爵（Conde de Romanones，1863—1950）的追随者，而保守党也分为老式的保守党和毛拉的追随者。Tusell, *Oligarquia y caciquismo en Andalucia (1890–1923)*, 1976b: 545. 直到1914年，轮流执政制度已不在，卡西克主义依然留存。在地方层面，日益增长的被庇护者更强烈地要求得到固定数量的议席。Ibid.: 544.

9 Vilar, *Cataluña en la España Moderna*, 1987: 15.

10 Balfour, "Riot, Regeneration and Reaction," 1995: 409–410; Carr, *Modern Spain, 1875–1980*, 1982: 473; Garrido Herrero, *Treballar en comú*, 1996: 49–50; Tusell, *Manual de historia de España*, 1990: 43.

11 Balfour, "Riot, Regeneration and Reaction," 1995: 410; Heywood, *Marxism and the Failure of Organized Socialism in Spain*, 1990: 1, 15; Morales Muñoz, "Los espacios de la sociabilidad radical democrática," 2001–2002: 168–177; Simpson, *The Long Siesta*, 1995: 18; Tusell, *Manual de historia de España*, 1990: 119–120, 153.

12 Baro, *Historia de la cooperacion catalana*, 1974; Garrido Herrero, *Treballar en comú*, 1996: 61–62; Pan-Montojo, "Las Asociaciones Rurales y el nacimiento del Sindicalismo Agrario en España, 1834–1907," 2000: 45; Vilar, *Cataluña en la España Moderna*, 1987: 77.

13 Lannon, *Privilege, Persecution, and Prophecy*, 1987: 3; Callahan, *The Catholic Church in Spain, 1875–1998*, 2000: 4, 27, 61.

14 一如兰农指出的："在涉及福利——或用当时的话来说是慈善——的地方，中央和地方政府都绝对依赖宗教团体来补充机构的人手和资源。" Lannon, *Privilege, Persecution, and Prophecy*, 1987: 74.

15 Ibid.: 74; Callahan, *The Catholic Church in Spain, 1875–1998*, 2000: 52, 191.

16 据卡拉翰（Callahan）的说法，它们主要是由"这个国家有钱的天主教精英"资助的。Ibid.: 191.

17 Ibid.: 191; Garrido Herrero, *Treballar en comú*, 1996: 48–49. 兰农列举了很多例子。圣心会（The Society of the Sacred Heart）在马德里的会所开设在帕斯特拉纳公爵（Duke of Pastrana）赠送的地产上。名为"十字架的女儿"（Daughters of the Cross）的女性教团应一群"最

为杰出和有影响力的女性”的邀请从法国来到毕尔巴鄂开办了一家孤儿院。Ibid.: 67. 一个富有的工业家的遗孀，多罗泰亚·德·乔皮泰亚（Dorotea de Chopitea）在巴塞罗那设立了数个基金会。1886年，一位富有的地主把整座山赠给了慈幼会。Lannon, *Privilege, Persecution, and Prophecy*, 1987: 68.

18 Tusell, *Historia de la democracia cristiana en España*, 1974: 37.

19 Garrido Herrero, *Treballar en comú*, 1996: 52.

20 Quoted in Montero, *La CEDA. El Catolicismo Social y Politico en la II Republica*, 1977: 69.

21 Callahan, *The Catholic Church in Spain, 1875–1998*, 2000: 67, 143; Castillo, *Proprietarios muy pobres*, 1979: 16.

22 卡拉翰声称它们“大多数自筹经费，主要资金来自成员们不多的捐款”。Callahan, *The Catholic Church in Spain, 1875–1998*, 2000: 140.

23 Ibid.: 140–141; Terrón Muñoz, *Las Cajas rurales españolas*, 1987: 111.

24 据其中一位运动领袖所言，辛迪加是“一个稳定的协会，由地主、佃农、田间工人以及所有从事农业相关职业的人组成，旨在研究、推进和捍卫农业利益”。Quoted in Castillo, *Proprietarios muy pobres*, 1979: 25. 1934年的辛迪加章程大概跟早期的其他规章制度很像，规定了工人、地主和佃户各自召开会议选举出代表，成立理事会，而这种做法可以解决纠纷，避免“阶级斗争和罢工”。Ibid.: 30.

25 Callahan, *The Catholic Church in Spain, 1875–1998*, 2000: 142; Castillo, *Proprietarios muy pobres*, 1979: 80; Cuenca Toribio, *Catolicismo social y politico en la España contemporánea (1870–2000)*, 2003: 53; Garrido Herrero, *Treballar en comú*, 1996: 60–61; Pan-Montojo, “Las Asociaciones Rurales y el nacimiento del Sindicalismo Agrario en España, 1834–1907,” 2000: 49; Tusell, *Historia de la democracia cristiana en España*, 1974: 40.

26 Cuenca Toribio, *Catolicismo social y politico en la España contemporánea (1870–2000)*, 2003: 45; Garrido Herrero, *Treballar en comú*, 1996: 69, 75.

27 Cuenca Toribio, *Catolicismo social y politico en la España contemporánea (1870–2000)*, 2003: 45; Garrido Herrero, *Treballar en comú*, 1996: 83–86.

28 Castillo, *Proprietarios muy pobres*, 1979: 32–33; Montero, *La CEDA. El Catolicismo Social y Politico en la II Republica*, 1977: 82.

29 Quoted in Garrido Herrero, *Treballar en comú*, 1996: 56.

30 Quoted in ibid.: 56.

31 Ibid.: 56.

32 Callahan, *The Catholic Church in Spain, 1875–1998*, 2000: 142; Garrido Herrero, "El primer cooperativismo agrario español," 2003: 37–41. 根据发展部的数据，农业辛迪加从1908年的972个扩张到1914年的2,067个。1907年、1908年、1910年、1915年、1916年以及1918年到1933年，农业署向已经登记的辛迪加发放问卷，在此基础上收集数据。这些数据展示了辛迪加的初步扩张（从1907年的433个增至1910年的1,559个），紧接着是介于1910年到1915年间为期5年的停滞，而1915年到1922年出现了新一轮的扩张。Garrido Herrero, "El cooperativismo agrario Español del primer tercio del siglo xx," 1995: 119.

33 Ibid.: 135.

34 Carr, *Modern Spain, 1875–1980*, 1982: 489–497; Esdaile, *Spain in the Liberal Age*, 2000: 207; Serrano, *Alfonso XIII y la crisis de la restauración*, 1969: 59–75; Tusell, "The Functioning of the Cacique System in Andalusia," 1976a: 7; Tusell, *Oligarquia y caciquismo en Andalucia (1890–1923)*, 1976b: 544; Tusell, *Manual de historia de España*, 1990: 55, 63, 94–98.

35 Esdaile, *Spain in the Liberal Age*, 2000: 211, 217; Serrano, *Alfonso XIII y la crisis de la restauración*, 1969: 80; Tusell, "La descomposicion del sistema caciquil espanol (1902–1931)," 1973: 81; Tusell, *Manual de historia de España*, 1990: 82 83, 85–87.

36 Carr, *Modern Spain, 1875–1980*, 1982: 492–493; Serrano, *Alfonso XIII y la crisis de la restauración*, 1969: 89–90; Tusell, *Manual de historia de España*, 1990: 87.

37 Esdaile, *Spain in the Liberal Age*, 2000: 226–227, 234.

38 Harrison, "Big Business and the Failure of Right-Wing Catalan Nationalism, 1901–1918," 1976: 912.

39 Boyd, *Praetorian Politics in Liberal Spain*, 1979: 78.

40 Harrison, "Big Business and the Failure of Right-Wing Catalan Nationalism, 1901–1918," 1976: 912; Payne, *A History of Spain and Portugal in Two Volumes*, 1973: 608–609.

41 Esdaile, *Spain in the Liberal Age*, 2000: 237. 有些学者认为保守派的达托政府鼓励了铁路公司的顽固态度。Esdaile, *Spain in the Liberal Age*, 2000: 237. 有些学者质疑这种解读："社会和政治的局势足够紧张，以至于会在没有任何挑衅的情况下造成这种爆发。" Tusell, *Manual de*

historia de España, 1990: 158.

42 Payne, *Politics and the Military in Modern Spain*, 1967: 184; Boyd, *Praetorian Politics in Liberal Spain*, 1979: 76.

43 Boyd, *Praetorian Politics in Liberal Spain*, 1979: 82–85; Brenan, *The Spanish Labyrinth*, 2000: 65–69; Tusell, *Manual de historia de España*, 1990: 159–160.

44 Harrison, "Big Business and the Failure of Right-Wing Catalan Nationalism, 1901–1918," 1976: 913.

45 根据卡罗琳·博伊德的说法，西班牙在摩洛哥的军事溃败，"首先是王朝政党在政治上不负责任的悲剧性象征，这些政党追求的只是在海外的廉价荣光和在国内的政治稳定，导致它们放弃了对摩洛哥的事业的控制，将其交给了一支有缺陷但是又野心勃勃的军队"。Boyd, *Praetorian Politics in Liberal Spain*, 1979: 182.

46 Ibid.: 166–167; Bastarreche, "The Spanish Military from the Age of Disasters to the Civil War," 1988: 232; Esdaile, *Spain in the Liberal Age*, 2000: 250–251; Tusell, *Radiografía de un Golpe de Estado*, 1987: 24.

47 Boyd, *Praetorian Politics in Liberal Spain*, 1979: 184; Tusell, *Radiografía de un Golpe de Estado*, 1987: 15.

48 哈维尔·图塞利纠结的文字可供我们了解当时巴塞罗那的政治局势有多难以描述："1923年，在巴塞罗那，各种情况交织在一起，使得一种激进的、民粹的民族主义得以形成，这种民族主义虽然远离同时期欧洲其他的威权主义运动，却在某种意义上与它们相似，即使它只是处于萌芽的阶段。" Ibid.: 49.

49 根据德尔·雷·雷吉洛（Del Rey Reguillo）的说法，科米利亚斯侯爵（Marquis de Comillas）"抱着满腔热情建立了巴塞罗那的民防队，授予它一种'新的特征'，其中反对工团主义的斗争成为最重要的目标"。Del Rey Reguillo, "Ciudadanos honrados y somentistas," 1987: 102.

50 Del Rey Reguillo, "Ciudadanos honrados y somentistas," 1987: 102; González Calleja and Del Rey Reguillo, *La defensa armada contra la revolución*, 1995: 55; Winston, *Worker's and the Right in Spain*, 1985: 129.

51 Del Rey Reguillo, "Ciudadanos honrados y somentistas," 1987: 105.

52 González Calleja and Del Rey Reguillo, *La defensa armada contra la revolución*, 1995: 79.

53 Ibid.: 111.

54 Ibid.: 95; Del Rey Reguillo, "Ciudadanos honrados y somentistas," 1987: 116; Winston, *Worker's and the Right in Spain*, 1985: 129.

55 González Calleja and Del Rey Reguillo, *La defensa armada contra la revolución*, 1995: 180.

56 Quoted in ibid.: 180.

57 Ibid.: 119, 147–152.

58 Ibid.: 200.

59 Ibid.: 200.

60 Del Rey Reguillo, "Ciudadanos honrados y somentistas," 1987: 343.

61 温斯顿（Winston）将这种紧张关系总结如下："激进的卡洛斯派精神感染了……工人中心，它很难与天主教工会组织［Uniones Profesionales］标志性的家长制、教权主义、对雇主命令的服从相调和。" Winston, *Worker's and the Right in Spain*, 1985: 94.

62 自由工会最谨慎和富有同情心的历史学家提出："1920年间的某一时刻，部分私人雇主（或许还有雇主联合会）得出结论，自由工会将会是破坏全国劳工联盟霸权的有效工具。" Ibid.: 134.

63 "我们很难夸大自由工会在多大程度上与马丁内斯·阿尼多共谋发起了反恐运动。"温斯顿写道。Ibid.: 141.

64 Tusell, *Radiografía de un Golpe de Estado*, 1987: 50; Tusell, *Manual de historia de España*, 1990: 187; Winston, *Worker's and the Right in Spain*, 1985: 103, 128, 134, 145, 111.

65 这位将军是一位在安达卢西亚拥有大量地产和贵族头衔（埃斯特利亚侯爵）的权威人物。他的家族有很多享有声望的军人，尤其是他的叔叔费尔南多·普里莫·德·里维拉（1831—1921），并且与复辟王朝的体系有着紧密联系。Rial, *Revolution from Above*, 1986: 45; Tusell, *Radiografía de un Golpe de Estado*, 1987: 29. 这位未来的独裁者在他成为重要政治人物之前有着辉煌的军旅生涯。19世纪90年代，他在古巴参战，而且他在摩洛哥执行过几次任务。Ibid.: 29–33. 因此，将军在非常大程度上是政治圈内人士，他一开始就寻求在复辟体系中从政，而事实上，他在1920年作为保守派候选人被选进了参议院。Ibid.: 22.

66 就如本-艾米（Ben-Ami）写道："整架行政机器依然效忠于政府。因此国王不得不接受普里莫，以便独裁统治取得成功。" Ben-Ami, *Fascism from Above*, 1983: 62. 然而，将普里莫·德·里维拉塑造为一位没有社会支持基础的军事冒险家将是一个重大的错误。倘若没有深深警惕着左翼威胁力量的加泰罗尼亚工业家的支持，他的上台将是不可想象的。Ibid.: 33–34.

67 Ibid.: 62; Tusell, *Radiografía de un Golpe de Estado*, 1987: 48, 50, 60.

68 Ben-Ami, *The Origins of the Second Republic in Spain*, 1978: 31, 130–131, 159, 399. 本-艾米强调了这一矛盾之处。对于轮流执政体系中的左翼，他指出："很多人转向了共和主义。" Ibid.: 159. 因而，一个恰恰是为了保卫现存的君主制国家的政权，却"比西班牙共和主义先驱们……加起来所创造的共和派还要多"。Ibid.: 31. 独裁政权系统性地废除王朝政党的做法仅仅加剧了君主制的政治孤立："普里莫破坏了旧制度的根基，而没有建起一个新国家，因此在身后留下了一个危险的权力真空。" Ben-Ami, *Fascism from Above*, 1983: 399.

69 宣言部分内容如下："战时状态被确认……所有省份的民政长官自然停止履职，这些岗位将会委托给各自省份的军事指挥官，如遇到军事指挥官并不居住在省会的情况，民政长官的职位会移交给该城市长居者中拥有最高军衔的人。" Quoted in Gómez-Navarro, *El Régimen de Primo de Rivera*, 1991: 180.

70 戈梅斯-纳瓦洛（Gómez-Navarro）所展示的关于109位在独裁统治期间在职的民政长官的证据表明了1924年到1930年，来自王朝政党的政客担任这些职位的比例从三分之一下降到十分之一。民政长官最多来自军人和职业官僚，意味着在普里莫·德·里维拉统治时期民政长官大多是王朝政党体系之外的新人。Gómez-Navarro, *El Régimen de Primo de Rivera*, 1991: 191–192.

71 Tusell, *La crisis del caciquismo andaluz (1923–1931)*, 1977: 62.

72 就如本-艾米形容这些代表的，"他们是公共道德的监察员，是公共场所卫生的守护者，是更人道的动物待遇的支持者，甚至是纷争夫妇之间的调解人"。Ben-Ami, *Fascism from Above*, 1983: 98.

73 Ibid.: 98; Tusell, *La crisis del caciquismo andaluz (1923–1931)*, 1977: 89, 96–97.

74 Ben-Ami, *The Origins of the Second Republic in Spain*, 1978: 155–156; Ben-Ami, *Fascism from Above*, 1983: 14. 有些前王朝政党政客试图重组一个立宪阵营（Bloque Constitucional），但是这一组织依然是一个自说自话的精英组织，没有得到民众的支持。Pecharromán, *La segunda republica*, 1989: 15; Payne, *Spain's First Democracy*, 1993: 25.

75 大学生构成了反对的中心力量。这一部分的人尤其不满普里莫·德·里维拉允许奥古斯丁会和耶稣会的学院授予学位的政策。大学生共和联合会（FUE）抗争的中心便是这一政策。Ben-Ami, *Fascism from Above*, 1983: 351. 大量的精英转向了共和派。安东尼奥·毛拉的儿子加布里埃尔（Gabriel）在20年代已经成了共和派。一位教会法的教授声明支持共和派。儿童的游戏包括了共和派与君主派之间的斗争，而且对右翼来说最糟的是，一位加泰罗尼亚地区联盟的领袖瓦莱斯-普哈尔斯（Vallés i Pujals）声称他的党组织中90%的成员都是共和派。Ben-Ami, *The Origins of the Second Republic in Spain*, 1978: 29–31.

76 Ibid.: 45; Ben-Ami, *Fascism from Above*, 1983: 375.

77 戈梅斯-纳瓦洛最为准确地把握住了这一问题："政权的法团代表制体系允许雇主组织直接影响那些本该做出影响它们的决策的机构，这导致雇主组织在捍卫自身法团利益方面显著政治化，同时亦引起了真正的去政治化，以至于那些雇主组织很难提出实际的政治问题，以及去寻求或者支持可以解决这些问题的政治替代方案。" Gómez-Navarro, *El Régimen de Primo de Rivera*, 1991: 483.

78 Gómez-Navarro, *El Régimen de Primo de Rivera*, 1991: 251–253, 260.

79 Ben-Ami, *Fascism from Above*, 1983: 245–247, 261; Gómez-Navarro, *El Régimen de Primo de Rivera*, 1991: 248.

80 Ibid.: 412–413; McIvor, *Spanish Labor Policy during the Dictablanda of Primo de Rivera*, 1982: 38–39.

81 Ben-Ami, *Fascism from Above*, 1983: 292–294, 309; Gómez-Navarro, *El Régimen de Primo de Rivera*, 1991: 418–419; Winston, *Worker's and the Right in Spain*, 1985: 264.

82 政权支持的社会主义者已经收获了"法团组织中工人阶级代表的最大份额"。Ben-Ami, *The Origins of the Second Republic in Spain*, 1978: 109. 到了20世纪20年代后期，这使得社会主义的总工会成了"全国最强以及组织最好的工会"（Ibid.: 113.），完全压倒了在这一体制之下饱受煎熬的右翼的自由工会。

83 这并不意味着与独裁统治合作就不需要付出代价。很多学者强调，考虑到西班牙总工会和西班牙工人社会党的半官方地位，它们的增长相对而言并不突出。这很大程度上是因为事实上社会主义组织直到20世纪20年代末都被排除在乡村之外。社会主义者在加泰罗尼亚同样继续遭遇发展的困难，在独裁统治期间，这里的工人更倾向于支持右翼的自由工会而不是社会主义的总工会。Ibid.: 116–117; Heywood, *Marxism and the Failure of Organized Socialism in Spain*,

1990: 99.

84 Ben-Ami, *The Origins of the Second Republic in Spain*, 1978: 127; Gómez-Navarro, *El Régimen de Primo de Rivera*, 1991: 442; Malefakis, *Agrarian Reform and Peasant Revolution in Spain*, 1970: 290–292; Preston, *The Coming of the Spanish Civil War*, 1994: 27, 31, 87; Thomas, *The Spanish Civil War*, 1961: 83.

85 Callahan, *The Catholic Church in Spain, 1875–1998*, 2000: 166.

86 关于法西斯意大利对这些事件的影响存在不少争议。本-艾米写道："根据普里莫的财政部部长卡尔沃·索特罗（Calvo Sotelo）说法，普里莫十分重视墨索里尼领袖在1926年通过爱德华多·奥诺斯传达给他的建议，即他必须抓紧时间建立自己的议会。" Ben-Ami, *Fascism from Above*, 1983: 210. 相比之下，戈梅斯-纳瓦洛的出色研究（1991: 266）声称："人们经常提起墨索里尼对奥诺斯的影响，认为前者启发了后者关于议会的构想，这一定——不管怎样——都是边缘的或者肤浅的。" Gómez-Navarro, *El Régimen de Primo de Rivera*, 1991: 266. 大量证据似乎支持第二个说法，因为普里莫·德·里维拉的议会改革在时间上其实早于墨索里尼的改革。就如我在第2章指出的那样，1924年那位法西斯独裁者的选举是在转化主义的广泛限制中进行的。直到1929年，意大利才出现了一个法团主义的解决方案，甚至时至那刻，参议院依旧保留原样，并没有被改革。

87 Ben-Ami, *Fascism from Above*, 1983: 219; Gómez-Navarro, *El Régimen de Primo de Rivera*, 1991: 267–268.

88 Ibid.: 271; Ben-Ami, *Fascism from Above*, 1983: 221–222.

89 Ben-Ami, *The Origins of the Second Republic in Spain*, 1978: 18; Ben-Ami, *Fascism from Above*, 1983: 354.

90 Ben-Ami, *Fascism from Above*, 1983: 260–261, 323, 329–332, 342; Gómez-Navarro, *El Régimen de Primo de Rivera*, 1991: 463–469.

91 Ben-Ami, *The Origins of the Second Republic in Spain*, 1978: 14, 22–23, 87–95, 238; Pecharromán, *La segunda republica*, 1989: 27; Preston, *The Coming of the Spanish Civil War*, 1994: 38.

92 Ben-Ami, *Fascism from Above*, 1983: 63; Payne, *Spain's First Democracy*, 1993: 36–37; Pecharromán, *La segunda republica*, 1989: 14.

93 就如普雷斯顿指出的："社会主义者在多场抵制独裁统治的运动中没有发挥什么显著作用，至少直到独裁统治的后期阶段都是如此。" Preston, *The Coming of the Spanish Civil War*, 1994: 13–14.

94 Ben-Ami, *The Origins of the Second Republic in Spain*, 1978: 124–125, 127, 130–131; Preston, *The Coming of the Spanish Civil War*, 1994: 13–14. 合作的政策为社会主义者带来了巨大的组织利益："对于大多数政治组织而言，独裁统治的倒台是一个可以开始重组力量的信号，对于社会主义者而言，这开启了一个新时期，其中他们在独裁统治期间的策略会带来成果，使其成为国内最有组织的政党和左翼联盟的轴心。" Ben-Ami, *The Origins of the Second Republic in Spain*, 1978: 127.

95 Malefakis, *Agrarian Reform and Peasant Revolution in Spain*, 1970: 172; Preston, *The Coming of the Spanish Civil War*, 1994: 38. 农业少数派（由旧卡斯蒂利亚的小有产者选进议会的非正式团体），以及巴斯克自治党直到1933年依然是微不足道的。Malefakis, *Agrarian Reform and Peasant Revolution in Spain*, 1970: 172.

96 Preston, *The Coming of the Spanish Civil War*, 1994: 61; 177.

97 Malefakis, *Agrarian Reform and Peasant Revolution in Spain*, 1970: 166–167.

98 Ibid.: 168–169; Payne, *Spain's First Democracy*, 1993: 116; Preston, *The Coming of the Spanish Civil War*, 1994: 80–81.

99 Malefakis, *Agrarian Reform and Peasant Revolution in Spain*, 1970: 207, 244–245.

100 Ibid.: 253, 289; Preston, *The Coming of the Spanish Civil War*, 1994: 80.

101 就如麦勒非克斯（Malefakis）对改革结果的总结："当时，几乎在方方面面，乡村经济生活都面临着被破坏的威胁，只因人们试图使劳动力供给与经济上的人为界限相一致。" Malefakis, *Agrarian Reform and Peasant Revolution in Spain*, 1970: 169.

102 Ibid.: 168–169.

103 Pecharromán, *La segunda republica*, 1989: 34–35; Preston, *The Coming of the Spanish Civil War*, 1994: 91.

104 Payne, *Spain's First Democracy*, 1993: 102–103.

105 Payne, *Spain's First Democracy*, 1993: 113; Preston, *The Coming of the Spanish Civil War*, 1994: 78.

106 Payne, *Spain's First Democracy*, 1993: 74. 本-艾米写道："对工会议题的强调和继承自过去教条主义式的'反对与资产阶级合作'，在独裁时期及其结束后的一段时间里合力破坏了共和党人尝试将社会主义运动用于反君权的企图。" Ben-Ami, *Fascism from Above*, 1983: 104.

107 Malefakis, *Agrarian Reform and Peasant Revolution in Spain*, 1970:

353; Payne, *Spain's First Democracy*, 1993: 166–168; Pecharromán, *La segunda republica*, 1989: 61; Preston, *The Coming of the Spanish Civil War*, 1994: 42–43, 45, 55, 65. 塞达党是一个复杂的组织，包含了一个保守派和一个温和派。社会天主教主义议员曼努埃尔·吉梅内斯·费尔南德斯（Manuel Jiménez Fernández，1896—1968）领导着温和派。他试图重新调整土地改革以符合小有产者的利益。但是组织中的右翼成功挫败了这一主张。Malefakis, *Agrarian Reform and Peasant Revolution in Spain*, 1970: 199.

108 君主主义者之间的紧张关系贯穿了整个共和国时期。但在这个时期，是卡洛斯派而不是阿方索派为群众组织提供了有效的基础。

109 Blinkhorn, *Carlism and Crisis in Spain*, 1975: 53, 133.

110 在西班牙内战爆发之际，这一民兵组织共有约1万人，它对西班牙中北部的民族主义者取得早期胜利有着决定性的影响。不像双方其他的准民兵组织通常只在城市中用手枪射击，呼啸兵是“一支以乡村为基础的真正的公民军队，在困难地形的作战方面训练有素”。Ibid.: 224.

111 Ibid.: 210–211; Callahan, *The Catholic Church in Spain, 1875–1998*, 2000: 166; Castillo, *Proprietarios muy pobres*, 1979: 275–276; Muñoz, *Elecciones y partidos politicos en navarra durante la segunda republica*, 1992: 73, 90.

112 Blinkhorn, *Carlism and Crisis in Spain*, 1975: 74, 116–117, 207–210; Thomas, *The Spanish Civil War*, 1961: 97.

113 “宗教是可以被用来动员大众支持寡头利益集团的议题。在1931年4月失去政治霸权后，统治阶级更加紧抓住教会组织，作为其控制社会与经济的关键堡垒之一。” Preston, *The Coming of the Spanish Civil War*, 1978: 30.

114 Linz, “The Party System of Spain,” 1967: 246; Payne, *Spain's First Democracy*, 1993: 179; Preston, *The Coming of the Spanish Civil War*, 1978: 30.

115 Payne, *Spain's First Democracy*, 1993: 168–169; Preston, *The Coming of the Spanish Civil War*, 1994: 66.

116 Preston, *The Coming of the Spanish Civil War*, 1994: 106–107.

117 Ibid.: 122.

118 Malefakis, *Agrarian Reform and Peasant Revolution in Spain*, 1970: 358.

119 Preston, *The Coming of the Spanish Civil War*, 1994: 205–209.

120 Thomas, *The Spanish Civil War*, 1961: 110.

121 Payne, *Falange*, 1961: 8.

122 Payne, "Spain," in *The European Right: A Historical Profile*, 1965: 188–189.

123 Ibid.: 197.

124 Payne, *The Franco Regime*, 1987: 63.

125 Balcells, *Catalan Nationalism*, 1996: 94.

126 Ibid.: 96; Payne, *Spain's First Democracy*, 1993: 105.

127 Balcells, *Catalan Nationalism*, 1996: 102.

128 Ibid.: 107; Payne, *Spain's First Democracy*, 1993: 205.

129 Balcells, *Catalan Nationalism*, 1996: 107.

130 Payne, *Spain's First Democracy*, 1993: 336.

131 Balcells, *Catalan Nationalism*, 1996: 95.

132 Ibid.: 95.

133 Ibid.: 92.

134 Payne, *Spain's First Democracy*, 1993: 336–337.

135 在这一点上，马丁·布林克霍恩（Martin Blinkhorn）讲得很清楚："因此，军事叛变者试图循着上次普里莫·德·里维拉所施行的经典兵谏手法，发动迅速有效且不流血的政变，这样的愿望很快就破灭了。" Blinkhorn, *Carlism and Crisis in Spain*, 1975: 253. 斯坦利·佩恩（Stanley Payne）同样表达了这一点，写道："一场在超过半个国家的领土上都失败的反抗很难称得上成功。它所收获的不是一场成功的政变，而是在北部、西部和遥远的南部建立了几个武装力量核心，可以调用来参与一场重大的反左翼政权运动，为全面内战创造了条件。" Payne, *The Franco Regime*, 1987: 102.

136 Blinkhorn, *Carlism and Crisis in Spain*, 1975: 253–254; Payne, *Falange*, 1961: 117; Preston, *Franco*, 1993: 146, 160.

137 Blinkhorn, *Carlism and Crisis in Spain*, 1975: 253; Preston, *Franco*, 1993: 147; Thomas, *The Spanish Civil War*, 1961: 238.

138 民族主义阵营最重要的将领之一埃米利奥·莫拉（Emilio Mola，1887—1937）一开始建议成立一个军事委员会，随后又被制宪议会所取代。Rodríguez Jiménez, *Historia de Falange Española de Las JONS*, 2000: 237.

139 Payne, *The Franco Regime*, 1987: 109; Payne, *Fascism in Spain*, 1999: 240; Preston, *Franco*, 1993: 249; Rodríguez Jiménez, *Historia de Falange Española de Las JONS*, 2000: 236–237.

140 Payne, *Fascism in Spain*, 1999: 240–241, 275; Preston, *Franco*, 1993: xviii, 164; Rodríguez Jiménez, *Historia de Falange Española de Las JONS*, 2000: 301.

141 Chueca, *El Fascismo en los Comienzos del Regimen de Franco*, 1983: 148; Payne, *Fascism in Spain*, 1999: 259–272; Rodríguez Jiménez, *Historia de Falange Española de Las JONS*, 2000: 317, 336, 341.

142 普雷斯顿指出了这一政权的非正式风格，他写道："所有佛朗哥政权中的部长一致表示大元帅完全放任他们去推行各自的部门政策。他们唯一的责任是遵循在内阁会议中商定的政策的总体方向。会议会持续很长时间，其间长枪党人和更为保守的、通常是君主主义者的军事部长们之间会发生激烈的争论。" Preston, *Franco*, 1993: 298.

143 1938年4月的《劳动宪章》(Fuero del Trabajo）正式批准了民族工团主义奋进会–长枪党对工团的控制。第13条第4项明确规定："工团的掌权者必然来自民族工团主义奋进会–长枪党的积极分子。" Salaya, *Historia del sindicalismo Español*, 1943: 169. 1940年1月的工团统一法令使得这种从属关系更为明确，规定了所有的经济利益社团将会"收编进运动的工团组织"。Selgas, *Los Sindicatos en España*, 1966: 432.

144 Chueca, *El Fascismo en los Comienzos del Regimen de Franco*, 1983: 229; Payne, *The Franco Regime*, 1987: 180–181; Salaya, *Historia del sindicalismo Español*, 1943: 169; Selgas, *Los Sindicatos en España*, 1966: 432. 佩恩形容民族工团主义奋进会–长枪党的地位如下："长枪党与部长委员会平行，而且与国家行政管理的决策机构并没有直接的、有机的联系。保守派和机会主义者在很大程度上控制了高层，这一政党可以用靠政党分赃制喂饱自己的巨大的官僚制度来自娱自乐。所有的政府职员都被认为是民族工团主义奋进会–长枪党的成员，但是没有可疑的强势的党领导被安置在一个具有影响的位置。长枪党控制下的唯一部门是工团组织，这一部门到了1940年在很大程度上不过是立下名目而已。" Payne, "Spain," in *The European Right: A Historical Profile*, 1965: 212.

145 造成长枪党尤其是它的工会派系的弱势的部分原因在于民族主义阵营中有组织的工人阶级的缺席。我在第2章中表明了1925年的罢工对于法西斯主义在意大利的建立是如此具有决定性作用。在西班牙，整个进程是不一样的。在民族主义时期的西班牙，现存的辛迪加组织脆弱且分散。Aparicio, *El sindicalismo vertical y la formación del estado*

Franquista, 1979: 8–11; Payne, *The Franco Regime*, 1987: 185–186. 这意味着民族工团主义在西班牙会不可避免地由国家驱动。费尔南德斯·库斯塔（Fernandez Cuesta）将西班牙模式与意大利模式之间的区别总结如下："在那些国家里，长官们遇到如在意大利上台时那般的一个他们无法废除的阶级工团主义，他们设想自身被迫化身小恶魔，将这种工团主义转化成国家工团主义而且随后创造出超工团主义的彼此联系和自我规训的机关，以保卫生产领域的威权主义利益。这些机关是法团。在当时，法团在阶级工团主义有一个强制的基础。垂直型的辛迪加，在另一方面，既是起点又是终点。它并没有预设其他辛迪加组织的早先存在。广泛的水平结构并没有扰乱到它。" Quoted in ibid.: 185. 这一进程既缓慢又步履蹒跚。第一任部长冈萨雷斯·布埃诺（González Bueno）的主要成就是民族工团主义者中心（Centrales Nacional Sindicalistas）的建立。Aparicio, *El sindicalismo vertical y la formación del estado Franquista*, 1979: 40–41. 这些是省级的机构，由一个向辛迪加与长枪党部负责的代表所统领。

146 Ibid.: 85–86; Payne, *The Franco Regime*, 1987: 290.

147 Callahan, *The Catholic Church in Spain, 1875–1998*, 2000: 347, 351; Lannon, *Privilege, Persecution, and Prophecy*, 1987: 199–200.

148 Castillo, *Proprietarios muy pobres*, 1979: 407, 440–443.

149 布林克霍恩（Blinkhorn）指出，卡洛斯派声称他们的政治运动是真正的自由主义。他提出："他们正在表达一种真诚的信念，相信广泛的公民参与、民众对公共政策的默许、政府威权主义的缺席和'代议'君主制。" Blinkhorn, *Carlism and Crisis in Spain*, 1975: 151.

第4章 国家法西斯主义

1 Seton-Watson, *A History of the Roumanians*, 1963: 312–313; Mitrany, *The Land and the Peasant in Rumania*, 1930: 46–49.

2 Jowitt, *Social Change in Romania, 1860–1940*, 1978: 21. 1905年，15,973名选民选出了72个参议院代表，而34,742位城市选民选出了逾79个众议院代表，而其他的42,907位间接选民代表了逾100万的实际上被剥夺了选举权的乡村选民。1911年，在1,644,302人口中，101,339人可以投票选出众议院的议员，而只有24,921人可以投票选出参议院的议员。Heinen, *Die Legion "Erzengel Michael" in Rumänien*, 1986: 64; Janos, "Modernization and Decay in Historical Perspective," 1978: 85–86;

Seton-Watson, *A History of the Roumanians*, 1963: 357.

3 Eidelberg, *The Great Rumanian Peasant Revolt of 1907*, 1974: 21; Heinen, *Die Legion "Erzengel Michael" in Rumänien*, 1986: 63.

4 Nagy-Talavera, *The Green Shirts and the Others*, 1970: 16; Roberts, *Rumania: Political Problems of an Agrarian State*, 1951: 20; Seton-Watson, *A History of the Roumanians*, 1963: 357–358.

5 Eidelberg, *The Great Rumanian Peasant Revolt of 1907*, 1974: 19; Heinen, *Die Legion "Erzengel Michael" in Rumänien*, 1986: 63.

6 Seton-Watson, *A History of the Roumanians*, 1963: 357. 就如亚诺什所写：“为了强化这一机器，布勒蒂亚努随后废除了旧的由大地主组成的第一院（first college），将它与第二院（second college）合并，而第二院的成员更支持官僚机制的目标，或者至少更容易被控制。” Janos, "Modernization and Decay in Historical Perspective," 1978: 87.

7 Chirot, *Social Change in a Peripheral Society*, 1976: 104–105; Heinen, *Die Legion "Erzengel Michael" in Rumänien*, 1986: 52; Mitrany, *The Land and the Peasant in Rumania*, 1930: 21.

8 Heinen, *Die Legion "Erzengel Michael" in Rumänien*, 1986: 59; Janos, "Modernization and Decay in Historical Perspective," 1978: 83; Stokes, "The Social Origins of East European Politics," 1989: 228.

9 Janos, "Modernization and Decay in Historical Perspective," 1978: 86–87.

10 Heinen, *Die Legion "Erzengel Michael" in Rumänien*, 1986: 72.

11 Seton-Watson, *A History of the Roumanians*, 1963: 371.

12 Heinen, *Die Legion "Erzengel Michael" in Rumänien*, 1986: 49–51; Nagy-Talavera, *The Green Shirts and the Others*, 1970: 47.

13 米特兰尼（Mitrany）有力地总结了这一形势，写道：“日益加深的苦难将农民推向了绝望，而其绝望的发泄变成了1888年和1891年的叛乱。困苦的农民卖身给大地主和佃户，提前好几年抵押出自己的劳动力。这些在艰难时期还能获得的钱，他们需要从酒馆老板和放高利贷的人那里求得，而超过500%的利率并非什么罕见的事。” Mitrany, *The Land and the Peasant in Rumania*, 1930: 376.

14 Eidelberg, *The Great Rumanian Peasant Revolt of 1907*, 1974: 74, 84.

15 关于这些组织一开始是如何形成的存在争议。艾德伯格（Eidelberg）认为它们是“自发”产生的。Ibid.: 75. 相反，迪亚米德·科菲（Diarmid Coffey）强调乡村学校教师的角色。Coffey, *The Cooperative Movement in Jugoslavia, Rumania and North Italy*, 1922: 45.

16 Ibid.: 45; Eidelberg, *The Great Rumanian Peasant Revolt of 1907*, 1974: 74–75, 92–93; Mitrany, *The Land and the Peasant in Rumania*, 1930: 376–378; Orbonas, *Die genossenschaftsbewegung in Rumänien*, 1930: 13; Roberts, *Rumania: Political Problems of an Agrarian State*, 1951: 78–79. 大卫·米特兰尼声称在1903年关于民众银行的法律出台之前，已经有711家合作社银行建立起来："第一阶段，在村民的主动倡导和资助下，十年内有711家民众银行成立。这一阶段打下了合作化尝试的基础，有望改变乡村生活，哪怕是在改革［即"一战"后的土地改革］前普遍不利的条件下。" Mitrany, *The Land and the Peasant in Rumania*, 1930: 378.

17 Eidelberg, *The Great Rumanian Peasant Revolt of 1907*, 1974: 76.

18 Ibid.: 78.

19 Ibid.: 76–77.

20 Ibid.: 67.

21 Ibid.: 75, 79–81; Mitrany, *The Land and the Peasant in Rumania*, 1930: 378–379; Orbonas, *Die genossenschaftsbewegung in Rumänien*, 1930: 14.

22 大卫·米特兰尼写道："新成立的中央办公室与其说是一个民众银行的联合机构，不如说是一个设计来控制、引导和给乡村的民众银行提供资金的国家机构。" Mitrany, *The Land and the Peasant in Rumania*, 1930: 378–379. 罗伯兹表达了类似的观点："合作社并不是真正的合作企业，而是由国家资助、领导和控制的官方机构。" Roberts, *Rumania: Political Problems of an Agrarian State*, 1951: 64.

23 Coffey, *The Cooperative Movement in Jugoslavia, Rumania and North Italy*, 1922: 57; Eidelberg, *The Great Rumanian Peasant Revolt of 1907*, 1974: 80–81; Mitrany, *The Land and the Peasant in Rumania*, 1930: 379, 383–384.

24 Coffey, *The Cooperative Movement in Jugoslavia, Rumania and North Italy*, 1922: 45; Eidelberg, *The Great Rumanian Peasant Revolt of 1907*, 1974: 72, 76, 96.

25 Quoted in ibid.: 103.

26 Ibid.: 133, 156.

27 Chirot, *Social Change in a Peripheral Society*, 1976: 150; Eidelberg, *The Great Rumanian Peasant Revolt of 1907*, 1974: 200; Mitrany, *The Land and the Peasant in Rumania*, 1930: 85; Roberts, *Rumania: Political Problems of an Agrarian State*, 1951: 3.

28 Digby, "Rumania: The State as Co-Operator," 1930: 410.

29 Ibid.: 428.

30 Eidelberg, *The Great Rumanian Peasant Revolt of 1907*, 1974: 96.

31 Ibid.: 102–103.

32 Digby, "Rumania: The State as Co-Operator," 1930: 411; Eidelberg, *The Great Rumanian Peasant Revolt of 1907*, 1974: 75, 78–79, 98; Orbonas, *Die genossenschaftsbewegung in Rumänien*, 1930: 18; Roberts, *Rumania: Political Problems of an Agrarian State*, 1951: 78–79.

33 Eidelberg, *The Great Rumanian Peasant Revolt of 1907*, 1974: 18, 20–21.

34 Mitrany, *The Land and the Peasant in Rumania*, 1930: 74–75, 79. 米特兰尼提起了镇长的权力，写道："通过《农业合同法》这一手段，宪法所保障的个人自由和住所的神圣性，对于95%的人口而言都被搁置一边了，乡村镇长可以为所欲为；而这并不是只发生在例外的情境中，而是在日常生活中，在每日谋生所需的工作所产生的问题中。" Mitrany, *The Land and the Peasant in Rumania*, 1930: 79.

35 Heinen, *Die Legion "Erzengel Michael" in Rumänien*, 1986: 69; Weber, "Romania," 1974: 510.

36 Keegan, *The First World War*, 2000: 308; Nagy-Talavera, *The Green Shirts and the Others*, 1970: 26; Rothschild, *East Central Europe between the Two World Wars*, 1974: 290.

37 Musat and Ardeleanu, *Political Life in Romania, 1918–1921*, 1982: 48, 55–58. 利韦泽亚努（Livezeanu）恰如其分地总结了保守党的衰亡："在1914年之前就已经衰弱的保守党因其在战时亲德国，以及土地和选举改革有力摧毁了它素来代表的大地主阶级，从而倒台。" Livezeanu, *Cultural Politics in Greater Romania*, 1995: 22.

38 Ibid.: 251; Nagy-Talavera, *The Green Shirts and the Others*, 1970: 30.

39 Roberts, *Rumania: Political Problems of an Agrarian State*, 1951: 94–95.

40 Heinen, *Die Legion "Erzengel Michael" in Rumänien*, 1986: 52, 103; Maner, *Parlamentarismus in Rumänien*, 1997: 44–49; Roberts, *Rumania: Political Problems of an Agrarian State*, 1951: 98–99, 102; Rothschild, *East Central Europe between the Two World Wars*, 1974: 297–298.

41 Heinen, *Die Legion "Erzengel Michael" in Rumänien*, 1986: 106; Patrascanu, *Sous trois dictatures*, 1946: 102.

42 Heinen, *Die Legion "Erzengel Michael" in Rumänien*, 1986: 106.

43 Nagy-Talavera, *The Green Shirts and the Others*, 1970: 256.

44 Janos, "Modernization and Decay in Historical Perspective," 1978: 102–103; Roberts, *Rumania: Political Problems of an Agrarian State*, 1951: 122–124.

45 土地购买和租赁协会"成立的唯一目的是接管土地，那些土地后来成了它们成员的私有财产"。Digby, "Rumania: The State as Co-Operator," 1930: 414.

46 Ibid.: 412–414; Mitrany, *The Land and the Peasant in Rumania*, 1930: 398.

47 Roberts, *Rumania: Political Problems of an Agrarian State*, 1951: 126.

48 Coffey, *The Cooperative Movement in Jugoslavia, Rumania and North Italy*, 1922: 57–58; Digby, "Rumania: The State as Co-Operator," 1930: 411; Mitrany, *The Land and the Peasant in Rumania*, 1930: 391.

49 Roberts, *Rumania: Political Problems of an Agrarian State*, 1951: 139–141; Scurtu, *Istoria partidului national-taranesc*, : 12, 69.

50 罗马尼亚这一发展方案的榜样是丹麦，它被描绘为"一个现代农业经济体，由合作社将小企业都联合起来，配以必要的补充性工业"。Heinen, *Die Legion "Erzengel Michael" in Rumänien*, 1986: 77–78.

51 Ibid.: 77–78; Roberts, *Rumania: Political Problems of an Agrarian State*, 1951: 141–146.

52 Heinen, *Die Legion "Erzengel Michael" in Rumänien*, 1986: 152; Nagy-Talavera, *The Green Shirts and the Others*, 1970: 274–275; Roberts, *Rumania: Political Problems of an Agrarian State*, 1951: 118–119, 131; Rothschild, *East Central Europe between the Two World Wars*, 1974: 301.

53 Beer, *Zur Entwicklung des Parteien- und Parlamentsystems in Rumänien 1928–1933*, 1983: 347–348; Heinen, *Die Legion "Erzengel Michael" in Rumänien*, 1986: 154; Patrascanu, *Sous trois dictatures*, 1946: 107; Roberts, *Rumania: Political Problems of an Agrarian State*, 1951: 157.

54 罗伯兹认为这些事件显示出"旧习惯在新秩序中存续的顽固性"。Ibid.: 133.

55 就如罗伯兹表明的："当我们回过来看，马纽在1930年10月辞职是一个意义重大的事件，标志着罗马尼亚结束了它短暂的问责政府的试验。"Ibid.: 135. 帕特拉什卡努（Patrascanu）指出："正是从国家农民党走向衰落起，极端右翼运动开始扩张。"Patrascanu, *Sous trois*

dictatures, 1946: 109.

56 希钦斯（Hitchins）很好地表达了这点："这一形势源于这个政党的双重属性：扬·米哈拉凯以及他的派系有一个农民的纲领，并力争建立一个农民的国家，而马纽或者国家党那一派的政策在总体上占优势，其目标服务于中产阶级及其前景。" Hitchins, *Rumania, 1866–1947*, 1994: 415.

57 Heinen, *Die Legion "Erzengel Michael" in Rumänien*, 1986: 104; Maner, *Parlamentarismus in Rumänien*, 1997: 79; Roberts, *Rumania: Political Problems of an Agrarian State*, 1951: 166, 179–180; Rothschild, *East Central Europe between the Two World Wars*, 1974: 295. 拉里·瓦特斯（Larry Watts）在讨论尤柳·马纽家族卷入与捷克斯柯达公司的见不得光的军火交易中的时候就清楚指出了这一点。Watts, *Romanian Cassandra*, 1993: 121–122.

58 Ibid.: 126–127; Maner, *Parlamentarismus in Rumänien*, 1997: 69–70.

59 Roberts, *Rumania: Political Problems of an Agrarian State*, 1951: 132–135; Patrascanu, *Sous trois dictatures*, 1946: 108; Rothschild, *East Central Europe between the Two World Wars*, 1974: 302–303.

60 "他觉得自己是被选中来领导'新罗马尼亚'的。" Heinen, *Die Legion "Erzengel Michael" in Rumänien*, 1986: 159.

61 海嫩写道："卡罗尔并不想要绝对的君权。全民公投的波拿巴主义者的统治观让他着迷，一种领袖的君权，这种君权只有通过扩大他自己的权力范围才会实现其革命性。" Ibid.: 240–241. 瓦特斯也有类似的观点："卡罗尔本人决定要成为一位'伟大的人'，为他的子民所爱戴并且鼓舞人心。他自认为是一位军人，被贝尼托·墨索里尼以及他麾下引人瞩目的黑衫军的受欢迎程度和仪式所吸引，他固执地模仿这位领袖和意大利的法西斯政权。" Watts, *Romanian Cassandra*, 1993: 127. 曼尔（Maner）也有类似的观点，虽然比起海嫩和瓦特斯，曼尔的专著对于卡罗尔的敌意少了很多。他写道："卡罗尔无法掩饰自己对'墨索里尼的独裁和纪律性统治'的赞赏。" Maner, *Parlamentarismus in Rumänien*, 1997: 101–102.

62 Janos, "Modernization and Decay in Historical Perspective," 1978: 105; Maner, *Parlamentarismus in Rumänien*, 1997: 94, 101. 最后这一组包括亚力山德鲁·莫瓦蒂（Alexander Movrodi）、菲利克斯·韦德（Felix Wieder）、尼古拉·马拉克斯（Nicolae Malax），以及奥什尼特兄弟（Auschnitt brothers）、阿里斯蒂德·布兰克（Aristide Blank）和奥斯

卡・考夫曼（Oscar Kaufmann）。

63 Heinen, *Die Legion "Erzengel Michael" in Rumänien*, 1986: 173–174; Roberts, *Rumania: Political Problems of an Agrarian State*, 1951: 197.

64 Heinen, *Die Legion "Erzengel Michael" in Rumänien*, 1986: 181; Maner, *Parlamentarismus in Rumänien*, 1997: 107; Manoïlescu, *Le siècle du corporatisme*, 1936: 40.

65 Heinen, *Die Legion "Erzengel Michael" in Rumänien*, 1986: 164–165, 203, 240; Maner, *Parlamentarismus in Rumänien*, 1997: 103–104, 113; Roberts, *Rumania: Political Problems of an Agrarian State*, 1951: 206; Rothschild, *East Central Europe between the Two World Wars*, 1974: 304–305.

66 Heinen, *Die Legion "Erzengel Michael" in Rumänien*, 1986: 162, 203, 237–238; Patrascanu, *Sous trois dictatures*, 1946:107.

67 Roberts, *Rumania: Political Problems of an Agrarian State*, 1951: 189.

68 这也许解释了为什么自由党试图吸引外国贷款（而不是外国的直接投资）去资助工业化。Ibid.: 122–123.

69 Heinen, *Die Legion "Erzengel Michael" in Rumänien*, 1986: 154–155, 264; Patrascanu, *Sous trois dictatures*, 1946: 29–31; Roberts, *Rumania: Political Problems of an Agrarian State*, 1951: 171. 海嫩将自由党内部的青年自由党人和老自由党人之争与银行和重工业之间的冲突联系起来。Heinen, *Die Legion "Erzengel Michael" in Rumänien*, 1986: 265.

70 Ibid.: 265; Janos, "Modernization and Decay in Historical Perspective," 1978: 103. 罗伯兹认为卡罗尔国王本人"持有新兴产业的大量股份"。Roberts, *Rumania: Political Problems of an Agrarian State*, 1951: 199. 帕特拉什卡努则称卡罗尔深度参与了冶金业，而且与罗马信用银行（Banca de Credit Roman）有很大的利益关系。Patrascanu, *Sous trois dictatures*, 1946: 42.

71 根据卡罗尔在1933年10月与罗马尼亚外交部部长的谈话，即使迟至那时，他仍继续支持瓦伊达-沃埃沃德。Maner, *Parlamentarismus in Rumänien*, 1997: 144.

72 "随着其流程进行，自1928年4月以来，国家自由党开启了新的方向，并且借鉴了国家农民党的手段。"曼尔写道。Ibid.: 143.

73 在回忆录中，科德雷亚努描述了对一家国有工厂的入侵，那里的工人悬挂起红旗而且撤掉了国王的画像。Codreanu, *For My Legionaries (The Iron Guard)*, 1990: 12–13.《致我的军团士兵们》（*For My*

Legionaries）的开头也表明了反对共产主义的迫切性。科德雷亚努描写了一场集会，会上他问道："如果布尔什维克分子入侵我们，我们要怎么办？" Ibid.: 3.

74 反犹主义在学生中得到了支持，部分原因在于在两次世界大战之间的罗马尼亚，受过高等教育的人经济处境非常糟糕。1925年每1,000名居民中有6.8个学生，而在1932年，这一比例上升到了每1,000人有19.7个学生。在1913—1914年，布加勒斯特大学有3,500名学生。到了1929年，这一数量上升到逾2万。在经济并不发达，不能吸纳这么庞大的受过高等教育的劳动力的情况下，这就导致了自由职业的拥挤。在1931年，罗马尼亚比起其他所有欧洲国家，就律师占其居民的比例而言都是最高的。Heinen, *Die Legion "Erzengel Michael" in Rumänien*, 1986: 397–399.

75 亚力山德鲁·库扎是罗马尼亚反犹主义的主要人物。据他的说法，肤浅地采用西方的自由民主制度不能够产生建设强大的民族国家所需的社会整合度。罗马尼亚所面临的大问题不是由哪一个阶级去统治，而是由哪一个种族。库扎的反犹主义源于创造一个统一的民族共同体的需求。他早期的政治企图全都是为了将犹太人从专业人士领域驱逐出去。1922年成立的国家基督教同盟是为了"从犹太人手中保护罗马尼亚人的经济、政治和文化利益"。Ibid.: 120. 而这一组织后来演变为国家基督教保卫联盟（LANC），而它依然是一个经典的"罗马尼亚反犹太主义政党"。Ibid.: 193. 虽然库扎支持反犹主义，他依然致力于通过法律的途径来取得权力。奇怪的是，我们将会在第4章后面看到，科德雷亚努的世界观并不是那么以反犹主义为中心。Ibid.: 87; Nagy-Talavera, *The Green Shirts and the Others*, 1970: 248.

76 Heinen, *Die Legion "Erzengel Michael" in Rumänien*, 1986: 111, 119, 133, 399, 492; Livezeanu, *Cultural Politics in Greater Romania*, 1995: 261.

77 Codreanu, *For My Legionaries (The Iron Guard*, 1990: 131–132; Heinen, *Die Legion "Erzengel Michael" in Rumänien*, 1986: 121; Livezeanu, *Cultural Politics in Greater Romania*, 1995: 291; Nagy-Talavera, *The Green Shirts and the Others*, 1970: 286.

78 Heinen, *Die Legion "Erzengel Michael" in Rumänien*, 1986: 135–136. 韦伯指出："军团的任务并不是夺取权力，而是训练人。" Weber, "Romania," 1974: 531.

79 Heinen, *Die Legion "Erzengel Michael" in Rumänien*, 1986: 193, 221,

494–495.

80 在1932年夏天，大天使米迦勒军团只有20个县级组织。到了1933年12月，它在66个县有着2.8万名成员。Ibid.: 222.

81 帕特拉什卡努清晰把握了此间的联系："恰恰自从国家农民党走向衰落起，极端右翼运动开始扩张。" Patrascanu, *Sous trois dictatures*, 1946: 107.

82 Codreanu, *For My Legionaries (The Iron Guard*, 1990: 131–132.

83 海嫩这般形容科德雷亚努的行为："人们本以为军团会把工人的叛乱归结为莫斯科的操作，但是事实并非如此：科德雷亚努在议会声称他理解这种工人行为。那些'政治阶层'和'外国'公司无情地让这些人累死累活地劳动，他们还能怎么保护自己？" Heinen, *Die Legion "Erzengel Michael" in Rumänien*, 1986: 225.

84 "1933年11月卡罗尔任命自由党领导扬·G. 杜卡为总理，知道他会操控选举并且严厉打压蓬勃发展的军团运动。" 纳吉-塔拉韦拉写道。Nagy-Talavera, *The Green Shirts and the Others*, 1970: 281.

85 Heinen, *Die Legion "Erzengel Michael" in Rumänien*, 1986: 279, 305; Hibbeln, *Codreanu und die Eiserne Garde*, 1984: 33; Nagy-Talavera, *The Green Shirts and the Others*, 1970: 286; Weber, "Romania," 1974: 537–538.

86 "跟德国纳粹党以及意大利国家法西斯党相反，军团没有准军事部队。铁卫团一开始承担了这个任务，但是军团和铁卫团后来没有分开来，因为这两个组织的成员是一样的。后来，政府决定禁止类军事活动。" Heinen, *Die Legion "Erzengel Michael" in Rumänien*, 1986: 278. 因而军团运动并没有发展出一个强大的准军事组织。

87 Ibid.: 169, 208–209, 220, 225, 274, 312; Roberts, *Rumania: Political Problems of an Agrarian State*, 1951: 231; Watts, *Romanian Cassandra*, 1993: 148. 海嫩强调铁卫团拒绝自由党的国家主义工业化政策。他写道："他们反对高额的保护主义关税，因而同时反对土地的工业化。只有当劳动力和资本不能以任何其他途径被高效地使用时，才能建立本地的可控的工业企业。" Heinen, *Die Legion "Erzengel Michael" in Rumänien*, 1986: 209.

88 Quoted in ibid.: 351.

89 Livezeanu, *Cultural Politics in Greater Romania*, 1995: 290.

90 Weber, "Romania," 1974: 531.

91 Carsten, *The Rise of Fascism*, 1982: 187–188; Heinen, *Die Legion*

"Erzengel Michael" in Rumänien, 1986: 215; Nagy-Talavera, *The Green Shirts and the Others*, 1970: 290; Weber, "Romania," 1974: 548. 根据瓦特斯的说法："铁卫团分子并没有展示出日益明显的破坏性威胁，相反，在整个1935—1938年，铁卫团分子主要忙于一些建设性的项目。"瓦特斯将30年代中期及后期的反犹暴力大多归咎于被称为枪骑兵（Lăncieri）的国家基督教保卫联盟的准军事性组织。Watts, *Romanian Cassandra*, 1993: 159.

92 Heinen, *Die Legion "Erzengel Michael" in Rumänien*, 1986: 384, 386–389.

93 Ibid.: 393; Patrascanu, *Sous trois dictatures*, 1946: 250.

94 Watts, *Romanian Cassandra*, 1993: 131.

95 帕特拉什卡努强调了这一选举的决定性意义："在罗马尼亚，一个政府在选举时处于少数派地位，实际上在我国历史上是一个至今仍不为人知的事实。" Patrascanu, *Sous trois dictatures*, 1946: 112.

96 Heinen, *Die Legion "Erzengel Michael" in Rumänien*, 1986: 357; Maner, *Parlamentarismus in Rumänien*, 1997: 101; Patrascanu, *Sous trois dictatures*, 1946: 112.

97 这个比例比那两个经典的法西斯政党（德国纳粹党和意大利国家法西斯党）在各自夺权前夕的比例都要高。Heinen, *Die Legion "Erzengel Michael" in Rumänien*, 1986: 382.

98 海嫩强调自由党和国王之间的紧张关系，写道："在特尔古·穆列什（Tîrgu Mureş）的学生代表大会之后，国家自由党的个别团体就已经猛烈批评了国王，因为极端右翼公然的鲁莽行为不可能是无辜的。" Ibid.: 313.

99 瓦特斯讨论了国王那暧昧不清的态度，写道："实际上，在1936年整年，王室持续支持铁卫团，其最终目的是引导它为卡罗尔的计划所用——这一支持，让科德雷亚努误以为王室认可了铁卫团所倡导的改革方案。" Watts, *Romanian Cassandra*, 1993: 150.

100 Heinen, *Die Legion "Erzengel Michael" in Rumänien*, 1986: 312, 348; Nagy-Talavera, *The Green Shirts and the Others*, 1970: 288; Watts, *Romanian Cassandra*, 1993: 150–151.

101 Heinen, *Die Legion "Erzengel Michael" in Rumänien*, 1986: 358; Weber, "Romania," 1974: 551. 根据瓦特斯的说法，"卡罗尔剥夺了22.5万罗马尼亚犹太人的公民身份"。他是自己主动地，而不是出于铁卫团的施压实施了这项政策。Watts, *Romanian Cassandra*, 1993: 163.

102 用纳吉-塔拉韦拉的话来说，1938年3月计划进行的选举的竞选活动“是一场库扎追随者和铁卫团之间的……全面内战”。Nagy-Talavera, *The Green Shirts and the Others*, 1970: 295.

103 Ibid.: 295–296.

104 Heinen, *Die Legion "Erzengel Michael" in Rumänien*, 1986: 364–368.

105 拉里·瓦特斯有力地驳倒了这一想法，指出通过任命戈加-库扎政府，卡罗尔将这个国家交给了罗马尼亚最暴力的反犹政党。他同时强调，至少从1934年起，卡罗尔就执意要实现法西斯独裁的目标：“这一时期民主和市民社会面临的最大的危险，毫无疑问是国王卡罗尔二世和他要建立民粹主义独裁统治的野心。” Watts, *Romanian Cassandra*, 1993: 185.

106 1940年，德国派驻布加勒斯特的大使曼弗雷德·基林格（Manfred Killinger）就写道，米哈伊尔·莫鲁索夫（Mihail Moruzov）这位卡罗尔独裁统治时期的罗马尼亚秘密情报局的长官要求“提供关于各种事项的建议，比如，如何处理犹太人问题、停摆（labor peace）、组织方案、党卫队，等等。我告诉他我只能就所有这些问题提出简要的意见，因为如果要全面地讨论这些问题，需要花好几天的时间。我建议他邀请四位德国的专家过来长期担任顾问，为党提供咨询服务：一位负责宣传的代表，一位负责组织问题的代表，一位是党卫队领袖，还有一位是劳工阵线（Labor Front）的代表。莫鲁索夫对这一方案表示热烈的欢迎。而这些相关人员自然会成为这个国家的客人”。这是另外一项证据，表明卡罗尔决心要在罗马尼亚建立一个法西斯政权。Ibid.: 231–232.

107 Heinen, *Die Legion "Erzengel Michael" in Rumänien*, 1986: 370–372; Nagy-Talavera, *The Green Shirts and the Others*, 1970: 299–304; Watts, *Romanian Cassandra*, 1993: 303.

108 Patrascanu, *Sous trois dictatures*, 1946: 217; Watts, *Romanian Cassandra*, 1993: 215, 247. “到了1939年的夏天，由王室资助的德国势力的渗透在罗马尼亚已全面展开。” 瓦特斯如是写道。Ibid.: 215.

109 Nagy-Talavera, *The Green Shirts and the Others*, 1970: 342; Watts, *Romanian Cassandra*, 1993: 313.

110 Ibid.: 263, 267–268.

第5章　思量其他可能的解释

1　Carsten, *The Rise of Fascism*, 1982; Linz, *Fascismo, autoritarismo, totalitarismo*, 2003; Luebbert, *Liberalism, Fascism, or Social Democracy*, 1991; Mann, *Fascists*, 2004; Moore, *Social Origins of Dictatorship and Democracy*, 1993; Payne, *A History of Fascism, 1914–1945*, 1995; Poulantzas, *Fascism and Dictatorship*, 1970; Skocpol, "A Critical Review of Barrington Moore's Social Origins of Dictatorship and Democracy," 1973.

2　Mahoney, "Knowledge Accumulation in Comparative Historical Research," 2003: 138–139; Rueschemeyer, Stephens, and Stephens, *Capitalist Development and Democracy*, 1992: 14. 摩尔的论点明显体现了一种强势的马克思主义理论。这在多个重要方面不同于一种试图将法西斯主义与高度发展的资本主义经济联系起来的理论传统。在后一种更精致的阐释中，法西斯主义对应了一种"后自由主义"的垄断资本主义阶段，在这一阶段，国家而不是市场成了利润率的主要决定因素。而这与自由主义诸制度的衰落有关。Neumann, *Behemoth: The Structure and Practice of National Socialism, 1933–1944*, 1966: 43–44. 这类论点在20世纪30年代和40年代短暂地占据主导，但整体上而言只是处于马克思主义内部的少数派位置。尽管如此，很多法西斯主义学者仍在继续讨论这些观点。Gregor, *Mussolini's Intellectuals*, 2005: 1–17. 但认为法西斯主义与一个高度发达的资本主义经济有关的论点遭到了明确的反对，那就是法西斯主义作为意识形态和政治运动，首先出现在那些经济落后的或者不均衡发展的社会中。Ibid.: 5. 垄断资本主义命题因而被下列事实证伪：大多数发达的垄断资本主义经济体（例如美国）从来没有产生严格意义上的法西斯主义运动，更不用说法西斯政权了。

3　Brenner, "Agrarian Class Structure and Economic Development," 2002: 23; Moore, *Social Origins of Dictatorship and Democracy*, 1993: 25, 260, 419–420, 435; Stephens, "Democratic Transition and Breakdown in Western Europe," 1989: 1028. 16世纪的英国是农业资本主义的经典案例。在摩尔的分析中："英国的土地贵族转向了商品化的农业经营模式，这涉及解放农民，让农民尽可能地自谋生路。" Moore, *Social Origins of Dictatorship and Democracy*, 1993: 419–420. 而压迫劳工型土地精英阶层的形成的典型案例是15世纪和16世纪德国庄园主的反动。

摩尔认为普鲁士贵族的土地持有的扩大化，以及大量人口降为农奴，其部分原因在于日益增加的谷物出口。Ibid.: 435. 但是正式的农奴制并不是压迫劳工的唯一可能形式。在日本，商品化的农业与“五户连坐”(five-man group)的建立有关，在这一体制中，农村家庭彼此监督，履行地主要求他们尽的义务。Ibid.: 260.

4 Ibid.: 435.

5 Ibid.: 437; Stephens, “Democratic Transition and Breakdown in Western Europe,” 1989: 1021–1025.

6 Moore, *Social Origins of Dictatorship and Democracy*, 1993: 451.

7 Rueschemeyer, Stephens, and Stephens, *Capitalist Development and Democracy*, 1992: 58; Stephens, “Democratic Transition and Breakdown in Western Europe,” 1989: 1026.

8 Hintze, *The Historical Essays of Otto Hintze*, 1985; Tilly, *Coercion, Capital and European States*, 1992; Skocpol, “A Critical Review of Barrington Moore’s Social Origins of Dictatorship and Democracy,” 1973; Ertman, *The Birth of the Leviathan*, 1997; Downing, *The Military Revolution and Political Change*, 1992; and Mann, *States, War and Capitalism*, 1988; Mann, *Fascists*, 2004. 在某种意义上这种区分有点刻意人为，因为摩尔的著作中也存在韦伯学说的要素。比如，摩尔强调一个“强大和独立的议会”在破坏18世纪后期和19世纪英国威权主义上台时所发挥的重要作用。Moore, *Social Origins of Dictatorship and Democracy*, 1993: 39. 但是摩尔论点的中心显然是强调土地精英阶层的性质。

9 Skocpol, “A Critical Review of Barrington Moore’s Social Origins of Dictatorship and Democracy,” 1973: 19–27; Trimberger, *Revolution from Above*, 1978: 41.

10 Mann, *Fascists*, 2004: 74.

11 Ibid.: 75–78.

12 Ibid.: 77.

13 Ibid.: 3.

14 Ertman, “Democracy and Dictatorship in Interwar Western Europe Revisited,” 1998: 495; Luebbert, “Social Foundations of Political Order in Interwar Europe,” 1987: 458–459; Luebbert, *Liberalism, Fascism, or Social Democracy*, 1991: 63.

15 Blackbourn, “The Discreet Charm of the Bourgeoisie,” 1989: 91–97.

16 Bauer, "Wie 'bürgerlich' war der Nationalstaat in Deutschland und Italien?" 2005: 112.

17 Anderson, *Lineages of the Absolutist State*, 1989: 144–147; Jones, *The Italian City State*, 1997: 145; Ginsborg, "Gramsci in the Era of Bourgeois Revolution in Italy," 1979: 42; Manselli, "Egemonia imperiale, autonomia comunale, potenza politica della chiesa," 1992: 122–125; Procacci, *History of the Italian People*, 1968: 17–21.

18 阿德里安·利特尔顿（Adrian Lyttelton）在他对意大利和德国历史发展的简短比较中很好地表达了这点。他指出在德国，由于成功控制了财政，国王和议会之间围绕宪法的斗争主要是君权一方取胜。"在意大利，"他写道，"事实却是反过来：1852年加富尔的内阁事实上是由议会强行指派的，它成功重组了官僚体制，使其向首相而非君主负责。" Lyttelton, *The Seizure of Power*, 2004: 5.

19 Banti, *Storia della borghesia italiana*, 1996: 7, 11; Lyttelton, *The Seizure of Power*, 2004: 5.

20 Abbate, *La filosofia di Benedetto Croce e la crisi della società italiana*, 1966: 24–25; Banti, *Storia della borghesia italiana*, 1996: 38; Lyttelton, "Landlords, Peasants and the Limits of Liberalism," 1979: 105–106.

21 Melis, *Storia dell'amministrazione italiana*, 1996b: 37.

22 巴巴吉利（Barbagli）和萨尔瓦蒂（Salvati）都认为就业不足的北部受教育民众构成了意大利法西斯主义的关键选民阵营。Barbagli, *Educating for Unemployment*, 1982: 33; Salvati, *Il regime e gli impiegati*, 1992: 50–51.

23 意大利支配阶级的利益各有不同，在农业领域如此，在工业领域也如此。这一点在摩尔视角下的法西斯主义研究中往往没有得到足够的重视，分析者往往笼统地提及农业主，但是没有充分区分他们对强制劳动手段的依赖程度。Rueschemeyer, Stephens, and Stephens, *Capitalist Development and Democracy*, 1992: 103. 例如，瑞彻斯迈耶和两位斯蒂芬斯认为意大利构成了摩尔命题中的一个难题，这在我看来很正确。Ibid.: 103; Stephens, "Democratic Transition and Breakdown in Western Europe," 1989: 1041. 然而，他们给出的理由值得商榷。他们声称意大利有一个强大的"资产阶级"。更为准确的说法应该是它有一个强大的农业资本家阶级。我认为这一歪曲源自他们倾向于将工业资产阶级和大地主构想为庞大的单一团体，没有充分区分地主的类型。

24 Lyttelton, "Landlords, Peasants and the Limits of Liberalism," 1979: 105;

Seton-Watson, *Italy from Liberalism to Fascism, 1870–1925*, 1967: 290; Zamagni, *The Economic History of Italy 1860–1990*, 1993: 7–8, 16, 48, 55, 69.

25 Ibid.: 7.

26 Zamagni, "Gli attori sociali delle transformazioni produttive dell'agricoltura Italiana," 1997: 31.

27 Corner, *Fascism in Ferrara*, 1975: 4–5; Zamagni, *The Economic History of Italy 1860–1990*, 1993: 62.

28 Davis, "The South, the Risorgimento and the Origins of the 'Southern Problem,' " 1979: 73.

29 Ibid.: 75.

30 Zamagni, *The Economic History of Italy 1860–1990*, 1993: 175.

31 Ibid.: 21–22, 56.

32 Castronovo, *La storia economica. Storia d'Italia*, 1975: 58.

33 Federico, "Italy 1860–1940," 1996: 771–772; Zamagni, *The Economic History of Italy 1860–1990*, 1993: 89, 162.

34 Holt, *Risorgimento: The Making of Italy, 1815–1870*, 1970: 19–20; Lyttelton, "Landlords, Peasants and the Limits of Liberalism," 1979: 106–107.

35 Gentile, *Storia del Partito Fascista*, 1989: 80–81.

36 Anderson, *Lineages of the Absolutist State*, 1989: 66–67; Linz, "The Party System of Spain," 1967: 38.

37 Carr, *Modern Spain, 1875–1980*, 1982: 98–100; Payne, "Spain," in *The European Right: A Historical Profile*, 1965: 170–172.

38 Ibid.: 175.

39 Carr, *Modern Spain, 1875–1980*, 1982: 57.

40 Lannon, *Privilege, Persecution, and Prophecy*, 1987: 59.

41 Kern, *Liberals, Reformers and Caciques in Restoration Spain*, 1974: 16.

42 Riquer i Permanyer, "La faiblesse du procesus de construction nationale en Espagne aux xixe Siécle," 1994: 355.

43 Tortella Casares, *The Development of Modern Spain*, 2000: 51–56.

44 Conversi, *The Basques, the Catalans and Spain*, 1997: 20. For similar analyses, see Carr, *Modern Spain, 1875–1980*, 1982: 158; Kern, *Liberals, Reformers and Caciques in Restoration Spain*, 1974: 3.

45 Carr, *Modern Spain, 1875–1980*, 1982: 214–218.

46 Payne, *Politics and the Military in Modern Spain*, 1967: 25.

47 Ibid.: 14–15.

48 Simpson, *The Long Siesta*, 1995: 13–32; Tortella Casares, *The Development of Modern Spain*, 2000: 67.

49 Simpson, "Los límites de crecimiento agrario en España, 1860–1936," 1992: 108–109.

50 Tortella Casares, *The Development of Modern Spain*, 2000: 56; Trebilcock, *The Industrialization of the Continental Powers, 1780–1914*, 1981: 327–328.

51 Malefakis, *Agrarian Reform and Peasant Revolution in Spain*, 1970: 30. 这些差异对应了收复失地运动（11世纪到13世纪从伊斯兰势力那里再征服伊比利亚半岛）的诸阶段。当时在小块土地上安家的农民战士是早期收复失地运动的背后推动力，早期的运动仅从比斯开湾沿岸的伊比利亚半岛北部略微渗透进来。Malefakis, *Agrarian Reform and Peasant Revolution in Spain*, 1970: 51. 一个好战的贵族阶层是在后来一段时期形成的，并且通过征讨在西班牙南部建立了庞大地产，在此过程中，很多当地的人口沦为奴隶。Ibid.: 60.

52 Heywood, *Marxism and the Failure of Organized Socialism in Spain*, 1990: 4; Malefakis, *Agrarian Reform and Peasant Revolution in Spain*, 1970: 89; Simpson, *The Long Siesta*, 1995: 44.

53 Malefakis, *Agrarian Reform and Peasant Revolution in Spain*, 1970: 107.

54 Simpson, *The Long Siesta*, 1995: 6.

55 Tortella Casares, *The Development of Modern Spain*, 2000: 76, 88, 98.

56 Harrison, "Big Business and the Failure of Right-Wing Catalan Nationalism, 1901–1918," 1976: 904; Tortella Casares, *The Development of Modern Spain*, 2000: 199.

57 加泰罗尼亚地区联盟在当地获得了巨大的成功。从1901年到1917年，加泰罗尼亚工业家是西班牙唯一能够有效地参与廉洁选举的支配阶级。虽然该党在1904年因右倾而分裂，并且两次被激进共和党人击败，它依然维持了令人瞩目的组织影响力。联盟实行会费成员制度、设立理事会，并进行有规划的竞选活动和宣传，它是第二共和国的大众政党崛起之前最为现代化的政治组织。这一政党最后于1914年与左翼加泰罗尼亚主义者组成竞选联盟，成功在当地上台执政，并且主导了加泰罗尼亚的公共生活，直到普里莫·德·里维拉在1923年上台。Balcells, *Catalan Nationalism*, 1996: 51–54, 65; Payne, "Catalan and

Basque Nationalism," 1971: 25–26.

58 Bengoechea, *Organització patronal i conflictivitat social a Catalunya*, 1994: 24; Harrison, "Big Business and the Failure of Right-Wing Catalan Nationalism, 1901–1918," 1976: 906; Payne, "Catalan and Basque Nationalism," 1971: 25; Sellés i Quintana, *El foment del treball nacional 1914–1923*, 2000: 50.

59 Balcells, *Catalan Nationalism*, 1996: 21.

60 Bengoechea, *Organització patronal i conflictivitat social a Catalunya*, 1994: 26; Payne, "Catalan and Basque Nationalism," 1971: 21.

61 Chirot, *Social Change in a Peripheral Society*, 1976: 42.

62 Ibid.: 48.

63 Ibid.: 49.

64 Eidelberg, *The Great Rumanian Peasant Revolt of 1907*, 1974: 14–15; Nagy-Talavera, *The Green Shirts and the Others*, 1970: 15–16.

65 Mitrany, *The Land and the Peasant in Rumania*, 1930: 51–52.

66 在"一战"之前，罗马尼亚由北部的摩尔达维亚公国和南部的瓦拉几亚公国组成。凡尔赛和约使罗马尼亚得到了大幅扩张，合并了特兰西瓦尼亚、布科维纳和比萨拉比亚。

67 Chirot, *Social Change in a Peripheral Society*, 1976: 16–17; Chirot and Ragin, "The Market, Tradition and Peasant Rebellion," 1975: 430.

68 Chirot, *Social Change in a Peripheral Society*, 1976: 38; Nagy-Talavera, *The Green Shirts and the Others*, 1970: 3–4.

69 Chirot, *Social Change in a Peripheral Society*, 1976: 42.

70 Chirot and Ragin, "The Market, Tradition and Peasant Rebellion," 1975: 430.

71 Ibid.

72 这就解释了为什么高级贵族而不是城镇居民是宪政的主要支持者。Heinen, *Die Legion "Erzengel Michael" in Rumänien*, 1986: 61.

73 Nagy-Talavera, *The Green Shirts and the Others*, 1970: 13.

74 Chirot, *Social Change in a Peripheral Society*, 1976: 101–102; Heinen, *Die Legion "Erzengel Michael" in Rumänien*, 1986: 57; Mitrany, *The Land and the Peasant in Rumania*, 1930: 27–28; Roberts, *Rumania: Political Problems of an Agrarian State*, 1951: 9.

75 Chirot, *Social Change in a Peripheral Society*, 1976: 125, 132–133.

76 Roberts, *Rumania: Political Problems of an Agrarian State*, 1951: 15.

77 Rothschild, *East Central Europe between the Two World Wars*, 1974: 290.
78 Roberts, *Rumania: Political Problems of an Agrarian State*, 1951: 16.
79 Weber, "Romania," 1974: 508.
80 Heinen, *Die Legion "Erzengel Michael" in Rumänien*, 1986: 58.
81 Ibid.: 59; Roberts, *Rumania: Political Problems of an Agrarian State*, 1951: 3–4; Stokes, "The Social Origins of East European Politics," 1989: 233.
82 Rothschild, *East Central Europe between the Two World Wars*, 1974: 291.
83 Roberts, *Rumania: Political Problems of an Agrarian State*, 1951: 31–39.
84 Rothschild, *East Central Europe between the Two World Wars*, 1974: 290.
85 Roberts, *Rumania: Political Problems of an Agrarian State*, 1951: 39.
86 Ibid.: 52–53. 据罗伯兹所述，改革增加了两类农地持有：那些在3公顷以内、经济上不足以让人维持生计的，以及属于相对富裕的农民的那些在5公顷到20公顷之间的。Ibid.: 52–53. 从这里提出的论点来看，土地改革最为重大的后果是它增强了农民阶层的力量。取代了大地主的人不是资本家农场主，而是持有小块土地的农民。没有迹象显示出现了一个雇佣劳工投入资本密集型农场生产的中等租户阶层。实际上，农业的基本组织似乎并没有变化。农民们继续分散耕种他们的一块块土地，即使他们后来获得了所有权。Ibid.: 62–63.
87 Heinen, *Die Legion "Erzengel Michael" in Rumänien*, 1986: 72; Patrascanu, *Sous trois dictatures*, 1946: 99; Roberts, *Rumania: Political Problems of an Agrarian State*, 1951: 52–53.
88 Janos, *The Politics of Backwardness in Hungary*, 1982: 5, 27.
89 Gunst, "Hungarian Agrarian Society from Emancipation (1850) to the End of World War I (1918)," 1998: 126.
90 Nagy-Talavera, *The Green Shirts and the Others*, 1970: 2; Szöllösi-Janze, *Die Pfeilkreuzlerbewegung in Ungarn*, 1989: 46.
91 Janos, *The Politics of Backwardness in Hungary*, 1982: 17–19.
92 Ibid.: 40–41; Janos, *East Central Europe in the Modern World*, 2000: 133.
93 Deák, "Hungary," 1966: 369; Gunst, "Hungarian Agrarian Society from Emancipation (1850) to the End of World War I (1918)," 1998: 131–134; Janos, *The Politics of Backwardness in Hungary*, 1982: 56.
94 Nagy-Talavera, *The Green Shirts and the Others*, 1970: 8.
95 Janos, *The Politics of Backwardness in Hungary*, 1982: 118–120.
96 Ibid.: 94, 107–108, 120.

97 Ibid.: 129–130.

98 Ibid.: 150.

99 Nagy-Talavera, *The Green Shirts and the Others*, 1970: 41.

100 Szöllösi-Janze, *Die Pfeilkreuzlerbewegung in Ungarn*, 1989: 65.

101 Stokes, "The Social Origins of East European Politics," 1989: 219.

102 Schandl, *Quarante Années de la Coopération Hongroise*, 1938: 12, 18–20.

103 Ibid.: 51–55.

104 Ibid.: 76.

105 Ibid.: 61.

106 Ibid.: 76–77.

107 Ibid.: 81.

108 Janos, *The Politics of Backwardness in Hungary*, 1982: 191–192.

109 Deák, "Hungary," 1966: 370; Janos, *The Politics of Backwardness in Hungary*, 1982: 197.

110 卡罗尔二世直接参与镇压了匈牙利苏维埃共和国。Watts, *Romanian Cassandra*, 1993: 111.

111 Janos, *The Politics of Backwardness in Hungary*, 1982: 202; Szöllösi-Janze, *Die Pfeilkreuzlerbewegung in Ungarn*, 1989: 72–73.

112 Janos, *The Politics of Backwardness in Hungary*, 1982: 204; Nagy-Talavera, *The Green Shirts and the Others*, 1970: 50.

113 Janos, *The Politics of Backwardness in Hungary*, 1982: 212; Szöllösi-Janze, *Die Pfeilkreuzlerbewegung in Ungarn*, 1989: 80.

114 Janos, *The Politics of Backwardness in Hungary*, 1982: 212–213.

115 Szöllösi-Janze, *Die Pfeilkreuzlerbewegung in Ungarn*, 1989: 81.

116 Deák, "Hungary," 1966: 375.

117 Ibid.: 375; Janos, *The Politics of Backwardness in Hungary*, 1982: 234; Nagy-Talavera, *The Green Shirts and the Others*, 1970: 59; Szöllösi-Janze, *Die Pfeilkreuzlerbewegung in Ungarn*, 1989: 82.

118 Janos, *The Politics of Backwardness in Hungary*, 1982: 213–224.

119 Vago, *The Shadow of the Swastika*, 1975: 10.

120 Nagy-Talavera, *The Green Shirts and the Others*, 1970: 59.

121 Baktay, *Authoritarian Politics in a Transitional State*, 1982: 30–31.

122 Nagy-Talavera, *The Green Shirts and the Others*, 1970: 115–121.

123 Janos, *The Politics of Backwardness in Hungary*, 1982: 250.

124 Nagy-Talavera, *The Green Shirts and the Others*, 1970: 42, 50.

165 Koshar, *Social Life, Local Politics, and Nazism*, 1986: 95–96, 142; Wehler, *The German Empire, 1871–1918*, 1985: 163.
166 Blackbourn, "The Discreet Charm of the Bourgeoisie," 1989: 195, 225.
167 Guttsman, *The German Social Democratic Party*, 1981: 80; Wehler, *The German Empire, 1871–1918*, 1985: 73–83.
168 Eley, "The British Model and the German Road," 1989: 122.
169 Wehler, *The German Empire, 1871–1918*, 1985: 86–89.
170 Maier, *Recasting Bourgeois Europe*, 1975: 57; Neumann, *Behemoth: The Structure and Practice of National Socialism, 1933–1944*, 1966: 12–13.
171 Neumann, *Behemoth: The Structure and Practice of National Socialism, 1933–1944*, 1966: 12.
172 Ibid.: 10.
173 Berman, "Civil Society and the Collapse of the Weimar Republic," 1997: 414.
174 Koshar, *Social Life, Local Politics, and Nazism*, 1986: 151.
175 Carsten, *The Rise of Fascism*, 1982: 39.
176 Ibid.: 115.
177 Broszat, *The Hitler State*, 1981: 20.
178 De Felice, *Mussolini il fascista. La conquista del potere 1921–1925*, 1995 [1966]: 115–117.
179 Berman, "Civil Society and the Collapse of the Weimar Republic," 1997: 418.
180 Ibid.: 422.
181 Hagtvet, "The Theory of Mass Society and the Collapse of the Weimar Republic," 1980: 91.
182 Ibid.: 87.
183 Winkler, *Weimar 1918–1933*, 1993: 390.
184 Broszat, *The Hitler State*, 1981: 141.
185 Ibid.: 141.
186 Ibid.: 170.
187 Ibid.: 36.

第6章　重思市民社会与法西斯主义

1 Banti, *Storia della borghesia italiana*, 1996: 52–53; Ragionieri, *Storia*

1933–1944, 1966: 4; Wehler, *The German Empire, 1871–1918*, 19
52–55, 65–66, 80, 148.

151 Blackbourn, "The Discreet Charm of the Bourgeoisie," 1989: 256–2
275; Eley, "The British Model and the German Road," 1989: 151. 实
上，埃利认为，跟西班牙和意大利相比，德国议会"独具一格地没
受庇护主义和卡西克主义的影响"。Eley, "The British Model and
German Road," 1989: 151.

152 Blackbourn, "The Discreet Charm of the Bourgeoisie," 1989: 244.

153 Ibid.: 245.

154 Ibid.: 185.

155 Wehler, *The German Empire, 1871–1918*, 1985: 11.

156 用杰夫·埃利的话来说，德国有"19世纪末20世纪初的欧洲最活
资本主义"。Eley, "The British Model and the German Road," 1989:

157 Blackbourn, "The Discreet Charm of the Bourgeoisie," 1989: 1
179; Eley, "The British Model and the German Road," 1989:
Mann, *Fascists*, 2004.

158 Blackbourn, "The Discreet Charm of the Bourgeoisie," 1989: 182, 23

159 Calleo, *The German Problem Reconsidered*, 1978: 67; Wehler,
German Empire, 1871–1918, 1985: 44.

160 Neumann, *Behemoth: The Structure and Practice of National Soci*
1933–1944, 1966: 6.

161 Calleo, *The German Problem Reconsidered*, 1978: 67–68
Neumann, *Behemoth: The Structure and Practice of National Soci*
1933–1944, 1966: 6, 209; Wehler, *The German Empire, 1871–1918*,
44–46.

162 布莱克本（Blackbourn）用明显审慎的方式如此总结社会精英
两派之间的关系："19世纪，尤其是最后的数十年中，在德国
新的精英阶层继续拥有强大的贵族要素，就如在英国或者其他
样。但是构成这一精英阶层中日益增长的那部分的资产阶级，
简单地屈从于贵族的接纳。" Blackbourn, "The Discreet Charm
Bourgeoisie," 1989: 233.

163 Moore, *Social Origins of Dictatorship and Democracy*, 1993: 436–

164 "除了自己的部队，军队在1914年之前还能牢牢控制至少500
人，即所有成年男性和青年人的六分之一。"韦勒写道。Wehl
German Empire, 1871–1918, 1985: 163.

125 Szöllösi-Janze, *Die Pfeilkreuzlerbewegung in Ungarn*, 1989: 51.
126 Janos, *The Politics of Backwardness in Hungary*, 1982: 249.
127 Nagy-Talavera, *The Green Shirts and the Others*, 1970: 85.
128 Nagy-Talavera, *The Green Shirts and the Others*, 1970: 84.
129 Szöllösi-Janze, *Die Pfeilkreuzlerbewegung in Ungarn*, 1989: 90.
130 在每个历史上法西斯主义的案例中，党总书记和“领袖”都是不同的人。有些人认为这与法西斯统治的个人魅力本质有关，而法西斯统治拒绝对领袖位置设立制度限制。马顿的生卒年不得而知。
131 Nagy-Talavera, *The Green Shirts and the Others*, 1970: 94–95; Szöllösi-Janze, *Die Pfeilkreuzlerbewegung in Ungarn*, 1989: 91–94.
132 Deák, “Hungary,” 1966: 385.
133 Nagy-Talavera, *The Green Shirts and the Others*, 1970: 108–109; Szöllösi-Janze, *Die Pfeilkreuzlerbewegung in Ungarn*, 1989: 107. 在1936年领导了一场失败的农民起义后，波索尔梅尼逃往纳粹德国。1945年他请求拉科西·马加什（Mátyás Rákosi，1892—1971）允许他加入共产党。
134 Nagy-Talavera, *The Green Shirts and the Others*, 1970: 109.
135 Ibid.: 100.
136 Janos, *The Politics of Backwardness in Hungary*, 1982: 289–290.
137 Nagy-Talavera, *The Green Shirts and the Others*, 1970: 107.
138 Szöllösi-Janze, *Die Pfeilkreuzlerbewegung in Ungarn*, 1989: 107.
139 Nagy-Talavera, *The Green Shirts and the Others*, 1970: 115–116.
140 Szöllösi-Janze, *Die Pfeilkreuzlerbewegung in Ungarn*, 1989: 128.
141 Ibid.: 131–132.
142 Nagy-Talavera, *The Green Shirts and the Others*, 1970: 127.
143 Deák, “Hungary,” 1966: 388.
144 Janos, *The Politics of Backwardness in Hungary*, 1982: 291.
145 Ibid.: 292.
146 Nagy-Talavera, *The Green Shirts and the Others*, 1970: 150.
147 Szöllösi-Janze, *Die Pfeilkreuzlerbewegung in Ungarn*, 1989: 65.
148 Eley, “The British Model and the German Road,” 1989: 40.
149 Blackbourn, *The Long Nineteenth Century*, 1998: 154; Calleo, *The German Problem Reconsidered*, 1978: 60–66; Wehler, *The German Empire, 1871–1918*, 1985: 64.
150 Blackbourn, “The Discreet Charm of the Bourgeoisie,” 1989: 243, 254; Neumann, *Behemoth: The Structure and Practice of National Socialism,*

d'Italia, 1976: 44–53; Seton-Watson, *Italy from Liberalism to Fascism, 1870–1925*, 1967: 26, 49.

2 Riquer i Permanyer, "La faiblesse du procesus de construction nationale en Espagne aux xixe Siécle," 1994: 358.

3 Chirot, *Social Change in a Peripheral Society*, 1976: 105.

4 Farneti, *Sistema politico e società civile*, 1971: 228; Ragionieri, *Storia d'Italia*, 1976: 26–27.

5 Boyd, *Praetorian Politics in Liberal Spain*, 1979: 4; Carr, *Modern Spain, 1875–1980*, 1982: 356–357; Gómez-Navarro, *El Régimen de Primo de Rivera*, 1991: 60; Lyttelton, "El patronazgo en la Italia de Giolitti (1892–1924)," 1973: 98; Payne, *Politics and the Military in Modern Spain*, 1967: 44–45; Payne, *A History of Spain and Portugal in Two Volumes*, 1973: 495; Tusell, "The Functioning of the Cacique System in Andalusia," 1976a: 14; Tusell, *Oligarquia y caciquismo en Andalucia (1890–1923)*, 1976b: 510; Tusell, *Manual de historia de España*, 1990: 32.

6 Heinen, *Die Legion "Erzengel Michael" in Rumänien*, 1986: 64; Janos, "Modernization and Decay in Historical Perspective," 1978: 85–86; Seton-Watson, *A History of the Roumanians*, 1963: 357.

7 Trotsky, *The Balkan Wars, 1912–1913*, 1991: 378.

8 Ciuffoletti, "Dirigenti e ideologie del movimento cooperativo," 1981: 146.

9 Cuenca Toribio, *Catolicismo social y politico en la España contemporánea (1870–2000)*, 2003: 45; Garrido Herrero, *Treballar en comú*, 1996: 69, 75.

10 Digby, "Rumania: The State as Co-Operator," 1930: 412–414; Mitrany, *The Land and the Peasant in Rumania*, 1930: 398.

11 在入狱前的文章《南方问题的一些情况》（*The Southern Question*）中，葛兰西这样分析焦利蒂时期："在新的世纪里，支配阶级开始施行一种阶级联盟和政治阶级阵营的新政治，换言之，推行资产阶级民主制。它必须做出选择：要么实行乡村民主制，换言之，和南部的农民结盟，推行关税自由、普选权、行政权力下放和廉价工业品政策，要么组建工业资本家-工人阵营，不开放普选，支持关税保护主义并维持国家的集权……在薪资和工会自由问题上推行改良主义政策。它选择了第二个解决方案，而这并非偶然。焦利蒂是资产阶级统治的化身，而社会党成了焦利蒂政策的工具。" Gramsci, *La Questione Meridionale*, 1974: 146. 这一分析极富启发，除了一处曲解，那就是葛兰西低估了北部农民阶层的重要性。正如我在第2章所展示的，这是意大利社会主义的核心选民阵营。

12 Carr, *Modern Spain, 1875–1980*, 1982: 489–497; Esdaile, *Spain in the Liberal Age*, 2000: 207; Serrano, *Alfonso XIII y la crisis de la restauración*, 1969: 59–75; Tusell, "The Functioning of the Cacique System in Andalusia," 1976a: 7; Tusell, *Oligarquia y caciquismo en Andalucia (1890–1923)*, 1976b: 544; Tusell, *Manual de historia de España*, 1990: 55, 63, 94–98.

13 Roberts, *Rumania: Political Problems of an Agrarian State*, 1951: 94–95.

14 Bottai, *Esperienza Corporativa*, 1928: 40–41; Gini, "The Scientific Basis of Fascism," 1927; Roberts, *The Syndicalist Tradition and Italian Fascism*, 1979: 72–73.

15 Gregor, *Mussolini's Intellectuals*, 2005: 79.

16 Bottai, *Esperienza Corporativa*, 1928: 40–41.

17 Pellizzi, *Una rivoluzione mancata*, 1949: 231–232.

18 Gramsci, *Selections from the Prison Notebook*, 1971: 210.

19 Holt, *Risorgimento: The Making of Italy, 1815–1870*, 1970: 19–20; Lyttelton, "Landlords, Peasants and the Limits of Liberalism," 1979: 106–107.

20 Bengoechea, *Organització patronal i conflictivitat social a Catalunya*, 1994: 26; Payne, "Catalan and Basque Nationalism," 1971: 21.

21 Heinen, *Die Legion "Erzengel Michael" in Rumänien*, 1986: 72; Patrascanu, *Sous trois dictatures*, 1946: 99; Roberts, *Rumania: Political Problems of an Agrarian State*, 1951: 52–53.

22 Banti, *Storia della borghesia italiana*, 1996: 7, 11; Lyttelton, *The Seizure of Power*, 2004: 5.

23 Carr, *Modern Spain, 1875–1980*, 1982: 98–100; Payne, "Spain," in *The European Right: A Historical Profile*, 1965: 170–172.

24 Eidelberg, *The Great Rumanian Peasant Revolt of 1907*, 1974: 14–15; Nagy-Talavera, *The Green Shirts and the Others*, 1970: 15–16.

25 Armony, *The Dubious Link*, 2004; Berman, "Civil Society and the Collapse of the Weimar Republic," 1997; Hagtvet, "The Theory of Mass Society and the Collapse of the Weimar Republic," 1980; Kaufman, *For the Common Good? American Civic Life and the Golden Age of Fraternity*, 2002.

26 Armony, *The Dubious Link*, 2004; Berman, "Civil Society and the

Collapse of the Weimar Republic," 1997; Riley, "Civic Associations and Authoritarian Regimes in Interwar Europe," 2005.

27 Ridolfi, *Il PSI e la nascita del partito di massa*, 1992: 33.

28 Tocqueville, *Democracy in America*, 1988: 522; Villa, "Tocqueville and Civil Society," 2006: 224–225.

29 Tocqueville, *Democracy in America*, 1988: 515–516. 托克维尔如此解释一个民主制中结社主义的角色："因此，［在一个民主政体里］政府的任务必将不停地增加，而它为了应对这些任务就需要比以往更广地扩展它的活动范围。政府越是要取代社团的位置，个人就越没有意愿去结社，并且越需要政府帮助他们。这就是一个因果的恶性循环。" 结社减轻了政府的某些任务，因而维护了自由。Ibid.: 515–516.

30 De Ruggiero, *The History of European Liberalism*, 1959: 20; Habermas, *The Social Structural Transformation of the Public Sphere*, 1989: 129–140; Schmitt, *The Crisis of Parliamentary Democracy*, 1985: 40–41.

31 Bobbio, *Il futuro della democrazia*, 1991: 37.

32 Mosca, *La classe politica*, 1994: 69–70.

33 Tocqueville, *Democracy in America*, 1988: 12.

34 Aron, *Démocratie et totaliterisme*, 1965: 57.

35 Gramsci, *Selections from the Prison Notebook*, 1971: 57; Schmitt, *The Concept of the Political*, 1996: 27.

36 Lukács, *History and Class Consciousness*, 1971: 51; Marcuse, *One-Dimensional Man*, 1964: 49.

37 Gramsci, *Selections from the Prison Notebook*, 1971: 60.

38 Laclau and Mouffe, *Hegemony and Socialist Strategy*, 2001: 136.

39 Lipset, "Some Social Requisites of Democracy," 1959.

40 Gramsci, *Selections from the Prison Notebook*, 1971: 140.

41 Gentile, *Il mito dello stato nuovo*, 1982: 58.

参考文献

手稿资料

Archivio Centrale dello Stato (ACS); Ministero dell'Interno (MI); Direzione generale pubblica sicurezza (DGPS).

——. Archivi fascisti (AF); Partito Nazionale Fascista (PNF); Direttorio nazionale (DN); Servizi (S); Series I– II.

——. Archivi fascisti (AF); Partito Nazionale Fascista (PNF); Direttorio nazionale (DN); Segreteria Politica (SP); Situazione politica ed economica nelle provincie (SPEP).

出版物资料

Abbate, Michele. 1966. *La fi losofi a di Benedetto Croce e la crisi della società italiana.* Turin: Einaudi.

Adamson, Walter L. 1980. "Gramsci's Interpretation of Fascism." *Journal of the History of Ideas* 41: 615– 633.

——. 1993. *Avant- Garde Florence: From Modernism to Fascism.* Cambridge: Harvard University Press.

Adler, Frank. 1995. *Italian Industrialists from Liberalism to Fascism.* Cambridge: Cambridge University Press.

Ammirato, Piero. 1996. *La Lega: The Making of a Successful Cooperative Network.*

Aldershot: Dartmouth.

Anderson, Perry. 1965. "Problems of Socialist Strategy." Pp. 221–290 in *Towards Socialism.* Ithaca, N.Y.: Cornell University Press.

——. 1976–1977. "The Antinomies of Antonio Gramsci." *New Left Review* 100: 5– 78

——. 1989. *Lineages of the Absolutist State.* London: Verso.

Aparicio, Miguel Angel. 1979. *El sindicalismo vertical y la formación del estado Franquista.* Barcelona: Eunibar.

Aquarone, Alberto. 1987. *Tre capitoli sull'Italia giolittiana.* Bologna: Il Mulino.

——. 1995. *L'organizzazione dello stato totalitario.* Turin: Einaudi.

Arato, Andrew. 1981. "Civil Society against the State: Poland 1980–81." *Telos* 47: 23–47.

Arendt, Hannah. 1966. *The Origins of Totalitarianism.* Cleveland: World Publishing Co.

Armony, Ariel C. 2004. *The Dubious Link: Civic Engagement and Democratization.* Stanford: Stanford University Press.

Aron, Raymond. 1965. *Démocratie et totaliterisme.* Paris: Gallimard.

Baktay, William M. 1982. *Authoritarian Politics in a Transitional State: Istvan Bethlen and the Unifi ed Party in Hungary, 1919–1926.* New York: Columbia University Press.

Balakrishnan, Gopal. 2000. *The Enemy: An Intellectual Portrait of Carl Schmitt.* London: Verso.

Balcells, Albert. 1996. *Catalan Nationalism: Past and Present.* New York: St. Martin's Press.

Balfour, Sebastian. 1995. "Riot, Regeneration and Reaction: Spain in the Aftermath of the 1898 Disaster." *Historical Journal* 38 (2): 405–423.

Banti, Alberto. 1996. *Storia della borghesia italiana: L'età liberale.* Rome: Donzelli.

Barbagli, Maurizio. 1982. *Educating for Unemployment: Politics, Labor Markets, and the School System—Italy, 1859–1973.* New York: Columbia University Press.

Baro, Albert Perez. 1974. *Historia de la cooperacion catalana.* Barcelona: Canalejas.

Bastarreche, Fernando Fernández. 1988. "The Spanish Military from the Age of Disasters to the Civil War." Pp. 213–247 in *Armed Forces and Society in Spain Past and Present.* Edited by Rafael Bañon Martínez and Thomas M. Barker. New York: Columbia University Press.

Bauer, Franz J. 2005. "Wie 'bürgerlich' war der Nationalstaat in Deutschland und Italien?" Pp. 107– 120 in *Deutschland und Italien 1860–1960. Politische und kulturelle Aspekte im Vergleich.* Edited by Christof Dipper and Elisabet Müller- Luckner. Munich: R. Oldenbourg Verlag.

Beer, Klaus P. 1983. *Zur Entwicklung des Parteien-und Parlamentsystems in Rumänien 1928–1933. Die Zeit der national-bäuerlichen Regierungen. Band I.* Frankfurt am Main: Peter Lang.

Ben-Ami, Shlomo. 1978. *The Origins of the Second Republic in Spain.* Oxford: Oxford University Press.

——. 1983. *Fascism from Above: The Dictatorship of Primo de Rivera in*

Spain, 1923–1930. Oxford: Clarendon Press.

Bendix, Reinhard. 1952. "Social Stratification and Political Power." *American Political Science Review* 46: 357–375.

——. 1978. *Kings or People: Power and the Mandate to Rule*. Berkeley: University of California Press.

Bengoechea, Soledad. 1994. *Organització patronal i conflictivitat social a Catalunya*. Barcelona: Publicacions de l'Abadia de Montserrat.

Berezin, Mabel. 1997. *Making the Fascist Self: The Political Culture of Interwar Italy*. Ithaca: Cornell University Press.

Berman, Sheri. 1997. "Civil Society and the Collapse of the Weimar Republic." *World Politics* 49: 401– 429.

Blackbourn, David. 1989. "The Discreet Charm of the Bourgeoisie: Reappraising German History in the Nineteenth Century." Pp. 159–292 in *The Peculiarities of German History: Bourgeois Society and Politics in Nineteenth-Century Germany*. New York: Oxford University Press.

——. 1998. *The Long Nineteenth Century: A History of Germany, 1780–1918*. New York: Oxford University Press.

Blinkhorn, Martin. 1975. *Carlism and Crisis in Spain: 1931–1939*. London: Cambridge University Press.

Bobbio, Norberto. 1969. "Gramsci e la concezione della società civile." Pp. 75– 100 in *Gramsci e la cultura contemporanea. Atti del Convegno internazionale di studi, gramsciani tenuto a Cagliari il 23–27 aprile 1967*. Edited by Pietro Rossi. Rome: Editori riuniti; Istituto Gramsci.

——. 1991. *Il futuro della democrazia*. Turin: Einaudi.

——. 1999. *Teoria generale della politica*. Turin: Einaudi.

Bonfante, Guido. 1981. "La legislazione cooperativistica in Italia dall'Unità a oggi." Pp. 191–252 in *Il movimento cooperativo in Italia. Storia e problemi*. Edited by Giulio Sapelli. Turin: Einaudi.

Bosworth, R. J. B. 1979. *Italy, the Least of the Great Powers: Italian Foreign Policy before the First World War*. New York: Cambridge University Press.

Bottai, Giuseppe. 1928. *Esperienza Corporativa*. Florence: Vallecchi.

——. 1990. "Prima seduta." Pp. 90–98 in *Il convegno italo-francese di studi corporativi 1935*. Rome: Fondazione Ugo Spirito.

Boyd, Carolyn P. 1979. *Praetorian Politics in Liberal Spain*. Chapel Hill: University of North Carolina Press.

Brenan, Gerald. 2000. *The Spanish Labyrinth: The Social and Political Background of the Spanish Civil War*. Cambridge: Cambridge University Press.

Brenner, Robert. 2002. "Agrarian Class Structure and Economic Development." Pp. 10–63. in *The Brenner Debate: Agrarian Class Structure and Economic Development in Pre-Industrial Eu rope*. Edited by T. H. Aston and C. H. E. Philpin.

Broszat, Martin. 1981. *The Hitler State*. New York: Longman.

Buozzi, Bruno. 1930. *Fascisme et syndicalisme*. Paris: Libraire Valois.

Burawoy, Michael. 1990. "Marxism as Science: Historical Challenges and Theoretical Growth." *American Sociological Review* 55 (6): 775–793.

——. 2003. "For a Sociological Marxism: The Complementary Convergence of Antonio Gramsci and Karl Polanyi." *Politics and Society* 31: 193–261.

Callahan, William J. 2000. *The Catholic Church in Spain, 1875–1998*. Washington, D.C.: Catholic University of America Press.

Calleo, David P. 1978. *The German Problem Reconsidered: Germany and the World Order*. New York: Cambridge University Press.

Cammett, John M. 1967. *Antonio Gramsci and the Origins of Italian Communism*. Stanford: Stanford University Press.

Carocci, Giampiero. 1971. *Giolitti e l'età giolittiana*. Turin: Einaudi.

Carr, Raymond. 1982. *Modern Spain, 1875–1980*. New York: Oxford University Press.

Carsten, Francis Ludwig. 1982. *The Rise of Fascism*. Berkeley: University of California Press.

Casas de la Vega, Rafael. 1974. *Las milicias nacionales en la guerra de España*. Madrid: Editora Nacional.

Castillo, Juan José. 1979. *Proprietarios muy pobres: sobre la subordinacion politica delpequeño campesino en España: La Confederación Nacional Católico-Agraria, 1917–1942*. Madrid: Servicio di Publicaciones Agrarias.

Castronovo, Valerio. 1975. *La storia economica. Storia d'Italia*. Vol. 4, *dall'Unità a oggi*. Turin: Einaudi.

Chabod, Federico. 1961. *L'Italia contemporanea (1918–1948)*. Turin: Einaudi.

Chirot, Daniel. 1976. *Social Change in a Peripheral Society: The Creation of a Balkan Colony*. New York: Academic Press.

Chirot, Daniel, and Charles Ragin. 1975. "The Market, Tradition and Peasant Rebellion: The Case of Romania in 1907." *American Sociological Review* 40: 428–444.

Chiurco, Giorgio Alberto. 1929. *Storia della rivoluzione fascista*. Vol. 1, *Anno 1919*. Florence: Vallecchi.

Chueca, Ricardo. 1983. *El Fascismo en los Comienzos del Regimen de Franco: Un estudio sobre FET-JONS*. Madrid: Centro de Investigaciones

Sociologicas.
Ciuffoletti, Zeffiro. 1981. "Dirigenti e ideologie del movimento cooperativo." Pp. 89–189 in *Il movimento cooperativo in Italia.* Edited by Giulio Sapelli. Turin: Einaudi.
——. 1992. *Storia del PSI. 1. Le origini e l'età giolittiana.* Rome-Bari: Laterza.
Codreanu, Corneliu Zelea. 1990. *For My Legionaries (The Iron Guard).* Reedy, W.Va.: Liberty Bell Publications.
Coffey, Diarmid. 1922. *The Cooperative Movement in Jugoslavia, Rumania and North Italy: During and aft er the War.* New York: Oxford University Press.
Cohen, J. L., and A. Arato. 1992. *Civil Society and Political Theory.* Cambridge: MIT Press.
Colarizi, Simona. 1977. *Dopoguerra e fascismo in Puglia (1919–1926).* Bari: Laterza.
Conversi, Daniele. 1997. *The Basques, the Catalans and Spain: Alternative Routes to Nationalist Mobilization.* London: Hurst & Company.
Cordova, Ferdinando. 1974. *Le origini dei sindacati fascisti: 1918–1926.* Rome: Laterza.
Corner, Paul. 1975. *Fascism in Ferrara: 1915–1925.* Oxford: Oxford University Press.
Coutinho, Carlos Nelson. 2006. *Il pensiero politico di Gramsci.* Milan: Edizioni Unicopoli.
Covino, Renato. 1989. "Dall'Umbria verde all'Umbria rossa." Pp. 507–605 in *Storia d'Italia. Le regioni dall'Unità a oggi. L'Umbria.* Edited by Renato Covino and Giampaolo Gallo. Turin: Einaudi.
Cuenca Toribio, José Manuel. 2003. *Catolicismo social y politico en la España contemporánea (1870– 2000).* Madrid: Union Editorial.
Davis, John A. 1979. "The South, the Risorgimento and the Origins of the 'Southern Problem.'" Pp. 67–103 in *Gramsci and Italy's Passive Revolution.* New York: Barnes & Noble.
Deák, István. 1966. "Hungary." Pp. 364–407 in *The European Right: A Historical Profile.* Edited by Hans Rogger and Eugen Weber. Berkeley: University of California Press.
De Felice, Renzo. 1968. "L'interventismo rivoluzionario." Pp. 273–291 in *Il trauma dell'intervento: 1914/1919.* Florence: Vallecchi.
——. 1995 [1965]. *Mussolini il rivoluzionario 1883–1920.* Turin: Einaudi.
——. 1995 [1966]. *Mussolini il fascista. La conquista del potere 1921–1925.* Turin: Einaudi.

——. 1995 [1968]. *Mussolini il fascista. L'organizzazione dello Stato fascista 1925–1929.* Turin: Einaudi.

——. 1996 [1974]. *Mussolini il duce. Gli anni del consenso 1929–1936.* Turin: Einaudi.

——. 2000. *Le interpretazioni del fascisimo.* Rome: Laterza.

Degl'Innocenti, Maurizio. 1977. *Storia della cooperazione in Italia. La Lega nazionale delle cooperative 1886–1925.* Rome: Editori Riuniti.

——. 1981. "Geografi a e strutture della cooperazione in Italia." Pp. 3–87. *Il movimento cooperativo in Italia.* Turin: Einaudi.

——. 1995. *La società unificata. Associazione, sindacato, partito sotto il fascismo.* Rome: Manduria.

De Grazia, Victoria. 1981. *The Culture of Consent: The Mass Organization of Leisure in Fascist Italy.* Cambridge: Cambridge University Press.

Delle Piane, Mario. 1952. *Gaetano Mosca: Classe Politica e Liberalismo.* Naples: Edizioni scientifiche italiane.

Del Rey Reguillo, Fernando. 1987. "Ciudadanos honrados y somentistas. El orden y la subversión en la España de los años veinte." *Estudios de Historia Social* 3–4: 97–150.

De Ruggiero, Guido. 1959. *The History of European Liberalism.* Boston: Beacon Hill.

Diamond, Larry. 1997. "Civil Society and the Development of Democracy." *Center for Advanced Study in the Social Sciences of the Juan March Institute Working Paper 101.*

Diehl-Thiele, Peter. 1969. *Partei und Staat im Dritten Reich: Untersuchungen zum Verhältnis von NSDAP und allgemeiner innerer Staatsverwaltung 1933–1945.* Munich: C. H. Beck.

Digby, Margaret. 1930. "Rumania: The State as Co-Operator." Pp. 404–428 in *Year Book of Agricultural Co-operation 1930.* Edited by the Horace Plunkett Foundation. London: George Routledge & Sons.

Dovring, Folke. 1965. *Land and Labor in Europe in the Twentieth Century: A Comparative Survey of Recent Agrarian History.* The Hague: M. Nijhoff.

Downing, Brian. 1992. *The Military Revolution and Political Change: Origins of Democracy and Autocracy in Early Modern Europe.* Princeton: Prince ton University Press.

Eidelberg, Philip Gabriel. 1974. *The Great Rumanian Peasant Revolt of 1907: Origins of a Modern Jacquerie.* Leiden: E. J. Brill.

Elazar, Dahlia Sabina. 1993. "The Making of Italian Fascism: The Seizure of Power, 1919–1922." *Political Power and Social Theory* 8: 173–217.

Eley, Geoff. 1989. "The British Model and the German Road: Rethinking the Course of German History before 1914." Pp. 39–155 in *The Peculiarities of German History*. Oxford: Oxford University Press.

Elster, Jon. 1978. *Logic and Society: Contradictions and Possible Worlds*. New York: Wiley.

Emigh, Rebecca Jean. 1997. "The Power of Negative Thinking: The Use of Negative Case Methodology in the Development of Sociological Theory." *Theory and Society* 26 (5): 649–684.

——. 2009. *The Undevelopment of Capitalism: Sectors and Markets in Fifteenth-century Tuscany*. Philadelphia: Temple University Press.

Ertman, Thomas. 1997. *The Birth of the Leviathan*. Cambridge: Cambridge University Press.

——. 1998. "Democracy and Dictatorship in Interwar Western Europe Revisited." *World Politics* 50: 475–505.

Esdaile, Charles J. 2000. *Spain in the Liberal Age*. London: Blackwell.

Fabbri, Lia Gheza. 1977. "Crescita e natura delle casse rurali cattoliche." *Quaderni Storici* 36: 789– 807.

Falasca-Zamponi, Simonetta. 1997. *The Aesthetics of Power in Mussolini's Italy.* Berkeley: University of California Press.

Farneti, Paolo. 1971. *Sistema politico e società civile: saggi di teoria e ricerca politica.* Turin: Giappichelli

Federico, Giovanni. 1996. "Italy 1860–1940: A Little Known Success Story." *Economic History Review* 49: 764–786.

Fiorina, Morris P. 1999. "Extreme Voices: A Dark Side of Civic Engagement." Pp. 395–525 in *Civic Engagement in American Democracy.* Washington, D.C.: Russell Sage Foundation.

Fornasari, Massimo, and Vera Zamagni. 1997. *Il movimento cooperativo in Italia. Un profilo storico-economico (1854–1992)*. Florence: Vallecchi.

Friedrich, Carl J. 1964. "The Unique Character of Totalitarian Society." Pp. 47–60 in *Totalitarianism.* Edited by Carl J. Friedrich. New York: Grosset & Dunlap.

Fritzsche, Peter. 1996. "Did Weimar Fail?" *Journal of Modern History* 68: 629–656.

Gaeta, Franco. 1982. *La crisi di fine secolo e l'età giolittiana.* Turin: UTET.

Galasso, Giuseppe. 1987. "Gli anni della grande espansione e la crisi del sistema." Pp.219– 494 in *Storia del movimento cooperativo in Italia. La Lega Nazionale delle Cooperative e Mutue. 1886–1986.* Turin: Einaudi.

Garrido Herrero, Samuel. 1995. "El cooperativismo agrario Español del primer tercio del siglo xx." *Revista de Historia Economica.* 1: 115–144.

——. 1996. *Treballar en comú: el cooperativism agrari a Espanya (1900–1936).* Barcelona: Edicions Afons el Magnanim.

——. 2003. "El primer cooperativismo agrario español." *Ciriec-España. Revista de Economía Pública, Social y Cooperativa* 44: 33–56.

Gellner, Ernst. 1994. *Conditions of Liberty: Civil Society and Its Rivals.* London: Penguin.

——. 1995. "The Importance of Being Modular." Pp. 32–55 in *Civil Society: Theory, History, Comparison*. Oxford: Polity Press.

Gentile, Emilio. 1975. *Le origini del ideologia fascista (1918–1925).* Rome: Laterza.

——. 1982. *Il mito dello stato nuovo: dall'antigiolitismo al fascismo.* Bari: Laterza.

——. 1984. "The Problem of the Party in Italian Fascism." *Journal of Contemporary History* 19: 251–274.

——. 1989. *Storia del Partito Fascista: 1919–1922, movimento e milizia.* Bari: Laterza.

——. 1995. *La via italiana al totalitarismo: il partito e lo stato nel regime fascista.* Rome: La Nuova Italia scientifica.

——. 2000. *Fascismo e antifascismo. I partiti italiani fra le due guerre.* Florence: Le Monnier.

——. 2002. *Fascismo: storia e interpretazione.* Rome: Laterza.

Gentile, Giovanni. 2002. *Origins and Doctrine of Fascism.* New Brunswick, N.J.: Transaction Publishers.

Germino, Dante L. 1959. *The Italian Fascist Party in Power: A Study in Totalitarian Rule*. Minneapolis: University of Minnesota Press.

Gide, Charles. 1926–1927. *La Coopération dans les Pays Latins: Amérique Latine, Italie, Espagne, Roumanie.* Paris: Association pour l'enseignment de la co operation.

Gini, Corrado. 1927. "The Scientific Basis of Fascism." *Political Science Quarterly* 42: 99–115.

Ginsborg, Paul. 1979. "Gramsci in the Era of Bourgeois Revolution in Italy." Pp. 31–66 in *Gramsci and Italy's Passive Revolution.* Edited by John A. Davis. New York: Barnes & Noble.

Gleason, Abbott. 1995. *Totalitarianism: The Inner History of the Cold War.* New York: Oxford University Press.

Goldstone, Jack A. 2003. "The Study of Revolutions." Pp. 41–90 in *Comparative Historical Analysis in the Social Sciences.* Edited by James

Mahoney and Dietrich Rueschemeyer. Cambridge: Cambridge University Press.

Gómez-Navarro, José Luis. 1991. *El Régimen de Primo de Rivera: Reyes, dictaduras y dictadores*. Madrid: Catedra.

González Calleja, Eduardo, and Fernando Del Rey Reguillo. 1995. *La defensa armada contra la revolución. Una historia del guardias cívicas en la España del siglo XX*. Madrid: Consejo Superior de Investigaciones Científicas.

González Cuevas, Pedro Carlos. 1998. *Acción Española: teología politica y nacionalismo autoritario en España, 1913–1936*. Madrid: Tecnos.

Gramsci, Antonio. 1971. *Selections from the Prison Notebook*. New York: International Publishers.

——. 1974. *La Questione Meridionale*. Rome: Riuniti.

Gregor, James A. 1969. *The Ideology of Fascism: The Rationale of Totalitarianism*. New York: Free Press.

——. 2005. *Mussolini's Intellectuals*. Princeton: Princeton University Press.

Gunst, Péter. 1998. "Hungarian Agrarian Society from Emancipation (1850) to the End of World War I (1918)." Pp. 125–175 in *Hungarian Agrarian Society from the Emancipation of the Serfs (1848) to the Re-privatization of Land (1998)*. Edited by Péter Gunst. New York: Eastern Europe an Monographs.

Guttsman, W. L. 1981. *The German Social Democratic Party*. Boston: Allen & Unwin.

Habermas, Juergen. 1989. *The Social Structural Transformation of the Public Sphere: An Inquiry into a Category of Bourgeois Society*. London: Polity Press.

Hagtvet, Bernt. 1980. "The Theory of Mass Society and the Collapse of the Weimar Republic: A Re-Examination." Pp 66–117 in *Who Were the Fascists: Social Roots of European Fascism*. Edited by Stein Ugelvik Larsen, Bernt Hagtvet, and Jan Pettery Myklebust. Oslo: Universitetsforlaget.

Hall, John A. 1995. "In Search of Civil Society." Pp. 1–31 in *Civil Society: Theory, History, Comparison*. Edited by J. A. Hall. Oxford: Polity Press.

Harrison, Joseph. 1976. "Big Business and the Failure of Right-Wing Catalan Nationalism, 1901– 1918." *Historical Journal* 19 (4): 901–918.

Hegel, Georg Wilhelm Friedrich. 1991. *Elements of the Philosophy of Right*. New York: Cambridge University Press.

Heinen, Armin. 1986. *Die Legion "Erzengel Michael" in Rumänien. Soziale*

Bewegung und politische Organisation. Ein Beitrag zum Problem des internationalen Faschismus. Munich: R. Oldenbourg Verlag.

Heywood, Paul. 1990. *Marxism and the Failure of Organized Socialism in Spain, 1879–1936.* New York: Cambridge University Press.

Hibbeln, Ewald. 1984. *Codreanu und die Eiserne Garde.* Marburg: Erich Mauersberger.

Hintze, Otto. 1985. *The Historical Essays of Otto Hintze*. Oxford: Oxford University Press.

Hitchins, Keith.1994. *Rumania, 1866–1947.* Oxford: Clarendon Press.

Holt, Edgar. 1970. *Risorgimento: The Making of Italy, 1815–1870*. London: Macmillan.

Howard, Marc Majoré. 2003. *The Weakness of Civil Society in Post-communist Europe*. New York: Cambridge University Press.

Huntington, Samuel P. 1968. *Political Order in Changing Societies.* New Haven: Yale University Press.

Instituto de Reformas Sociales. 1907. *Estadística de la asociación obrera.* Madrid: Imprenta de la Sucesora M. Minuesa.

——. 1915. *Avance al censo de asociaciones.* Madrid: Imprenta de la Sucesora de M. Minuesa.

International Institute of Agriculture. 1919. "Part 1: Co-operation and Association. Spain." *International Review of Agricultural Economics* 10: 437–442.

Jacobson, Stephen. 2006. "Law and Nationalism in Nineteenth-Century Europe: The Case of Catalonia in Comparative Perspective." *Law and History Review* 20: 2.

Janos, Andrew C. 1978. "Modernization and Decay in Historical Perspective: The Case of Romania." Pp. 72–116 in *Social Change in Romania, 1860–1940.* Berkeley: Institute of International Studies.

——. 1982. *The Politics of Backwardness in Hungary, 1825–1945*. Princeton: Princeton University Press.

——. 2000. *East Central Europe in the Modern World: The Politics of the Borderlands from Pre-to Postcommunism*. Stanford: Stanford University Press.

Jones, Philip. 1997. *The Italian City State: From Commune to Signoria.* Oxford: Clarendon Press.

Jowitt, Kenneth. 1978. *Social Change in Romania, 1860–1940: A Debate on Development in a European Nation.* Berkeley: Institute of International Studies.

Kaufman, Jason. 2002. *For the Common Good? American Civic Life and the Golden Age of Fraternity*. New York: Oxford University Press.

Keane, John. 1988a. *Democracy and Civil Society*. New York: Verso.

——. 1988b. "Despotism and Democracy: The Origins and Development of the Distinction between Civil Society and the State, 1750–1850." Pp. 35–71 in *Civil Society and the State*. New York: Verso.

——. 1998. *Civil Society: Old Images, New Visions*. Stanford: Stanford University Press.

Keegan, John. 2000. *The First World War*. New York: Knopf.

Kehr, Eckart. 1973. *Battleship Building and Party Politics in Germany, 1894–1901: A Cross-section of the Political, Social and Ideological Preconditions of German Imperialism*. Chicago: University of Chicago Press.

Kelsen, Hans. 1955. "Foundations of Democracy." *Ethics* 66: 1–101.

Kern, Robert W. 1974. *Liberals, Reformers and Caciques in Restoration Spain: 1875–1909*. Albuquerque: University of New Mexico Press.

King, Bolton, and Thomas Okey. 1901. *Italy Today*. London: J. Nisbet.

Kornhauser, William. 1959. *The Politics of Mass Society*. Glencoe: Free Press.

Koshar, Rudy. 1986. *Social Life, Local Politics, and Nazism: Marburg, 1880–1935*. Chapel Hill: University of North Carolina Press.

Laclau, Ernesto. 1977. *Politics and Ideology in Marxist Theory: Capitalism, Fascism, Populism*. London: New Left Books.

Laclau, Ernesto, and Chantal Mouffe. 2001. *Hegemony and Socialist Strategy: Towards a Radical Democratic Politics*. London: Verso.

Lakatos, Imre. 1970. "Falsification and the Methodology of Scientific Research Programmes." Pp. 91–196 in *Criticism and the Growth of Knowledge*. Edited by Imre Lakatos and Alain Musgrave. Cambridge: Cambridge University Press.

Lannon, Frances. 1987. *Privilege, Persecution, and Prophecy: The Catholic Church in Spain: 1875–1975*. Oxford: Clarendon Press.

Lears, T. J. Jackson. 1985. "The Concept of Cultural Hegemony." *American Historical Review* 9: 567–592.

Lederer, Emil. 1967. *State of the Masses*. New York: Howard Fertig.

Lieberson, Stanley. 1991. "Small N's and Big Conclusions: An Examination of the Reasoning in Comparative Studies Based on a Small Number of Cases." *Social Forces* 70 (2): 307–320.

——. 1994. "More on the Uneasy Case for Using Mill-Type Methods in Small N Comparative Studies." *Social Forces* 72 (4): 1225–1237.

Linz, Juan. 1967. "The Party System of Spain: Past and Future." Pp. 197–282 in *Party Systems and Voter Alignments: Cross-National Perspectives.* Edited by Seymour M. Lipset and Stein Rokkan. New York: Free Press.

——. 1970. "An Authoritarian Regime: Spain." Pp. 251–283 in *Mass Politics: Studies in Political Sociology.* E. A. and S. Rokkan. New York: Free Press.

——. 2003. *Fascismo, autoritarismo, totalitarismo. Connessioni e differenze.* Rome: Ideazione editrice.

Lipset, Seymour Martin. 1959. "Some Social Requisites of Democracy: Economic Development and Political Legitimacy." *American Political Science Review* 53: 69–105.

Livezeanu, Irina. 1995. *Cultural Politics in Greater Romania: Regionalism, Nation Building, and Ethnic Struggle.* Ithaca: Cornell University Press.

Luebbert, Gregory M. 1987. "Social Foundations of Political Order in Interwar Europe." *World Politics* 39: 449–478.

——. 1991. *Liberalism, Fascism, or Social Democracy: The Political Origins of Regimes in Interwar Europe.* New York: Oxford University Press.

Lukács, Georg. 1971. *History and Class Consciousness: Studies in Marxist Dialectics.* Cambridge: MIT Press.

Lyttelton, Adrian. 1973. "El patronazgo en la Italia de Giolitti (1892–1924)." *Revista de Occidente* 127: 94–117.

——. 1979. "Landlords, Peasants and the Limits of Liberalism." Pp. 104–135 in *Gramsci and Italy's Passive Revolution.* New York: Barnes & Noble.

——. 2000. "Liberalism and Civil Society in Italy: From Hegemony to Mediation." Pp. 61– 81 in *Civil Society before Democracy.* Edited by Nancy Bermeo and Philip Nord. New York: Rowman & Littlefield.

——. 2004. *The Seizure of Power.* Rev. ed., *Fascism in Italy 1919–1929.* London: Routledge.

Mack-Smith, Denis. 1959. *Italy: A Modern History.* Ann Arbor: University of Michigan Press.

Mahoney, James. 2003. "Knowledge Accumulation in Comparative Historical Research. The Case of Democracy and Authoritarianism." Pp. 131–174 in *Comparative Historical Analysis in the Social Sciences.* Edited by James Mahoney and Dietrich Rueschemeyer. Cambridge: Cambridge University Press.

Maier, Charles S. 1975. *Recasting Bourgeois Europe.* Princeton: Princeton University Press.

Maione, Giuseppe. 1970. "Il biennio rosso: autonomia e spontaneitá operaia contro le organizzazioni tradizionali (1919–1920)." *Storia Contemporanea*

1 (4): 825– 889.

——. 1972. "Il biennio rosso: Lo sciopero delle lancette (marzo-aprile 1920)." *Storia contemporanea* 3 (2): 239–304.

Malefakis, Edward. 1970. *Agrarian Reform and Peasant Revolution in Spain: Origins of the Civil War.* New Haven: Yale University Press.

Maner, Hans-Christian. 1997. *Parlamentarismus in Rumänien (1930–1940): Demokratie im autoritären Umfeld.* Munich: R. Oldenbourg Verlag.

Mann, Michael. 1988. *States, War and Capitalism.* Oxford: Blackwell.

——. 1999. "The Dark Side of Democracy: The Modern Tradition of Ethnic and Political Cleansing." *New Left Review* 1: 18–45.

——. 2004. *Fascists.* Cambridge: Cambridge University Press.

Manoïlescu, Mihaïl. 1936. *Le siècle du corporatisme. Doctrine du corporatisme integral et pur.* Paris: Librairie Félix Alcan.

Manselli, Raoul. 1992. "Egemonia imperiale, autonomia comunale, potenza politica della chiesa." Pp. 61–134 in *Storia d'Italia.* Vol. 4, *Comuni e signorie: istituzioni, società e lotte per l'egemonia.* Turin: UTET.

Marcuse, Herbert. 1964. *One-Dimensional Man: Studies in the Ideology of Advanced Industrial Society.* Boston: Beacon Press.

Marfany, Joan-Lluís. 2004. "Minority Languages and Literary Revivals." *Past and Present* 184: 137–167.

Marx, Karl. 1994. *Selected Writings.* Indianapolis: Hackett.

Mazower, Mark. 2000. *Dark Continent: Europe's Twentieth Century.* New York: Vintage.

Mazzini, Giuseppe. 1945. *I doveri dell'uomo.* Turin: Vega.

McIvor, Anthony D. 1982. *Spanish Labor Policy during the Dictablanda of Primo de Rivera.* Ph.D. diss., University of California, San Diego.

Melis, Guido. 1996a. "L'amministrazione." Pp. 187–251 in *Storia dello stato italiano.* Edited by Raff aele Romanelli. Rome: Donzelli.

——. 1996b. *Storia dell'amministrazione italiana: 1861–1993.* Bologna: Il Mulino.

Michels, Robert. 1926. *Storia critica del movimento socialista italiano.* Florence: La Voce.

Mill, John Stuart. 1974. *Philosophy of Scientific Methods.* New York: Hafner Press.

Milza, Pierre. 2000. *Mussolini.* Rome: Carocci.

Ministerio de Trabajo y Previsión. 1930. *Censo corporativo electoral.* Madrid: Imprenta de los hijos de M. G. Hernández.

Ministero di Agricoltura, Industria e Commercio (MAIC). 1890. *Saggio statistico sulle associazioni cooperative in Italia.* Rome: Eredi Botta.

——. 1913. *Statistica delle organizzazioni di lavoratori al 10 gennaio 1912.* Rome: Officina Poligrafi ca.

Mitrany, David. 1930. *The Land and the Peasant in Rumania: The War and Agrarian Reform*. London: Oxford University Press.

Montero, José R. 1977. *La CEDA. El Catolicismo Social y Politico en la II Republica.* Madrid: Ediciones de la Revista de Trabajo.

Moore, Barrington, Jr. 1993. *Social Origins of Dictatorship and Democracy: Lord and Peasant in the Making of the Modern World.* Boston: Beacon Press.

Morales Munoz, Manuel. 2001–2002. "Los espacios de la sociabilidad radical democrática: casinos, círculos y ateneos." *Studia Historica. Historia Contemporánea* 19–20: 161–205.

Morandi, Carlo. 1997. *I partiti politici in Italia: dal 1848 al 1924.* Florence: Le Monnier.

Mosca, Gaetano. 1994. *La classe politica.* Bari: Laterza.

Mosse, George L. 1975. *The Nationalization of the Masses: Political Symbolism and Mass Movements in Germany from the Napoleonic Wars through the Third Reich*. New York: Howard Fertig.

Muñoz, Manuel Ferrer. 1992. *Elecciones y partidos politicos en navarra durante la segunda republica.* Pamplona: Gobierno de Navarra.

Musat, Mircea, and Ion Ardeleanu. 1982. *Political Life in Romania, 1918–1921.* Bucharest: Editura Academiei Republicii Socialiste România.

Nagy-Talavera, Nicholas. 1970. *The Green Shirts and the Others: A History of Fascism in Hungary and Romania*. Stanford: Hoover Institution Press.

Neumann, Franz. 1957. "Notes on the Theory of Dictatorship." Pp. 233–256 in The *Democratic and the Authoritarian State: Essays in Political and Legal Theory*. Glencoe: Free Press.

——. 1966. *Behemoth: The Structure and Practice of National Socialism, 1933–1944.*New York: Harper Torchbooks.

Nolte, Ernst. 1966. *The Three Faces of Fascism: Action Française, Italian Fascism, National Socialism*. London: Weidenfeld & Nicolson.

Nord, Philip. 1995. *The Republican Moment: Struggles for Democracy in Nineteenth-Century France*. Cambridge: Harvard University Press.

——. 2000. "Introduction." Pp. xiii–xxxiii in *Civil Society before Democracy: Lessons from Nineteenth Century Europe.* Edited by Nancy Bermeo and Philip Nord. New York: Rowman & Littlefield.

Olivetti, Angelo Oliviero. 1984. *Dal sindacalismo rivoluzionario al corporativismo.* Rome: Bonacci editore.

Orbonas, Silviu. 1930. *Die genossenschaftsbewegung in Rumänien.* Hermannstadt, Romania: Archdiöcesan Buchdruckerei.

Ortega y Gasset, José. 1937. *Invertebrate Spain.* New York: Norton.

——. 1960. *The Revolt of the Masses*. New York: Norton.

Pan-Montojo, Juan. 2000. "Las Asociaciones Rurales y el nacimiento del Sindicalismo Agrario en Espana, 1834–1907." Pp. 27–64 in *Actas 1er Congreso sobre Cooperativismo Español: Tomo II Historia Sociologia.* Fundación Garrido Tortosa: Cordoba.

Panunzio, Sergio. 1987. *Il fondamento giuridico del fascismo.* Rome: Bonacci Editore.

Partito Nazionale Fascista (PNF). 1935 (XIV). *Atti del PNF.* Rome: Fratelli Palombi.

Patrascanu, Lucretiu. 1946. *Sous trois dictatures.* Paris: Jean Vitiano.

Paxton, Robert O. 2004. *The Anatomy of Fascism*. New York: Knopf.

Payne, Stanley. 1961. *Falange: A History of Spanish Fascism.* Stanford: Stanford University Press.

——. 1965. "Spain." Pp. 168–207 in *The European Right: A Historical Profile.* Edited by Hans Rogger and Eugen Weber. Berkeley: University of California Press.

——. 1967. *Politics and the Military in Modern Spain.* Stanford: Stanford University Press.

——. 1970. *The Spanish Revolution*. New York: Norton.

——. 1971. "Catalan and Basque Nationalism." *Journal of Contemporary History* 6 (1): 15–51.

——. 1973. *A History of Spain and Portugal in Two Volumes.* Vol. 2. Madison: University of Wisconsin Press.

——. 1980. *Fascism: Comparison and Definition.* Madison: University of Wisconsin Press.

——. 1987. *The Franco Regime: 1936–1975*. Madison: University of Wisconsin Press.

——. 1993. *Spain's First Democracy.* Madison: University of Wisconsin Press.

——. 1995. *A History of Fascism, 1914–1945.* Madison: University of Wisconsin Press.

——. 1999. *Fascism in Spain.* Madison: University of Wisconsin Press.

Pecharromán, Julio Gil. 1989. *La segunda republica.* Madrid: Historia.

Pellizzi, Camillo. 1949. *Una rivoluzione mancata.* Milan: Longanesi.

Pepe, Adolfo. 1989. "Il sindacalismo pugliese nel primo Novecento." Pp. 781–

810 in *Storia d'Italia. Le regioni dall'unità a oggi. La Puglia.* Turin: Einaudi.

Pérez-Díaz, Victor. 1993. *The Return of Civil Society: The Emergence of Democratic Spain*. Cambridge: Harvard University Press.

Perfetti, Francesco. 1987. "Introduzione. Un teorico dello stato sindicale-corporativo." Pp. 7–136 in *Il fondamento giuridico del fascismo.* Rome: Bonacci.

Podestà, Carlo, and Antonio Uckmar. 1929. *I contributi sindacali. Manuale teorico pratico.* Rome: Il Diritto del Lavoro.

Pombeni, Paolo. 1984a. *Demagogia e tirannide: Uno studio sulla forma-partito del fascismo.* Bologna: Il Mulino.

——. 1984b. "All'origine della 'forma partito' moderna. La vicenda delle organizzazioni politiche in Emilia Romagna (1876–1892)." Pp. 9–33 in *All'origine della " forma partito" contemporanea: Emilia Romagna 1876–1892: un caso di studio.* Edited by Paolo Pombeni. Bologna: Il Mulino.

——. 1986. "Trasformismo e questione del partito: la politica italiana e il suo rapporto con la vicenda constituzionale europea." Pp.215–254 in *La trasformazione politica nell'Europa liberale 1870–1890.* Edited by Paolo Pombeni. Bologna: Il Mulino.

——. 1995. "La rappresentanza politica." Pp. 73–124 in *Storia dello stato Italiano dall'Unità a oggi.* Edited by Raffaele Romanelli. Rome: Donzelli editore.

Poulantzas, Nicos. 1970. *Fascism and Dictatorship: The Third International and the Problem of Fascism*. London: Verso.

Pradera, Victor. 1938. *The New State*. London: Sands & Co.

Preston, Paul. 1978. *The Coming of the Spanish Civil War: Reform, Reaction and Revolution in the Second Republic, 1931–1936*. London: Macmillan.

——. 1993. *Franco.* London: Fontana Press.

——. 1994. *The Coming of the Spanish Civil War: Reform, Reaction and Revolution in the Second Republic 1931–1936*. London: Routledge.

Preti, Luigi. 1954. *Le lotte agrarie nella Valle padana.* Turin: Einaudi.

Procacci, Giuliano. 1968. *History of the Italian People.* New York: Harper & Row.

——. 1981. *The Italian Working Class from the Risorgimento to Fascism.* Harvard: Center for Europe an Studies.

——. 1992. *La lotta di classe in Italia agli inizi del secolo XX.* Roma: Editori Riuniti.

Putnam, Robert D. 1993. *Making Democracy Work: Civic Traditions in Modern Italy.* Princeton: Princeton University Press.

——. 2000. *Bowling Alone: The Collapse and Revival of American Community.* New York: Simon & Schuster.

Ragionieri, Ernesto. 1976. *Storia d'Italia.* Vol. 4, *La storia politica e sociale, Dall'Unita a oggi.* Turin: Einaudi.

Rial, James H. 1986. *Revolution from Above: The Primo de Rivera Dictatorship in Spain, 1923–1930.* Fairfax: George Mason University Press.

Ridolfi, Maurizio. 1984. "Sulla Formazione dele Moderne Organizzazioni Politiche: Il Caso dell'Area Cesenate." Pp. 305–372 in *All'origine della 'forma partito' contemporanea. Emilia Romagna 1876–1892: un caso di studio.* Edited by Paolo Pombeni. Bologna: Il Mulino.

——. 1992. *Il PSI e la nascita del partito di massa. 1892–1922.* Bari: Laterza.

——. 1997. "La terra delle associazioni. Identità sociali, organizzazione degli interessi e tradizioni civiche." Pp. 276–371 in *Storia d'Italia: L'Emilia-Romagna. Le Regioni dall'unità a oggi.* Edited by Robert Finzi. Turin: Einaudi.

——. 1999. *Interessi e passioni: Storia dei partiti politici italiani tra l'Europa e il Mediterraneo.* Milan: Bruno Mondadori.

Riley, Dylan. 2003. "Privilege and Property: The Political Foundations of Failed Class Formation in Eighteenth-Century Austrian Lombardy." *Comparative Studies in Society and History* 45: 190–213.

——. 2005. "Civic Associations and Authoritarian Regimes in Interwar Europe: Italy and Spain in Comparative Perspective." *American Sociological Review* 70: 288– 310.

Riosa, Alceo. 1968. "Michele Bianchi." Pp. 147–153 in *Dizionario Biografico degli Italiani.* Vol. 10. Edited by Alberto M. Ghisalberti. Rome: Istituto della Enciclopedia italiana.

Riquer i Permanyer, Borja de. 1994. "La faiblesse du procesus de construction nationale en Espagne aux XIXe Siécle." *Revue d'Histoire Moderne et Contemporaine* 41 (2): 353– 366.

Roberts, David D. 1979. *The Syndicalist Tradition and Italian Fascism.* Chapel Hill: University of North Carolina Press.

Roberts, Henry L. 1951. *Rumania: Political Problems of an Agrarian State.* New Haven: Yale University Press.

Rocco, Alfredo. 1938. *Scritti e discorsi politici.* Milan: A. Giuffré.

Rodríguez Jiménez, José Luis. 2000. *Historia de Falange Española de Las JONS.* Madrid: Alianza Editorial.

Romano, Sergio. 1989. *Giolitti: lo stile del potere.* Milan: Bompiani.

Rosenstock-Franck, Louis. 1934. *L'économie corporative fasciste: en doctrine et en fait.* Paris: Librairie universitaire J. Gamber.

Rothschild, Joseph. 1974. *East Central Europe between the Two World Wars.* Seattle: University of Washington Press.

Roveri, Alessandro. 1975. "Il sindicalismo rivoluzionario in Italia." *Ricerche storiche* 5: 5–82.

Rueschemeyer, Dietrich, Evelyne Huber Stephens, and John D. Stephens. 1992. *Capitalist Development and Democracy.* Chicago: University of Chicago Press.

Sahlins, Marshall. 1985. *Islands of History.* Chicago: University of Chicago Press.

Saladino, Salvatore. 1974. "Parliamentary Politics in the Liberal Era: 1861 to 1914." Pp. 27–51 in *Modern Italy: A Topical History since 1861.* Edited by Edward R. Tannenbaum and Emiliana P. Noether. New York: New York University Press.

Salaya, Guillén. 1943. *Historia del sindicalismo Español.* Madrid: Editora Nacionale.

Salomone, William A. 1960. *Italy in the Giolittian Era: Italian Democracy in the Making, 1900–1914.* Philadelphia: University of Pennsylvania Press.

Salvati, Mariuccia. 1992. *Il regime e gli impiegati.* Bari: Laterza.

Sartori, Giovanni. 1976. *Parties and Party Systems: A Framework for Analysis.* New York: Cambridge University Press.

Schandl, Charles. 1938. *Quarante Années de la Coopération Hongroise: Travaux et Resultats de la Société Centrale de Crédit Mutuel de Hongrie (OKÁHÁ).* Budapest: Patria.

Schmitt, Carl. 1985. *The Crisis of Parliamentary Democracy.* Cambridge: MIT Press.

——. 1996. *The Concept of the Political.* Chicago: Chicago University Press.

Schumpeter, Joseph A. 1942. *Capitalism, Socialism, and Democracy.* New York: Harper & Brothers.

Scoppola, Pietro. 1997. *La repubblica dei partiti: evoluzione e crisi di un sistema politico 1945–1996.* Milan: Mulino.

Scurtu, Ioan.1994. *Istoria partidului national-taranesc.* Bucharest: Editura Enciclopedica.

Selgas, Carlos Iglesias. 1966. *Los Sindicatos en España.* Madrid: Ediciones del Movimiento.

Sellés i Quintana, Magda. 2000. *El foment del treball nacional 1914–1923.*

Barcelona: Publicacions de l'Abadia de Montserrat.

Serrano, Carlos Seco. 1969. *Alfonso XIII y la crisis de la restauración.* Barcelona: Horas de España.

Seton- Watson, Christopher. 1967. *Italy from Liberalism to Fascism, 1870–1925.* London, Methuen; New York, Barnes & Noble.

Seton-Watson, R. W. 1963. *A History of the Roumanians: From Roman Times to the Complete of Unity.* Cambridge: Archon Books.

Sewell, William H., Jr. 1980. *Work and Revolution in France: The Language of Labor from the Old Regime to 1848*. Cambridge: Cambridge University Press.

——. 2005. *Logics of History: Social Theory and Social Transformation*. Chicago: University of Chicago Press.

Sima, Horia. 1972. *Histoire du mouvement légionnaire.* Rio de Janeiro: Editôra Dacia.

Simpson, James. 1992. "Los límites de crecimiento agrario en España, 1860–1936." Pp. 103–138 in *El desarollo económico en la Europa del Sur. España e Italia en perspectiva histórica.* Madrid: Alianza Editorial.

——. 1995. *The Long Siesta*. Cambridge: Cambridge University Press.

Skocpol, Theda. 1973. "A Critical Review of Barrington Moore's Social Origins of Dictatorship and Democracy." *Politics and Society* 4 (11): 1–34.

——. 1979. *States and Social Revolution: A Comparative Analysis of France, Russia, and China.* Cambridge: Cambridge University Press.

——. 1997. "The Tocqueville Problem: Civic Engagement in American Democracy." *Social Science History* 21: 455–479.

——. 1999. "How Americans Became Civic." *Civic Engagement in American Democracy.* Washington, D.C.: Brookings Institution Press and Russell Sage Foundation.

Skocpol, Theda, and Margaret Somers. 1980. "The Uses of Comparative History in Macrosocial Research." *Comparative Studies in Society and History* 22: 174–197.

Spampanato, Bruno. 1933. *Democrazia fascista.* Rome: Edizioni di "Politica Nuova."

Spirito, Ugo. 1999. *Critica della democrazia.* Milan: Luni.

Steinmetz, George. 1997. "German Exceptionalism and the Origins of Nazism: The Career of a Concept." Pp. 251–284 in *Stalinism and Nazism. Dictatorships in Comparison.* Cambridge: Cambridge University Press.

Stephens, John. 1989. "Democratic Transition and Breakdown in Western Europe: A Test of the Moore Thesis." *American Journal of Sociology* 94:

1019–1077.

Stokes, Gale. 1989. "The Social Origins of East European Politics." Pp. 210–251 in *The Origins of Backwardness in Eastern Europe: Economics and Politics from the Middle Ages until the Early Twentieth Century.* Edited by Daniel Chirot. Berkeley: University of California Press.

Szöllösi-Janze, Margit. 1989. *Die Pfeilkreuzlerbewegung in Ungarn: Historischer Kontext, Entwicklung und Herrschaft* . Munich: Oldenbourg Verlag.

Tasca, Angelo. 1950. *Nascita e avvento del fascismo. L'Italia dal 1918 al 1922.* Florence: La Nuova Italia.

Tenfeld, Klaus. 2000. "Civil Society and the Middle Classes in Nineteenth-Century Germany." Pp. 83–108 in *Civil Society before Democracy: Lessons from Nineteenth-Century Europe.* Edited by Nancy Bermeo and Philip Nord. Boulder: Rowman & Littlefield.

Terrón Muñoz, Federico. 1987. *Las Cajas rurales españolas. Nacimiento, auge y perspectivas de cooperativismo agarario crediticio en España.* Introduction by Manuel Martín Rodríguez.

Therborn, Göran. 2008. *What Does the Ruling Class Do When It Rules?* London: Verso.

Thomas, Hugh. 1961. *The Spanish Civil War*. London: Penguin.

Tilly, Charles. 1992. *Coercion, Capital and European States: A.D. 990–1992.* London: Blackwell.

Tocqueville, Alexis de. 1988. *Democracy in America.* New York: Harper & Row.

Togliatti, Palmiro. 1976. *Lectures on Fascism.* London: Lawrence & Wishart.

Tomassini, Luigi. 1996. "Mutual Benefit Societies in Italy, 1861–1922." Pp. 225–270 in *Social Security Mutualism: The Comparative History of Mutual Benefit Societies*.

Edited by Marcel van der Linden. New York: Peter Lang.

Tönnies, Ferdinand. 1927. "Demokratie und Palamentarismus." *Schmollers Jahrbuch fur Gesetzgebung, Verwaltung und Volkswirtschaft im Deutschen Reiche* 1: 1–44.

Tortella Casares, Gabriel. 2000. *The Development of Modern Spain: An Economic History of the Nineteenth and Twentieth Centuries*. Cambridge: Cambridge University Press.

Trebilcock, Clive. 1981. *The Industrialization of the Continental Powers, 1780–1914.* New York: Longman.

Trimberger, Ellen Kay. 1978. *Revolution from Above: Military Bureaucrats and*

Development in Japan, Turkey, Egypt, and Peru. New Brunswick, N.J.: Transaction Books.

Trotsky, Leon. 1991. *The Balkan Wars, 1912–1913: The War Correspondence of Leon Trotsky.* New York: Pathfinder.

Tusell, Javier. 1973. "La descomposicion del sistema caciquil espanol (1902–1931)." *Revista de Occidente* 127: 75–93.

——. 1974. *Historia de la democracia cristiana en España. Tomo I: Antecedentes Y C.E.D.A.* Madrid: Editorial Cuadernos Para el Dialogo Edicusa.

——. 1976a. "The Functioning of the Cacique System in Andalusia." Pp. 1–27 in *Politics and Society in Twentieth-Century Spain.* Edited with an Introduction by Stanley G. Payne. New York: New Viewpoints.

——. 1976b. *Oligarquia y caciquismo en Andalucia (1890–1923).* Barcelona: Editorial Planeta.

——. 1977. *La crisis del caciquismo andaluz (1923–1931).* Madrid: Cupsa editorial.

——. 1987. *Radiografía de un Golpe de Estado: el Ascenso al Poder del General Primo de Rivera.* Madrid: Alianza Editorial.

——. 1990. *Manual de historia de España: Siglo XX.* Madrid: Hermanos Garcia Noblejas.

Uva, Bruno. 1974. *La nascita dello stato corporativo e sindacale fascista.* Rome: B. Carucci.

Vago, Bela. 1975. *The Shadow of the Swastika: The Rise of Fascism and Anti-Semitism in the Danube Basin, 1936–1939.* London: Saxon House.

Valiani, Leo. 1959. "Il movimento operaio sindacale sotto il fascismo." Pp. 39–70 in *Dall'antifascismo alla resistenza.* Milan: Feltrinelli.

Varshney, Ashutosh. 2002. *Ethnic Conflict and Civic Life: Hindus and Muslims in India.* New Haven: Yale University Press.

Vilar, Pierre. 1987. *Cataluña en la España Moderna.* Barcelona: Josep Fontana.

Villa, Dana. 2006. "Tocqueville and Civil Society." Pp. 216–244 in *The Cambridge Companion to Tocqueville.* Edited by Cheryl B. Welch. Cambridge: Cambridge University Press.

Warren, Mark. 2001. *Democracy and Association.* Princeton: Princeton University Press.

Watts, Larry L. 1993. *Romanian Cassandra: Ion Antonescu and the Struggle for Reform, 1916–1941.* Boulder: East European Monographs.

Weber, Eugen. 1974. "Romania." Pp. 501–574 in *The European Right: A Historical Profile.* Berkeley: University of California Press.

Weber, Max. 1978. *Economy and Society: An Outline of Interpretive Sociology.* Vol. 1. Berkeley: University of California Press.

Webster, Richard. 1960. *The Cross and the Fasces: Christian Democracy and Fascism in Italy*. Stanford: Stanford University Press.

Wehler, Hans-Ulrich. 1985. *The German Empire, 1871–1918*. Dover, N.H.: Berg.

Winkler, Heinrich August. 1993. *Weimar 1918–1933. Die Geschichte der ersten deutschen Demokratie.* Munich: C. H. Beck.

Winston, Colin M. 1985. *Worker's and the Right in Spain.* Princeton: Princeton University Press.

Wuthnow, Robert. 1991. "Tocqueville's Question Reconsidered: Voluntarism and Public Discourse in Advanced Industrial Societies." Pp. 288–308 in *Between States and Markets: The Voluntary Sector in Comparative Perspective*. Edited by Robert Wuthnow. Prince ton: Prince ton University Press.

Zamagni, Vera. 1979–1980. "Distribuzione del reddito e classi sociali nell'Italia fra le due guerre." *Annali dell'Istituto Giangiacomo Feltrinelli* 20: 17–49.

——. 1993. *The Economic History of Italy 1860–1990*. Oxford: Clarendon Press.

——. 1997. "Gli attori sociali delle transformazioni produttive dell'agricoltura Italiana." *Annali della fondazione Luigi Einaudi* 31: 29–46.

Zangheri, Renato. 1987. "Nascita e primi sviluppi." Pp. 5–216 in *Storia del movimento cooperativo in Italia.* Turin: Einaudi.

出版后记

20世纪上半叶的法西斯主义常被简化为民主的对立面，它与市民社会（在经典托克维尔理论传统下，市民社会是促进民主发展的要素）之间的关系也呈现出模糊的面貌。但迪伦·莱利在这部开创性的政治学著作中，以19世纪末到两次世界大战时期的意大利、西班牙与罗马尼亚为案例，揭示了法西斯主义与市民社会之间复杂的共生关系。

莱利的核心论点挑战了传统的认知：彼时欧洲法西斯主义的崛起并非源于市民社会的衰弱，而恰恰是在其蓬勃发展的背景下，代议制民主无法有效调和阶级矛盾与社会诉求，带来了政治危机，最终催生出了一种“威权民主”。

莱利创造性地借用葛兰西的霸权理论，构建出新的分析框架，细致剖析了上述三国复杂的历史情境。他强调，市民社会的发展并不必然导向特定的政治后果，而是取决于当时的阶级联盟与制度环境——当既有制度无法容纳多元利益的协商时，社会力量可能会通过极端方式重构政治秩序，而这一进程完全是为了响应民主合法性的诉求。

莱利的分析解构了法西斯主义的“反民主”标签，这也是本书的争议点所在。但正是这样的独到视角，使本书成为重新审视国家-社会关系的重要理论贡献，不仅有助于我们重新思考历史上的法西斯主义，也能帮助我们更准确地辨析当下西方世界的右转趋势。

受编者水平所限，书中如有错讹之处，还望广大读者批评指正。

服务热线：133-6631-2326　188-1142-1266

读者信箱：editor@hinabook.com

2025年9月

后浪出版公司

图书在版编目（CIP）数据

欧洲法西斯主义的民众基础：意大利、西班牙和罗马尼亚，1870—1945 /（美）迪伦·莱利著；黄佩映译．北京：中国友谊出版公司，2025. 9. -- ISBN 978-7-5057-6117-9

Ⅰ. D51

中国国家版本馆 CIP 数据核字第 2025S98877 号

著作权合同登记号　图字：01-2025-1751

书名　欧洲法西斯主义的民众基础：意大利、西班牙和罗马尼亚，1870—1945

作者　［美］迪伦·莱利

译者　黄佩映

出版　中国友谊出版公司

发行　中国友谊出版公司

经销　新华书店

印刷　河北中科印刷科技发展有限公司

规格　880 毫米 ×1194 毫米　32 开
12.25 印张　275 千字

版次　2025 年 9 月第 1 版

印次　2025 年 9 月第 1 次印刷

书号　ISBN 978-7-5057-6117-9

定价　80.00 元

地址　北京市朝阳区西坝河南里 17 号楼

邮编　100028

电话　（010）64678009